R. WARNING · FUNKTION UND STRUKTUR

THEORIE UND GESCHICHTE
DER LITERATUR
UND DER SCHÖNEN KÜNSTE

Texte und Abhandlungen

Herausgegeben von

MAX IMDAHL · WOLFGANG ISER · HANS ROBERT JAUSS

WOLFGANG PREISENDANZ · JURIJ STRIEDTER

Band 35 · 1974

FUNKTION UND STRUKTUR

DIE AMBIVALENZEN DES GEISTLICHEN SPIELS

von

RAINER WARNING

WILHELM FINK VERLAG MÜNCHEN

© 1974 Wilhelm Fink Verlag, München
Satz und Druck: Druckerei Am Fischmarkt, Konstanz
Buchbindearbeiten: Großbuchbinderei Monheim, Monheim

VORWORT

Eine Vorstudie zu diesem Buch erschien als Beitrag zu einem Kolloquium der Forschungsgruppe „Poetik und Hermeneutik", das Problemen des Mythos, insbesondere der Realität und Funktion von Mythischem in nicht mehr mythischer Zeit gewidmet war (*Ritus, Mythos und geistliches Spiel*, in *Terror und Spiel*, hg. M. Fuhrmann, München 1971). Über den Rahmen dieses Beitrages geht die vorliegende Untersuchung sowohl hinsichtlich des zugrundegelegten Textkorpus wie auch in ihrem systematischen Interesse hinaus. Die liturgische Osterfeier (Visitatio Sepulchri) wurde neu einbezogen, und beim volkssprachlichen Spiel ist neben der französischen nunmehr auch der deutschen und der englischen Tradition viel Raum gegeben. Das systematische Interesse gilt dem Versuch, am Beispiel dieser Texte Möglichkeiten einer Vermittlung von Strukturalismus und Hermeneutik aufzuzeigen und damit die gegenwärtige Strukturalismus-Diskussion in der Literaturwissenschaft aus bestimmten Aporien herauszuführen. Es wächst die Einsicht, daß die Suche nach strukturalen Universalien zu inadäquaten Idealisierungen des Objektbereichs führt und die bisher entwickelten Beschreibungsmodelle wohl aus diesem Grund in der konkreten Textanalyse meistens versagen. Hierbei handelt es sich offenbar nicht um einen auf die Literaturwissenschaft beschränkten Prozeß. Die Zeichen mehren sich, daß sich die Sozialwissenschaften generell nach dem Durchgang durch das strukturalistische Paradigma auf ein funktionalistisches hinbewegen, eine Entwicklung, die in diesem Buch vor allem durch die funktional-strukturelle Systemtheorie Niklas Luhmanns repräsentiert ist. Dieser Paradigmawechsel, und auch hierfür mehren sich die Zeichen, wird zugleich eine Neubesinnung auf hermeneutische Fragestellungen erzwingen, da funktionale Modelle in ihrem Anspruch, der geschichtlich-gesellschaftlichen Dimension ihres Objektbereichs gerechter zu werden als strukturale, grundsätzlich hermeneutischen Status haben werden. Freilich wird dies eine Hermeneutik sein müssen, die nicht mehr nach Substanzen fragt, sondern nach der Funktion von Strukturen.

Die Arbeit selbst dürfte erkennen lassen, wem sie wichtige Anregungen verdankt. An dieser Stelle seien nur die Teilnehmer des erwähnten Kolloquiums genannt, unter ihnen vor allem Hans Robert Jauß und Wolfgang Iser, sodann auch Helmut de Boor, von dessen fast entmutigender Sachkenntnis ich in Gesprächen während eines Berliner Gastsemesters profitieren konnte. Der Deutschen Forschungsgemeinschaft danke ich für die Gewährung eines Druckkostenzuschusses. Die Register wurden erstellt von Eva-Maria Biene, Heike Scheel, Adelheid Schramm und Brigitte Schwämmlein.

München, Oktober 1973   R. W.

EINLEITUNG

FUNKTION UND STRUKTUR

I

Die geistlichen Spiele des Mittelalters lassen vorderhand nicht erwarten, daß man ihnen ein anderes denn historisches, um nicht zu sagen antiquarisches Interesse entgegenbringen könnte. Das scheint schon ein flüchtiger Blick auf die Forschung zu bestätigen, die es bis in die jüngste Zeit hinein kaum vermochte, diesen Gegenstand einer reflexionslos-positivistischen Gelehrsamkeit zu entreißen und unter historisch-hermeneutischen, geschweige denn unter systematischen Gesichtspunkten zu aktualisieren. Gewiß, man könnte es sich leicht machen und auf all das verweisen, was es an ihm noch ,aufzuarbeiten' gibt. Denn obwohl die Untersuchung der geistlichen Spiele zurückreicht bis in die Anfänge der philologischen Disziplinen, wäre es leicht, selbst noch für elementare Gebiete wie Texteditionen und Textgeschichte einen ganzen Katalog von Desideraten aufzustellen. Aber solches Aufarbeiten ginge vorbei an einer Aufgabe prinzipieller Art, die sich der Literaturgeschichte als Disziplin heute stellt: der Artikulation ihres Selbstverständnisses im Rahmen einer systematischen Literaturwissenschaft. Das gilt auch für die Mediävistik, die ihre Chance sehen sollte in einer methodischen Neubesinnung mit dem Ziel, Abgelebtes nicht in eine nur scheinbare Nähe zu bringen, sondern gegebenenfalls auch ein Interesse an Abgelebtem als Abgelebtem zu begründen. Das kann dann aber nicht mehr in einem unvermittelten Zugang zu den Texten geschehen, sondern nur über eine theoretische Problemstellung, die in diesen Texten exemplarische Antworten findet und sie damit in ihrer Unverzichtbarkeit zu erkennen und zu aktualisieren erlaubt.

Es ist also nicht schon damit getan, daß man zeigt, wie interessant doch auch Mediävistisches sein kann, daß man also angeblich Verkanntes zu verdienter Anerkennung bringt. An solchen Versuchen hat es nicht gemangelt. Als Beispiel ließe sich hier die im anglistischen Bereich insbesondere mit den Namen E. Prosser, G. Wickham und O. B. Hardison[1] verbundene

---

1 Prosser, *Drama and religion in the English mystery plays*, Stanford/Calif. 1961; Wickham, *Early English stages 1100 to 1600*, 2 Bde, London/New York 1959; Hardison siehe Bibliographie.

„re-evaluation" der geistlichen Spiele nennen, die sich gegen deren Abwertung zur bloßen Vorgeschichte Shakespeares wendet. Gewiß hat diese Absage an ein vor allem mit dem Namen E. K. Chambers verbundenes darwinistisch-evolutionistisches Denken ihre Verdienste, aber die Lösung kann ja wohl nicht darin bestehen, an die Spiele das Maß eines doch wieder im Blick auf Shakespeare normativ definierten „good drama" zu legen und all das, was diesem Maß nicht genügt, als „bad drama" auszuklammern (so Prosser), oder aber die entwicklungsgeschichtliche Kontinuität durch eine strukturale zu ersetzen und im geistlichen Spiel wie im Drama Shakespeares denselben ‚Archetyp' aktualisiert zu sehen (so Hardison). Wenn Shakespeare ohnehin der Fixpunkt bleibt, dann erschiene es fast konsequenter, nunmehr im Sinne einer „marxistisch-leninistischen Erberezeption"[2] weiterhin Vorgeschichte zu betreiben und – mit R. Weimann – die geistlichen Spiele einer auf Shakespeare zulaufenden Tradition des „Volkstheaters" einzuordnen. Man wird dabei freilich sofort fragen müssen, wieso in den durch das städtische Bürgertum geprägten Zyklen gerade die „bäuerlich-plebejische Welt zu ersten ästhetischen Bewußtheit ihrer geschichtlichen Existenz"[3] gelangen konnte. Aber unterstellt man einmal, daß bei einer „Konfrontation vergangener Werte und gegenwärtiger Wertungen"[4] über diese Werte und Wertungen ein Konsens möglich wäre, dann könnte eine solche Sichtweise eben das integrieren, was Untersuchungen vom Typ Prossers oder Hardisons unter den Tisch fallen lassen müssen. Eines jedoch bleibt beiden Zugängen gemeinsam: die Frage nach dem Sinn einer Beschäftigung mit den geistlichen Spielen ist mitgedeckt durch die je verschieden begründete Rezeption dessen, was Chambers den „Shakespearian moment" nannte.

Recht in den Blick kommt die allgemeine hermeneutische Hilflosigkeit gegenüber den geistlichen Spielen denn auch erst dort, wo dieser Fixpunkt ausfällt, wo weder eingestandener- noch uneingestandenermaßen Vorgeschichte betrieben werden kann. In Frankreich hat das dazu geführt, daß man, abgesehen von der einzigen Ausnahme des Adamsspiels, mit diesem Gebiet der Mediävistik offenbar überhaupt nichts anzufangen wußte. Die erst 1953 erschienene Arbeit von G. Frank ist die bisher einzige umfassende Aufarbeitung des vorhandenen Materials. Als einführender Überblick ist sie gewiß förderlich, methodisch bleibt sie auf dem positivistischen Stand früherer, vorwiegend editorischer und textgeschichtlicher Arbeiten

---

[2] W. Mittenzwei in *Weimarer Beiträge* 5 (1970) S. 20.
[3] Weimann S. 150.
[4] Weimann in *Weimarer Beiträge* 5 (1970) S. 32.

der Autorin[5]. Diese, in ihrer Art nicht minder verdienstvoll, fanden lange Zeit keine Nachfolger: die großen Passionen des Spätmittelalters von A. Greban und J. Michel, die mit im Mittelpunkt unserer Arbeit stehen werden, liegen erst seit 1965 bzw. 1959 in kritischen Editionen vor. Gesagt wurde zu ihnen seit den Tagen von L. Petit de Julleville, E. Roy und G. Cohen – und das heißt immerhin: seit mehr als fünf Jahrzehnten – nichts mehr, zumindest nichts, was als Produkt methodischer Neubesinnung anzusprechen wäre.

Das gleiche Bild bietet der deutsche Bereich, wenn man einmal davon absieht, daß die Textlage hier von Anfang an besser war als in Frankreich. H. de Boors souverän geschriebene *Textgeschichte der lateinischen Osterfeiern* ragt aus der Fülle der Produktion der letzten Jahrzehnte als die einzige Arbeit heraus, die in der Absage an den entwicklungsgeschichtlichen Positivismus ihrer Vorgänger als von einem ausdrücklichen methodischen Interesse geleitet sich zu erkennen gibt. Was sonst geschrieben wurde, mag ertragreich, ja unentbehrlich für jede weitere Beschäftigung mit diesem Gegenstand sein[6] – Interesse für solche Beschäftigung wird es kaum erwecken können, weil es methodisch nicht über W. Creizenach, E. Hartl und R. Froning hinausgeht[7]. Es ist, als sei man immer noch gelähmt durch den Schock, den in den dreißiger Jahren E. Stumpfls Untersuchung über die *Kultspiele der Germanen* auslöste. Worum es ihm ging, ist bekannt: um das Erbe germanisch-volkhafter Kontinuität, die er als zentralen Impuls hinter den Fastnacht- wie den Osterspielen zu erweisen suchte. Wir werden auf die an diesem Versuch sich entzündende Polemik der dreißiger Jahre im ersten Teil der Arbeit einzugehen haben – nicht um einfach fortzusetzen, was seinerzeit unter bedrückendem Vorzeichen statthatte und eher abgebrochen denn abgeschlossen wurde, sondern weil eine Untersuchung, die von einem artikulierten, selbst wenn an sich problematischen Interesse geleitet ist, immer mehr einbringt als unreflektiertes Anknüpfen an Forschungsstände und emsiges Auffüllen von Forschungslücken.

---

[5] Siehe die Bibliographie bei Frank S. 277 f.

[6] Siehe hierzu den großen Forschungsbericht von W. F. Michael, *Das deutsche Drama vor der Reformation*, in *Deutsche Vierteljahresschrift für Literaturwissenschaft und Geistesgeschichte 31* (1957) 106–153.

[7] Creizenach, *Geschichte des neueren Dramas*, 3 Bde, Halle 1911, Nachdruck New York 1965; zu Hartl sei verwiesen auf die Einführung zu *Das Drama des Mittelalters* Bd I, Osterfeiern, Leipzig 1937, Nachdruck Darmstadt 1964, S. 21–240; zu Froning siehe ebenfalls die Einleitungen in *Das Drama des Mittelalters* Stuttgart 1890/91, Nachdruck Darmstadt 1964.

In der Auseinandersetzung mit Stumpfl berief sich das gegnerische Lager unter anderem auf H. Brinkmann, von dem 1929 und 1930 zwei grundlegende und noch heute wichtige Artikel zum liturgischen und volkssprachlichen Spiel erschienen waren. Brinkmann veröffentlichte 1959, also dreißig Jahre später einen kurzen Überblick über *Das religiöse Drama im Mittelalter,* dem er eine bemerkenswerte Einleitung beigab. Sie lautet folgendermaßen:

> Das „humane" Drama, wie es das Abendland seit dem Humanismus, zunächst im Anschluß an die römische Komödie, aufgebaut hat, scheint heute problematisch geworden zu sein. Nach den Erschütterungen unseres Jahrhunderts traut man dem Menschen nicht mehr die selbstverständliche Symbolfähigkeit zu, mit der frühere Zeiten rechnen konnten. Auf der Bühne melden sich Bauweisen an, die aus der bisherigen Überlieferung nicht ohne weiteres zu verstehen sind. Das Drama nähert sich wieder dem Charakter eines Spiels; es verwendet Verfahrensweisen, die dem Theater des Mittelalters geläufig waren. Es sei nur an die Rolle des Spielleiters in Wilders Schauspiel „Our Town" und in Anouilhs „Antigone" erinnert. Er ist der Wissende, der die Gestalten aufruft und dem Zuschauer die Bedeutung der Vorgänge erklärt – darin der Rolle des Augustinus im Benediktbeurener Weihnachtsspiel, im St. Galler und Frankfurter Passionsspiel vergleichbar. Fraglich bleibt nur, was heute einen Spielleiter auf der Bühne zu solcher Rolle legitimiert. Auf verschiedenen Wegen bemüht sich das Theater, aus seiner selbstgewählten Absonderung herauszukommen und eine neue Verbindung mit dem Zuschauer zu gewinnen, damit es seinen Auftrag erfüllen kann, unser Spiel zu sein, in dem uns der Schauspieler auf der Bühne vertritt, das Spiel unseres Lebens, in dem sich unser Dasein erhellt, so daß wir erfahren: wo der Schauspieler steht, könnten wir selber stehen, das Schicksal seiner Rollen könnte unser Schicksal sein. In dieser Lage hat das Drama des Mittelalters für uns eine neue Aktualität. Wenn wir sein Wesen erkennen, dürfen wir hoffen, unseren Horizont zu öffnen für Möglichkeiten, die nicht aus der „humanen" Überlieferung abzuleiten sind[8].

Ich habe diese Bemerkungen hierher gesetzt, weil sie eine andauernde hermeneutische Verlegenheit höchst eindringlich demonstrieren. In ihnen nämlich wird kein Interesse begründet, sondern eine Arbeit, die in ihrer Anlage noch durchaus von dem historistischen Positivismus der genannten früheren Artikel geprägt ist[9], sekundär legitimiert. Man kann aber die Mediävistik nicht kurieren, indem man weitermacht wie bisher und dann

---

8 S. 257.

9 Die Aufgabe geschichtlichen Verstehens sah Brinkmann 1930 darin, „Vergangenes aus seinen eigenen Voraussetzungen heraus zu begreifen und in der Hingabe sich innerlich zu bereichern" *(Studien* II, S. 193). Vergangenes muß aber hermeneutisch erst wiedergewonnen werden, um bereichernd wirken zu können. Mit „Hingabe" allein ist es nicht getan. Die zitierte Einleitung zu dem 1959 veröffentlichten Artikel sucht dem Rechnung zu tragen.

sagt, was man da erforsche, sei im Grunde höchst aktuell. Unterstellen wir einmal, daß das geistliche Spiel als ein antizipiertes episches Theater – denn an dies denkt Brinkmann ja wohl – betrachtet werden kann: schwerlich wird jemand, der sich mit Brecht beschäftigte, schon deswegen sein Interesse dem geistlichen Spiel zuwenden, denn dort würde es mit Sicherheit frustriert. Er wird sich mit anderen Dingen identifizieren als mit Mariae Weltleben und Umkehr, wird kaum, wie Brinkmann es will, in sich gehen mit der Erkenntnis: „so bin ich – so sollte ich sein"[10]. Das mag allenfalls für einen Teil der Besucher Oberammergaus zutreffen. Aber was in Oberammergau in Szene gesetzt wird, ist ein degeneriertes barockes Jesuitendrama, das von der Eigenart der geistlichen Spiele des Mittelalters rein gar nichts mehr erkennen läßt. Auch die seit den fünfziger Jahren in England bisweilen versuchten Neuaufführungen einzelner Zyklen sind keine Wiederentdeckungen und Neubelebungen, sondern Ausstellungen des imaginären Museums, die ihren Reiz nicht einer neuen Aktualität verdanken, sondern der archaischen Fremdheit des unwiederbringlich Vergangenen. Die geistlichen Spiele sind tot, und nichts wird sie je wieder zum Leben bringen. Wir können versuchen, sie zu verstehen, aktualisieren lassen sie sich nicht. Gadamers Konzeption einer „Horizontverschmelzung"[11], Benjamins Forderung, der „kritischen Konstellation sich bewußt zu werden, in der gerade dieses Fragment der Vergangenheit mit gerade dieser Gegenwart sich befindet"[12] – derartige Kategorien hermeneutischer Selbstvermittlung über Manifestationen vergangener Erfahrung sind hier vorderhand nicht einlösbar.

Diese Situation braucht nun freilich kein Nachteil sein für denjenigen, dem geschichtsphilosophische Prämissen oder eine in der Tradition Heideggers zum ‚Existential' hypostasierte „Geschichtlichkeit des Verstehens" (Gadamer) problematisch geworden scheinen. Wenn nämlich die Literaturgeschichte in der gegenwärtigen wissenschaftstheoretischen Situation ihre Ansprüche geltend machen will, dann wird sie gut daran tun, sich von substantialistischen Teleologie- und Traditionsbegriffen loszusagen und Geschichte, wie das N. Luhmann programmatisch für die Sozialwissenschaften gefordert hat, zunächst einmal zu sehen als „Problem- und Strukturvorgabe"[13]. Geschichtlichkeit – des Gegenstands wie des Analytikers –

---

10 (1959), *Studien* II, S. 273.
11 S. 289 f., 356 f.
12 *Eduard Fuchs, der Sammler und Erzähler,* in Benjamin, *Angelus Novus,* Ausgewählte Schriften II, Frankfurt/M. 1966, S. 303.
13 Luhmann S. 14.

darf nicht zum Alibi werden, auf die Erarbeitung generalisierbarer Beschreibungsmodelle zu verzichten. Jede gute Systematik wird ohnehin ihre Modelle als höchst voraussetzungsvolle Idealisierungen ihres Gegenstands reflektieren, voraussetzungsvoll jedoch in bezug auf Wissenschaftsgeschichte, nicht auf Seinsgeschichte oder Geschichtsphilosophie. Die Methodenfeindlichkeit der so einflußreichen Hermeneutik Gadamers kann freilich nicht ersetzt werden durch das andere Extrem eines hermeneutisch unaufgeklärten Strukturalismus, der da glaubt, die Individualität geschichtlicher Gebilde ohne Rest systematisch ,abarbeiten' zu können. Die gegenwärtige Theoriediskussion in der Literaturwissenschaft scheint vielmehr gerade danach zu verlangen, über die Möglichkeiten wie auch die Grenzen solchen Abarbeitens zu reflektieren und folglich auch im Blick darauf Forschungsinteressen zu formulieren. Solchermaßen den Stellenwert von Hermeneutik reflektieren aber heißt, ein Interesse an hermeneutischer „Applikation", das bei Gadamer bezeichnenderweise gebunden bleibt an das Paradigma des Klassischen und seiner „Sagkraft"[14], über die Vorordnung systematischer Interessen zu rationalisieren. Und es ist just diese Vorordnung systematischer Interessen, die auch solche Gegenstände zu aktualisieren erlaubt, die sich historischen Vermittlungen sperren. Das geistliche Spiel ließe sich unter diesem Aspekt mit den häufig ,toten' Gegenstandsbereichen des Strukturalismus wie Mythen und Märchen vergleichen, die bekanntlich erst über systematische Interessen auch wieder hermeneutisch aktuell wurden.

Suchen wir von hier eine erste Annäherung an unseren Gegenstand, so wäre also zu fragen, worin denn die Problem- und Strukturvorgabe zu sehen wäre, die er bereitstellt. Was das geistliche Spiel von allen Formen neuzeitlichen Theaters trennt, ist seine Nähe zum Kult. Es entstand im Rahmen der christlichen Liturgie, und es hat sich aus kultischer Bindung nie vollends gelöst. In dieser Nähe zum Kult aber liegt zugleich auch seine Unersetzbarkeit. Denn jene Verwurzelung des Dramas im kultischen Ritual, die in der Antike angesichts einer höchst fragmentarischen Überlieferung weithin im Bereich hypothetischer Rekonstruktion verharrt, läßt sich im Mittelalter dank einer sehr viel günstigeren Quellenlage eindrucksvoll demonstrieren und belegen. Das geistliche Spiel ist ein autochthoner Neubeginn dramatischer Darstellung in historischer Zeit, und es hätte, so betrachtet, zum bevorzugten Gegenstand einer Forschungsrichtung werden können, welche die Beziehung der Literatur zu ihren rituellen und mythischen Ursprüngen, Substraten oder Analoga nicht nur zu einem zentralen

---

14 S. 274.

Programmpunkt macht, sondern schon ihren Literaturbegriff aus eben dieser Beziehung ableitet. Gemeint ist der sogenannte archetypische Strukturalismus, der seit je eine Domäne insbesondere der anglo-amerikanischen Literaturwissenschaft war, zur Zeit von N. Frye repräsentiert wird und sich selbst als die entscheidende Gegenposition zur Formalästhetik des New Criticism begreift. Aber eine solche Entdeckung hat erst in jüngster Zeit begonnen[15], und dieser Versuch hat die Möglichkeiten des Gegenstandes nicht genutzt: er überspringt die hermeneutische Fremdheit dieser Spiele im Namen eines nicht problematisierten Strukturbegriffs und setzt sich damit der Kritik aus, die von hermeneutischer Seite am Strukturalismus geübt wurde und die die vorliegende Arbeit in Richtung auf mögliche Vermittlungen konstruktiv fortführen will. Es scheint geboten, zunächst den methodologischen Bezugsrahmen abzustecken, in dem sich dieser Versuch bewegen wird.

II

Der archetypal criticism ist eine spezifisch anglo-amerikanische Variante des literaturwissenschaftlichen Strukturalismus. Obwohl er in seiner Heimat eine traditionsreiche und weitgefächerte Position innehat, wurde er auf dem Kontinent bisher nicht wirklich rezipiert. Das gilt für Frankreich, wo die Schule der Pariser Semiotiker Frye erst in jüngster Zeit zur Kenntnis zu nehmen begonnen hat[16], und das gilt vor allem für Deutschland, wo der archetypal criticism zwar innerhalb der Anglistik bisweilen aufgearbeitet wird, die methodologische Selbstreflexion der verschiedenen Schulen und insbesondere der Hermeneutik aber bisher nicht befruchtet hat und daher auch seinerseits einer überfälligen Kritik von seiten der Hermeneutik nicht unterworfen werden konnte.

Daß eine solche Begegnung bisher ausblieb, hat historische Gründe. Archetypische Literaturkritik steht in ihren Anfängen in einer ausgesprochenen Gegenposition zur Hermeneutik. Konstituierte sich diese im Zuge der Säkularisation theologischer Hermeneutik, so gründet jene in darwinistischer Anthropologie. Auf der einen Seite also F. Schleiermacher und W. Dilthey, auf der anderen die sogenannte Cambridger Schule mit W. R. Smith, J. G. Frazer und J. E. Harrison als ihren Hauptrepräsentanten.

---

15 Mit Hardison habe ich mich eingehend auseinandergesetzt in einer Vorstudie zu dieser Arbeit: *Ritus, Mythos und geistliches Spiel*, bei Fuhrmann (Hg.) S. 211–239. Ein Vorabdruck erschien in *Poetica* 3 (1970) 83–114.
16 So Fryes *Littérature et mythe* in *Poétique* 8 (1971) 489–514.

Harrison formulierte im Rahmen einer Untersuchung zu den chthonischen Ursprüngen griechischer Mythologie drei Thesen, die über ein anthropologisches Arbeitsprogramm hinausreichen:

1. ein Mythos entsteht aus einem Ritus und nicht umgekehrt;
2. ein Mythos ist das gesprochene Korrelat zum ausgeführten Ritus, das legomenon gegenüber dem dromenon;
3. ein Mythos ist nichts anderes als dies und hat also auch keine anderen Ursprünge[17].

Diese Ursprünge aber sind uns verschüttet. Mythen lösen sich im Laufe der Zeit von den sie institutionalisierenden Riten, ihre Strukturen werden frei für andere Besetzungen, sie übernehmen zum Beispiel aitiologische Funktionen, sie gehen ein in Religion und Brauchtum, in Literatur und Kunst. Mit Hilfe bestimmter struktureller Rekurrenzen aber suchten die Cambridger am Erhaltenen, den sogenannten survivals, das Ursprüngliche zu rekonstruieren. Für die Hauptgattungen der griechischen Literatur, Epos, Tragödie und Komödie, wurden solche Rekonstruktionsversuche von G. Murray[18] und F. M. Cornford[19] noch im Rahmen der Cambridger Schule unternommen. Murrays Verankerung zentraler Kategorien der aristotelischen Poetik wie *agon, pathos* und *anagnorisis* im Dionysos-Kult hat die anthropologischen Anfänge dieser literarischen Forschungsrichtung am ungeschmälertsten überlebt. Sein *Excursus* wird zitiert, wo immer die Tragödie Gegenstand archetypischer Analyse ist. Für Cornford gilt Entsprechendes. Zur Attraktivität der Cambridger Schule hat sicherlich auch ihre Rezeption durch die Psychoanalyse beigetragen. Bekanntlich waren für Freud die von Frazer in seinem monumentalen *Golden Bough, A study in magic and religion*[20] zusammengetragenen archaischen Riten nicht abgelebte, magische Vorformen von Religion und Kunst, sondern ihrerseits schon Ersatzbildungen, die auf eine große, urzeitliche Ödipus-Tragödie verweisen und denen er im Aspekt der Wiederkehr eine allgemeingültige und jederzeitliche Wirksamkeit zuschreibt. Sein Konkurrent C. G.

[17] *Themis, A study of the origins of Greek religion,* Cambridge 1912, insbes. S. 13, 328, 331. Eine knappe, aber informative Einführung in die Cambridger Schule und ihre Wirkungsgeschichte gibt E. E. Hyman, *The ritual view of myth and the mythic,* in *Myth, a symposium,* hg. Th. A. Seboek 1955, jetzt als paperback Midland Book 83, Bloomington/London 1965, S. 136–153.

[18] *Excursus on the ritual forms preserved in Greek tragedy,* in Harrison, *Themis,* [2]1927, S. 341–363.

[19] *The origins of attic comedy,* London 1914.

[20] Erschienen ab 1890, jetzt als Nachdruck bei Macmillan u. St. Martin's Press, London/New York 1966.

Jung faßte diese Allgegenwart nicht neurotisch, also im Schema von Verdrängung und Wiederkehr, sondern im Sinne eines in allen Menschen sich selbst identischen kollektiven Unbewußten. Der Inhalt dieses kollektiven Unbewußten bestehe aus urtümlichen Figuren oder Typen, also eben dem, was Jung in systematischer Verwendung des Begriffs als Archetypen bezeichnet.

Aus Anthropologie und Psychologie hat die archetypische Literaturkritik im Laufe ihrer Geschichte[21] wichtige Impulse bezogen. Dabei belastete sie sich allerdings häufig auch mit Hypotheken der Mutterdisziplinen, insbesondere mit denen der Jungschen Tiefenpsychologie, was ihr berechtigte Skepsis eintrug. Frye trägt dieser Skepsis Rechnung, wenn er fordert, Werke wie die Jungs oder Frazers gleichsam von ihren anthropologischen Wurzeln zu trennen und als strukturalistische Paradigmen der Literaturkritik zuzuschlagen, welche letztere das dort unter dem Aspekt von Quelle, Ursprung und Einfluß Analysierte für das Aufzeigen literarischer Analogien oder Affinitäten auszuwerten hätte:

> Für den Literaturkritiker ist der Ritus der Inhalt der dramatischen Handlung, nicht ihre Quelle oder ihr Ursprung. *The Golden Bough* ist vom Standpunkt der literarischen Kritik her gesehen ein Essay über den rituellen Inhalt des naiven Dramas, d. h. es rekonstruiert einen archetypischen Ritus, von dem die strukturellen und gattungsmäßigen Prinzipien des Dramas logisch, nicht chronologisch abgeleitet werden können. Für den Literaturkritiker ist es vollkommen gleich, ob solch ein Ritus irgendein historisches Dasein besessen hat oder nicht. Es ist sehr gut möglich, daß Frazers hypothetischer Ritus viele und auffällige Analogien zu wirklichen Riten aufweist, und tatsächlich macht dieser Nachweis einen erheblichen Teil seines Buches aus. Aber eine Analogie ist nicht notwendigerweise eine Quelle, ein Einfluß, ein Ursprung oder eine embryonische Form, viel weniger eine Identität. Die literarische Beziehung zwischen Ritus und Drama ist, wie die zwischen jeder anderen menschlichen Tätigkeit und dem Drama, ausschließlich eine Beziehung zwischen Inhalt und Form, nicht zwischen Quelle und Ableitung[22].

Dieses Bestreben Fryes, die Autonomie der Literarkritik sicherzustellen gegen das, was er die Determinismen der Anthropologie und der Psychologie nennt[23], findet ihren deutlichsten Ausdruck in der Definition des Zen-

---

21 Eine sehr gute Einführung in diese Geschichte wie auch ihre Problematik gibt R. Weimann, *Literaturwissenschaft und Mythologie, Vorfragen einer methodologischen Kritik,* in *Sinn und Form* 19 (1967) Sonderheft I, S. 484–521, erweiterte Fassung in Weimann, *Literaturgeschichte und Mythologie,* Berlin/Weimar 1971, S. 364–427.

22 *Analyse* S. 112 f.

23 Ebd.

tralbegriffs: Archetypen sollen nichts mehr zu tun haben mit dem kollektiven Unbewußten, auch nichts mehr mit einer abgelebten, archaischen Vergangenheit, sondern sie sind nichts anderes als „a literary symbol, or cluster of symbols, which are used recurrently throughout literature, and thereby become conventional"[24]. Dementsprechend hat Frye seine *Anatomy of Criticism* weniger als eine systematische Poetik denn als ein „schematic construct" verstanden wissen wollen: „The reason why it is schematic is that poetic thinking is schematic"[25].

Mit dieser Definition des Archetyps als eines das literarische Universum strukturierenden rekurrenten pattern ergeben sich Berührungen und Übereinstimmungen zwischen dem Strukturalismus Fryes und dem der Pariser Semiotiker[26]. Hier wie dort wird versucht, strukturale Analyseverfahren, die ursprünglich in der Anthropologie oder Folkloristik entwickelt wurden, auszubauen zu universellen Strukturmodellen für die Konstitution von Texten. Die gewählten Wege sind verschieden. Während Frye Hypothesen der Anthropologie an literarischen Texten als einer gleichsam rekonstruierten Mythologie zu verifizieren sucht, geht die Pariser Schule, dem Beispiel Vl. Propps folgend, zumeist von einem finiten Textkorpus aus (z. B. Mythen, Märchen, Novellensammlungen), das als Matrix für Invariantenbildung benutzt wird. Der Universalitätsanspruch der angesteuerten Modelle ist in beiden Fällen gleich. Ein Hauptunterschied liegt darin, daß die Pariser Schule ihre Modelle bisweilen linguistisch zu begründen sucht, hierbei allerdings bisher zu nur wenig gesicherten Ergebnissen gekommen ist[27].

Die sogenannte Strukturalismus-Diskussion erschöpft sich nun freilich nicht in der Frage, auf welchem Wege die universalen Modelle am erfolg-

---

24 *Fables of identity, Studies in poetic mythology*, New York 1963, S. 120; *Analyse* S. 120.

25 *Reflections in a mirror*, bei Krieger (Hg.) S. 136.

26 Einen Fryes „patterns" vergleichbaren Status haben Brémonds „cycle narratif", Barthes „fonctions" und „indices", Greimas' „isotopie", Ecos „situations de jeu"; (siehe hierzu die programmatischen Artikel der Genannten in *Communications* 8, 1966: R. Barthes, *Introduction à l'analyse structurale des récits*, S. 1–27; A. J. Greimas, *Eléments pour une théorie de l'interprétation du récit mythique*, S. 28–59; Cl. Brémond, *La logique des possibles narratifs*, S. 60–76; U. Eco, *James Bond, Une combinatoire narrative*, S. 77–93).

27 Siehe hierzu die für den gegenwärtigen Forschungsstand aufschlußreiche Rezension W. A. Kochs von T. Todorovs *Grammaire du Décaméron*, The Hague 1969, in *Poetica* 4 (1971) 565–72; ins Zentrum des Problems zielt die Feststellung, daß bei Todorov „das nicht durch Symbole formalisierte Resümee schon alle seligierten Strukturen enthält. Wer seligiert hier eigentlich und

reichsten angesteuert werden können und ob sie linguistisch zu begründen sind oder nicht. Neben dieser eher internen Diskussion gibt es eine externe, die in transzendentaler Absicht die Kategorien der Invarianz und der Universalität selbst und damit das strukturalistische Unternehmen als Ganzes problematisiert. In der anglo-amerikanischen Diskussion steht Frye im Mittelpunkt solcher Kritik[28], grundsätzlicher wurde sie in Frankreich geführt[29]. Nicht immer indes war diese Kritik konstruktiv. Sie ging häufig von Positionen aus, die hinter dem Strukturalismus liegen, und setzte eigene Einseitigkeiten (Hermeneutik, Marxismus) schlicht gegen die des Gegners. Will man aber statt bloßer Konfrontierung Fortschritte erreichen, so wird man sich zu einer wechselseitigen Problematisierung von Grundannahmen und zu systematischen Vermittlungsversuchen entschließen müssen.

Innerhalb der soziologischen Systemtheorie gibt es Überlegungen, die sich möglicherweise für solche Vermittlungsversuche fruchtbar machen lassen. Im Blick auf die strukturell-funktionale Theorie sozialer Systeme

---

wie?" (S. 568). Welche Lösungen die Linguistik selbst, insbesondere die sog. Textlinguistik hierfür bereitzustellen vermag, wird man abwarten müssen; die Vielfalt rivalisierender Ansätze und Schulen, die die gegenwärtige Diskussion charakterisiert, stimmt skeptisch; die Vermutung liegt nahe, daß diese Vielfalt auf mangelnde erkenntnistheoretische Selbstreflexion zurückzuführen ist (siehe hierzu unsere Bemerkungen S. 61 ff.).

[28] Siehe hierzu die Artikel und die Bibliographie in M. Krieger (Hg.), *Northrop Frye in modern criticism, Selected Papers from the English Institute,* Columbia UP, New York/London 1966; ferner J. Casey, *The language of criticism,* London 1966, Kap. VII; G. Hartman, *Structuralism: the anglo-american adventure,* in J. Ehrmann (Hg.), *Structuralism, Yale French Studies 36/37,* New Haven 1966, S. 148–168.

[29] Zur jüngsten Entwicklung siehe die ausgezeichnete Bibliographie von J. V. Harari, *Structuralists and structuralism, a selected bibliography of French contemporary thought (1960–70),* Ithaca, N. Y. 1971; daneben die ältere Bibliographie bei G. Schiwy, *Der französische Strukturalismus,* rde 310/11, S. 232 ff. Besonders hinweisen möchte ich auf die von einer hermeneutischen Position aus geführte Kritik P. Ricoeurs und J. Derridas an Cl. Lévi-Strauss. Beide konstatieren bei Lévi-Strauss einen eigentümlich ‚subjektlosen Transzendentalismus' (Ricoeur S. 619), dem sie eine hermeneutische Reflexion zuwenden. Ricoeur unterscheidet zwischen zwei Polen mythischen Denkens, einem ‚totemistischen' und einem ‚kerygmatischen', wobei er die Legitimität des strukturalistischen Zugriffs auf die wesentlich geschichtslosen Kulturen des sogenannten Totemismus beschränkt wissen will. Den semitischen, prähellenischen und indoeuropäischen Kulturbereich hingegen sieht er wesentlich durch Geschichte, Ereignishaftigkeit und kerygmatischen Sinnüberschuß konstituiert, also durch Faktoren, die der strukturalistischen Option für das

vom Typ der T. Parsons hat N. Luhmann die Vermutung geäußert, daß es eine Frage zweiten Ranges sei, „ob das, was als Struktur angesehen und nicht problematisiert wird, der empirischen Wirklichkeit entnommen oder aus der Handlungstheorie abgeleitet wird, ob es also um konkrete oder um analytische Systeme geht". Eine progressive Kritik habe nicht erst anzusetzen bei der Frage nach dem Status der Strukturen, sondern bereits beim Primat des Strukturbegriffs selbst, da durch diesen Primat bestimmte Sinnmomente der Problematisierung entzogen würden[30]. Von größter Tragweite für eine sinnvolle Fortsetzung der Strukturalismus-Diskussion scheint mir der hieraus gefolgerte Vorschlag zu sein, strukturell-funktionale Theorien zu funktional-strukturellen Theorien auszubauen, das heißt dem Strukturbegriff den Funktionsbegriff nicht mehr nach-, sondern vorzuordnen. Bezugspunkt funktionaler Analyse wäre dann nicht mehr die

---

System und gegen die Geschichte entgegenstehen. Radikaler ist Derrida. Während Ricoeur der strukturalistischen Option noch ein relatives Recht einräumen will, sucht Derrida den hinter der Leugnung eines „transzendentalen Signifikats" verborgenen methodischen Zirkel aufzudecken und damit den strukturalistischen Angriff auf die metaphysischen Traditionen hermeneutisch zu unterlaufen: „Dieser Zirkel ist einzigartig; er beschreibt die Form des Verhältnisses zwischen der Geschichte der Metaphysik und ihrer Destruktion: es ist sinnlos, auf die Begriffe der Metaphysik zu verzichten, wenn man die Metaphysik erschüttern will. Wir verfügen über keine Sprache – über keine Syntax und keine Lexik –, die nicht an dieser Geschichte beteiligt wäre. Wir können keinen einzigen destruktiven Satz bilden, der nicht schon der Form, der Logik, den impliziten Erfordernissen dessen sich gefügt hätte, was er gerade in Frage stellen wollte" (S. 391). So zeigt er insbesondere an den Begriffen des Zeichens und der Struktur, daß sie von sich aus den Gegensatz von Sinnlichem und Intelligiblem nicht, wie Lévi-Strauss meint, überwinden können, da die mit ihnen vollzogene Reduktion der Entgegensetzung bedurfte, die sie reduzierte: „Die Entgegensetzung steht in einem systematischen Zusammenhang mit der Reduktion" (S. 392). Tilge man diese Entgegensetzung von Signifikant und Signifikat, von Struktur und Subjekt, dann seien Zeichen und Struktur selbst als metaphysische Begriffe aufzugeben. Da Lévi-Strauss diesen Sachverhalt nicht thematisch mache, berge seine Verdächtigung der Geschichte die Gefahr des Rückfalls in einen „Ahistorismus klassischer Prägung, das heißt in einen bestimmten Augenblick der Geschichte der Metaphysik" (S. 408).

[30] *Soziologische Aufklärung* S. 114. Problematisierung soll dabei nicht heißen, „alles insgesamt zu bezweifeln – das wäre die klassische Form der noch unter ontologischen Denkvoraussetzungen stehenden Skepsis –, sondern (soll heißen), für jedes, was ist, einen Problembezug finden, von dem aus es auf andere Möglichkeiten hin befragt werden kann" (*Sinn als Grundbegriff der Soziologie* in Habermas/Luhmann, *Theorie der Gesellschaft oder Sozialtechnologie*, Frankfurt 1971 (Suhrkamp Verlag, Reihe Theorie-Diskusssion), S. 85. Für die weiteren Überlegungen werde ich diesen Begriffsgebrauch übernehmen.

Innenordnung strukturierter Systeme, sondern das Umwelt-Problem, auf das eine bestimmte Systembildung sinnvoll antwortet: „Funktionale Theorie ist System/Umwelt-Theorie"[31].

Die Nachordnung des Funktionsbegriffs ist in der Tat charakteristisch für die Pariser Semiotiker. Das wird immer dort besonders deutlich, wo man – in der Nachfolge Propps – die rekurrenten Einheiten ausdrücklich als „fonctions" bezeichnet (so R. Barthes, Cl. Brémond, Tz. Todorov), und damit die Innenordnung des Systems als Bezugspunkt erweist, nicht das Problem, auf das die Systembildung antwortet. Fryes Archetypen können hierin den Funktionen gleichgesetzt werden. Vom archetypischen pattern her kommt der Sinn von Strukturbildungen nicht in den Blick, und Frye kann es daher auch nicht problematisieren: der Ausfall eines pattern, funktional-strukturell nicht minder bedeutsam wie seine Einlösung, ist für ihn unbefragbar. Um dies an einem besonders auffälligen Beispiel kurz zu illustrieren: Frye beschreibt den Archetyp der Komödie als einen Dreisatz („ternary action"), der darin bestehe, daß eine feste und harmonische Ordnung durch eine Opposition von jung und alt gestört und durch eine unerwartete Geschehniswendung schließlich wiederhergestellt werde[32]. Dieses pattern beherrscht in der Tat die Komödie bis zum 18. Jahrhundert. Dann aber wird es aus naheliegenden Gründen problematisch: die soziologische Identität von (bürgerlichem) Publikum und dargestellter Bühnenwelt erlaubt es nicht mehr, bürgerliche Familienkonflikte als komischen Vorwurf zu nehmen. Daraus ergibt sich der Zwang, die Opposition von jung und alt entweder soziologisch zu neutralisieren (Beaumarchais' Bartholo z. B. wird als Typ, nicht als bourgeois exponiert), oder aber das pattern preiszugeben, wie das z. B. Marivaux tut. Frye ignoriert Marivaux und sagt nicht, warum das pattern bei Molière funktioniert. Man sieht, mit welchem Erkenntnisverzicht seine Modelle erkauft sind.

Wo er funktional-strukturell argumentiert, geschieht dies in impliziter Selbstdementierung. So hält seine Basisdefinition von Literatur als Emanzipation von Natur in Kultur, als Vision vom Ziel menschlicher Arbeit, als zum Spiel befreiter Ritus[33] an genau jenem genetischen Modell der Cambridger Schule fest, das in der strukturalistischen Basisdefinition des Archetyps überwunden werden sollte. Tatsächlich findet die offizielle Formalisierung der Archetypen, kraft derer sie dem „poetic thinking" als ihrer Dimension zugewiesen werden, ihr inoffizielles Gegenstück in ent-

---

31 Ebd. S. 39, 75, 78, 114.
32 *Analyse* S. 165–188, insbes. S. 165 und 173.
33 *Analyse* S. 117 f., 110, 150.

wicklungsgeschichtlichen Ableitungen der Literatur aus dem Mythos und tiefenpsychologischen Ableitungen beider im Sinne Freuds und selbst Jungs[34]. Frye operiert einerseits mit dem Begriff der „total form" als einer die historische Abfolge verräumlichenden Synopsis aller literarischen Kunstwerke, andererseits aber mit den – Freudsche Herkunft nicht verleugnenden – Kategorien des Traums, der Wiederkehr und der Wunscherfüllung[35]: das dort Geleugnete ist hier vorausgesetzt. Archetypen sollen nichts weiter sein als schematische Modelle, Mythen nichts weiter als mit Hilfe solcher Modelle organisierte Geschichten, und doch ist das, was solchermaßen organisiert wird, die Wiederkehr eines archaischen Zustands: des goldenen Zeitalters einer klassenlosen Gesellschaft. Literatur in ihrer Totalität ist nach Frye die utopische Vision dieser Wiederkehr. Dem Archetyp ist hier zurückgegeben, was er semantisch konnotiert: Uranfängliches, in das der Ritus zurückkehrt, das im Ritus seine Wiedervergegenwärtigung erfährt. Insofern aber Wiederkehr solchermaßen Diskontinuität impliziert, ist sie nicht aus bloßer Rekurrenz ableitbar und schon gar nicht mit ihr gleichzusetzen[36]. Vom pattern führt kein Weg zur Wiederkehr, es sei denn über die Institution des Rituals. Frye aber definiert den Ritus allein strukturell, nicht institutionell und bleibt daher auch dort, wo er vom Funktionsbegriff ausgeht, einem ‚subjektlosen Transzendentalismus'[37] verhaftet.

Das gleiche gilt wiederum für die Pariser Schule und allen voran für Lévi-Srauss. Diese nämlich macht mit den Mythen selbst etwas ganz Ähnliches wie Frye mit der Literatur als einer rekonstruierten Mythologie. Anstelle der Schematismen des „poetic thinking" erscheint bei ihm das klassifikatorische Vermögen der „pensée sauvage": Mythen präsentieren Lösungen von Aporien gesellschaftlicher Praxis mit Hilfe einer in unbewußten Strukturen operierenden universalen Logik. Wo aber hat diese Logik ihren Ort, worin ihr Subjekt? Keinesfalls sollen es die konkreten gesellschaftlichen Institutionen sein. Von ihnen wird gerade abstrahiert im Interesse der sie bedingenden Strukturen des ‚wilden Denkens'. Aber diese

---

[34] Zu Fryes widersprüchlicher Haltung Jung gegenüber siehe *Analyse* S. 116, wo die Verankerung der Archetypen in einem kollektiven Unbewußten als „unnötige Hypothese" bezeichnet ist, und S. 194 f., Anm. 20, wo anläßlich der Rückführung der vier *mythoi* auf einen Mythos der Zielsuche („quest myth") u. a. Jungs *Wandlungen und Symbole der Libido* als Kronzeuge zitiert wird.

[35] Siehe insbes. *Analyse* S. 108 ff.

[36] Siehe hierzu die treffenden Bemerkungen bei Hartman, a. a. O. S. 159 ff. (vgl. Anm. 28).

[37] Siehe hierzu Anm. 29.

gerade am Phänomen des Totemismus von Lévi-Strauss exemplarisch vorgeführte Entinstitutionalisierung bezeichnet zugleich die zentrale Problematik seines Ansatzes, und vornehmlich an ihr hat sich denn auch die Kritik entzündet. Lévi-Strauss kann zeigen, daß Kannibalen eine verblüffend subtile klassifikatorische Logik haben, aber er weist nicht den Weg, der von dieser Logik zur Anthropophagie führt. So hat ihm namentlich die anglo-amerikanische, weitgehend den funktionalistischen Schulen A. Radcliffe-Browns und B. Malinowskis verpflichtete Anthropologie vorgeworfen, daß er nur längst Bekanntes und nie Bestrittenes in neuem und interessantem Licht erscheinen lasse, die herkömmlich als die wesentlichen angesehenen Aspekte archaischer Institutionen aber nicht erkläre, sondern ignoriere[38].

Bezeichnend für den strukturell-funktionalen Ansatz ist bei Lévi-Strauss bereits seine Materialauswahl. Eine eingehende Analyse würde höchst wahrscheinlich zu dem Ergebnis führen, daß es sich dabei in den allermeisten Fällen um aitiologische Mythen handelt, die am ehesten noch in der Funktion eines „outil logique" aufgehen. Aitiologische Mythen aber, darauf hat insbesondere A. E. Jensen aufmerksam gemacht, unterscheiden sich von echten Mythen dadurch, daß sie deren Erzählschemata usurpieren für pseudo-explanatorische, in Wahrheit redundante Inhalte. Sie sind Sekundärbildungen, für die vorauszusetzen ist, „daß eine sinnvolle Erscheinung ihren eigentlichen Sinn verliert und doch nicht aufhört zu existieren, weil sie nicht allen Sinn verloren hat"[39]. Damit wird klar, daß das Problem mythischen Denkens nicht strukturell-funktional über aitiologische Mythen angegangen werden kann (Jensen betont ausdrücklich deren Formgleichheit mit echten Mythen), sondern nur funktional-strukturell, das heißt über institutionelle Strukturbildungen. Dazu aber gehört wesentlich die Wiederholungsstruktur des Rituals, die bei Lévi-Strauss wiederum keinen systematischen Ort findet. Riten werden herangezogen als Interpretamente für Mythen und umgekehrt auch von diesen her gedeutet. Kategorial aber sind sie nicht erfaßt. Die strenge Opposition von synchroner „structure" und strukturbedrohendem diachronischen „événement" sperrt die Kategorie des Ritus aus. Denn dieser ist ja gerade kein die Struktur irritierendes, kontingentes Ereignis, sondern in ihm wird die

38 Siehe hierzu N. Dyson-Hudson, *Structure and infrastructure in primitive society (Lévi-Strauss and Radcliffe Brown)*, in *The languages of criticism and the sciences of man*, hgg. R. Macksey und E. Donato, Baltimore/London 1970, S. 218–241. Siehe auch E. Leach bei Lepenies/Ritter (Hgg.) S. 74.
39 *Mythos und Kult bei den Naturvölkern*, zit. nach Kerényi (Hg.) S. 269.

Struktur selbst Ereignis. In der identischen Wiedervergegenwärtigung ist die das Jetzt des Ritus vom Einst des Mythos trennende Diachronie gerade als aufgehoben gedacht und also die Synchronie nicht erschüttert, sondern konsolidiert. Es ist eine der Grundeinsichten empirischer Mythenforschung in der Tradition Malinowskis[40], daß erst diese Wiederholungsstruktur darüber entscheidet, ob einer Geschichte der Verpflichtungsgehalt eines fundierenden Urzeitereignisses beigelegt wird oder nicht, anders gesagt: nicht schon Strukturen können Geschichten als Mythen qualifizieren, sondern erst ihre Institutionalisierung in einem fortwirkende Aktualität garantierenden Ritual.

Die vorliegende Untersuchung unternimmt demgemäß den Versuch, den objektivistischen Strukturbegriff gegenwärtiger Mythenkritik hermeneutisch zu vermitteln mit einer anthropologischen Institutionentheorie. Sie stützt sich dabei vor allem auf den bisher wohl ertragreichsten und einflußreichsten Versuch einer solchen Theorie, auf A. Gehlens *Urmensch und Spätkultur*. Vorderhand freilich scheint Gehlen für eine solche Vermittlung untauglich, versieht er doch seine als empirisch-analytisch deklarierte ‚Philosophie der Institutionen‘ mit einer ausdrücklich anti-hermeneutischen Polemik. So setzt er dem „horrenden Satz“ Diltheys, daß das Erleben eines eigenen Zustands und das Nacherleben eines fremden im Kerne des Vorgangs einander gleich seien[41], das Postulat einer quasiobjektiven Kategorialanalyse des gesellschaftlichen Verhaltens und der es tragenden Institutionen entgegen. Quasiobjektiv, weil auch eine als empirisch-analytische Disziplin sich begreifende Anthropologie „ihre Aussagen über den Menschen mit dem Bewußtsein machen muß, daß sie sie an denjenigen abliest, welche unter den sehr einmaligen Bedingungen der Gegenwart leben“[42]. Gleichwohl gelte es, die Geschichtlichkeit dieser Aussagen zu objektivieren in Kategorien, deren Anspruch, Wesensmerkmale archa-

---

[40] *Myth in primitive psychology,* New York 1926 und *The foundations of faith and morals,* Oxford 1936; dazu H. Baumann, *Mythos in ethnologischer Sicht I und II,* in: *Studium Generale* 12 (1959) 1–17 bzw. 583–597; ebenfalls dazu W. F. Otto: „Es ist noch nicht lange her, daß man durch sorgfältige Erforschung der Kulte bei Primitiven und Kulturvölkern zu der Einsicht gekommen ist, daß es keinen Kultus ohne Mythos gibt und je gegeben hat. Heute müssen wir lernen, daß es keinen echten (ursprünglichen) Mythos ohne Kultus gibt und je gegeben hat. Sie sind also auf eine noch zu bestimmende Weise eines und dasselbe. (*Der ursprüngliche Mythos im Lichte der Sympathie von Mensch und Welt,* zit. nach Kerényi [Hg.] S. 271).
[41] *Urmensch* S. 115.
[42] *Anthropologische Forschung,* Reinbek 1961, rde 138, S. 56.

ischer Kulturen zu beschreiben, überprüfbar bleibe an der „Fülle der ableitbaren Einsichten"[43].

Nun versteht sich die vorliegende Arbeit in der Tat unter anderem als einen solchen Test auf Ableitbarkeit, und zwar auf die Ableitbarkeit der Institution geistliches Spiel aus einem anthropologischen Kategorienangebot. Aber sie mag solchem Vorgehen den hermeneutischen Status keineswegs absprechen: das Instrumentarium der Analyse bestimmt nicht schon die Fragen, die zu seiner Anwendung führten. Die hermeneutische Logik von Frage und Antwort[44] bleibt auch dann in Kraft, wenn man nicht mehr ontologisch nach Wahrheit fragt, sondern funktionalistisch nach der Sinnkonstitution durch Systemreferenzen[45]. Dieser Luhmannsche Begriff der Konstitution bzw. des Sinnsystems (als Sinn konstituierendes System) deckt sich der Sache nach weitgehend mit Gehlens Institutions- und Ent-

---

43 *Urmensch* S. 10.

44 Nach R. G. Collingwood kann man einen Text nur verstehen, wenn man die Frage rekonstruiert hat, auf die er eine Antwort ist *(An Autobiography*, Oxford 1939, Kap. V). Gadamers Ausarbeitung des von C. in Kritik an der Aussagenlogik entwickelten Ansatzes leidet unter der substantialistischen Wendung, die er ihr mit der These gibt, am Anfang stehe (nicht die erst zu suchende, sondern die von der Überlieferung selbst an den Interpreten gestellte Frage (S. 351–360, insbes. S. 355 f.).

45 *Sinn als Grundbegriff der Soziologie* (siehe Anm. 30), S. 25–100. Luhmann schlägt dort vor, den Sinnbegriff „primär, also ohne Bezug auf den Subjektbegriff zu definieren, weil dieser als sinnhaft konstituierte Identität den Sinnbegriff schon voraussetzt" (S. 28). Anstelle dieses Subjektbezugs setzt L. Systemreferenzen: erst durch „Wahl einer Systemreferenz wird der mit den Begriffen Sinn, Erleben, Handlung usw. bezeichnete Sachverhalt zu einer psychologischen bzw. soziologischen Kategorie" (S. 29). Von hier her wird dann der Begriff des „sinnkonstituierenden Systems" entwickelt, wobei unter „Konstitution" das „Verhältnis einer selektiv verdichteten Ordnung zur Offenheit anderer Möglichkeiten" begriffen ist, „und zwar ein Verhältnis des Wechselseitig-sich-Bedingenden, des Nur-zusammen-Möglichen" (S. 30). Die hierfür weiterhin zentralen Begriffe der Komplexität, der Selektivität und der Negativität beziehe ich in meine Argumentation nicht ausdrücklich ein (obwohl implizite Berührungspunkte gegeben sind, insbes. bei dem Leitmodell einer Hereinnahme von Ausgegrenztem), ebensowenig die Kritik des Ansatzes durch Habermas. Ich beschränke mich auf das, was meinem Versuch einer Vermittlung von Strukturalismus und Hermeneutik entgegenkommt: die Verbindung eines genetisch an Phänomenologie und Hermeneutik orientierten Sinnbegriffs mit Systemtheorie. Daß ein solcher Versuch weiterer Theoretisierung bedarf, ist mir klar. Gerade angesichts des hier noch zu Leistenden schien es mir jedoch mindestens ebenso wichtig, theoretische Überlegungen in konkreten Analysen sogleich zu testen und damit das Verlockende wie auch die Desiderate eines solchen Versuchs aufzuzeigen.

lastungsbegriff. Methodologisch aber scheint Luhmann realistischer zu argumentieren, wenn er dem Fortschritt von einer strukturell-funktionalen zu einer funktional-strukturellen Systemtheorie eine „Absage an den Positivismus und ein Umsatteln auf ganz andere Methodenpostulate, etwa die der Hermeneutik"[46] zuordnet. Die Aufgabe der Logik von Frage und Antwort wäre dann die Artikulation der (jeweils historischen) Bezugsprobleme, d. h. der Umweltfunktionen, von denen her Strukturbildungen erklärbar werden. Rekurrente Strukturbildungen innerhalb des Textkorpus ‚geistliches Spiel' werden wir folglich funktional zu analysieren haben als Indizien für bestimmte Interessen, als Lösungen von Problemen, nicht aber als Matrix für strukturale Universalien. Das sich dabei ergebende Leitmodell, die ‚Hereinnahme von Ausgegrenztem', die ‚Positivierung von Negativität', hat funktionalistischen Status und ist möglicherweise generalisierbar im Sinne einer funktionalen Äquivalenzklasse ‚Spiel'. Jedenfalls haben die Zielmodelle funktional-struktureller Analyse nicht mehr den Status struktularer Universalien, sondern funktionaler Äquivalenzen. Damit bestimmt sich zugleich der Wert strukturalistischer Modelle wie die der Pariser Semiotiker oder des archetypal criticism: ein funktional-strukturelles Verfahren wird sie in Dienst nehmen als „heuristische Fiktionen" (H. Vaihinger[47]). So werden uns Barthes' Funktionen oder Fryes archetypische patterns zu den Punkten führen, wo strukturell-funktionale Konstanten funktional-strukturell aufzulösen sind. Der Begriff des Archetypischen kann dann aber nicht mehr bzw. nicht schon Strukturen qualifizieren, sondern erst Funktionen, und in eben diesem Sinne werden wir ihn verwenden. Wir bezeichnen mit ihm eine bestimmte ‚Einstellung' auf die biblischen Geschichten, eine bestimmte Selektion die-

---

[46] *Soziologische Aufklärung* S. 129.

[47] Der Unterschied zwischen heuristischer Fiktion und Hypothese besteht nach Vaihinger darin, daß „die Fiktion bloßes Hilfsgebilde ist, bloßer Umweg, bloßes Gerüst, welches wieder abgeschlagen werden soll, die Hypothese dagegen einer definitiven Fixierung entgegensieht". Abgedankte und theoretisch wertlos gewordene Hypothesen können als heuristische Fiktionen noch gute Dienste tun (*Die Philosophie des Als ob*, Leipzig 1922, S. 54 ff., 148). Der Begriff kann also sehr gut anzeigen, daß für funktional-strukturelle Zielmodelle strukturell-funktionale Hypothesen als heuristische Fiktionen, aber eben nur noch als Fiktionen und nicht mehr als Hypothesen brauchbar bleiben. – Nach Abschluß des Manuskripts erschien U. Ecos Auseinandersetzung mit dem „ontologischen Strukturalismus", die in vielen Punkten die hier angestellten Überlegungen stützt. Die ontologische Täuschung des Strukturalismus sieht Eco vor allem darin, „daß die mutmaßlichen Konstanten als einziger Gegenstand und als Endzweck der Untersuchung, als Endpunkt und

ser Vorlagen, die ihrer Wiederholung im Spiel mythisch-archetypischen Sinn gibt. Der Begriff wird also weder substantialistisch gefaßt wie bei Jung noch strukturell-funktional wie bei Frye, sondern funktional-strukturell, d. h. in bezug auf die Sinnkonstitution des Spiels.

III

Damit aber sind wir an dem Punkt angelangt, wo der hermeneutische Weg aufgezeigt werden muß, der zu diesen Funktionen führte. Erwartbar sind sie ja keineswegs, ist doch zunächst gar nicht einzusehen, was das geistliche Spiel mit Mythen, Riten und archaischen Institutionen zu tun haben soll. Was es seinem artikulierten Selbstverständnis gemäß ins Bild setzt, ist eine Geschichte, die sich in der genauen Antithese zum Mythos und seiner ewigen Wiederkehr konstituiert hatte: eine Heilsgeschichte, die vom Kerygma lebt, von der Kündung einer noch ausstehenden Erfüllung. So will es auch auf den ersten Blick nicht einleuchten, wenn Malinowski zur Charakterisierung des Mythos auf den christlichen Glauben zurückgreift:

> Der Mythos in einer primitiven Gesellschaft, das heißt in seiner lebendigen ursprünglichen Form, ist keine bloß erzählte Geschichte, sondern eine gelebte Realität. Er ist nicht von der Art einer Erfindung, welche wir heute in unseren Romanen lesen, sondern lebendige Wirklichkeit, von der geglaubt wird, sie sei in Urzeiten geschehen und sie beeinflusse die Welt und die Schicksale der Menschen seitdem fortwährend. Dieser Mythos ist für den Primitiven das, was für einen strenggläubigen Christen die biblische Geschichte von der Schöpfung, vom Sündenfall, von der Erlösung durch das Opfer Christi am Kreuz. Wie unsere heilige Geschichte in unserem Ritual, in unserer Sittlichkeit lebt, ebenso tut dies für den Primitiven sein Mythos[48].

---

nicht als Ausgangspunkt für neue Zweifel ausgewählt werden. Es ist keine ontologische Täuschung, wenn man eine Hypothese über das *Identische* parat hat, um zu einer einheitlichen Untersuchung des *Verschiedenen* zu kommen. Es ist aber ontologische Täuschung, wenn man die Vorratskammer des *Verschiedenen* plündert, um darin immer, sofort und mit absoluter Gewißheit das IDENTISCHE zu finden" (*Einführung in die Semiotik*, München 1972, S. 423). Die Skepsis gegenüber einer Suche nach strukturalen Universalien, die Einsicht in die Geschichtlichkeit der Codes, insbesondere aber die ausdrückliche Einbeziehung der von ihm so genannten Kommunikationsumstände, bestimmt als „die Gesamtheit der Wirklichkeit, die die Wahl von Codes und Subcodes bedingt, indem sie die Decodierung an ihre Anwesenheit bindet" (S. 136), in eine umfassende Kommunikationstheorie weist diesem Buch einen hervorragenden Platz in der gegenwärtigen literaturwissenschaftlichen Grundlagendiskussion zu.

[48] *Myth in primitive psychology*, zit. nach Kerényi (Hg), S. 181 f.

Diese Analogie kann sich nur auf das psychologische Moment des Glaubens an eine Geschichte erstrecken, nicht aber mehr auf das den beiden Formen des Glaubens zugrunde liegende Wirklichkeitsverständnis. Denn hier läßt sich kein größerer Gegensatz denken als der zwischen mythischer Frömmigkeit, die, mit dem Rücken zur Zukunft lebend, auf die urzeitliche Geschichte zurückschaut und in ritueller Wiedervergegenwärtigung in sie zurückkehrt, und heilsgeschichtlich-kerygmatischer Erwartung einer erst zukünftigen Erfüllung dessen, was in einem historischen oder zumindest als historisch geglaubten Ereignis der Vergangenheit garantiert wurde. Daß christliche Liturgie dieses vergangene Ereignis gerade nicht als ein in identischer Wiederholung Wiedervergegenwärtigtes begreift, sondern als seine gnadenhafte Perpetuierung in effectu, ist Ausdruck dieser heilsgeschichtlichen Spannung zwischen vergangener Verbürgung und zukünftiger Erfüllung. Bedas Rede vom Meßopfer als einem *pascha perpetuum*[49] bezeichnet sehr treffend die christliche Antithese zu einem Kult, der gerade nicht perpetuiert, sondern über den Hiatus zwischen urzeitlichem Anfang und ritueller Wiedervergegenwärtigung hinwegspringt, also wesentlich auf Diskontinuität beruht.

Aber ich habe Malinowski nicht zitiert, um sicherlich auch ihm Bekanntes dagegenzuhalten. Ihm ging es zunächst einmal darum, daß, was Mythos sei, nicht vorschnell identifiziert werde mit jenen Formen, die uns aus dem klassischen Altertum, den heiligen Büchern des Orients und anderen Quellen „ohne den Kontext des lebendigen Glaubens" überliefert worden sind. Denn der Mythos „ist nicht eine müßige Geschichte, sondern eine aufgearbeitete, wirksame Kraft; er ist keine intellektuelle Erklärung oder künstlerische Fantasie, sondern für den Primitiven ein Grundgesetz des Glaubens und der Sittlichkeit"[49a], und unter diesem Aspekt der lebensweltlichen Wirksamkeit erscheint der christliche Glaube tatsächlich als eine Möglichkeit, mythische Frömmigkeit an Erfahrungen nachmythischer Zeit ansatzweise zu verdeutlichen. Nun aber hat, wie hier gezeigt werden soll, eben dieser Glaube während einiger weniger Jahrhunderte Formen der Andacht hervorgebracht, die ihn auch in seinen inhaltlichen Implikaten mythischer Frömmigkeit um einen entscheidenden Schritt näherbrachten, Formen, für die sich in Abwandlung der Worte Malinowskis sagen ließe, daß in ihnen „unsere heilige Geschichte lebte wie für den Primitiven sein Mythos": die geistlichen Spiele des Mittelalters. Vordergründig sind diese Spiele didaktische Veranschaulichung dessen, was die christliche Liturgie unanschaulich feiert. Diese Unanschaubarkeit aber ist, als Inbegriff der an-

---

49 PL 92, 593 A.   49a A. a. O. (siehe Anm. 48) S. 182 f.

dersartigen Wiederholung des Vergangenen, unverzichtbar für das heilsgeschichtliche Kerygma. Wo sie preisgegeben wird, ist dieses Kerygma in Frage gestellt, ist die heilsgeschichtliche Spannung zwischen vergangener Heilstat, gegenwärtiger Verbürgung im liturgischen Ritual und zukünftiger Erfüllung tendenziell aufgehoben. Es liegt nahe, hierin nichts weiter zu sehen als einen unvermeidlichen Preis für Anschaubarkeit. Es wird sich jedoch zeigen, daß das didaktische Moment nicht vorschnell mit dem spieltragenden Impuls gleichgesetzt werden darf. Es ist sekundäre Rationalisierung zumindest in dem Sinne, daß die Ausbildung gerade einer solchen Form didaktischer Vermittlung ihrerseits schon getragen ist von einem höchst ambivalenten Verständnis christlicher Heilsgeschichte: der mythische Typus identischer Wiederholung bringt die biblische Vergangenheit in die Dimension eines archetypischen Mythos, der im Spiel seine rituelle Wiedervergegenwärtigung erfährt. In diesem Sinne ist die Ambivalenz von Kerygma und Mythos zur Leitthese der hier vorgelegten Untersuchung gemacht. Sie besagt, daß die Fragen, auf die das geistliche Spiel Antwort ist, nicht oder zumindest nicht primär in jener Dimension anschaubarer Heilsvermittlung zu suchen sind, in denen es sein offizielles Selbstverständnis artikuliert. Seine primären Bezugsprobleme sind latent, sie liegen in derjenigen Dimension, in der Gehlen die von ihm so genannten „nichtbewußten kulturanthropologischen Kategorien"[50] der „unbestimmten Verpflichtung", der „Stabilisierung" und „Entlastung" durch „Darstellung" ansetzt. Auf sie werden die archetypischen Strukturbildungen der Spiele zu beziehen sein.

Hinsichtlich ihrer Problemstellung verdankt die Arbeit wichtige Anregungen einer Abhandlung von W. Pannenberg über *Späthorizonte des Mythos in biblischer und christlicher Überlieferung*. Pannenberg geht dort der Frage nach, welche positive Funktion der Beibehaltung oder Neueinführung mythischer Vorstellungen im Motivationszusammenhang der Überlieferung Israels zuzusprechen ist, und er exemplifiziert dabei unter anderem an einem institutionellen Bereich, der besonders deutlich mythische Denkformen konservierte: dem Kultus. An Festen wie dem Passah oder der Bundeserneuerung weist er nach, wie hier die mythischen Denkformen nicht nur als Interpretamente für geschichtlich begründete Institutionen fungierten, sondern einen mythischen Sinn solcher festlichen Begehungen selbst indizieren:

---

50 *Nichtbewußte kulturanthropologische Kategorien*, in *Zeitschrift für philosophische Forschung* 4 (1949/50) 321–346. Die dort vorgestellten Kategorien sind in *Urmensch und Spätkultur* weiterentwickelt.

Die für das israelitische Kultverständnis charakteristische heilsgeschichtliche Begründung seiner Feste und ihrer Riten ergibt noch kein Argument gegen den mythischen Sinn solcher kultischen Begehungen, sofern dabei geschichtliche oder vermeintlich geschichtliche Ereignisse selbst die Funktion urzeitlich gründender Begebenheiten übernehmen. Wo diese Funktion nicht aus dem geschichtlichen Sinn der betreffenden Ereignisse begründet wird, sondern unmittelbar als ihr Wesensgehalt erscheint, da ist die mythische Auffassung nicht mehr nur Interpretament des geschichtlichen Ereignisses, sondern hat sie seinen geschichtlichen Sinn verdrängt[51].

Wichtigstes Kriterium wird dabei die Art der Wiederholung des den jeweiligen Kult begründenden Heilsereignisses. Solange diese Wiederholung nicht auf Identität mit dem Wiederholten aus ist, wird das kultgründende Anfangsereignis als heilsgeschichtliches bewahrt. Nicht so jedoch bei der mythischen Form identischer Wiederholung. Sie will über die historische Distanz hinweg zurück in den Anfang, und darin ist sie das sicherste Indiz, „daß die heilsgeschichtliche Begründung nicht nur den Sinn einer Kultaitiologie hatte, sondern regelrecht als Kultmythos fungierte"[52].

Die Übertragbarkeit solcher Fragestellungen auf die geistlichen Spiele des Mittelalters ist leicht einsichtig zu machen. Die Aufgabe wird darin liegen, auch hier von einer Form identischer Wiederholung her heilsgeschichtliche Begründungen zu hinterfragen im Blick auf einen in Wahrheit mythischen Sinn. Unter den heilsgeschichtlichen Begründungen ist hier natürlich in erster Linie die typologisch-figurale Geschichtsdeutung zu berücksichtigen, die durch die Studien E. Auerbachs und anderer als eines der wichtigsten Aufbauelemente des mittelalterlichen Wirklichkeits- und Geschichtsbildes erwiesen wurde. Tatsächlich ist sie auch ein Strukturelement des geistlichen Spiels, sei es, daß den neutestamentarischen Ereignissen die alttestamentarischen Praefigurationen vorgeschaltet werden, sei es, daß in den Spielen alttestamentarischer Begebnisse der Antitypos bereits gegenwärtig ist, so z. B., wenn Adam und Eva ihre zukünftige Erlösung durch Jesus Christus schon vorauswissen. Aber nicht schon hier beginnt die Problematik. Auf Schwierigkeiten stößt die Deutung erst dadurch, daß die in sich figural aufgebaute Geschichte in einer eigentümlichen, uns anachronistisch anmutenden zeitlosen Aktualität dargeboten wird. Auerbach hat auch das als Manifestation figuraler Geschehnisdeutung, genauer: einer „figuralen Jederzeitlichkeit"[53] angesehen. Das ist ein vielleicht etwas unglücklicher Begriff, da ja die figurale Deutung eines heilsgeschichtlichen

---

[51] S. 499.
[52] S. 500.
[53] *Figura* S. 71, 81; *Mimesis* S. 153, 155.

Ereignisses, im System der vier Schriftsinne also die Frage nach seinem sensus allegoricus, gerade an seiner zeitlichen und räumlichen Einmaligkeit interessiert ist. Dies hat niemand mehr betont als Auerbach selbst, und seine Formel einer figuralen Jederzeitlichkeit wird nur verständlich als das Ergebnis des Versuchs, das „konkret Innergeschichtliche" der Figuraldeutung gegen den „abstrakt allegorischen Spiritualismus" der Lehre vom vierfachen Schriftsinn sicherzustellen[54]. Wir werden anläßlich des Adamsspiels auf diesen Versuch, seine Schwierigkeiten und Grenzen einzugehen haben. Im Blick auf die Aktualisierung des Vergangenen im geistlichen Spiel ist es jedenfalls unmißverständlicher, statt von einer figuralen von einer moralischen Jederzeitlichkeit zu sprechen – im Sinne jenes sensus moralis oder tropologicus also, der das zu Deutende gerade unter Ausblendung des heilsgeschichtlich-figuralen Aspekts in Beziehung zum Schicksal der einzelnen Seele setzt.

Gewiß nun deckt dieser sensus moralis, also die zeitlos-moralische Gültigkeit der Heilsereignisse, deren für unser Gefühl anachronistische Darstellung nicht nur im geistlichen Spiel, sondern in mittelalterlich-religiöser Kunst generell. Aber gerade im Falle des Spiels darf man sich damit nicht zufriedengeben. Denn das Spiel setzt nicht einfach Heilsgeschichte ins Bild, begreift sich nicht einfach als deren lebendige Veranschaulichung oder um einen Realitätsgrad gesteigerte Anschaubarkeit, sondern es bindet sich in seiner ganzen Geschichte zurück an seine rituellen Ursprünge in der Liturgie: bis in die Oster- und Passionsspiele des 15. und 16. Jahrhunderts hinein bewahrt auch das volkssprachliche Spiel ein liturgisches Substrat. Eben hiermit aber wird die identische Wiedervergegenwärtigung des Vergangenen im Sinne Pannenbergs hinterfragbar auf einen in Wahrheit mythischen Sinn. In dem Maße, wie das Spiel nach dem Vorbild der Liturgie eine heilige Handlung, rituelles Spiel sein will, begibt es sich der theologischen Deckung nicht nur durch den zeitlosen sensus moralis, sondern auch durch das zeitlose ‚Heute' der Liturgie: verweist dieses auf eine gnadenhaft gespendete Präsenz des Vergangenen in effectu, so ist das Spiel zu befragen, ob sein ‚Heute' nicht die Rückkehr in einen „mythischen Augenblick des Anfangs"[55] indiziert.

Neben der Identität der Wiederholung sind es zwei weitere Faktoren, die hierfür wichtig werden. Der erste ist die Periodizität dieser identischen Wiederholung. Auch wenn nicht jedes Jahr gespielt wurde – die Verhältnisse sind von Spiel zu Spiel verschieden und aufgrund der bisher aufge-

---

54 *Figura* S. 71.
55 Eliade, *Kosmos* S. 35

arbeiteten archivarischen Quellen durchweg nur unzulänglich rekonstruierbar –, so gab es doch jährlich nur eine Spielzeit, für die auch bei – zumeist klimatisch bedingter – Lockerung der heortologischen Bindungen gleichwohl die Nähe anderer kirchlicher Festtage gesucht wurde. Nun ist es zwar auch im geschichtlichen Werden des Kirchenjahres aufgrund der Konkordanz von Jahreszyklus und periodischer Wiederholung der Geburt, des Leidens, Sterbens und der Auferstehung Christi zu eigentümlichen Symbiosen von Kerygmatischem und Naturhaft-Archetypischem gekommen, die indes hier nicht zu interessieren brauchen. Denn dabei gab es immer noch Sicherungen, die einen Kurzschluß paganer Sonnen- und Jahresgottmythen mit der ‚wahren Sonne‘ Jesus Christus verhinderten[56]. Eine dieser Sicherungen war die nichtidentische Wiederholung. Sie aber fiel im Spiel aus, und vor allem das Osterspiel wird zeigen, wie infolge dieses Ausfalls das Kerygma der Auferweckung Jesu in die Naturhaftigkeit eines paganen *ôstarûn* zurückgespielt wurde.

Dieses Zurückspielen aber, und damit komme ich zum zweiten Faktor, gilt es auch in einer temporalen Dimension zu sehen: das geistliche Spiel ist wesentlich Spätprodukt. Nicht schon die identische und periodische Wiedervergegenwärtigung allein kann die Heilstaten in die Dimension eines archetypischen Mythos bringen. Hinzukommen muß die mythisierende Distanz jenes anderthalb Jahrtausends, das zwischen den biblischen Ereignissen und ihren Wiedervergegenwärtigungen im Spiel liegt. Das volkssprachliche Spiel liest die biblischen Geschichten nicht mehr historisch, sondern mythisch, als wo nicht urzeitlichen, so doch ‚gründenden‘ Anfang im Sinne Eliades, es bestätigt die vor allem in der Epen- und Balladenforschung gewonnene Einsicht, „daß die Erinnerung an ein geschichtliches Ereignis oder eine authentische Gestalt nicht länger als zwei oder drei Jahrhunderte im Gedächtnis des Volkes erhalten bleibt. Das beruht auf dem Umstand, daß das Gedächtnis des Volkes nur mühsam ‚individuelle‘ Ereignisse und ‚authentische‘ Gestalten festzuhalten vermag. Es funktioniert mit Hilfe völlig anderer Strukturen: Kategorien anstelle von Ereignissen, Archetypen anstelle von historischen Gestalten. Die geschichtliche Figur wird ihrem mythischen Modell (Heros usw.) angeglichen, während das Ereignis in die Kategorie der mythischen Handlungen eingeordnet wird (Kampf gegen das Ungeheuer, feindliche Brüder usw.)“[57]. So erscheinen Sündenfall und Höllenfahrt als Anfangs- und Endpunkt eines dualistischen Kampfes, die Christophanie vor Maria Magdalena wird aus-

---

[56] Siehe hierzu Pannenberg **S. 524.**
[57] S. 42.

gespielt als Metamorphose, das Passionsspiel opfert Jesus als Sündenbock. In all dem zündet das Spiel jenes archetypisch-naturhafte Substrat dieser Geschichte, dessen Überwindung, Verdrängung oder Negierung sie in sich selbst austrägt: im Adamsspiel dualistische Schöpfungsmythen, im Osterspiel das Katabasis-Mythologem und die Wiedergeburt des Jahresgottes, im Passionsspiel dessen Opferung. Das geistliche Spiel wird so tendenziell zur Veranstaltung einer monumentalen Remythisierung der Heilsgeschichte. Es spielt diese Geschichte zurück in jene Dimension, gegen die sich ihr Kerygma dereinst konstituiert hatte: die biblischen Heilstaten sind in ihm mythisch-archetypisch präsent.

Diesem Sachverhalt will die hier vorgelegte Untersuchung schon in ihrer Anlage Rechnung tragen. Zwar beginnt sie mit den liturgischen Osterfeiern des 10. und endet sie mit den Passionen des 15. und 16. Jahrhunderts. Aber schon ihr Aufbau macht deutlich, daß sie sich keineswegs als eine Gattungsgeschichte versteht. Vielmehr versucht sie, den historischen Ablauf zu vermitteln mit einer systematischen Entfaltung der archetypischen Struktur, in der das Spiel Heilsgeschichte ergreift und ausspielt. Wo durch die Textlage solche Vermittlung auf Schwierigkeiten stößt, wird der diachronische Aspekt dem synchronisch-systematischen untergeordnet. So werden zum Beispiel die erst vom 14. Jahrhundert an vollständig erhaltenen Osterspiele vor dem altfranzösischen Adamsspiel des 12. Jahrhunderts analysiert. Denn das Osterspiel markiert mit dem in die Höllenfahrt vorverlegten, das heißt die erst zukünftige Erfüllung ausblendenden ‚Ende‘ den Fluchtpunkt, dessen dualistische Anlage auch die auf ihn zulaufende Geschichte von ihrem ‚Anfang‘, dem Sündenfall, über die ‚Mitte‘, das Kreuzesopfer, strukturral bestimmt und das heißt: dualistisch umfunktioniert. Heilsgeschichte erscheint so als ein in mythischer Vergangenheit ausgetragener Kampf Gottes mit dem Teufel, und das Spiel setzt gegen die fortwirkende Erdenmacht des in seiner metaphysischen Ohnmacht schon enthüllten Widersachers nicht das Kerygma eines zukünftigen Endsiegs – das Fronleichnamsspiel wird hier eine besondere Betrachtung erfordern –, sondern die Rückkehr in den Anfang, die identische Wiedervergegenwärtigung von Kampf und Sieg im Sinne eines archetypischen Modells. So wird Heilsgeschichte zum Mythos, das Spiel zu seiner rituellen Wiedervergegenwärtigung.

Die Anlage der Arbeit macht aber noch ein weiteres deutlich. Wenn einerseits die heilsgeschichtliche Begründung des Spiels von dem mythischen Wiederholungstypus her hinterfragt wird, so werden andererseits die immanent gewonnenen Ergebnisse solcher Hinterfragung ständig kontrolliert am jeweils gleichzeitigen Stand der Liturgie- und Dogmengeschichte. Als solche Kontrollpositionen erscheinen im ersten Teil die Kontroverse zwischen Amalarius von Metz und Florus von Lyon, im zweiten Teil die dem Adamsspiel um etwa 50 Jahre vorausliegende Satisfaktionslehre Anselms von Canterbury und im dritten Teil die hochscholastische Rezeption dieser Lehre mit besonderer Betonung der Opfertheorie. Nicht also wird, wie das bisweilen geschieht, das Spiel auf den Hintergrund wahllos zusammengetragener dogmatischer Bestimmungen projiziert. Solche Unternehmen haben immer nur insoweit Erfolg, als man stets findet, was man sucht. In Wahrheit laufen sie hinaus auf Erkenntnisverzicht. Um es an nur einem Beispiel zu verdeutlichen: im englischen *Ludus Coventriae* hat man Elemente sowohl der patristischen Redemptionsdoktrin, also der Lehre von der Überlistung Satans durch den Kreuzestod Christi, wie auch der scholastischen Lehre einer spezifisch satisfaktorischen, also die verletzte Ehre Gottes restituierenden Leistung dieses Todes erkannt und untersucht, wie sich beide Traditionen zu einer dramatischen Einheit zusammenschließen[58]. Solche Vergleiche aber werden erst sinnvoll, wenn man eine Fragestellung hat. Fragestellungen lassen sich in diesem Fall nur gewinnen, wenn man die dogmengeschichtlichen Positionen auf systematische Interessen abhört und diese Interessen mit denen des Spiels vergleicht. So gilt es mitzubedenken, daß die Satisfaktionslehre die Redemptionslehre nicht einfach ablöste, sondern daß sie ihren zentralen Impuls daraus bezog, die mythologisch-dualistischen Relikte derselben abzuscheiden durch systematische Ausgrenzung der Instanz des Teufels. Das Auftauchen patristischer Vorstellungen im Spiel bedeutet also Rekurrenz von dogmatisch Überholtem. Das läßt nach dem motivierenden Interesse nun auch des Spiels fragen, und erst wer so fragt, kann der Problematik gewahr werden, die sich aus der gleichzeitigen Präsenz beider Traditionen ergibt und zu in Wahrheit unlösbaren Widersprüchlichkeiten führt. Mißt man nämlich das Spiel solchermaßen an der jeweils offiziellen Lehre, das heißt am jeweiligen Stand dogmatischer Reflexion, dann ergibt sich eine prinzipielle und unaufhebbare Interessendivergenz, die, wie im einzelnen zu zeigen sein wird, darin besteht, daß das Spiel immer genau das hereinnimmt und perpetuiert, was dogmatischer Purismus als mythologische Aufweichung der Lehre diagnostiziert und auszugrenzen sucht. In diesem Sinne wird sich die ‚Hereinnahme von Ausgegrenztem‘, die ‚Positivierung von Negativität‘ als das der Leitthese entsprechende funktionale Leitmodell unserer Analysen ergeben.

---

[58] T. Fry, *The unity of the Ludus Coventriae*, in *Studies in Philology* 48 (1951), 527–570.

Es gilt nicht erst für das Verhältnis von Spiel und scholastischer Satis-faktionslehre, welches im Mittelpunkt der Untersuchungen zur volks-sprachlichen Tradition stehen wird. Den gleichen Hintergrund hat bereits die Kritik des Florus von Lyon an der Liturgieallegorese des Amalarius von Metz (ca. 780 bis 850). Auch auf diesen Streit wird des näheren ein-zugehen sein, denn die Liturgieallegorese ist seit je und zu Recht in ursäch-lichen Zusammenhang mit der Entstehung der liturgischen Feier gebracht und zuletzt von O. B. Hardison für eine prinzipielle Harmonisierung von geistlichem Spiel und kirchlicher Lehre in Anspruch genommen worden. Die bisher nie berücksichtigte Kritik des Florus und seiner Nachfolger macht jedoch deutlich, in welcher Richtung hier die Weichen in Wahrheit gestellt wurden. Der *Liber Officialis* des Amalarius ist ein erstrangiges Dokument für eine tendenziell mythisch-archetypisch geprägte Einstellung zur historia passionis, er ist ein Spätprodukt im oben beschriebenen Sinn, und insofern man das geistliche Spiel als Entfaltung des in ihm Angelegten begreift, macht er zugleich deutlich, daß die Mythisierung der Heilsge-schichte nicht erst ein – unvermeidbares und in Kauf zu nehmendes – Pro-dukt ihrer identischen Wiederholung im Spiel ist, sondern daß für das Spiel seinerseits schon ein höchst ambivalentes Verständnis der biblischen Heilstaten als Entstehungsbedingung vorauszusetzen ist.

Wie sich diese Ambivalenz von Kerygma und Mythos in den Spielen selbst, das heißt am jeweiligen Maß einer immanenten theologischen Selbstkontrolle ablesen läßt, kann die Anlage der Arbeit nicht mehr ver-deutlichen. Diese Formen freiwilliger Selbstkontrolle jedoch werden nicht nur eine weitere Bestätigung unserer These liefern, sondern sie zählen wohl auch zu den aufregendsten Details jenes epochalen Unternehmens, die offiziellen kirchlichen Institutionen um eine weitere zu ergänzen – um eine Institution freilich, die das Odium der Konterbande, von der schon Léon Gautier im Blick auf die liturgischen Tropen sprach[59], nicht loswurde und die, wiewohl einige Jahrhunderte lang geduldet, aufs Ganze gesehen doch eine Episode blieb.

IV

In der Öffnung ihres Gegenstandes auf Fragestellungen, die sich aus der Interferenz anthropologischer und theologischer Gesichtspunkte ergeben, konnte sich die hier vorgelegte Untersuchung auf nur wenige Vorarbei-

---

[59] *Histoire de la poésie liturgique: les tropes,* Paris 1886, S. 138.

ten stützen. Eine nähere Auseinandersetzung mit der Forschung wird nur im ersten Teil und hier vor allem anläßlich der liturgischen Feier erforderlich sein. Denn dort wurde jede Untersuchung zwangsläufig an den eben umrissenen Problemkomplex herangeführt. Da er aber kaum je in seinem ganzen Ausmaß und in all seinen Implikationen erkannt wurde, blieben die Antworten partiell und revidierbar. Die Diskussion dieser Antworten darf daher auch die ihnen eigene Beschränkung der Optik auf die liturgische Feier nicht mitmachen. Vielmehr gilt es, bereits an dieser Frühphase die Leitthese zu entwickeln, die dann die Analyse der volkssprachlichen Tradition bestimmen wird.

Auch in dieser Zusammenschau von liturgischer und volkssprachlicher Tradition hat die Arbeit insofern keine Vorgänger, als sie sich nicht auf eine Volkssprache beschränkt. Das liegt wiederum an ihrer Fragestellung, die solche Beschränkung nicht nur nicht fordert, sondern geradezu verweigert. Was sie fordert, ist eine synoptische Zusammenschau aller für sie relevanten Spiele mit dem Ziel, die je verschiedenen Formen des Ausspielens archetypischer Strukturen aus den Inhibitionen des Kerygmas zu erklären und so die anthropologisch-institutionelle Selbstkonstitution des geistlichen Spiels vor dem Hintergrund der theologischen Ausgrenzungen zu verfolgen. Der Verfasser konnte sich so die Freiheit nehmen, den Gegenstand jeweils nach seiner Möglichkeit der Problemverdeutlichung zu wählen. Hieraus erklärt sich besonders im dritten Teil die Bevorzugung der französischen Passionen, die sich ungleich entschiedener als die englischen und die deutschen der Satisfaktionslehre zu öffnen suchen und dadurch zu idealen Demonstrationsobjekten wurden. Entsprechendes gilt im ersten Teil für die deutschen Osterspiele und im zweiten Teil für das französische Adamsspiel, obwohl hier auf Grund der Textlage in den anderen Volkssprachen die Wahlmöglichkeiten von vornherein beschränkt waren.

Motiviert werden muß also nur eine Beschränkung: die auf die deutsche, die französische und die englische volkssprachliche Tradition. Wenn abgesehen von zwei noch hinzugezogenen spanischen Spielen das gesamteuropäische geistliche Spiel nur in diesen drei Traditionen repräsentiert ist, so deswegen, weil sie für eine vollständige Entfaltung des beschriebenen Problems in der Tat repräsentativ sind. Die beanspruchte Vollständigkeit ist also – auch übrigens innerhalb der drei genannten Traditionen – eine problembezogene und in diesem Sinne ganz unabhängig von der Frage gattungsgeschichtlicher Lückenlosigkeit. In der Konsequenz des hier Vorgelegten läge daher auch nicht ein pures Auffüllen solcher Lücken, sondern die Erschließung weiterer Spiele innerhalb und außerhalb der behandelten Traditionen unter den hier entwickelten Fragestellungen. Die

Arbeit will unter anderem daran bemessen werden, ob sie solche Erschließung als lohnend und sinnvoll erscheinen läßt.

Entsprechendes gilt im Blick auf eine sinnvolle Fortführung textgeschichtlicher Untersuchungen. Hier liegen, wie bereits eingangs betont, hinderliche Lücken der Forschung zum geistlichen Spiel. Es liegt jedoch im Wesen einer funktional-strukturellen Analyse, Vergleiche nicht im Blick auf Quellen und Einflüsse, sondern auf funktionale Bezugsgesichtspunkte anzustellen, und demgemäß konnten auch im vorliegenden Fall erst in der synoptischen Zusammenschau der Spiele Merkmale einer spezifisch archetypischen Lesung der biblischen Vorlagen herausgearbeitet werden. Strukturelle Ähnlichkeiten wie Differenzen ergeben sich aus dieser archetypischen Einstellung des Spiels auf den heilsgeschichtlichen Anfang und ihren jeweiligen Brechungen am Kerygma. Damit aber konnte sich der hier gewählte Ansatz textgeschichtlicher Studien nicht nur weitgehend entschlagen, sondern er wird von ihnen auch nicht einholbar sein. Vielmehr könnte umgekehrt die hier entwickelte Fragestellung auch für zukünftige Textgeschichten einen sinnvollen Leitfaden abgeben, steckt sie doch den Rahmen ab, in welchem die Ambivalenz von Kerygma und Mythos in den verschiedensten Möglichkeiten durch- und ausgespielt wird. Dem Verfasser erschien dieser Ansatz verlockender und weitreichender zugleich, und so hat er sich, durchaus im Bewußtsein der Problematik dieses Schrittes, auf Gebiete begeben, für die er Kompetenz nicht immer beanspruchen kann.

Vielmehr ist hier um Nachsicht, vor allem aber um weiterführende Kritik seitens jener Disziplinen zu bitten, mit deren Hilfe die Fragestellungen entwickelt wurden. Das gilt einmal für die Theologie, die das geistliche Spiel als ihren Gegenstand noch nicht entdeckt hat, obwohl sie zumindest im gleichen Maße wie die Literaturwissenschaft zuständig wäre. Das gilt sodann und vor allem für die Anthropologie im engeren und im weiteren Sinne, das heißt einschließlich der Soziologie, der Psychoanalyse, der Sozialpsychologie und auch der Volkskunde. Sie alle erweisen sich nicht nur an bestimmten Stellen des hier entwickelten Argumentationszusammenhangs als unentbehrlich, sondern sie alle werden in dem Maße auch grundsätzlich bedeutsam, wie Literaturwissenschaft naive Autonomieansprüche aufgibt. Historisch leiten sich solche Ansprüche her aus romantischer Genieästhetik und deren Prämissen von der Einmaligkeit, Überlegenheit und Unersetzbarkeit der dichterischen ‚Aussage'. Der strukturalistische Abbau dieser Tradition mündet ein in die neue Metaphysik strukturalistischer Universalien: Wo immer man Strukturen im Blick auf Invarianzen zu exponieren sucht statt sie zu problematisieren, kommt der bekämpfte Substantialismus durch die Hintertüre wieder herein. Nicht schon Strukturen, sondern allererst strukturbedingende Funktionen können ein Denken in Substanzen auflösen. Die funktionalen Bezugsprobleme aber, die solche Problematisierung erlauben, lassen sich nur artikulieren im Rahmen einer allgemeinen Hermeneutik der Sozialwissenschaften.

ERSTER TEIL

DAS VORVERLEGTE ENDE: LITURGISCHE VISITATIO SEPULCHRI UND VOLKSSPRACHLICHES OSTERSPIEL

Kap. A
Liturgische Feier und Meßallegorese:
Die Visitatio Sepulchri zwischen Kerygma und Mythos

I

Der Dialog *Quem queritis in sepulcro*[60], mit dem die liturgische Feier ihren Anfang nahm, erscheint in der Osterliturgie des 10. Jahrhunderts vornehmlich an zwei Stellen: im Introitus der Ostermesse und zum Schluß, bisweilen auch zu Beginn der Ostermatutin. In der Messe hat er den Charakter eines Tropus, der der ersten Antiphon *Resurrexi et adhuc tecum sum* vorgeschaltet ist und über dessen Darbietungsweise in den meisten Fällen nur Vermutungen angestellt werden können. Sicher ist, daß es zur Repräsentation der Marien einerseits und der beiden Engel am Grabe andrerseits nur in Ansätzen gekommen ist, etwa dergestalt, daß ein Geistlicher am Altar die Worte der Engel und zwei Chorsänger die der Marien übernahmen. Textliche oder stoffliche Erweiterung erfuhr der Dialog an

---

[60] Er lautet in seiner einfachsten Form:
Interrogatio:
    Quem queritis in sepulchro, Christicole?
Responsio:
    Iesum Nazarenum crucifixum, o caelicolae.
    Non est hic, surrexit sicut predixerat; ite, nuntiate quia surrexit de sepulchro. Resurrexi.
(Troparium Sangallense, 10. Jh., zit. nach Young I, S. 201).
Im folgenden beschränke ich mich auf knappste Hinweise zur oft dargestellten Entstehungsgeschichte der liturgischen Feier; ich verweise auf Brinkmann (1929), Young und insbesondere auf de Boor Kap. I („Methodische Erwägungen"). Mit de Boor (und gegen Brinkmann) spreche ich nicht von liturgischem Drama oder liturgischem Spiel, sondern von liturgischer Feier im Unterschied zum volkssprachlichen Spiel.

diesem Ort nicht. In der Matutin hingegen wurde er ausgestaltet zu einer liturgischen ‚Szene'. Sie schildert den Gang der frommen Frauen zum Grabe, wo sie erfahren, daß der, den zu salben sie gekommen waren, auferstanden sei. Dargeboten wird sie von Gruppen von Geistlichen, die aus dem Chor heraustreten und an einem als *sepulcrum* bezeichneten Ort, der in den meisten Fällen mit dem Altar identifiziert werden kann, *in persona mulierum* bzw. *angelorum* agieren und singen. Erst hier, in den Texten der sogenannten *Visitatio Sepulchri* erscheinen textliche (Wegestrophen, Ostersequenz) und stoffliche Erweiterungen (Jüngerlauf und Christophanie). Die Szene wird ausgestaltet zu einem feierlichen Abschluß nicht nur der Matutin selbst, sondern gleichzeitig auch einer ihr vorausliegenden Reihe von Kreuzesfeiern. Diese beginnt mit der Adoratio am Karfreitag und führt über die Depositio zur Elevatio, welche letztere vor der Matutin das Mysterium der Auferstehung selbst kommemoriert und mit der Visitatio als Bestätigung dieses Ereignisses eine dialogisch-dramatische Fortführung und Steigerung erfährt. Von dieser Sequenz ist allein die Adoratio streng liturgisch. Der Rest ist der römischen Liturgie unbekannt. Es sind außerliturgische Zeremonien, die im 9. oder erst 10. Jahrhundert entstanden sein dürften. Die *Regularis Concordia* (965–75), das Produkt einer angelsächsischen Klosterreform unter König Edgar, spricht von einem *usum quorundam religiosorum imitabilem ad fidem indocti uulgi ac neofitorum corroborandam*[61].

Obwohl die *Concordia* selbst an dieser Stelle allein von der Depositio spricht, hat man die Formel seit je auch für die Visitatio vereinnahmt. Sie wurde in der Diskussion der liturgischen Ursprünge des geistlichen Spiels eines der meistzitierten und die gegensätzlichsten Deutungen hervorrufenden Dokumente. In Deutschland war es vor allem J. Schwietering, der im Jahre 1925 all denen, die eine didaktisch-missionarische Absicht als hinreichende Antwort auf die Ursprungsfrage ansahen, positivistische Selbstbescheidung und „handfesten Rationalismus" vorwarf und statt dessen eine „geisteswissenschaftliche Deutung" forderte. Er selbst wies bereits hin auf die rememorative Deutung der Liturgie, die „zu neuer erlebnismäßiger liturgischer aneignung führen und willkürliche allegorese zu leibhafter symbolik wandeln konnte"[62]. H. Brinkmann hat wenig später diesen Hinweis aufgenommen und das liturgische Drama als Ausdruck einer Geisteshaltung gedeutet, die auch die Liturgieallegorese, wie sie insbesondere von

---

61 Young I, S. 133.
62 *Über den liturgischen Ursprung des mittelalterlichen geistlichen Spiels,* in *Zeitschrift für deutsches Altertum* 62 (1925) 1–20, S. 3 f., 7.

Amalarius von Metz entwickelt wurde, hervorgebracht habe. Hier wie dort erkennt er einen „übermächtigen Drang, die Meßvorgänge konkret zu erleben"[63]. Diesen Drang aber könne man nicht einfach auf „zweckhafte Überlegungen", d. h. auf die Suche nach glaubenstärkenden Mitteln reduzieren, verweise er doch in Wahrheit auf ein sehr viel tieferes Bedürfnis, das Brinkmann auf die Formel vom „dogmatischen Erleben" bringt: „Das Osterspiel ist geschaffen vielmehr aus dem Jubel der Glaubensgewißheit, nachdem vorher die Peripetie von Fastenklage zu Osterfreude erfahren war. Hier scheint mir der geistige Ursprung des mittelalterlichen Dramas zu liegen. Die Zeit war reif. Die Gestaltung der Liturgie im 9./10. Jahrhundert spricht beredt von der dramatischen Sehnsucht, die erwacht war"[64].

E. K. Chambers habe, so Brinkmann, „feinsinnig die Regungen dieser Sehnsucht belauscht"[65]. Wenn er das getan hat, dann sicherlich nicht auch im Sinne eines „dogmatischen Erlebens". Für ihn nämlich war die liturgische Feier zwar im Rahmen des kirchlichen Ritus entstanden, aber darum noch kein genuines Produkt desselben, sondern eher ein kühner Versuch „to wrest the pomps of the devil to a spiritual service", wenn nicht gar ein „ironical recoil of a barred human instinct within the hearts of the gaolers themselves"[66]. So wird die didaktische Funktion des geistlichen Spiels auch hier hinterfragt, und zwar in einer Weise, die nicht minder folgenreich war als die spezifisch geistesgeschichtliche Antwort, die mit dem Hinweis auf die Liturgieallegorese sich bescheiden zu können glaubte. Für Chambers ist das geistliche Spiel eine Manifestation des trotz langer Unterdrückung schließlich doch sich Durchbruch verschaffenden ‚mimetischen Instinkts' des ‚Volks'. Schon seine liturgischen Anfänge seien nicht aus der christlichen Heilslehre heraus, sondern im Grunde gegen sie entstanden, und seine Geschichte sei, besonders in ihrer nachliturgisch-volkssprachlichen Phase, gekennzeichnet durch das zunehmende Eindringen komischrealistischer Elemente, und das heißt: durch Akkumulation eines sich durchhaltenden paganen Substrats.

R. Stumpfl hat 1936 diese volkskundliche Antwort zu einer ‚völkischen' vorgetrieben, indem er schon der liturgischen Feier Priorität absprach. Für ihn ist sie ein Produkt christlich-missionspolitischer „Amalgamierungstaktik", mit dem heidnisch-germanische Kultspiele unterlaufen werden soll-

---

63 *Studien* II, S. 168.
64 Ebd. S. 191.
65 Ebd.
66 II, S. 3.

ten. Die oft abenteuerliche Rekonstruktion dieser Kultspiele, die an der entscheidenden Stelle, nämlich der Marienszene als Kernstück der Visitatio, zu keinem erkennbar konkurrierenden Analogon führt, hat die ganze Forschungsrichtung nicht minder diskreditiert als die von Stumpfl massiv eingebrachten ideologischen Prämissen[67]. Am ehesten war noch die ideologisch nicht vorbelastete anglistische Forschung bereit, hier weiterzufragen. Freilich blieben auch diese Versuche ohne Echo, weil sie über die bekannten Hypothesen nicht hinauskamen. So hat R. Pascal[68] die soziologischen Implikate der Germanisierung des Christentums, insbesondere die Durchdringung des Mönchtums mit Angehörigen der germanischen Oberschicht herausgestellt und unter diesem Aspekt die Visitatio zwar nicht, wie Stumpfl, unvermittelt an kultische Initiationsriten anschließen, wohl aber deren emotionales Potential in ihr kanalisiert und konserviert sehen wollen. Zuletzt ist das ganze Arsenal der seit Chambers geläufigen Argumente von B. Hunningher[69] wieder bemüht worden: pagane Fruchtbarkeitsriten, das Fortleben des antiken Mimus, die Polemik der Kirche gegen Kontakte des Klerus mit *histriones* und *joculatores*. Sein Hauptbeleg ist inzwischen von H. M. Gamer[70] entkräftet: die Miniaturen des St. Martial-Tonariums zeigen keine tropensingenden Mimen[71], sondern Musikanten des Königs David. So verlockend die Vermutung, so unbezweifelbar ihre Widerlegung. Stumpfls Schicksal scheint sich, wo immer sein Ansatz wieder aufgegriffen wird, zu wiederholen. Man sollte zögern, überhaupt noch auf solche Versuche einzugehen.

Gleichwohl glaube ich, daß man es sich zu leicht macht, wenn man sie einfach erledigt mit dem Vorwurf, sie begännen mit der Leugnung des Offenkundigsten[72]. Es kann nämlich schlechte Antworten auf gute Fragen geben. Wer aber angesichts einer jahrhundertealten christlichen Polemik gegen die ludi theatrales sich nicht einfach abfinden mag mit dem Bescheid, daß im 9. Jahrhundert für ein christliches Spiel „die Zeit reif gewesen"

---

[67] Siehe hierzu die Polemik zwischen Stumpfl und E. Scheunemann in *Zeitschrift für deutsche Philologie* 61 (1936) 432–443 und 62 (1937) 87–105 sowie die Rezension von Neil C. Brooks in *Journal of English and Germanic Philology* 37 (1938) 300–305.

[68] *On the origins of the liturgical drama of the middle ages,* in *Modern Language Review* 36 (1941), 369–387.

[69] *The origin of the theatre,* The Hague/Amsterdam 1955, insbes. S. 77–80.

[70] *Mimes, musicians, and the origin of the medieval religious play,* in *Deutsche Beiträge zur geistigen Überlieferung* 5 (1965), 9–28.

[71] So Hunningher S. 81 ff.

[72] So Hardison S. VII; Stemmler S. 3 ff.

(Brinkmann) sei, und statt dessen nach heterogenen Impulsen für dessen Entstehung sucht, der stellt zweifellos eine begründete Frage. Hardison hat mit Recht gegen das organologisch-evolutionistische Denken Chambers' polemisiert[73]. Der Geschichte literarischer Formen ist nicht mit der Vorstellung biologischen Wachstums beizukommen. Aber wer demgegenüber auf den bewußten Gestaltungswillen der mittelalterlichen Kleriker hinweist, hat das Problem eines christlichen ludus damit noch lange nicht entschärft. Stumpfl hat sich in der Auseinandersetzung mit Scheunemann darauf zurückgezogen, daß es ihm im wesentlichen angekommen sei auf den „Nachweis einer germanischen Spielkontinuität als Ursprung unserer mimisch-dramatischen Kunst im Mittelalter"[74]. Wenn man den Nachweis als gescheitert betrachten muß, so bleibt doch die auslösende Frage bestehen. Hunningher hat sie in aller Deutlichkeit formuliert: „Hymns like the tropes which in question and answer were alternatively sung by choir parts, do not turn into drama simply because they were given opportunity to expand"[75].

Daß hier ein harter Kern der sogenannten volkskundlichen Fragestellung sichtbar wird, bestätigt indirekt Hardison selbst. Denn der Aufwand[76], mit dem er die Liturgieallegorese vorstellt, ist nur verständlich als Antwort auf einen Zweifel, der solch aufwendiger Entkräftung bedarf. Aber gegen dieses Unternehmen steht nach wie vor das Argument, das schon Stumpfl gegen Schwietering und Brinkmann ausspielen konnte: daß nämlich die Entstehung der Meßallegorese zeitlich und räumlich mit der Christianisierung der germanischen Völkerschaften zusammenfällt. In welchem Maße nun diese Christianisierung der Germanenstämme auch eine Germanisierung christlicher Glaubensvorstellungen zur Folge hatte, ist eine Frage, mit der sich nicht nur Literarhistoriker abgeben. Auch die theologische Erforschung der Karolingerzeit steht in einer bis heute unentschiedenen Diskussion, ob und wie weit die mit dieser Epoche einsetzenden neuen Tendenzen in der Dogmatik und vor allem in der Liturgik auf eine spezifisch germanische Rezeption und Umdeutung der altchristlichen Glaubensinhalte zurückzuführen sind. Kein geringerer als A. Kolping hat die Polemik zwischen Amalarius und seinem theologischen Widersacher Florus

---

[73] Seine brillanten methodologischen Analysen in dem Kapitel „Darwin, Mutations, and the Origin of Medieval Drama" (S. 1 ff.) kann künftig keine Untersuchung zum geistlichen Spiel übergehen.
[74] *Zeitschrift für deutsche Philologie* 62 (1937) S. 88.
[75] S. 116.
[76] S. 35–177, also etwa die Hälfte des ganzen Buches.

von Lyon ganz in diese Perspektive gestellt und die Liturgieallegorese als ein dem altchristlichen Mysterienverständnis entfremdetes Produkt „germanischer Theologie" interpretiert, eine Deutung, die sich durch Arbeiten namhafter Liturgiker wie J. A. Jungmann, O. Casel und I. Herwegen[77] gestützt sieht. Wenn aber die Möglichkeit einer „germanischen Theologie" ernsthaft erwogen wird, sollte der Literarhistoriker seine Aufgabe nicht in übereilten Eliminierungen sehen. Das Problem des paganen Anteils am christlichen Spiel ist nicht schon deswegen erledigt, weil es von Stumpfl ideologisiert wurde.

Andererseits zeigt gerade das Beispiel Stumpfl, wie man diese Frage nicht angehen darf. In der strengen Opposition von geistesgeschichtlich und volkskundlich orientierter Forschung ist sie überhaupt nicht lösbar. Der „Nachweis einer germanischen Spielkontinuität" endet erfahrungsgemäß immer in Hypothesen. Zu führen wäre er allenfalls per negationem, d. h. auszugehen ist in jedem Fall von den Texten, und bevor man diese an eine germanische Tradition anschließt, sollte man ihren Ort in der zutage liegenden christlichen Tradition untersuchen. Die Geistesgeschichte macht es sich zu leicht, wenn sie sich damit begnügt, das Spiel als bewußte Gestaltung gegen die Irrationalismen des Bodenständigen und Volkstümlichen in Schutz zu nehmen. Aber auch die Substratforschung schließt das Problem kurz, wenn sie sich in hypothetische Rekonstruktionen flüchtet, statt zunächst einmal das von der Geistesgeschichte ins Feld geführte Material von ihrer Fragestellung her genauer zu betrachten. Denn wenn etwas entstanden sein sollte, was eigentlich nicht entstehen durfte, dann wird es Spuren dieser seiner fragwürdigen Existenz hinterlassen.

Im Falle der Liturgieallegorese nun liegen diese Spuren offen zutage in der bereits erwähnten Kontroverse zwischen Amalarius von Metz und Florus von Lyon. Man hat bisher durchweg geglaubt, diesen Streit bagatellisieren zu können, da nicht der auf der Synode zu Quiercy (838) siegreiche Florus, sondern der verurteilte Amalarius sich schließlich durchgesetzt und das mittelalterliche Liturgieverständnis bestimmt hat. Dabei ist aber verschwiegen, daß dieser Streit auf dem Höhepunkt der Scholastik erneut entflammte und daß die Meßallegorese, so wie sie sich in der Nachfolge Amalars entfaltete, aufs Ganze gesehen eine Episode blieb, die mit dem Tridentinum ihr Ende fand, ein Ende, das zugleich auch das der liturgischen Feier wie des volkssprachlichen Spiels werden sollte. Harmonisierungen verschleiern oft den Preis, um den sie erkauft sind. Ihn

---

[77] Siehe den einleitenden Forschungsbericht bei Kolping, S. 424 ff. Von „germanischer Theologie" spricht Kolping S. 427 und 463.

aufzuzeigen könnte der erste Schritt aus einem Dilemma sein, in dem sich die Forschung seit Jahrzehnten gefangen sieht.

II

Quae aguntur in caelebratione missae, in sacramento dominicae passionis aguntur, ut ipse praecepit dicens: „Haec quotiescumque feceritis, in mei memoriam facietis"[78]: Sollte diese ,Erinnerung' über die eigentliche Konsekration hinaus nicht für den gesamten Ablauf der Messe gelten? Sollte hier nicht der Schlüssel auch für viele verschüttete andere Zeremonien liegen, deren Erklärung Schwierigkeiten bereitete? Lagen ihre scheinbar verschütteten geschichtlichen Ursprünge nicht in Wahrheit offen und jedermann einsichtig in den evangelischen Berichten von Leben, Leiden, Sterben und Auferstehung des Herrn? Amalar war nicht der erste, der sich vor derlei Fragen gestellt sah. Sie ergaben sich in dem Maße, wie mit der Ausbreitung des Christentums der rasch sich vergrößernde Klerus unterweisungsbedürftig wurde. Allegorische Meßerklärungen wurden in der Ost- wie der Westkirche schon seit dem 7. Jahrhundert gepflegt, und Amalarius hat wahrscheinlich nicht nur aus gallikanischen, sondern auch aus orientalischen Quellen geschöpft. Sein Lehrer war Alkuin, und aus dieser Tradition der karolingischen Reformen des geistlichen Unterrichtswesens bezog denn auch Amalars rememorative Allegorese ihren zentralen Impuls. Er befragt den Ritus auf seine lehrhaften Möglichkeiten, indem er jede seiner Phasen auf einen Abschnitt im Leben Jesu projiziert, die Geistlichen in dementsprechend von Abschnitt zu Abschnitt wechselnden Deutungen zu Repräsentanten Christi, der Jünger, der Apostel, Josephs von Arimathia oder der Frauen unter dem Kreuze macht und darüber hinaus jedes Detail, jede Stellung und jeden Stellungswechsel der Beteiligten, jede ihrer Handlungen, jedes Sichniederknien, jedes Sichaufrichten, jedes Neigen des Hauptes und jedes Erheben der Stimme allegorisch zu erklären sich bemüht. So bedeuten, um nur einige bezeichnende Beispiele[79] aus der Konsekration und der Kommunion zu nennen, die Diakone, die hinter den Zelebranten stehen, die Apostel, die sich furchtsam verbargen; die Subdiakone, die dem Zelebranten jenseits des Altars gegenüberstehen, verweisen auf die am Kreuz ausharrenden Frauen; das Erheben der Stimme beim *Nobis quoque* meint das Bekenntnis des Centurio beim Tode Jesu;

---

[78] Amalarius, *Liber Officialis,* Hanssens II, S. 14.
[79] Ebd. S. 329 ff.

bei der Schlußdoxologie figurieren Zelebrant und Archidiakon als Niko-
demus und Joseph von Arimathia, die den Herrn vom Kreuz nahmen;
das sudarium wird dabei zum Grabtuch, der Altar zum Grab; in der
Communio sind die am Altar sich präsentierenden Subdiakone die Marien
am Grabe; die Fractio verweist auf das Emmausmahl, der Schlußsegen
auf Christi letzte Segnung seiner Jünger vor der Himmelfahrt.

Schon beim bloßen Referieren Amalars beginnen die Schwierigkeiten.
Aus seiner Begrifflichkeit ist nämlich nicht zu entnehmen, wie diese Ver
weisungen genauer zu verstehen sind. Am häufigsten ist die Rede von
monstrare, (de)signare und *ad memoriam ducere,* dann auch von *praesen-
tare, figurare, typum gerere* bzw. *in typo gerere,* oder auch, substantivisch,
von *imitatio* und *similitudo* (bzw. *similis esse*). Es bedurfte bei Amalars
Gegner Florus von Lyon eigentlich keiner besonderen Ranküne, um in solchen Umschreibungen liturgischer Anamnese eine schwerwiegende Gefahr
zu erkennen. Er sah in den Rückprojektionen des allegorisch zergliederten
Ritus auf Details der Leidensgeschichte sein eigenes, die altkirchliche Tradition repräsentierendes Opferverständnis an zentraler Stelle in Frage gestellt, mußten sie doch zwangsläufig das Mysterium zu schattenhaften
‚Figuren‘ entleeren, welche statt auf das sakramental verbürgte Heil der
Zukunft zu verweisen, ihre Erfüllung allein in der Vergangenheit zu haben schienen. In seiner Anklageschrift für die Synode von Quiercy erinnert ihn Amalars Methode an die Antipoden, erwecke sie doch den Eindruck, als folge die *figura* auf die *res ipsa*[80], während in Wahrheit mit der
Inkarnation die Welt der Schatten zu Ende gekommen sei. *Tu semper vis
esse in umbra,* lautet eine seiner Randnotizen zum *Liber Officialis*[81], und
dieser zentrale Vorwurf durchzieht seine gesamte Polemik. Sehr genau erkennt er auch, was bei Amalar die heilsgeschichtliche Dimension verblassen
läßt: nicht schon die – auch für ihn selbstverständliche – kommemorative
Rückbeziehung des Ritus auf die Leidensgeschichte, sondern allererst seine
Zergliederung, die vielen *fatuas divisiones,* von denen er das unsichtbar
sich ereignende Heilsmysterium, die *plenitudo sacramenti*[82] aufgezehrt
sieht.

Sehr deutlich wird das im *Opusculum de causa fidei,* in dem Florus –
sicherlich nicht unparteiisch – die Ergebnisse der Synode referiert. Wieder

---

80 PL 119, 75 B.
81 Abgedruckt bei Hanssens II, S. 567 ff.; Zitat S. 576, ähnlich S. 571 sowie
   Hanssens I, S. 373 (die *Invectio canoncia* ist höchstwahrscheinlich von Florus
   verfaßt).
82 PL 119, 74 D und 71 A.

ist es die eigentümliche Umkehr der Typologie, die er – nun mit synodaler Rückendeckung und sehr viel schärfer – angreift. Schatten und Figuren habe es allein im Alten Testament gegeben. Niemandem könne es gestattet sein, jetzt, da mit Christus das Licht in die Welt gekommen sei, ‚neue Arten von Figuren‘, *nova figurarum genera vel mysteriorum sacramenta*[83] festzusetzen. Die erfüllte Wahrheit in ihrer ganzen *puritas* und *simplicitas* sei Gegenstand des kirchlichen Ritus, *non figuras aliquas vel mysteria vanitatis*[84]. Amalar aber, der die Stirn habe, sich bei seinen phantastischen Erfindungen auf Augustin zu berufen, wird nun mit der Unterscheidung zwischen dem *visibile sacramentum* und der *virtus sacramenti* der wahre Augustin entgegengehalten. *Sed quid*, so fragt Florus, *pertinet ad virtutem sacramenti, quod pertinet ad visibile sacramentum? . . . ideo autem dicuntur sacramenta, quia in eis aliud videtur, aliud intelligitur. Quod videtur, speciem habet corporalem; quod intelligitur, fructum habet spiritualem. Manet igitur in mente fidelium incorrupta venerabilis mysterii virtus, et efficacissima potentia, purgans delicta, emundans conscientias, perficiens gratiam redemptionis et salutis*[85]. Auch für Florus also gilt das *aliud videtur, aliud intelligitur*, aber was hier ‚verstanden‘ wird, ist nicht der historische Leidensweg Jesu im Sinne des Amalarius, sondern der *fructus spiritualis* dieses Leidens: das im Sakrament gnadenhaft vermittelte Heil.

Was also Florus gegen Amalar zur Geltung bringen will, ist die wahre Figuraldeutung der Eucharistie, wie sie im Mittelalter gang und gäbe war. Sie ist gebunden an eine synthetische Schau der Heilsgeschichte, derzufolge die Figuren des Alten Testaments mit Christi Erscheinen ihre Erfüllung finden, die aber ihrerseits eine vorläufige bleibt angesichts der neuen Verheißungen von Weltende und Jüngstem Gericht. *Umbra in lege, imago in evangelio, veritas in caelestibus* – so erscheint bereits bei Ambrosius jener dreistufige typologische Vollzug, den Augustinus ausgebaut hat und der sich im mittelalterlichen Eucharistieverständnis vor allem im Begriff des *pignus*, des Unterpfands niedergeschlagen hat[86]: das Meßopfer prolongiert die mit der Inkarnation gegebene vorläufige Erfüllung, ist symbolisches Unterpfand der realen, wenn auch noch verhüllten Gegenwart dessen, der da kommen wird. In seiner eigenen Meßerklärung stellt Florus denn auch ausdrücklich fest, daß im Meßopfer weniger der Leidende als der *Christus*

[83] Ebd. 82 D.
[84] Ebd. 83 A.
[85] Ebd. 83 CD; zur Tradition dieser Bestimmung siehe Lubac S. 23 ff.
[86] Lubac S. 219 ff.

jam passus präsent und mit ihm zugleich schon die *tempora venturi Christi venientis* verbürgt seien[87].

Aufs schärfste wird hier die Divergenz Amalars sichtbar. Denn bei ihm tendiert alle Deutung auf detaillierte Veranschaulichung einer Geschichte mit ‚Anfang‘ (Einzug in Jerusalem), ‚Mitte‘ (Passion und Auferstehung) und ‚Ende‘ (Himmelfahrt), wohingegen Florus im sichtbaren Vorgang der Messe nur die erinnernde Wiederholung der Mitte, des Abendmahlsgeschehens, sieht. Als solche ist ihm der sichtbare Vorgang gar nicht weiter problematisch und deutungsbedürftig. Er ist nur das den historischen Ursprung restituierende raumzeitliche Substrat des eigentlichen, der Sicherheit sich entziehenden Vorganges: der sakramentalen Wirksamkeit des Sühneopfers, die in jeder Meßfeier erneut gnadenhaft gespendet wird. Man kann also den Unterschied am einfachsten dahingehend fassen, daß der Ritus bei Florus und der von ihm repräsentierten Tradition ein Mahlgeschehen wiederholt und strukturiert, bei Amalar hingegen eine Geschichte.

So formuliert verweist die Differenz auf Implikate, die in der perspektivischen Kritik des Florus zunächst nicht greifbar werden. Am Maß seines Eucharistieverständnisses gemessen, bleiben Amalars ‚Figuren‘ schattenhafte Entleerungen der *plenitudo sacramenti,* sind sie bloße Bilder einer Geschichte statt Fortdauer ihres *fructus spiritualis.* Gleichwohl bleibt doch auch bei Amalar das, was diese Geschichte strukturiert, ein Ritus, wird auch von Amalar die Ereignishaftigkeit des rituell Begangenen nicht geleugnet. Er nimmt ein Verweilen des Leibes Christi auf Erden auch nach der Himmelfahrt an, er glaubt, daß dieser Leib durch die Eucharistie in unsere Glieder und Adern ‚ausgegossen‘ (*diffundere*) werde, und er macht sich Gedanken über die Frage, was nach seinem Genusse in unserem Körper mit ihm geschehe: ob er mit der Luft ausgeatmet werde, ob er mit dem Blut ausfließen könne oder ob er gar auf natürlichem Wege ausgeschieden werde[88]. Man hat vor allem aus diesen der Korrespondenz Amalars entstammenden Bemerkungen geschlossen, Amalar zähle in der vorscholastischen Eucharistielehre zur sogenannten realistisch-metabolischen Richtung[89], aus der hernach die Transsubstantiationslehre hervorging, und schon seine Zeitgenossen lasteten ihm gar Sterkorianismus an. So auch Flo-

---

[87] PL 119, 20 D.

[88] Hanssens II, S. 396 f.

[89] Siehe J. Geiselmann, *Die Eucharistielehre der Vorscholastik,* Paderborn 1926, S. 87 ff.; zur Kritik des Florus an Amalars Lehre vom *corpus Christi triforme* siehe Lubac S. 297 ff.

rus, dessen Kritik damit bald zu viel, bald zu wenig einzuklagen und also unglaubwürdig zu werden scheint. Ebensogut aber könnte es sein, daß Florus selbst sich hierbei ganz im Recht fühlte, daß er also zwar des Amalars ‚neue Figuren' zu Schatten angesichts der *plenitudo sacramenti* erklären mußte, andrerseits aber sehr wohl sah – und hierin die eigentliche Gefahr witterte –, daß diesen Schatten von Amalar selbst die Realität wiederkehrender Ereignishaftigkeit zugeschrieben wurde. Wenn dem so ist, wäre Florus der erste gewesen, der den wahren, hinter der didaktischen Funktion verborgenen Impuls der Meßallegorese erkannt hat: ein latent paganes Verständnis des Ritus und seiner Begründung der Geschichte vom Leiden und Sterben Jesu Christi[90].

Tatsächlich hat er diesen Impuls nicht nur erkannt, sondern sogar benannt. Ganz besonders gereizt nämlich reagiert er, wenn in Amalars Allegorese an Stelle historischer Erklärungen naturhafte erscheinen. Das geschieht vor allem in den beiden ersten, der Liturgie des Kirchenjahres und den Ordinationen gewidmeten Büchern des *Liber Officialis*, wo Amalarius z. B. die Quatemberfasten mit den vier Elementen und die zwei Lektionen am Quatembermittwoch mit Sonne und Mond in Zusammenhang bringt, die ihrerseits wiederum heidnische Namen, Phebus und Phebe, erhalten – *ut paganis ejus verbis utar,* wie Florus ausdrücklich hinzufügt[91]. Heidnische Götter sind selbst dann verdächtig, wenn sie metonymisch erscheinen. *David bellicosum fuisse et valde arsisse in marte* ist nach Florus teuflische Rede, da David tapfer im Herrn gewesen sei, nicht etwa Mars gedient habe[92]. Eine *insanissima falsitas quae multum aberrat* dünkt ihn auch bei der Erklärung der großen Litanei die Exegese von Lk. 11, 11-12, in der Amalar Brot, Fisch und Ei, um die der Sohn der Vater bittet, als Gegenstände der Bittgebete auf die Schätze der Erde, die des Wassers, und auf die zweigeschlechtigen Tiere bezieht[93]. Aus all diesen Beispielen scheint

---

90 Mit der im folgenden durchgeführten Hinterfragung des didaktischen Impulses der Meßallegorese setze ich mich von der Abhandlung Kolpings ab. Kolping beläßt es bei der Opposition von sakramentalem Mysterium (Florus) und einem an der „äußeren Erscheinungsform", der „Äußerlichkeit" und „Oberfläche" des Ritus orientierten „liturgischen Schauspiel" (Amalar); siehe insbes. S. 433, 434, 442, 453. Die Einordnung der Eucharistieauffassung Amalars in eine so gesehene Gesamttendenz der Allegorese ist daher bei Kolping nicht überzeugend (siehe insbes. S. 438 f.).

91 PL 119, 74 D; Florus bezieht sich auf *Liber Off.* II, 2; den Hinweis auf Sonne/ Phebus und Mond/Phebe habe ich bei Amalar nicht finden können; möglicherweise wurde er von ihm selbst in späteren Ausgaben getilgt.

92 Hanssens II, S. 570 sowie PL 119, 75 A.

93 Hanssens II, S. 569.

zunächst nur eine periphere Details ans Licht zerrende Beckmesserei zu sprechen, besonders wenn, wie im letztgenannten Fall, verschwiegen wird, daß Amalar nicht nur naturhaft, sondern zugleich moralisch deutet, indem er den *tria temporalia* mit Liebe, Glaube und Hoffnung *tria spiritualia* an die Seite stellt. Aber immerhin erscheinen doch die *temporalia* an erster Stelle und breit ausgeführt. Die *spiritualia* hingegen werden mit einem einzigen knappen Satz erledigt, der nicht weiter zu erklären vermag, wieso der Fisch auf den Glauben und das Ei auf die Hoffnung verweisen sollen[94].

Solche Ambivalenz ist für Amalars Vorgehen bezeichnend, und ganz offenbar hat Florus mit den inkriminierten Beispielen etwas Symptomatisches getroffen. Denn wenn auch ausgesprochen naturhaft-pagane Erklärungen soweit ich sehe auf die genannten Fälle beschränkt bleiben, so wird doch in ihnen nur ausdrücklich, was das Verfahren als Ganzes kennzeichnet: eine Auszehrung der *plenitudo sacramenti,* eine tendenzielle Aufhebung der heilsgeschichtlichen Spannung von historischem Geschehen, gnadenhaft gespendeter Fortdauer und zukünftiger Enthüllung des unsichtbar bereits Erfüllten. Wesentlich für diese Spannung ist die Differenz zwischen historischem Geschehen und ritueller Wiederholung, zwischen der *passio Christi* und dem kommemorierten *Christus jam passus,* zwischen blutigem Opfer und unblutiger Wiederholung. Gerade diese Differenz hält den christlichen Ritus in heilsgeschichtlicher Dimension, läßt ihn nicht zur Begehung eines wiederkehrenden Urgeschehens werden, sondern zur Prolongation eines historischen bzw. historisch geglaubten Ereignisses und der in ihm gewirkten Heilstat: dieser Ritus feiert keine magische Wiederkehr, sondern, um mit einem diesen Sachverhalt sehr schön verdeutlichenden und eingangs schon zitierten Terminus Bedas zu sprechen, ein gnadenhaftes *pascha perpetuum.*

Grundtendenz der Meßallegorese hingegen ist Ausbruch aus dem heilsgeschichtlichen Fortschritt von der Heilstat in Richtung auf eine zukünftige Erfüllung zugunsten einer Rückkehr in den Anfang. Paradoxerweise ist es also gerade die Überfrachtung des Ritus mit ‚Historischem‘, die seine kerygmatische Geschichtlichkeit auszehrt. Denn mit ihr steht die rituelle Wiederholung nicht mehr im Zeichen der Differenz zu, sondern der Identität mit dem sie begründenden Anfang. Hier zeigt sich bereits, in welcher Weise das geistliche Spiel an die ‚Leistung‘ der Meßallegorese anschließbar wird, zugleich aber auch die Problematik beider. Mit der Meßallegorese

---

94 *At spiritalia ita: per panem, caritatem; per piscem, fidem; per ovum, spem. Quibus tribus colitur a nobis divinitas* (Hanssens II, S. 181).

des Amalar beginnt ein Prozeß unvermerkter Mythisierung der Heilsereignisse, der kontinuierlich zunimmt, die gesamte Geschichte des geistlichen Spiels prägt und in dem vordergründig typologischen Ausschreiben
der historia passionis, auf das wir anläßlich der spätmittelalterlichen Zyklen ausführlich einzugehen haben werden, seinen Höhepunkt erreicht.
Hier wie dort indiziert das Interesse an ‚Historischem‘, daß das Kerygma
in eine mythisch-archetypische Dimension zurückgespielt wird. So kann
man in der Tat sagen, daß mit der Meßallegorese alles begann, aber doch
nicht so wie Brinkmann und auch nicht so wie Stumpfl es wollte. Denn der
mythische Typ identischer Wiederholung macht deutlich, daß die Meßallegorese nicht nur als ein Produkt der Missionierung in räumlicher Dimension, sondern ebenso als ein ausgesprochenes Spätprodukt in tempo-
raler Dimension gesehen werden muß. Auch wenn erst eigentlich durch sie
Mythisierungsprozesse in Gang gebracht wurden, so setzt doch andererseits schon ihr Aufkommen jene zehn Jahrhunderte voraus, die der biblischen Geschichte die Dignität eines wo nicht urzeitlichen so doch gründenden Anfangs verleihen konnten. Den Allegorikern war diese Geschichte von mythischer Dignität, und was ihnen das Einleuchtendste von
der Welt schien, war es doch nur deswegen, weil das mythische Bild allemal plausibler ist als die Zumutungen christlicher Heilsgeschichte an die
Augen des Glaubens.

Man könnte es als ein Zeichen polemischer Verhärtung nehmen, daß
Florus dort, wo die Meßallegorese an solche Zumutungen stößt, auf der
puritas und der *simplicitas* christlicher Glaubenswahrheiten besteht.
Schließlich konnte ihm nicht entgangen sein, daß Amalar und alle, denen
mit ihm eine deutliche Verwarnung erteilt wird (*Unde nemini omnino li-
cuisse aut licere . . .*)[95], in der Vermittlung dieser ‚reinen‘ und ‚einfachen‘
Heilswahrheiten die größten Schwierigkeiten sahen. Florus registriert die
rasche Verbreitung der neuen Lehre, nicht aber die darin sich dokumentierende Bedürfnislage des niederen Klerus. Diese beharrliche Weigerung, die
Meßallegorese von ihrem pädagogischen Impetus her zu verstehen, mag
durch kirchenpolitische Hintergründe des Streits mitbedingt sein. Aber im
Grund konnte Florus sich doch bei dieser Art lehrhafter Unterweisung zu
keiner Konzession bereitfinden. Er sah, welcher wahre Impuls hinter dem
so lobenswerten Bemühen stand, und gewiß war es dieser Impuls, gegen
den er in seinen spontanen Randnotizen zum *Liber Officialis* zu Felde
zog: *insana dictio, rabida locutio, rara insania, stultissimum mendacium,
execrabilis dementia, demonica locutio,* so reiht sich ein Ausfall an den

---

95 PL 119, 82 D (siehe Anm. 83).

anderen, und Teufelswerk hat ihn wohl in der Tat Amalars Produktivität an *nova genera figurarum* gedünkt.

Es kann daher nicht angehen, in Amalars Verurteilung durch die Synode von Quiercy allein eine dogmatisch verkleidete Racheaktion am politischen Gegner zu sehen[96]. Gewiß hat sich die Meßallegorese gegen dieses Urteil durchgesetzt und die mittelalterliche Liturgik beherrscht. Gewiß auch finden sich unter ihren Vertretern illustre Namen wie Kardinal Lothar, der spätere Innozenz III. Das kurz vor seiner Wahl zum Papst verfaßte *De sacro altaris mysterio*[97] wurde dann zur Hauptquelle des Kompendiums hochmittelalterlicher Liturgieallegorese: das *Rationale divinorum officiorum*, das Wilhelm Durandus während seiner Tätigkeit als päpstlicher Statthalter in der Romagna verfaßte. Aber trotz all dem gilt die insbesondere von H. de Lubac vertretene Ansicht, die Opposition des Lyoner Klerus sei ohne jedes Echo geblieben[98], nur für die isoliert betrachtete Liturgiegeschichte und hier wiederum nur bis zum Konzil von Trient. Die Bemühungen nachtridentinischer Meßopfertheorien um eine Neubegründung sakramentaler commemoratio bedeuteten das Ende der Allegorese, machten damit aber nur ein Spannungsverhältnis sichtbar, das auch vor Trient bestanden hatte. Schon im 13. Jahrhundert nämlich hatte Albertus Magnus gegen alle Deutungen, die nicht durch den Wortlaut des Textes legitimiert waren, kaum zurückhaltender polemisiert als Florus von Lyon. Im Altarkuß beim *Supplices* den Verräterkuß des Judas und in den folgenden Bekreuzigungen der Opfergaben die Stricke sehen zu wollen, mit denen Jesus zu Annas geführt wurde, erscheint ihm *omnino profanum et omnibus fidelibus abominandum*. Ähnliche Deutungen der Bekreuzigungen bei der *Consecratio* qualifiziert er gar als *deliramenta et hominum illiteratorum*[99]. Interessant ist, daß sich eine Reihe dieser *deliramenta* bereits bei Lothar und über diesen hernach bei Durandus finden. So verwirft scholastische Dogmatik, was mit päpstlicher Legitimation gelehrt wird. Interessant und unsere Analyse bestätigend ist aber auch die Tatsache, daß Albertus sich gerade an Details der eigentlichen Leidens-

---

[96] Amalar wurde nach der Verbannung Agobards von Lyon 835 zum Verweser des Bistums ernannt und nutzte sein Amt für die liturgischen Reformen, gegen die Florus aufstand. Zur Biographie Amalars siehe das im übrigen anspruchslose Buch von A. Cabaniss, *Amalarius von Metz,* Amsterdam 1954.

[97] PL 217, 773–916. Einen guten Überblick über die weitere Entwicklung der Meßallegorese gibt Jungmann I, S. 120 ff.; zu Innozenz III. und Durandus siehe S. 147 f.

[98] S. 314.

[99] zit. nach Jungmann I, S. 150.

geschichte stößt. Denn hier mußte ja seinem eigenen orthodoxen Verständnis gemäß die Differenz zwischen blutigem Opfer und unblutiger Wiederholung am entschiedensten festgehalten werden. Er selbst hat nicht mehr miterlebt, was passieren konnte, wenn dieser Damm brach, wenn auch an diesem Punkt das Interesse der Meßallegorese an identischer Wiederholung zu Ende kam. Die Passionsspiele werden es uns zeigen. Aber schon die Geschichte der liturgischen Feier, welche man unter Hinweis auf die Meßallegorese als genuines Produkt christlicher Liturgik hat legitimieren wollen, läßt in Wahrheit die Unmöglichkeit solcher Harmonisierung deutlich erkennen.

III

Tropen, so hatten wir mit Hunningher gefragt, entwickeln sich nicht schon deswegen zu Dramen, weil sie (in der Matutin im Unterschied zum Introitus der Messe) die Möglichkeit zur Ausdehnung haben: welcher Impuls also steht hinter dem Prozeß? Wer diese Frage durch einen unvermittelten Anschluß der liturgischen Feier an die Meßallegorese gelöst glaubt, übersieht, daß letztere zumindest vordergründig ein Produkt der Unterweisungsbedürftigkeit des niederen Klerus war. Sie fand demgemäß bei ihm und seiner seelsorgerischen Tätigkeit ihren eigentlichen ‚Sitz im Leben'. Ihre Gegner sprechen denn auch von den *simpliciores,* über deren histrionisches Zelebrieren der Messe sie Klage führen[100]. Die liturgische Feier hingegen entstand und verblieb in engster Bindung an das monastische, vor allem benediktinische Zeremoniell, das sich zwar auch einer nichtklösterlichen Gemeinde öffnen konnte, aber gewiß nicht schon in seiner Selbstgestaltung von didaktischen Gesichtspunkten leiten ließ. Alle Versuche einer Hinterfragung dieser vorgeblichen Lehrfunktion haben hier einen harten Kern. Eine Verwandtschaft von Feier und Allegorese zeichnet sich erst jenseits des – in beiden Fällen gewiß nicht auszuschließenden, aber keinesfalls entscheidenden – didaktischen Moments ab: die Feier expliziert das der Allegorese implizite Interesse an – der mythischen Form – identischer Wiederholung. Sie bringt ins anschaubare Bild, was die Liturgie nur in den einzelnen Phasen des Ritus evozieren kann.

Keineswegs aber tritt sie damit an die Stelle des sakramentalen Ritus selbst, ja sie setzt nicht einmal unmittelbar bei ihm an, sondern bei den Lesungen, Homilien und Responsorien der Matutin, im Falle der Visitatio

---

[100] Neben Florus auch Agobard von Lyon, im 12. Jh. dann Aelred von Rievaulx; siehe Chambers I, S. 81, Young I, S. 548 sowie Hardison, S. 78 f.

sepulchri also bei den biblischen Auferstehungsbekundungen. Die Bilder der Feier sind also gegenüber dem sakramentalen Kern des Kanonischen Offiziums, der Messe, in bezeichnender Weise versetzt, sie haben ihren Ort an der Peripherie. Die Geschichte der Feier ist damit nicht nur wie die der Meßallegorese eine liturgiegeschichtliche Episode, sondern sie verläuft zudem gleichsam auf einem Nebengeleise, ohne je die prinzipielle Unanschaubarkeit des eigentlich sakramentalen Ritus in Frage zu stellen. Das Verhältnis von Messe und Feier kann also nicht beschrieben werden mit Hilfe jenes an archaischen Kulten gewonnenen anthropologischen Emanzipationsmodells, demzufolge ein Ritus die durch Institutionalisierung und Repetition bewirkte Selbststeigerung nicht durchhält und sich ins Bild entlastet: solche Freisetzung des Darstellerischen ist christlicher Liturgie im Prinzip verwehrt.

Allein schon damit aber wird die immer wieder versuchte Analogisierung der kultischen Ursprünge von antikem und christlichem Drama hinfällig. Hardison, der zuletzt im Rekurs auf Murrays *Excursus* über die Entstehung des griechischen Theaters aus dem Dionysoskult diese Analogie zur These machte, hat denn auch versucht, mit Hilfe einer neuen Ursprungshypothese die Feier mit dem Meßritus selbst in unmittelbaren genetischen Zusammenhang zu bringen. Ihrzufolge ist die Visitatio nicht im Rahmen der Matutin entstanden, sondern in der Ostervigil, wo sie zwischen Katechumenentaufe und Messe, genauer: bei der Rückkehr der Neophyten aus dem Baptisterium zum Hauptaltar dortselbst aufgeführt worden sei. Als dann im Laufe des 10. Jahrhunderts durch Vorverlegung der Vigil eine zeitliche Diskrepanz zur Kommemoration des Grabesbesuches am frühen Morgen entstand, sei sie verlegt worden an das Ende der Matutin, wo sie mit dem kommemorierten Geschehen wiederum zeitlich zusammenfiel. Der Tropus im Introitus der Messe hingegen, bislang als Urform der Visitatio angesehen, sei in Wahrheit nur eine sekundäre Kürzung derselben[101]. Wer sich unter Vernachlässigung des Offenkundigsten zu so kühnen Konstruktionen versteigt, enthüllt damit vor allem sein eigenes, extrem deduktives Verfahren: um Messe und Feier im Sinne der Formel vom „christian rite and christian drama" zu harmonisieren, muß Hardison die Visitatio erstens von der Peripherie ins Zentrum des sakramentalen Ritus holen und zweitens – gemäß dem von Murray übernommenen Emanzipationsmodell – zum mimetischen Schauspiel erklären, das zunächst in der Katechumenen-, hernach in der allgemeinen Laienunter-

---

[101] Siehe hierzu insbes. S. 178–219 („Early History of the Quem quaeritis"), thesenhafte Zusammenfassung S. 198 f.

weisung eingesetzt worden sei. Bis zum Ende des Mittelalters aber blieben die Klöster, und hier wiederum fast ausschließlich die benediktinischen[102], Hauptpflegestätten der Feier, und schon ein flüchtiger Blick auf ihre Geschichte läßt erkennen, wie es um ihre vermeintliche Emanzipation zum mimetischen Schaustück in Wahrheit bestellt war.

Auffälligstes Merkmal dieser Geschichte ist das Beharrungsvermögen der Visitatio auf der sogenannten ersten Stufe. Von ihr sind etwa 400 Texte erhalten, denen nur 80 der sogenannten zweiten Stufe (mit Jüngerlauf) und nur 12 der sogenannten dritten Stufe (mit Christophanie) gegenüberstehen. Der eine emanzipatorische ‚Entwicklung' unterstellende Stufenbegriff ist also in höchstem Maße irreführend und wurde aus diesem Grunde bereits von de Boor durch eine Unterscheidung nach Typen ersetzt. Wir sprechen daher im folgenden mit de Boor vom Feiertyp I, II und III. Typ I also, die einfache Marienfeier mit Engelfrage, Marienantwort, Engelkündung und Schlußkündung der Marien muß die Basis für eine Beschreibung des Charakters der Feier sein. Noch während das dritte Responsorium *Dum transisset Sabbatum* nach Mark. 16, 1 vom Chor gesungen wird, erscheinen am Altar die beteiligten Geistlichen, um das Folgende szenisch-dialogisch darzubieten. Für diese Darbietung erscheinen in den Rubriken Begriffe, die uns aus der Meßallegorese bekannt sind: *(agere) ad imitationem, ad similitudinem, in significatione, in persona, in specie, in figura, sub typo*[103]. Und auch hier wieder sind diese Begriffe allein noch nicht hinlänglich aufschlußreich. So führt *imitatio* z. B. nicht etwa zu Verkleidungen, sondern nur zu vorsichtigen Symbolisierungen mit Hilfe der beibehaltenen geistlichen Gewänder und der Gefäße des liturgischen Zeremoniells. Zwar verhüllen die Marien ihr Haupt *ad modum mulierum*, aber es bleiben liturgische Gewandstücke (amicta, humerale, capitagia). In den Rubriken ist die Rede von dem neutralen *parare* oder *induere*, bisweilen auch von *ornare (more muliebri ornatis)*[104]. Die

---

102 Siehe hierzu de Boor S. 26: bei Young findet sich kein einziger als franziskanisch, ein einziger als dominikanisch ausdrücklich bezeichneter Text; auch Zisterzienser und Kartäuser standen solchen Ausschmückungen der Liturgie ablehnend gegenüber.

103 Zur Abkürzung gebe ich hier und später nicht die Feiern, sondern nur die Seitenzahlen nach Young I an: *ad imitationem* bzw. *imitari* S. 249, 385; *ad similitudinem* S. 370, 393, 396; *in significatione* S. 241; *in persona* S. 317 f., 324 f., 329, 366, 371; *in specie* S. 366, 382; *in figura* S. 366, 400; *sub typo* S. 253, 309.

104 Young I S. 294 *(tres scolares ad modum Mulierum indutos)*, 344 *(more muliebri ornatis)* 290 *(duo pueri . . . admictis albis paratis)*.

Geistlichen ,spielen' nicht etwas, das sie nicht sind, sondern sie bleiben in dieser ihrer ,Rolle' Geistliche und als solche Ausführende einer liturgischen Feier. Sinnfälligsten Ausdruck findet diese Integration der Visitatio in den liturgischen Rahmen in der Musik. Der szenische Dialog bleibt ein gesungener. Für eine Bestimmung von Charakter und Telos der Feier ist dies wohl das wichtigste Indiz[105].

Die Visitatio sepulchri also überführt die *Dum transisset*-Antiphon nicht in ein biblisches Schauspiel, sondern in eine feierliche, dialogisch gespreizte, damit retardierte und um so effektvollere Verkündigung der Auferstehung. Als solche, d. h. als liturgisches Kerygma, bleibt sie im Vorfeld des Sakramentalen, was ihrem Ort im kanonischen Offizium genau entspricht. In seiner Exegese von Luk. 24 hatte Beda das Grab Jesu, dem sich die Marien nähern, gedeutet als *figura altaris, in quo carnis ejus ac sanguinis solent mysteria celebrari*[106]. Wenn demgegenüber Amalar, auf Beda sich berufend, die Communio als Erinnerung an diese biblische Szene faßt und als solche in eine Folge ähnlicher Bilder stellt[107], so ist anschaubar besetzt, was unanschaubar bereits erfüllt ist. Nicht so in der Feier. Sie ist ,Figur' in einem theologisch sehr viel unproblematischeren Sinne als die *nova genera figurarum* der Allegorese. Denn statt die sakramentale Gegenwart des Auferstandenen auf einen ,Schatten' zu reduzieren und also, wie Florus an Amalar moniert, das Verhältnis von *figura* und *res ipsa* umzukehren, entwickelt sie eine gegenläufige Tendenz liturgischer Vergegenwärtigung nun nicht des Auferstandenen, sondern, unproblematischer, des Auferstehungsbeweises. Die Visitatio ist feierlich ausgestaltete Verkündigung der Auferstehung, sie ist repraesentatio, d. h. liturgische Erneuerung der frohen Botschaft, die den Marien zuteil ward.

Dieser kerygmatische Charakter der Visitatio ist nun aber im Grunde nur in einer reinen Marienfeier durchzuhalten. Zwar kennzeichnet die Ausrichtung auf das kerygmatische Telos des abschließenden Surrexit-Jubels auch die Feiertypen II und III, was sich insbesondere an ihrem Verhältnis zu den biblischen Vorlagen ablesen läßt. So führt bei Joh. 20, 1–10 der durch den Bericht der ratlosen Maria über das leere Grab ausgelöste Jüngerlauf zu keiner Kündung: *Nondum enim sciebant Scripturam, quia opportebat eum a mortis resurgere* (20, 9). Die Visitatio hingegen koppelt

---

[105] Hierzu sei verwiesen auf den sehr informativen Artikel von W. Lipphardt et al., *Liturgische Dramen des Mittelalters,* in *Musik in Geschichte und Gegenwart* VIII, Kassel 1960, Sp. 1012–1051.
[106] PL 92, 623 A.
[107] Hanssens II, S. 359 f.

ihn mit der Marienszene nach Mark. 16, 1–7 und läßt ihn damit als Folge des Kündungsauftrags der Engel erscheinen: *Non est hic quem queritis, sed cito euntes nunciate discipulis eius et Petro quia surrexit Jhesus.* Die Jünger wissen damit mehr als bei Johannes, ihr Gang zum Grabe steht im Zeichen gespannter Erwartung, die in der *Surrexit*-Antwort des Chores auf die vorgewiesenen leeren Grabestücher ihre Lösung findet. Auch die Feier vom Typ III steht im Widerspruch zur biblischen Vorlage, indem sie die Herrenerscheinung vor Maria Magdalena, die laut Joh. 20, 11–18 erst nach dem Jüngerlauf liegt, diesem voranstellt[108]. Dadurch können einerseits die beiden Marienszenen (Visitatio und Christophanie) aufeinander folgen, und andrerseits wird wiederum die Vorlage ,korrigiert', indem das bei Joh. 20, 11–18 Berichtete an die Stelle von Joh. 20, 1 gerückt ist. Die Szenenfolge ergibt so, im Unterschied zur Vorlage, eine höchst wirksame Steigerung des kerygmatischen Geschehens: Kündungsauftrag der Engel, Ausführung durch die zum Chor zurückschreitenden Marien, Herrenerscheinung vor der zurückbleibenden Maria Magdalena, Auferstehungskündung an die Jünger, Jüngerlauf mit neuerlicher Kündung angesichts des leeren Grabes.

Aber wenn auch solchermaßen über die Zeugnisse der Synoptiker im Interesse eines kompositorischen Crescendos der Kündung relativ frei verfügt ist, so öffnen sich doch Typ II wie Typ III gleichzeitig neuen Geschehniskomplexen, und diese Öffnung mußte die Selbstabgrenzung der Marienfeier gegenüber biblischer Wirklichkeit einerseits und sakramentaler Erfülltheit andrerseits nach beiden Seiten hin in Frage stellen. So konnte der Jüngerlauf eine der liturgischen Würde unangemessene und die Ökonomie der kerygmatisch ausgerichteten Komposition irritierende Bewegtheit in die Feier hineintragen. Daß hierin eine Gefahr gesehen wurde, macht eine Reihe von Feiern deutlich, die scheinbar dem Typ I angehören, in Wahrheit aber, wie de Boor in überzeugender Detailanalyse nachgewiesen hat, sekundäre Kürzungsformen des Typus II sind, die den Jüngerlauf ausgeschieden und wieder eine reine Marienfeier angestrebt haben[109]. Aus den gleichen Bedenken heraus erklärt sich wohl auch die Tatsache, daß die Visitatio des Typs II überhaupt nur in 80 Texten erhalten ist und damit zwar gegenüber dem Typ III relativ weit verbreitet, gleichwohl aber auf Deutschland beschränkt war. Der anglo-normannische Bereich kennt den Jüngerlauf nicht. Nur in zwei Fällen (Dublin und Fleury-

---

108 Auszunehmen sind die Feiern von Fleury und Hersfeld/St. Gallen (Young I, S. 393 ff. bzw. S. 666 f.). Siehe dazu de Boor S. 244.
109 S. 166–173.

Orléans) wurde er nachträglich in eine Feier vom Typ III eingebaut[110]. Durchgesetzt hat er sich nicht, auch nicht in der französisch-volkssprachlichen Tradition.

Nicht minder problematisch, wenn auch in anderer Weise, wurde der Feier die Herrenerscheinung. Hier mußte der Geistliche, der *in persona Domini*[111] vor Maria Magdalena erscheint, den ins Zwielicht bringen, der hernach ebenfalls *in persona Christi* die Messe vollzog. Liturgische Vergegenwärtigung des biblischen Berichts ist hier soweit vorgetrieben, daß sie sich deckt mit dem, was Amalars Deutung der Communio in der Ostervigil rememorativ evoziert: *Sacerdos, vicarius Christi, implet officium suum. Dubitantibus apostolis de sua resurrectione, timentibus mulieribus et nihil dicentibus, angelorum concentus clamat Christum resurrexisse a mortuis. Christus ipse per suam gloriosam apparitionem manifestum se facit quibuscumque vult*[112]. Wer mit dem Rücken zur Sonne sitzt, so heißt es einmal bei Florus, kann den von hinten Kommenden an dessen Schattenbild erkennen; wer aber den Betreffenden vor sich stehen hat und dennoch auf den Schatten statt auf die ihm zuhandene *veritas corporis* schaut, ist ein Dummkopf, über den man sich zu Recht erregen wird[113]. Amalarius mag sich gegen Florus durchgesetzt haben – die Verfasser der liturgischen Feier wollten ihm selbst auf dem Nebengeleise der Matutin nicht bedenkenlos folgen: die Christophanie ist in nur ein gutes Dutzend Feiern eingegangen. Wenn also die Feier wie die Allegorese auf Anschaubarkeit tendiert, so gibt sie diesem Impuls doch nur in höchst kontrollierter Weise Raum. Ihre Geschichte expliziert nicht nur das der Allegorese implizite Interesse, sondern zugleich auch ihre theologische Problematik. Sie macht deutlich, daß das am archaischen Ritus gewonnene Emanzipationsmodell der Anthropologie auf die christliche Liturgie nicht ohne die benannte Versetzung des Bildes an die Peripherie des Ritus anwendbar ist und daß selbst hier die Meßallegorese nicht einfach zu Ende gebracht wird: die über 400 erhaltenen Feiern gehören, wie wir sahen, zu drei Vierteln dem Typus I an; er begegnet uns noch in Handschriften des 14. und 15. Jahrhunderts[114], und nicht einmal er überlebte das Tridentinum.

Diese Eigenständigkeit der liturgischen Feiertradition und die sie kennzeichnende theologische Selbstkontrolle zu betonen ist vor allem deshalb

---

110 de Boor S. 223.
111 So z. B. Young I, S. 371
112 Hanssens II, S. 161.
113 *Invectio canonica*, abgedruckt bei Hanssens I, S. 367 ff., Zitat S. 373 f.
114 Siehe Young I, S. 243, 247, 264, 275.

wichtig, weil damit bereits bedeutsame Vorentscheidungen auch über das volkssprachliche Osterspiel getroffen sind. Denn zumindest in Deutschland knüpft dieses Osterspiel direkt an die Feier an, und zwar genauer an die Feier vom Typ III, also mit Christophanie und Jüngerlauf. Sie bildet das lateinische Grundgerüst der Visitatio-Szenen aller auf das sogenannte rheinische „Urspiel" zurückgehenden Osterspiele[115], und so scheint denn in dieser Anknüpfung des volkssprachlichen Spiels an die komplexeste Form der liturgischen Feier eine neuerliche Bestätigung des Emanzipationsmodells zu liegen. Da aber gerade dieser allen genannten Osterspielen zugrunde liegende komplexeste Feiertyp in der liturgischen Tradition selbst die Ausnahme und nicht etwa einen entwicklungsgeschichtlichen Endpunkt bildet, erweist sich die volkssprachliche Tradition in dieser ,Anknüpfung' als eine unter heterogenen Bedingungen stehende. Selbst also wenn man einer spezifisch germanistischen Optik folgend so tut, als setze die volkssprachliche Tradition mit den Osterspielen des 14. Jahrhunderts ein, bestätigt sich auch an diesem Punkt eine Diskontinuität von liturgischer und volkssprachlicher Tradition, auf die wir später anläßlich des altfranzösischen Adamsspiels aus dem 12. Jahrhundert noch ausführlich zu sprechen kommen werden. Tatsächlich bildet die liturgische Visitatio III ebensowenig das rituelle Substrat des Osterspiels, wie sie selbst im sakramentalen Ritus ihren ,Archetyp' im Sinne Hardisons fand. Das Osterspiel antwortete auf andere Bedürfnisse als die liturgische Visitatio.

Kap. B
Von der Visitatio Sepulchri zum Descensus ad Inferos:
Jesu Höllenfahrt als ,Kardinalfunktion'

I

Wenn auf dem Spektrum geistesgeschichtlich-theologischer Rationalisierbarkeit und Analysierbarkeit die liturgische Feier das eine Extrem bezeichnet, dann das volkssprachliche Osterspiel das andere. Die scheinbar so ganz und gar unheilige Art, in der die meisten dieser Spiele den Salbenkauf der Marien, die Begegnung Jesu mit Maria Magdalena und den

---

115 Siehe dazu de Boor, Anhang A, S. 329 ff. („Die lateinische Grundlage der deutschen Osterspiele").

Wettlauf der Apostel zum Grabe gestalten, gehört zu den rätselhaftesten und fremdartigsten Aspekten, unter denen das geistliche Spiel sich uns darbietet. Aufregend ist dabei nicht schon all die „Unflätigkeit", der „Schmutz" und die „Derbheit", die für Hartl „keine sehr erfreuliche Erscheinung in der Geschichte der geistlichen Dichtung" und ein „anschauliches Beispiel für das Sinken und die innere Auflösung der Gattung" darstellen[116]. Aufregend ist erst das unvermittelte Nebeneinander dieses „Schmutzes" mit den lateinisch-liturgischen Feierelementen. Man kann hier schlecht von Widerspruch sprechen, weil offenbar kein solcher empfunden wurde. Eher ließe sich, so will es scheinen, von Säkularisation reden: die Feier verläßt den heiligen Raum, das *fanum*, sie findet ihren neuen Ort im *profanum* und ist hier der Fesseln ledig, die sie dort banden. Aber einer so verstandenen Verweltlichung kann spätestens seit der Untersuchung von Stumpfl nicht mehr das Wort geredet werden. Denn wenn diese eines deutlich gemacht hatte, dann die kultischen Implikate der vermeintlichen Unflätigkeiten und Obszönitäten. Dieser Nachweis ist auch in der Kritik E. Scheunemanns nicht hinreichend gewürdigt worden. Der – in den Jahren 1936/37 bereits mutige – Angriff auf die ideologisch vorentschiedene These von der generellen Priorität eines germanischen Frühjahrsspiels darf nicht darüber hinwegtäuschen, daß auch der von Scheunemann zugestandene „sekundäre Zuwachs des Volkstümlichen" ein Problem darstellt, welches nicht schon mit dem Hinweis erledigt ist, daß solches „sich ja gut in das sonstige Bild der spätmittelalterlichen Literatur fügt"[117]. Die Germanistik hat sich diesem Problem seither nicht mehr gestellt. Obwohl Stumpfls Ursprungshypothese als widerlegt gelten kann, ist die durch sie ausgelöste Diskussion bisher unentschieden. Sie aufzunehmen und fortzuführen verspricht indes nur dann Aussicht auf Erfolg, wenn wir im Falle des volkssprachlichen Spiels ebenso wie bereits in dem der liturgischen Feier die Argumentationsbasis der dreißiger Jahre zugunsten eines entschiedenen methodischen Neuansatzes verlassen.

Dieser wird von Scheunemann nicht minder provoziert als von Stumpfl. Denn beide tun so, als bestände auch das volkssprachliche Spiel ebenso wie die Visitatio III allein aus Marienszene, Herrenerscheinung(en) und Jüngerlauf. Dabei jedoch ist die auffälligste Differenz zwischen beiden Typen unterschlagen. Denn im Unterschied zur Feier setzten die Spiele durchweg nicht erst mit der Marienszene ein, sondern mit einer Wächterszene, welche die Auferstehung Jesu und seine Höllenfahrt umrahmt. Es spricht für ihre

---

116 *Drama* II, S. 203 f.
117 *Zeitschrift für deutsche Philologie* 62 (1937) S. 105 und 61 (1936) S. 436.

Fixierung auf Ursprünge und Entwicklungen, daß weder Stumpfl noch Scheunemann diese elementare Strukturveränderung in ihre Analysen einbezogen haben. Denn eben diese Veränderung ergibt nicht nur das entscheidende Argument gegen die Ursprungshypothese Stumpfls, sondern erst sie läßt auch das, was an seinen Analysen haltbar ist, in seinen wahren Funktionen erkennen. Aber wenden wir uns zunächst der Höllenfahrt selbst zu.

II

Die Vorschaltung des Descensus ad inferos, die schon für das früheste erhaltene Osterspiel, die anglonormannische *Seinte Resurreccion* aus dem 12. Jahrhundert angenommen werden kann[118], ist eine Konstante des volkssprachlichen Spiels, deren Bedeutung für seinen gegenüber der liturgischen Visitatio heterogenen Charakter gar nicht hoch genug eingeschätzt werden kann. Das zeigt schon ein kurzer Blick auf den Ablauf des ersten, vollständig erhaltenen Osterspiels, nämlich des Innsbruckers. Es beginnt mit der Aufstellung der Grabeswache, um welche die Juden Pilatus bitten. Während die Soldaten schlafen, wird Jesus von einem Engel aufgeweckt. Nach einer kurzen Zwischenszene mit einer Prügelei der Soldaten beginnt der Descensus. Unter dem Gesang des *Canticum triumphale* (251 ff.) nähert sich der Auferstandene den Höllentoren, die ihn begleitenden Engel fordern dreimal das *Tollite portas*, dreimal fragt Lucifer, wer der König der Herrlichkeit sei, bis dann schließlich unter dem Geheul der bösen Geister Jesus sich durch das verriegelte Tor gewaltsam Eintritt verschafft und die Altväter befreit. Der zornentbrannte Lucifer befiehlt Satan, die Verluste zu ersetzen, und leitet damit über zur Seelenfangszene. Auf sie folgt das Marienspiel mit der aus liturgischer Tradition bekannten Sequenz. Auf eine breit ausgebaute Mercatorszene folgen Visitatio, Herrenerscheinung vor Maria Magdalena und Thomas und schließlich der Jüngerlauf.

Deutlich erkennbar ist die sogenannte Zweiteilung dieses vom Innsbrucker Spiel repräsentierten Typs mit Höllenfahrt und Visitatio als den beiden Kernszenen. Seit H. Rueff pflegt man das abschließende Marienspiel mit dem ersten Teil zu konfrontieren als „Spiel" und „Gegen-

---

118 Der Descensus ist nicht erhalten, im Prolog (7 ff.) ist aber auf ihn verwiesen (hgg. Jenkins/Manly/Pope/Wright, Anglo Norman Text Society IV, Oxford 1943); siehe auch Frank S. 86 ff.

spiel"[119]. Das ist insofern zutreffend, als das im Zentrum des Geschehens stehende Grab die Parteien scheidet: rechts die Welt der Getreuen, links die der Widersacher. Aber diese Gegenüberstellung legt eine Gleichgewichtigkeit beider Teile dar, die handlungsmäßig nicht gegeben ist. Der dramatische Dualismus wird nicht zwischen Spiel und Gegenspiel ausgetragen, sondern in der Höllenfahrt und also im „Gegenspiel" selbst. Den Descensus ins Bild setzen aber heißt, den noch nicht Auferstandenen gleichwohl als einen wiederum Leibhaftigen auftreten lassen zu müssen. Diese Schwierigkeit wird nun, wie das Innsbrucker Beispiel bereits erkennen ließ, ebenso einfach wie kühn gelöst: man zieht die Auferweckung kurzerhand vor und läßt also die Hölle vom bereits Auferstandenen stürmen. Damit ergibt sich ein ganz heterogener Charakter des Spiels gegenüber der liturgischen Visitatio. Denn indem das Spiel die in der Surrexit-Kündung manifeste Ereignishaftigkeit der Feier geschehnishaft ausweitet, setzt es unmittelbar ins Bild, was jene nur bezeugt: das Auferstehungsmysterium selbst. Damit aber ist eine Schwerpunktverlagerung zum ersten Teil hin gegeben, der die Auferstehungszeugnisse des zweiten Teils dramatisch verblassen, ja funktionslos werden läßt: was sich vor aller Augen ereignet hat, bedarf keiner weiteren Beweise mehr. Diese Schwerpunktverlagerung kann so radikal sein, daß auf das Marienspiel ganz verzichtet wird. So besteht das Redentiner Osterspiel allein aus Wächterszene, Auferstehung und Höllenfahrt sowie einer anschließenden Seelenfangszene. Das ist zwar ein Einzelfall, aber für die Tendenz des volkssprachlichen Osterspiels ist er bezeichnend. Denn auch dort, wo das Marienspiel beibehalten wird, bestimmt doch das „Gegenspiel" den Charakter des Ganzen. So bezieht sich z. B. der Innsbrucker Prolog nur auf Auferstehung und Höllenfahrt – als ob die im Spiele selbst folgende Visitatio-Sequenz gar nicht vorhanden sei:

> wir wullen uch laßen kunt werden,
> wy vnser herre ist entstanden
> von dez bittern todes banden
> allem menschlichen geschlechte czu troste,
> da mit (er) alle erloste,
> vnd wy er fert vor der helle tor
> vnd wil nemen ervor,
> dy sinen willen haben gethan,
> beide frawen vnd man,
> wy er dy helle czustost,
> vornichtet vnd enplost,

---

[119] S. 47.

> wan in funff tusent jaren
> keyn mensche so wol mochte gebaren,
> iz mûste (spate adir fru
> iedoch) der helle czu
> vnd mûste dy pin liden,
> dez mochte ez nicht vormyden:
> daz wil got hüte brengen wedir. (6 ff.)

Schließt sich das Marienspiel dennoch an, so wird es, das steht zu vermuten, neue Funktionen übernehmen können. Wir werden uns diesen neuen Funktionen im nächsten Kapitel widmen. Vorentschieden wird darüber aber bereits im Descensus, und bei dieser Schwerpunktverlagerung wollen wir zunächst noch ein wenig verweilen, läßt sich doch an ihr exemplarisch verdeutlichen, wie wenig eine hermeneutisch unaufgeklärte strukturale Beschreibung den Implikaten und Konsequenzen eines solchen Vorgangs gerecht zu werden vermag.

Das Spiel, so sagten wir, weitet die in der Surrexit-Kündung der Feier manifeste kerygmatische Ereignishaftigkeit geschehnishaft aus. Es präsentiert damit einen Ausschnitt der Heilsgeschichte, für den man eine erste Grobsegmentierung mit Hilfe von Barthes Unterteilung der ‚Funktionen' in „fonctions cardinales" und „catalyses" ansetzen könnte:

> les fonctions cardinales sont les moments de risque du récit; entre ces points d'alternative, entre ces ‚dispatchers', les catalyses disposent des zones de sécurité, des repos, des luxes; ces luxes ne sont cependant pas inutiles: du point de vue de l'histoire la catalyse peut avoir une fonctionnalité faible mais non point nulle; serait-elle purement redondante (par rapport à son noyau), elle n'en participerait pas moins à l'économie du message; mais ce n'est pas le cas: une notation, en apparence explétive, a toujours une fonction discursive: elle accélère, retarde, relance le discours, elle résume, anticipe, parfois même déroute: le noté apparaissant toujours comme du notable, la catalyse réveille sans cesse la tension sémantique du discours, dit sans cesse: il y a eu, il va y avoir du sens; ...[120].

Der Descensus wäre dann Kardinalfunktion, das Marienspiel Katalyse. Aber sogleich stellen sich Schwierigkeiten ein. Zwar bleibt die Visitatio-Sequenz als (redundante) Katalyse an die Höllenfahrt anschließbar – und in diesem Sinne wird das Spiel sie ausspielen: als ausgelassene Feier der Teufelsbesiegung –, aber sie ist nicht auf eine weitere Kardinalfunktion hin gespannt, schließt doch der Descensus die Geschichte des Kampfes Jesu mit dem Teufel ab. Wenn hier eine „tension sémantique" besteht, so nicht zwischen systemimmanenten Funktionen, sondern zwischen Text und

---

[120] S. 10.

Adressat, zwischen dem kerygmatischen *Surrexit* und dem, der ‚hören‘ soll. Hier ergeben sich für strukturale Beschreibungsmodelle Applikationsschwierigkeiten, auf die auch eine Reihe von Beiträgen gestoßen ist, welche die Zeitschrift *Langages* 22 (1971) unter dem Generaltitel *Sémiotique narrative: récits bibliques* herausbrachte. Besonders aufschlußreich ist für unseren Zusammenhang L. Marins Analyse des Grabbesuchs der frommen Frauen, also der biblischen Vorlage des Marienspiels. Sie führt zu dem Ergebnis, daß das ursprünglich an Mythen und Volkserzählungen entwickelte Analyseverfahren der Pariser Semiotiker der „structure événementielle" biblischer Texte nicht mehr gerecht zu werden vermag. So werde im Falle der Surrexit-Kündung und des Kündungsauftrags an die Marien der „objet de désir" (Jesu Leichnam) ersetzt durch einen „message" (des Engels), eine Botschaft, die mit ihrem Kündungs- und Appellcharakter auf eine nicht narrative Dimension verweise. In den manifesten „récit" sei ein „discours prophétique" eingelagert, der die referentiellen Bezüge auslösche zugunsten einer Selbstthematisierung der Botschaft als „signe à croire". Marin sieht daher das Strukturgesetz biblischer Texte in einer ständigen „permutation des modalités constative et performative"[121], wofür die Behandlung des Auferstehungsmysteriums einen eindrucksvollen Beleg biete:

> Les textes évangéliques font de la résurrection de Jésus un irréprésentable: ils le soustraient à la fiction (à la fable) du récit pour le confier au discours. C'est en refusant de raconter ce quelque chose du monde, ce fait qui doit être preuve et vérité de toute la prédication ultérieure, qu'ils le rendent dicible, c'est à dire le constituent en une proposition fondamentale de discours: telle est, dans le texte même, la *réalité* de la Bonne Nouvelle[122].

Blicken wir von hier her wieder auf Barthes' Funktionsbegriff zurück, so zeigt sich, daß das Marienspiel offensichtlich mehr ist oder, so sagen wir besser, mehr sein sollte als bloße Katalyse und daß dem vorgeschalteten

---

[121] S. 50. Austins Begriffe performativer und konstativer Sprachhandlungen (*How to do things with words,* 1962) wurden ansatzweise auch von den Pariser Semiotikern rezipiert, und zwar dergestalt, daß man sie der Deskription einer der verschiedenen Textebenen zuschlug (so Barthes, S. 21) oder unter den „modes du récit" verrechnete (so Todorov, S. 145). In beiden Fällen wird die Integration von „récit" und „narration" bzw. von „récit" und „discours" vorausgesetzt. Eben diese Voraussetzung aber kann, wie Marin zeigt, beim biblischen Text nicht gemacht werden. Siehe hierzu auch Marins *En guise de conclusion,* ebd. S. 119–127, wo er erneut am Verhältnis von „récit" und „discours prophétique" die Ereignisstruktur dieser Texte erläutert, insbes. S. 123 f., 126 f.

[122] Ebd.

Descensus vom Marienspiel her besehen der Status einer Kardinalfunktion ebenso offensichtlich nicht zukäme, verharrt er doch in jener Dimension narrativer Anschaubarkeit, in der sich christliche Heilsgeschichte gerade nicht ereignet. Wir können daher jetzt schon vermuten, daß christliche Theologie bestrebt sein wird, die heilsgeschichtliche Bedeutung des Descensus herunterzuspielen, ihm gerade das nicht zuzuerkennen, was das Spiel ihm verleiht: Kardinalfunktion. Und weiter läßt sich vermuten, daß diese Theologie der Surrexit-Kündung eine ‚kardinale Funktion‘ zu wahren bestrebt sein wird, daß sie sich allen Versuchen sperren wird, diese Kündung herunterzuspielen zu dem, was sie im Spiel tatsächlich ist: eine Katalyse, die nicht mehr auf die heilsgeschichtliche Zukünftigkeit von Christi Wiederkehr verweist, sondern das im Descensus bereits erreichte ‚Ende‘ ausgelassen feiert.

Man kann also durchaus mit Barthes' Funktionen operieren, nur muß man sich dann klar darüber sein, was man solchermaßen segmentiert: eine Geschichte bzw. den Ausschnitt einer Geschichte, die nicht mehr, oder zumindest nicht mehr eindeutig, als christliche Heilsgeschichte angesehen werden kann. Denn diese Heilsgeschichte kam nicht schon in der Vergangenheit zu Ende, liegt nicht als ein abgeschlossener Geschehniskomplex ihrer Wiederholung im Spiel voraus, sondern sie ist wesentlich unabgeschlossen, offen auf ihre zukünftige Erfüllung und das heißt auf ein Ende, das zugleich das Ende aller Zeiten sein wird. Systemimmanente Funktionen solchermaßen problematisieren kann aber nur, wer die für die Pariser Schule charakteristische Entgegensetzung von „sens" qua „fonction" einerseits und „interprétation" andrerseits[123] überwindet zugunsten einer „transzendentalen Theorie intersubjektiver Konstitution von Sinn"[124], wer also fragt nach dem hinter Systembildungen stehenden Interesse, kurz: wer Strukturen als Problemlösungen, als Antworten analysiert. Im Grunde kommt natürlich keine Segmentation ohne eine solche hermeneutische Logik von Frage und Antwort aus. Nur wird diese Einsicht allzuoft einem objektivistischen Selbstverständnis geopfert, das sich über den damit eingehandelten Erkenntnisverzicht nicht klar wird. Daß dieser Erkenntnisverzicht in dem Maße anwächst, wie man das Segmentationsproblem allein durch systemimmanente Verfeinerungen des Analyseverfahrens zu lösen versucht, wie das einigen Linguisten vorschwebt, bedarf keiner Betonung.

Die methodische Alternative zu derartigen strukturell-funktionalen

123 So insbes. bei Todorov S. 125 f.
124 Luhmann S. 73.

Verfahren ist das funktional-strukturelle, d. h. der Vergleich verschiedener Systembildungen mit dem Ziel, nicht etwa strukturale Invarianten zu exponieren, sondern gerade umgekehrt das Nichtidentische zu problematisieren, unterschiedliche Strukturbildungen auf unterschiedliche Interessen zurückzuführen. Unsere gesamte Untersuchung wird durch solche Vergleiche vorgetrieben: Vergleiche des Spiels mit der Feier, mit anderen Spielen, mit biblischen Vorlagen, mit dogmatischen Positionen. Der an Invariantenbildung interessierte Strukturalismus ist, in eben diesem Interesse an Identischem, letztlich noch ontologischem Denken verhaftet. Die wahre Alternative zu einem Denken in Substanzen ist eine funktional-strukturelle Vergleichstechnik, die Seiendes mit anderen Möglichkeiten konfrontiert und damit ontologisch wahrheitsunfähig macht[125].

Das geistliche Spiel ist eine solche Exposition anderer Möglichkeiten. Es konterkariert ständig das Interesse der Theologie an Eindeutigkeit, am Ausschluß des Nichtseins aus dem Sein. Dies zeigt sich uns in aller Deutlichkeit erstmals am Descensus. Das Spiel konstituiert sich darin, daß es Oppositionen setzt und diese durch- und ausspielt. Opposition aber bedeutet theologisch Dualismus, und damit ist eine fundamentale Interessendivergenz gegenüber der Theologie bezeichnet, ist doch die Theologie allemal bestrebt, eine Ereignissequenz zu konstruieren, die sich allein als eine Folge göttlicher Akte und nicht als Vermittlung von Oppositionen präsentiert. Sie wird daher, so läßt sich vermuten, die biblischen Erzählungen anders segmentieren als das Spiel, sie wird betonen, was jenes vernachlässigt, nämlich die performativen Einheiten, und vernachlässigen, was jenes betont: die konstativen Einheiten. Das Spiel, so wird sich zeigen, tendiert generell auf Hereinnahme dessen, was die Theologie ausgrenzt. Bei

---

[125] Bei Dilthey ist „Vergleichung" Kontrollinstanz der „Divination", beide zielen auf das Wesen des Individuellen: „Wir können ein komparatives Verfahren in bezug auf das Individuelle niemals entbehren" (*Der Aufbau der geschichtlichen Welt in den Geisteswissenschaften*, in *Gesammelte Schriften* Bd. VII, Stuttgart/Göttingen [5]1959, S. 226); eine funktional-strukturelle Vergleichstechnik ist genau entgegengesetzt orientiert: „Ein Vergleich dient nicht, wie noch Husserl auf Grund alter Traditionen meint, der Reduktion des Seienden auf das Wesentliche, sondern der Befestigung des Seienden im Verhältnis zu anderen Möglichkeiten. Der Vergleich stellt das Seiende nicht als es selbst fest, sondern er fixiert abstrakte Gesichtspunkte, unter denen dem Seienden ein anderes gedanklich oder faktisch substituiert werden kann. Der Gewinn an Rationalität besteht nicht in der Gewißheit, daß das Seiende in einigen Wesenszügen es selbst bleibt; er besteht vielmehr in der Gewißheit, daß es unter bestimmten Voraussetzungen nicht nötig ist, daß das Seiende es selbst bleibt" (Luhmann S. 47; ähnlich S. 35 f.).

der Höllenfahrt, mit der das Osterspiel seinen Höhe- und Endpunkt im Sinne einer abschließenden Kardinalfunktion erreicht, kann von solcher Hereinnahme gleich im Blick auf drei Ausgrenzungen gesprochen werden: auf die liturgische Feier, auf die kanonischen Bücher der Bibel selbst, die vom Descensus nichts wissen, und schließlich im Blick auf die Dogmengeschichte, die das Mythologem nur unter Verleugnung seiner dualistischen Selbstevidenz rezipierte. Ausführlich werden wir hierauf einzugehen haben bei der Erörterung des Verhältnisses der Höllenfahrt zum vorangehenden Kreuzestod[126]. Im vorliegenden Zusammenhang beschränken wir uns auf die Feststellung, daß das Osterspiel durch Einbeziehung des Descensus aus der kerygmatischen Dimension der liturgischen Feier ausbricht, indem es das heilsgeschichtliche ‚Ende‘ vorverlegt in die Teufelsbesiegung und damit in phänomenaler Gesättigtheit präsentiert, was wesentlich unanschaubar bleiben müßte. Wo immer dabei, wie in den meisten deutschen Osterspielen, die Auferstehung ausdrücklich vorgezogen wird und also der bereits Auferstandene den Teufel besiegt, wird diese Tendenz ausdrücklich. Heilsgeschichtliche Zukünftigkeit ist ausgeblendet, das Spiel wiederholt eine Geschichte, die in der Vergangenheit bereits zu Ende gekommen ist.

III

All dies freilich, so ließe sich argumentieren, könnte noch hinreichend mit dem spielspezifischen Interesse an Anschaubarkeit erklärt werden, und die daraus resultierende theologische Problematik wäre dann eben ein unvermeidbarer Preis für solche Anschaubarkeit. Wenn wir aber eine die performativen Einheiten betonende Segmentierung der biblischen Vorlagen als kerygmatisch und eine die konstativen Einheiten betonende als mythisch-archetypisch bezeichnen wollen, dann können wir uns mit dem spielspezifischen Interesse an Anschaubarkeit allein noch nicht zufrieden geben, zielt doch unser Begriff des mythisch-archetypischen im eingangs bestimmten Sinn nicht auf die Bilder eines didaktischen Schauspiels, sondern auf die Wiedervergegenwärtigung einer in mythischer Dignität gesehenen Vergangenheit im kultischen Spiel.

---

126 Siehe unten S. 154 ff. Die theologische Diskussion hier einzufügen wäre verwirrend, da sie sich fast ausschließlich an der Frage nach dem Verhältnis von Höllenfahrt und Kreuzestod entzündet. Wir werden jedoch anläßlich der Analyse des Descensus im Passionsspiel nochmals auf das Osterspiel zurückkommen.

Nun läßt sich in der Tat zeigen, daß das Spiel das Descensus-Mythologem ebensowenig als bloßen Bildspender benutzt wie es selbst bloßes Bild der Heilsgeschichte sein will. Auf den ersten Blick scheint es zwar tatsächlich nur um solche Bilder oder, wie es in den Rubriken und Prologen des öfteren heißt, um abbildliche *figuren* zu gehen. Wenn z. B. ein Tiroler Osterspiel als *frölich figur* (Wackernell S. CCXXXIII) oder die Leidensszenen des Donaueschinger Passionsspiels als *gar meng schön andächtig figur* (45) bezeichnet werden, dann kann in solchen – wohlgemerkt auf das Neue Testament bezogenen – Fällen *figur* nicht mehr Vorbild zukünftiger Erfüllung meinen, sondern Abbild vergangener Heilstaten, also das, was bereits in den Rubriken der liturgischen Feier unter Begriffen wie *similitudo* oder *imitatio* erscheint[127]. Allein, ebenso wie in den *nova genera figurarum* des Amalar eine rituell begangene Ereignishaftigkeit nicht geleugnet war, so will nun auch das Spiel immer mehr sein als bloß didaktisches Schauspiel. Wenn es z. B. in dem bereits zitierten Innsbrucker Prolog heißt, Gott wolle uns „heute" erlösen (... *daz wil got hüte brengen wedir*, 23) dann wird sofort deutlich, daß auch die ‚gezeigten' Bilder des Spiels an ein kultisches Selbstverständnis gebunden bleiben. Das Spiel hat, wie die Feier, ein ereignishaftes ‚Heute', an dem das im Bild Gezeigte erneut gegenwärtig wird. So heißt es im Redentiner Osterspiel:

> Wi willen ju ein bilde geven,
> Wo sik van dode heft upgeheven
> Gades sone Jesus Krist,
> De vör ju gestorven ist, (3 ff.)

und kurz darauf:

> Vrouwet ju an desser tit,
> Gi mögen werden van sünden quit.
> Got de wil in desser tit lösen,
> De dar laten van dem bösen.
> De dar hüten mit gade upstan,
> De schölen vri van sünden gan. (11 ff.)

Was das Bild zeigen wird: die Auferstehung Jesu und die Erlösung vom Bösen geschieht „in dieser (österlichen) Zeit", geschieht „heute", und die biblischen Zeugen dieser Erlösung verkünden ihre Botschaft an das Publikum des 14. Jahrhunderts. Im Erlauer Osterspiel klagt Petrus:

---

[127] Weitere Beispiele bei W. F. Michael, *Die Bedeutung des Wortes Figur im geistlichen Drama in Deutschland*, in *The Germanic Review* 21 (1946) 3–8; mit Michaels Bestimmung dieser Bedeutung im Sinne von „Auftritt, Spiel und schließlich Drama" (S. 5) stimme ich, wie das Folgende zeigt, durchaus nicht überein.

owe wo warn all mein sinn,
das ich nicht gelauben wolt,
als ich von recht solt?
das mûs mich heut und immer reuen!
da von, îr christen getreuen,
helft zu piten Jhesum Christ,
der durch unsern willen gemartert ist,
das er unser sûnd vergeben well.   (1492 ff.)

Der biblische Petrus bereut „heute", und noch „heute" wird „durch unseren Willen" Christus gemartert. Auch das Spiel also hat ein ereignishaftes, zeitloses ,Heute', seine ,Figuren' stehen in einer den *nova genera figurarum* des Amalar durchaus vergleichbaren Ambivalenz, und man muß fragen, ob es damit nicht auch die Hypothek übernimmt, mit der sich bereits die Feier belastet sah, ja ob diese Hypothek jetzt nicht noch drückender wird. Denn das zeitlose ,Heute' des Spiels steht nicht mehr, wie das der Liturgie, im Zeichen einer das Vergangene überbietenden ,effektiven' Gegenwärtigkeit, nicht also im Zeichen der Differenz zu, sondern der Identität mit den vergangenen Heilstaten. Gewiß soll diese Einsenkung des Vergangenen in die zeitgenössische Aktualität die fortdauernde Gegenwärtigkeit der Erlösungstat inmitten einer dem Teufel verfallenen Welt dokumentieren; aber das ändert nichts daran, daß diese fortdauernde Gegenwärtigkeit im heilsgeschichtlich stringenten Sinne nur eine solche der Wirkung, eine Gegenwärtigkeit in effectu sein kann. Man darf an diesem Punkt nicht großzügig sein[128], will man die wahren Impulse solchen Spiels bloßlegen. Wie ein Mythos auf seine Art auch als eine ,Heilsgeschichte', so kann christliche Heilsgeschichte durchaus auch als Mythos aufgefaßt sein. Der bewußte Eintritt in die Spannung von vergangener Heilstat, effektiver Gegenwärtigkeit und zukünftiger Erfüllung oder aber der unvermerkte Ausbruch

---

[128] So z. B. L. Wolff, *Die Verschmelzung des Dargestellten mit der Gegenwartswirklichkeit im geistlichen Drama des deutschen Mittelalters,* in *Deutsche Vierteljahresschrift* 7 (1929) 267–304, insbesondere S. 294: „... überall strebt die Darstellung über den geschichtlichen Einzelaugenblick hinaus zum Dauernden und gerade für die eigenen Tage Gültigen". Ihm folgt Brinkmann (1930): „Man feierte die Erlösung nicht als ein einmaliges, historisches Ereignis, sondern als einen Vorgang zeitloser Wiederkehr und Gültigkeit; wirklich immer wieder dann, wenn ihr Gedächtnis begangen wurde." Zwar sei die Erlösung „auch ein historischer, einmaliger Akt. Ihrem Wesen nach aber war sie mehr, in der Messe erneuerte sie sich ständig. Sie war nicht einmalig und Vergangenheit, sondern wiederholbare, unmittelbare Gegenwart. Und es war darum berechtigt, sie in dramatischer Darstellung als gegenwärtig zu behandeln" *(Studien* II, S. 198 und 218). Das ist genau die Argumentation, die ich als problemverstellend zu enthüllen suche.

aus dieser Spannung sind hier die einzigen Kriterien. So ist denn das Spiel zu befragen auf das Wirkungspotential des Vergangenen, das in seiner identischen Wiederholung vorausgesetzt ist, es ist zu befragen, ob seine Zeitlosigkeit nicht in Wahrheit auf einen „mythischen Augenblick des Anfangs" (Eliade) verweist.

IV

Struktural besehen, so zeigte sich, bedeutet die Selbstkonstitution des Spiels eine geschehnishafte Ausweitung des liturgischen Kerygmas. Die Feier präsentiert Heilsgeschichte performativ: der Herr ist auferstanden, wir sind erlöst. Das Spiel bringt dieses Kerygma in eine oppositionelle Relation, stellt die Botschaft zurück in das, was H. Weinrich die „Erzählfolge"[129] des Mythos genannt hat: der Herr erstand und besiegte den Teufel – nun sind wir erlöst. Nun hat allerdings die empirische Mythenforschung, wie sie insbesondere durch Malinowski und seine Schule repräsentiert ist, deutlich gemacht, daß eine Geschichte nicht schon durch eine solche Erzählfolge als Mythos ausgewiesen ist, sondern allererst durch kultisch-institutionelle Verankerung dieses ‚Erzählens'. Zu Recht hat Weinrich die strukturale Mythenanalyse von Lévi-Strauss als einen der Tendenz nach entmythologisierenden Zugang beschrieben. Denn dort sollen die paradigmatischen Oppositionsmodelle in der Tat dem Nachweis dienen, „daß im mythischen und im wissenschaftlichen Denken dieselbe Logik am Werke ist und daß der Mensch allezeit gleich gut gedacht hat"[130]. Aber der Mythos läßt sich nicht schon damit wieder ins Recht setzen, daß gegen diese Paradigmatik eine syntagmatische Erzählfolge geltend gemacht wird. Des Mythischen einer Geschichte wird man weder in ihrer Paradigmatik allein noch in einer die Paradigmatik ergänzenden Syntagmatik habhaft, sondern erst in der Verankerung dieser Strukturen in einem kultischen Sitz im Leben, in einer Institution.

Hierfür wird nun ein strukturales Detail wichtig, das mit nur wenigen Ausnahmen die Höllenfahrtsgestaltung der Spiele kennzeichnet: dreimal ertönt die Aufforderungsantiphon *Tollite portas* mit der Gegenfrage des Teufels, bevor die Höllentore zerbrechen. Diese Trigemination, die das Spiel aus der B-Version des Nikodemus-Evangeliums übernehmen

---

129 S. 29 ff.
130 *Anthropologie structurale*, Paris 1958, zit. nach der Übers. von H. Naumann, *Strukturale Anthropologie*, Frankfurt 1969, S. 254.

konnte[131], ist ein geradezu klassisches Beispiel jener umstrittenen „Dreizahl mit Achtergewicht", in der A. Olrik das „vornehmste Merkmal der Volksdichtung"[132] überhaupt sieht und die vor allem aus ihrer handlungsbildenden Funktion im Märchen bekannt ist. Man pflegt sie als eine Spielform zu betrachten, über deren Verankerung in ursprünglichen mythischen Erzählungen die unterschiedlichsten Theorien bestehen[133]. Es scheint, daß das geistliche Spiel zu diesem Problem einen nicht unerheblichen Beitrag leisten kann. Denn was sich an ihm studieren läßt, ist genau das, was bei allen anderen hierfür in Frage kommenden ‚Einfachen Formen' (A. Jolles) zumeist nur hypothetisch rekonstruiert oder nur postuliert werden kann: Spielformen in statu nascendi, in noch nicht abgeschlossener Emanzipation aus ritueller Funktion. Damit kommen wir auf unser Beispiel zurück. Solange man das Spiel allein mit dem Nikodemus-Evangelium vergleicht, läßt sich über einen möglichen Ritualcharakter der Trigemination weder im Spiel noch in der Vorlage etwas ausmachen. Nun ist aber diese Trigemination nicht nur in den Descensus des Spiels eingegangen, sondern auch in ein liturgisches Ritual: in die der Visitation vorangehende Elevatio Crucis. Dieser Zeremonie aber bereitet die Rezeption des Dialogs bezeichnende Schwierigkeiten, auf die wir kurz eingehen müssen.

In einer Elevatio von St. Gallen zum Beispiel wird unter dreimaligem Absingen der *Tollite portas*-Antiphon der Fuß des Kreuzes gegen das Tor des Chores geschlagen *In signum redempcionis animarum ex limbo*, das Tor öffnet sich, und das Kreuz wird vor dem Altar der Mutter Gottes niedergelegt. Der Dialog also hat nicht stattgefunden, die Gegenfrage *Quis est iste rex gloriae?* ist ausgeblieben[134]. Ein ähnliches Bild bietet die Elevatio von Barking. Dort begeben sich Äbtissin und Konvent in die Magdalenenkapelle *figurantes animas sanctorum Patrum ante aduentum Christi ad inferos descendentes*. Der Kapelle nähert sich sodann ein Priester und klopft mit dem Kruzifix gegen die verschlossene Tür, *figurans dirupcionem portarum inferni*. Nach dreimaligem *Tollite portas* öffnet sie sich, der Priester schreitet hinein und führt die Insassen aus der Kapelle, *id est de limbo Patrum* heraus[135]. Wieder also ist die Gegenfrage ausge-

---

131 Kap. II (XVIII), VII (XXIII), Tischendorf (Hg.) S. 422, 428 und 429. Auf eine nur zweimalige Aufforderung stieß ich lediglich in zwei Fällen: Augsburg (nach 2402) und Chester (XVII, 145 und 177).
132 *Epische Gesetze der Volksdichtung*, in *Zeitschrift für deutsches Altertum und deutsche Literatur* 51 (1909) 1–12, insbes. S. 7.
133 Siehe hierzu M. Lüthi, *Märchen*, Stuttgart ³1968, S. 29, 96 f.
134 Young I, S. 163 f.
135 Ebd. S. 164 ff.

blieben. Solche Inkonsistenz ist bezeichnend: Satan, der Fragesteller, kann im einmal geweihten Raum nicht mehr erscheinen. Wohl aber ist er draußen anzutreffen, und davon suchte eine Würzburger Elevatio zu profitieren. In ihr nähert sich der Priester mit dem Kruzifix der verschlossenen Kirchentür von innen, und ein *foris ianuam* befindlicher Kleriker fragt *Quis est iste rex gloriae?* Vermutlich haben sich nach dem Dialog die Türen geöffnet, um das Volk einzulassen, denn die folgende Rubrik spricht von der Anbetung des Kreuzes *ab omni clero et populo*. Das ist eine nicht ungeschickte Lösung, die die ganze Welt draußen zur Hölle und die Kirche zum Ort der Erlösung macht[136]. Verwandt mit diesem Würzburger Text sind zwei Feiern von Bamberg und Augsburg. Dort befindet sich der Repräsentant Satans zwar im Innern der Kirche, aber dabei ist zu beachten, daß die draußen Einlaß begehrende Prozession nicht nur das Kreuz, sondern auch das Allerheiligste beim Verlassen der Kirche mit hinausgetragen hatte. Für den Fall, daß die Prozession – und also auch das Allerheiligste – die Kirche nicht verläßt, wird der Darsteller des Teufels ausdrücklich *extra templum* verwiesen[137].

Was aber die liturgische Zeremonie solchermaßen ausgrenzt, das nimmt das Spiel herein. Es bringt zu Ende, was dort verwehrt ist, es stellt den in vivo dar, dem das Ritual gilt und der im heiligen Raum nicht erscheinen kann. Hierin aber trifft sich das Spiel mit einem weiteren Ritual, das man bisher allein unter dem Stichwort ,Dramatisierungen des Descensus' betrachtet[138], nicht aber mit dem Spiel in unmittelbaren Zusammenhang gebracht hat: die Kirchweihzeremonie. Bei Young ist ein aus dem 9. Jahr-

---

136 Die Würzburger Elevatio ist abgedruckt bei G. Milchsack, *Die Oster- und Passionsspiele* I (Die lateinischen Osterfeiern), Wolfenbüttel 1880, S. 135.

137 Young I, S. 173 f. Die Augsburger Elevatio ist abgedruckt bei Milchsack S. 127 ff. Interessant ist, daß die Bamberger Feier nicht erkennen läßt, ob der *aliquis in templo qui diaboli personam simulans* ein Kleriker war. In zwei von H. Rueff ausgegrabenen Mainzer Elevatio-Texten handelt es sich um einen *plebanus vero vel alius* (Mainz/Liebfrauen, siehe S. 71 f.) bzw um den *glöckner... oder jemand anders, so darzu bestellt ist* (Mainz/St. Quintin, siehe S. 73 f.). Die Elevatio von St. Quintin ist denen von Bamberg und Augsburg verwandt, läßt jedoch nicht klar erkennen, ob der draußen anklopfende Pfarrer auch das Allerheiligste aus der Kirche mit herausgetragen hat. Die Elevatio von Liebfrauen ähnelt der eingangs behandelten von St. Gallen, läßt im Gegensatz zu jener nun aber den *plebanus* aus dem Chor heraus die Frage stellen. Allerdings ist auch hier wieder zu beachten, daß das Allerheiligste sich nicht mit ihm im Chor befindet, sondern bei den Einlaß Begehrenden.

138 So K. Schmidt, *Die Darstellung von Christi Höllenfahrt in den deutschen und den ihnen verwandten Spielen des Mittelalters*, Diss. Marburg 1915, S. 18.

hundert stammendes Beispiel abgedruckt[139]. Die Prozession umschreitet dreimal die Kirche; vor dem Portal wird jedesmal haltgemacht, der Bischof klopft unter der Aufforderung *Tollite portas, principes, vestras, et elevamini, portae aeternales, et introibit rex gloriae* dreimal mit dem Stab gegen die Türe, worauf aus der Kirche heraus von einem den Satan repräsentierenden Kleriker die Gegenfrage *Quis est iste rex gloriae?* ertönt. Nachdem dieser Dialog dreimal stattgehabt hat, antwortet der Bischof *Dominus virtutum, ipse est rex gloriae,* worauf sich die Türen öffnen und der drinnen Verborgene *quasi fugiens* hinauseilt, um sich dann der Prozession anzuschließen. Hier also findet der in die Elevatio nur gebrochen eingehende Dialog statt. Aus der noch ungeweihten Kirche heraus kann der Teufel antworten – hernach ist sie ihm auf immer verschlossen. In dieser Zeremonie, die in einer langen Tradition kirchlicher und apokrypher Exorzismusformeln steht[140], liegt der Ritualcharakter der Trigemination in Reindarstellung vor – und so auch im (Innsbrucker) Spiel:

Adam cantat ‚Advenisti':
*[Advenisti, desiderabilis,
*quem expectabamus in tenebris,
*ut educeres hac nocte
*vinculatos de claustris.
*te nostra vocabant suspiria,
*te larga requirebant lamenta.
*tu factus es spes desperatis,
*magna consolatio in tormentis.]

Angeli cantant ‚A porta inferi':
*[A porta inferi eripe nos, domine!]

Lucifer clamat:
Stoz den regel vor dy tor!
ich weiz nicht, waz da rouschet davor!

Angeli cantant, Tollite portas principes vestras':
*[Tollite portas, principes, vestras,
*et elevamini portae æternales,
*et introibit rex gloriæ.]

Lucifer clamat:
*Qui est iste rex gloriæ?

Angeli:
*Dominus fortis [et] potens,
*dominus potens in prœlio.

---

139 I, S. 102 ff.
140 Kroll, S. 109 ff. und 128 ff.

Item angelus percutiens dicit:
Ir hern, sclißet uff dy tor,
der konnig der eren ist hy vor!

Lucifer dicit:
Wer ist der konig lobelich,
der da stost so geweldiglich
mir an myne helletor?
her mochte wol bliben da vor!

Angeli cantant ,Tollite portas principes vestras':
*[Tollite portas, principes, vestras,
*et elevamini portæ æternales,
*et introibit rex gloriæ.]

Lucifer ,Quis est iste rex gloriæ' (ut prius):
*[Quis est iste rex gloriæ?]

Angeli ,Tollite':
*[Tollite portas, principes, vestras,
*et elevamini portæ æternales,
*et introibit rex gloriæ.]

Lucifer ,Quis est iste rex gloriæ' (ut prius):
*[Quis est iste rex gloriæ?]

Ihesus dicit:
Ir hern vz der finsterkeit,
vwir rufes sit ir gar vngemeit.
balde schliset vff dy tor:
der konnig der eren ist da vor!

Lucifer dicit:
Stoz den regel vor dy tor,
der konnig der eren ist da vor!
her schriget vns czu den oren:
werlich, er mag wol toren,
so vil kan her klaffen!
waz hat her hy czu schaffen?
balde heiz en enweg gen,
anders en wert eyn boße weter besten!
ly mir crewel vnd kelle,
ich wil en sencken in dy helle!

Et sic Ihesus frangit tartarum, dæmones ululant. Ihesus dicit:
Nu kumt, myne vil liben kint,
dy von mynem vater bekomen sint!   (258 ff.)

Der Vergleich des Spiels mit den kirchlichen Ritualen soll keine Quellen
und Einflüsse belegen, zumal das ohnehin nur in beschränktem Umfang
möglich wäre. So ist zwar die Priorität der Kirchweihzeremonie eindeutig,

aber bei der Elevatio gilt dies nur für das – im Spiel den Dialog einleitende oder umrahmende – *Canticum triumphale*, das schon zu Beginn des 10. Jahrhunderts als Bestandteil dieser Zeremonie belegt ist[141]. Dem *Tollite portas*-Dialog selbst hingegen hat sie sich erst spät geöffnet. Die Belege setzen hier nicht vor dem 14. Jahrhundert ein, also gleichzeitig mit dem Spiel, was wechselseitigen Einfluß nahelegt[142]. Viel wichtiger jedoch als die Quellenfrage ist die Distanz dieser Zeremonien zum sakramentalen Ritus. Das gilt im Blick sowohl auf die Kirchweihformel wie auch auf die Elevatio. Denn wenn auch die Frage der Priorität des Descensus in Spiel und Elevatio-Ritual nicht eindeutig zu beantworten ist, so bleibt doch bestehen, daß die Elevatio erstens sehr spät, kaum vor dem 10. Jahrhundert, entstand[143], der römischen Liturgie also unbekannt ist; daß sie sich zweitens dem eigentlich dualistischen Moment der Descensus-Thematik, also dem *Tollite portas*-Dialog erst weitere fünf Jahrhunderte später öffnete; und daß drittens selbst diese späte Öffnung noch ganz im Zeichen der analysierten Hemmnisse steht. Daß selbst an der Peripherie des sakramentalen Ritus die Teufelsreplik ausgegrenzt wird, enthüllt dessen wesentlich anti-dualistischen Charakter. So macht gerade die Nähe des Spiels zur Elevatio erneut deutlich, daß es weder im weiteren Umkreis geschweige denn im Kern des sakramentalen Ritus seinen ‚Archetyp' im Sinne Hardisons findet. Nicht an den sakramentalen Ritus knüpft es an, sondern an periphere kirchliche Rituale, in denen sich die apokryphe Tradition des Nikodemus-Evangeliums fortsetzt. Was aber solchermaßen von der Peripherie der Liturgie ins Zentrum des Spiels geholt wird, war dem Spiel offenbar von zentralem Interesse. Die Schwerpunktverlagerung von der Visitatio-Sequenz zur Höllenfahrt ist nicht einfach geschehnishafte Ausweitung zum dramatischen Höhepunkt hin, sondern eine Interessenverlagerung vom Kerygma der Auferstehung zur Entlastungsfunktion eines gespielten Exorzismus. Bedenkt man, daß das Grundgerüst des Descensus in den meisten Spielen entweder ganz oder teilweise aus dem lateinischen *Canticum triumphale* und dem lateinischen *Tollite-portas*-Dialog besteht,

---

141 Zu den Quellen der Höllenfahrtsszene siehe Thoran S. 132 ff.

142 Brinkmanns Vermutung, „daß die Höllenfahrt im Osterspiel ausgebildet war, bevor sie in Verbindung mit der Elevatio im Ritual sich entwickelte" (*Studien* II, S. 189) hat für sich, daß die in Frage kommenden Beispiele (Young I, S. 161 ff.) sehr spät und gleichzeitig mit den Osterspielen des 14. und 15. Jahrhunderts liegen. Andererseits aber ist das Grundgerüst des Descensus auch im Spiel zumeist in lateinischer Sprache gehalten, was ohne zumindest sekundären Einfluß der genannten kirchlichen Rituale nicht erklärbar ist.

143 Siehe Brinkmann, *Studien* II, S. 173 ff., Young I, S. 121 f.

der zwar jeweils übersetzt, selten aber durch die Übersetzung ganz verdrängt wird, so macht gerade diese Beibehaltung auch des im volkssprachlichen Spiel arkanischen Lateins deutlich, wie sehr die kirchlichen Exorzismen im Spiel als dessen „latente Funktion"[144] wirksam blieben. Das Spiel
von der Auferstehung des Herrn hat die latente Funktion ritueller Entlastung vom Druck der Dämonenfurcht.

V

Ritualisierungen der Höllenfahrt sind keine Eigenart des deutschen Spiels.
Sie finden sich ebenso in Frankreich und in England. Nach Ausnahmen
muß man schon suchen. So wäre im deutschen Bereich die Augsburger Passion zu nennen, die nur zwei *Tollite portas*-Aufforderungen kennt (nach
2402, 2411). Hier hat eindeutig nur das Nikodemus-Evangelium, und
zwar das Ms. A als Vorlage gedient. Das gleiche gilt für den englischen
Chester-Zyklus (S. 324 ff., 145, 177, 181/2). Im Hegge-Zyklus ist selbst
noch diese Vorlage auf eine einmalige Aufforderung zurückgeschnitten
(S. 306, nach 993).
Aber das sind, wie gesagt, höchst seltene Ausnahmen. Denn das Descensus-Ritual des Osterspiels rührt an den Kern des geistlichen Spiels
überhaupt, es ist so etwas wie seine raison d'être. Erst von ihm her gesehen enthüllt sich der Abstand zwischen Spiel und Feier in seinem ganzen
Ausmaß. Um ihn zu erkennen, darf man also nicht die liturgische Visitatio
mit der isoliert betrachteten Visitatio-Sequenz des Spiels vergleichen, sondern muß man letztere in den Gesamtablauf des Osterspiels zurückstellen.
Dann aber zeigt sich, daß das Osterspiel, das wesentlich ein Teufelsspiel
ist, nicht etwa die Feier säkularisiert, sondern daß es ebenso wie jene einen

---

144 Die Unterscheidung zwischen latenten und manifesten Funktionen ist der Soziologie insbesondere seit R. K. Mertons *Social theory and social structure*,
Glencoe/Ill. ²1957, S. 60 ff. geläufig. Sie folgt begrifflich Freud, ohne jedoch
sein metapsychologisches Modell mitzuübernehmen. Was interessiert, ist
die Tatsache, daß bestimmte Systeme nicht nur die offiziellen, sondern auch
unbewußte Bedürfnisse beantworten und erst aus dieser Ambivalenz heraus
voll verstanden werden können. Luhmann hat den Vorteil einer Analyse latenter Funktionen gegenüber der latenter Ursachen systemtheoretisch begründet: „Das Aufdecken solcher latenten Funktionen hat den Sinn, die erlebten
Probleme so umzudefinieren, daß sie auf die Innen/Außen-Differenz sozialer
Systeme beziehbar sind" (1971, S. 41 und 71). – Zur Beibehaltung der lateinischen Formeln im Spiel siehe die Analysen bei Thoran Kap. B II, insbes.
S. 135 ff.

kultischen ‚Sitz im Leben' hat. Wie die Feier ihr Gesetz empfängt von dem sie umfangenden liturgischen Ritus, so hat auch die Ritualstruktur des Spiels kultischen Antwortcharakter. Der liturgisch-kerygmatische Sitz im Leben also wird nicht ersatzlos aufgegeben, sondern eingetauscht gegen einen mythisch-archetypischen. Es sei hier erinnert an die oben analysierte Würzburger Elevatio, in der sich der Priester mit dem Kruzifix der Kirchentüre von innen nähert und den *foris ianuam* befindlichen Teufel bezwingt[145]. Dort ‚draußen' aber, in jenem Raum, den die Feier solchermaßen als Hölle qualifiziert, dort spielt das volkssprachliche Spiel. Die Feier empfängt ihr Gesetz von den *terribilia sacramenta*[146], die das Bild des Gottes nicht dulden und dem Teufel Einlaß verwehren, das Spiel empfängt das seine von dem, der ‚draußen' herrscht. Es spielt nicht in einem neutralen, sondern in einem ebenfalls terroristisch besetzten Raum, und seine Beliebtheit wird nur verständlich, wenn man sie in Beziehung bringt zu dieser terroristischen Realität teuflischer Allmacht, die in ihm hinweggespielt ist.

Wir wissen nicht, in welcher Weise das Mittelalter an den Teufel glaubte. Wir können nur versuchen, über die erhaltenen historischen Dokumente und literarischen Zeugnisse Zugang zu diesem in seiner ganzen Komplexität uns für immer verschlossenen Phänomen zu gewinnen. Diese Zeugnisse sind häufig zusammengetragen und im Sinne einer die Epoche prägenden Obsession gedeutet worden. Neuere Untersuchungen insbesondere zum spätmittelalterlichen Volks- und Aberglauben haben ergeben, daß Zauberwahn und der Glaube an magische Gewalten zeitlich und räumlich differenziert und also keineswegs so konstant auftraten, wie ihre literarischen Reflexe in Beichtspiegeln und Predigertraktaten vermuten lassen[147]. Man wird daher gut daran tun, mit der Annahme einer epochalen Obsession vorsichtig zu sein. Der Teufel war eine Realität, aber immerhin eine solche, die zu ‚spielen' man die Freiheit hatte. Umgekehrt jedoch, und das scheint nicht minder bedeutsam, ist diese Freiheit des Spiels nur verständlich vor dem Hintergrund des Terrors, der in ihr überwunden ist[148]. Wenn es zu einem ausgesprochenen Volksschauspiel werden konnte, dann offenbar deswegen, weil mit ihm eine Bedürfnislage getrof-

---

145 Siehe oben S. 70.
146 Belege bei Lubac S. 74.
147 Siehe H. Moser, *Gedanken zur heutigen Volkskunde*, in *Bayerisches Jahrbuch für Volkskunde* 1954, S. 208–234, insbes. S. 229.
148 Dies ist ein zentraler Gedanke bei Blumenberg, *Wirklichkeitsbegriff* S. 23, 34, 49 f.

fen und artikuliert wurde, die in sakramentaler Heilsvermittlung und Heilsgarantie keine erfüllende Antwort fand. Die Popularität eines Spiels, das, unter welcher speziellen Thematik auch immer, allemal eine Niederlage des Teufels feiert, ist solange unzureichend erklärt, wie man hinter seinen gespielten ‚Figuren' nicht die Entlastungsfunktion eines archaischen Rituals erkennt. Wie man weiß, konnten sich an den Teufelsdarstellern Legenden festmachen, die von nachfolgender Armut, Galgentod und Selbstmord berichteten[149]. Allein die Möglichkeit solcher Legendenbildung zeigt an, daß hier nicht in einem monotheistisch depotenzierten und kultfreien Raum gespielt wurde, sondern in einer Welt sympathetischer Zusammenhänge, in der negative Wesenheiten durchaus fortexistierten und stets aufs Neue hinweggespielt werden mußten. Genau diesen Sachverhalt bestätigt unter anderem Vorzeichen kein Geringerer als Geroh von Reichersberg. Seine vielzitierte Polemik gegen die Beteiligung Geistlicher an den Spielen gipfelt in dem Verdacht, daß die, welche in die *larvas daemonum* schlüpften, den Antichrist keineswegs bloß spielen, sondern ihn in Wahrheit verkörpern und in seine Dienste treten: *Quid ergo mirum si et isti nunc Antichristum vel Herodem in suis ludis simulantes eosdem non, ut eis intentioni est, ludicro mentiuntur sed in veritate exhibent, utpote quorum vita ab Antichristi laxa conversatione non longe abest? (...) Et quis scire potest, an et cetera simulata Antichristi scilicet effigiem, daemonum larvas, herodianam insaniam in veritate non exhibeant*[150]. Sollte Gerohs Polemik den häufig vermuteten politischen Bezug zum Tegernseer Spiel haben, würde sein Argument für unseren Zusammenhang nur an Beweiskraft gewinnen. Denn gerade um politisch wirksam zu sein, durfte es keine uneinsichtige Dämonisierung bloßen Spiels versuchen, sondern mußte es etwas Naheliegendes und für durchaus möglich Gehaltenes formulieren.

Andererseits weiß man, daß gerade die Teufelsrollen bei den (Laien-) Spielern gefragt waren. Die Herausforderung des terroristischen, da allgegenwärtigen und doch unsichtbaren Widerparts wurde angenommen, man nahm seine Maske. In seinem Aufsatz über die Verstehbarkeit der Magie hat Gehlen die Formel von der „Entscheidung zum Dasein der Schrecknisse"[151] gebraucht. Sie scheint mir für das hier in Frage stehende Phänomen von heuristischem Wert, und dies dürfte auch für andere zentrale Kategorien der Gehlenschen Anthropologie gelten. Das geistliche

[149] Siehe Petit de Julleville II, S. 144.
[150] Young II, S. 524 f.
[151] *Merkur* 4 (1950) 409–420, S. 417.

Spiel erspielte sich Rituale als mimische Antwort auf Appelldaten, deren terroristische Besetzung keinen Aufbau sinnvoller „Handlungskreise" zuließ, sondern allein in „stabilisierte Spannungen" überführt werden konnte. An einem zentralen Punkt war es, indem es die Schrecknisse bejahte, deren „Transzendenz ins Diesseits"[152]. Hierin liegt der spezifisch archaische Charakter seines Sitzes im Leben oder, wie wir fortan mit Gehlen sagen wollen, dieser „Institution". Hierin liegt aber zugleich auch die einzige Chance einer Selbstkonstitution des Spiels überhaupt. Christliche Liturgie steht in kontradiktorischem Gegensatz zum archaischen Ritus und seinen „stabilisierten Spannungen". Sie ist wesenhaft nicht „Darstellung"[153], keine imitatorische „Transzendenz ins Diesseits". Ihre wiederholenden Elemente sind nur anamnetische Rekonstruktion des raumzeitlichen Substrats eines historischen oder als historisch gewollten Ereignisses und bewirken von sich aus, d. h. als Wiederholung, noch gar nichts. Zu Ende kommt dieser Ritus gerade nicht im Bild, sondern in der Verinnerlichung des Glaubens an eine unsichtbare Präsenz des gnädig sich herablassenden Gottes. Oder umgekehrt: wo dieser Ritus ins Bild tritt, geht seine Spezifität verloren, tritt Degeneration an die Stelle vermeintlicher Emanzipation.

Das Spiel muß also gleichsam hinter das Kerygma zurück, um Darstellung als anthropologische Kategorie zu gewinnen. Aber was es anthropologisch gewinnt, geht auf Kosten seiner Theologie. In der Tat wurde das geistliche Spiel, wiewohl durchweg von Klerikern verfaßt, niemals offi-

---

152 Zu diesen Kategorien siehe *Urmensch* S. 78 ff. („Stabilisierte Spannung") und S. 14 ff. („Transzendenzen"). „Transzendenz ins Diesseits" ist für Gehlen eine bedürfnisentlastete Verhaltensform, die die Dinge oder Lebewesen nicht in ihrem „Daseinswert" gleichsam ‚verbraucht', sondern ihnen „Selbstwert" zuerkennt und in diesem den „Daseinswert" transzendierenden „Selbstwert" zur (rituellen) „Darstellung" bringt: „Diese Leistung ist schon moralisch, insofern man etwas, das man triebhaft auf die eigenen Affekte und Bedürfnisse bezieht (auch die Angst), dennoch in seinem verselbständigten Dasein anerkennt. (...) Die Hemmung, Einklammerung, Rückstellung oder Virtualisierung der Bedürfnisse und Affekte, die auf ein objektiv Daseiendes bezogen sind, oder ihre Setzung unter Vorbehalt, ist in demselben Akt eine Entscheidung zu seinem Eigendasein und der Entschluß, von diesem her zu handeln". – „Transzendenz ins Jenseits" setzt demgegenüber den einen, unsichtbaren Gott voraus, die „absolute Kulturschwelle" des Monotheismus. Dieser „verlegt die letzten Evidenzen der Religion von der Außenweltstützung weg in das Innere, die Seele", ist also gekennzeichnet durch eine „Tendenz zur Minimierung des Ritus" und des darstellenden Verhaltens generell (S. 57).

153 Zur anthropologischen Fundierung darstellenden Verhaltens siehe ebenfalls S. 145 ff. und 150 ff.

ziell und ausdrücklich als theologische Institution von der Kirche in Anspruch genommen. Es konnte eine didaktische Funktion für sich reklamieren und damit kirchliches Wohlwollen und sogar kirchliche Förderung erlangen, aber das ist etwas ganz anderes. Verteidiger des Spiels als eines genuinen Produkts kirchlicher Lehre pflegen darauf zu verweisen, daß kein Verbot je von seiten des Heiligen Stuhls ergangen sei. In der Tat blieben Förderung ebenso wie Kritik und Verbot Diözesanangelegenheit, was aber nur den kirchlichen Verzicht auf offizielle Institutionalisierung dieses vermeintlich „wirksamsten Propagandainstruments"[154] beweist. Gewiß ‚zeigte' das Spiel Bilder der Heilsgeschichte, aber schon unsere bisherigen Analysen haben deutlich gemacht, daß man immer gut daran tut, diese didaktischen Möglichkeiten nicht vorschnell mit den spieltragenden Interessen und Impulsen zu identifizieren.

Kap. C
Von der Visitatio Sepulchri zum kultischen ôstarûn: Das Marienspiel als ‚Katalyse'

I

Die liturgische Visitatio hat sich der Figur des Salbenkrämers nur zögernd geöffnet. In einer Prager Feier des 13. Jahrhunderts tritt nur ein stummer *ungentarius* auf, eine andere gewährt ihm nur eine einzige Antiphon[155]. Zu einer Kaufszene kommt es erst in den lateinischen Osterspielen, und hier muß bereits mit Rückbildungen aus volkssprachlicher Tradition gerechnet werden. Stumpfl hat als erster systematisch mit der Möglichkeit solcher Rückbildungen operiert, und zwar nicht nur im Blick auf die lateinischen Spiele, sondern auch auf die ungentarius-Figur schon der Feier. Er traf damit auf die völlig verständnislose, da entwicklungsgeschichtlich präjudizierte Kritik Scheunemanns. Wenn neuerdings Textgeschichtler wie de Boor und Hardison ebenfalls Rückbildungen in Erwägung ziehen, so ist das eine methodologische Rehabilitation Stumpfls, die nicht verschwiegen werden sollte[156].

---

154 Hess S. 156.
155 Young I, S. 402 ff. und 405 ff.
156 Stumpfl S. 305 ff.; Hardison S. 227; de Boor S. 166 ff. (Jüngerlauf) und S. 361 f. (Salbenkauf).

Für Stumpfl selbst freilich ist nun bereits die volkssprachliche Krämer-szene wo keine Rückbildung, so doch ein Epiphänomen, das auf ein ihr vorausliegendes paganes Wiederbelebungsritual verweist. Hauptargu-ment ist ihm hierfür die für die meisten volkssprachlichen Spiele bezeich-nende Identifikation des Salbenkrämers (mercator) mit einem Arzt (me-dicus). Der Ursprung der geistlichen Mercatorszene sei ein kultisches Arzt-spiel nach Art vergleichbarer Fastnachtsspiele oder des böhmischen *Ma-stickar*, in das die Kaufszene der Marien nachträglich interpoliert sei[157]. Nun kennen tatsächlich nicht nur die deutschen, sondern auch viele fran-zösische Spiele die für die genannten ‚weltlichen' Beispiele bezeichnende Auskunft des Krämers bzw. Arztes, seine Salbe vermöge Tote wieder le-bendig zu machen. Aber damit ist nicht Stumpfls fundamentales Dilemma behoben: daß nämlich, was germanisch-kultische Spielkontinuität sei, *vor* den genannten spätmittelalterlichen Spielen allein aus der Tradition des christlichen Osterspiels rekonstruiert werden muß. Wer aber schon für die lateinischen Osterspiele des 11./12. Jahrhunderts[158] Rückbildungen aus kultischen Arztspielen ansetzt, muß für diese letzteren eine über Jahrhun-derte sich erstreckende Tradition ohne einen einzigen Beleg postulieren. Niemand wird ernsthaft bezweifeln wollen, daß das volkssprachliche Spiel den ungentarius der liturgischen Feier mit Zügen der ‚uralten' Figur des Quacksalbers ausstattete. Aber nicht diesen Quacksalber kann man als spieloriginär ansehen, sondern allein den Salbenverkäufer, der in dem Moment erforderlich wurde, da die Auskunft von Mark. 16, 1: *emerunt aromata, ut venientes ungerent eum* in Szene gesetzt werden sollte. In der Veranschaulichung biblischer Vorlagen liegt hier der primäre, Spielkon-tinuität erst begründende Impuls. Ein Kaufmann aber, der Salben feil-bietet, war im Quacksalber, d. h. demjenigen, der auf öffentlichem Platz seine Wunderdrogen ‚anprahlt' (mnl. *kwaken* ‚schwatzen', ‚prahlen'), vor-gegeben. Die biblische geforderte Figur also wird kultisch besetzt, und das heißt umgekehrt: der kultischen Figur, die von Haus aus keine mytholo-gische Überhöhung kennt, wird nunmehr einer gespielten ‚Geschichte' ein-verleibt, und erst damit ist ihr das garantiert, was außerhalb des christ-lichen Bereichs pures Postulat bleibt: eine wirkliche Spielkontinuität.

Mit all dem soll nicht die Existenz von so etwas wie einem kultischen Arztspiel schlechthin bestritten werden. Wichtig ist mir zu zeigen, daß die Frage, was in solchem Substrat existiert habe, nicht die entscheidende ist.

---

157 Siehe im einzelnen S. 222–243.
158 So datiert Young das Spiel von Ripoll (*Publications of the modern language association* 24, 1909, S. 303 ff.) Vgl. Stumpfl S. 308.

Denn was immer dies gewesen sein mag, in eine belegbare Kontinuität eingebracht wurde es durch das christliche Spiel. Entscheidend wird damit etwas ganz anderes: die Frage nach dem Selbstverständnis eben dieses ‚christlichen' Osterspiels, das sich zu solcher Einbringung bereitfand. Diese Frage aber kann so lange nicht beantwortet werden, wie man so tut, als sei die Marienszene tatsächlich der zentrale Spielkomplex. Wer immer diese Voraussetzung Stumpfls mitmacht, kann der Projektion auf ein postuliertes Kultspiel nur die Projektion auf die liturgische Visitatio entgegensetzen und gerät damit unweigerlich in das Dilemma, das Osterspiel als eine vor diesem liturgischen Hintergrund völlig unerklärbare Degradation ansprechen zu müssen. Ganz anders aber sieht die Sache aus, wenn man den Salbenkauf aus dieser Polarität von liturgischer Visitatio und kultischem Arztspiel herausnimmt und ihn als Antwort sieht auf das, was bereits vorausging: das gespielte Ritual des Descensus. Hier lag die abschließende Kardinalfunktion, und alles, was auf sie noch folgt, ist durch sie geprägt, ist – wiederum in Barthes' Terminologie – redundante Katalyse. Man darf also den Salbenkauf nicht von der Visitatio her sehen – dann kann er nur als unerklärbare Amplifikation erscheinen –, sondern muß ihn als durch das Teufelsspiel geradezu konstituiert erkennen. Erst mit der Besiegung des Teufels ist jener Freiheitsraum erspielt, der nun in der Turbulenz einer fröhlichen Jahrmarktsatmosphäre (Rubin: *Herre, da ist iarmarkt huete!* Innsbruck 811) wahrhaft ausgespielt werden kann. *Waz ich red, daz ist nicht war* verkünden der Erlauer medicus und sein Knecht Rubin (103, 467), hiermit unüberhörbar die Freiheit und Unverbindlichkeit des Spiels gegenüber der rituellen Strenge und Verbindlichkeit des *Tollite portas* im Descensus signalisierend.

Was aber vor allem nahelegt, das Krämerspiel vom Descensus und nicht von der Visitatio her anzugehen, ist ein strukturaler Aspekt. Denn was in dem Dreiecksverhältnis Krämer/Arzt – Krämersfrau – Rubin ausgespielt wird, ist wiederum eine Opposition. Damit wird anschließbar, was vom Telos der Visitatio her als unmotivierbare Amplifikation erscheinen müßte. Denn daß der Knecht die Marien an den Kramladen heranholt, ist eine entbehrliche Funktion. Und daß die Krämersfrau ihren Mann von der eigentlichen Handelsszene, also der Preisforderung, entlastet, ist eine der volkssprachlichen Tradition unbekannte puristische Rückbildung des Benediktbeurener Spiels, das den Kaufmann als „Träger der Darbietung einer sakral gesehenen Substanz"[159] vorstellt und durchzuhalten bemüht ist. Gegenüber der Annahme einer originären ‚Erfindung' dieser Figuren

---

[159] de Boor S. 359.

hat Stumpfl denn auch mit Erfolg ihren kultischen Hintergrund aufzeigen können. Das gelingt bei der Rubin-Gestalt trotz im einzelnen bisweilen problematischer Verbindungslinien (zu engl. Robin Hood, zum Geisterroß Hobby-Horse, zu Rupprecht, zu Wodan und dem Wilden Heer u. a.) im ganzen überzeugend[160]. Bei der uxor mercatoris hingegen stellt sich schon eine – verschwiegene – Schwierigkeit ein. Sicherlich verweisen die stereotype Prügelei der Eheleute mit möglicherweise fruchtbarkeitsmagischem Sinn und das ebenso stereotype Motiv der ‚neuen Kleider‘ auf außerchristliche Kultbräuche[161]. Aber eine kultische uxor mercatoris läßt sich nicht ausmachen. Es gibt den kultischen Arzt und es gibt die Osterprügelei zwischen Eheleuten, aber es gibt keine Osterprügelei zwischen einem kultischen Arzt und seiner Frau. Stumpfl kann für die jeweilige Einzelfigur bzw. für das jeweilige Einzelmotiv kultische Herkunft nachweisen oder doch wahrscheinlich machen, nicht aber für die Spielkonstellation mercator – uxor mercatoris – Rubin. Die kultischen Motive und Gestalten treten in eine heterogene Tradition ein, erlangen erst hier, was Stumpfl schon für das Substrat postuliert, nämlich Spielkontinuität, und, was wichtiger ist, schließen sich erst hier zusammen zu einem rituellen Frühjahrsspiel.

Denn der Rubin des Osterspiels erscheint in einer Funktion, die mit keiner der von Stumpfl aufgezählten kultischen Erbfiguren verbunden ist: er repräsentiert das sexuelle Verlangen der Jugend und ihren Sieg über die Impotenz der Alten. Der Rubin des Innsbrucker Spiels preist sich an als vor allem zum *frawen dinste* (549) tauglich, er versteht sich auf die *jungen wiben,* zu denen er auch Antonia, die Krämersfrau, zählt. Mit ihr abends am Feuer sich die Zeit zu vertreiben, ist Bedingung für seine Dienste (555, 590, 694). Der Krämer läßt's geschehen – er ist ein alter Mann, der seiner Frau nicht mehr zu Diensten sein kann. Hinter dem Motiv des impotenten *alden man* aber steht der sterbende Jahresgott. In der Prügelszene anläßlich des Salbenkaufs, in der die Frau die Liebe der *alden man* als *tufels mynne* (1011) verflucht, wird dies ausdrücklich:

> Ja, ja, leider,
> sin daz dy nuwen cleyder,
> dy du mir czu desen ostern hast gegeben?
> daz du daz jar nymmer must vbirleben! (1017 ff.)

Daß gerade in diesem Kontext der Teufel zitiert wird, ist weder ein Einzel- noch ein Zufall. Insgesamt siebenmal geschieht das im Innsbrucker Krämerspiel, und zwar ist es zumeist Rubin, der, wie die Krämersfrau den

---

160 S. 260 ff.
161 S. 294 ff.

alden man, seinerseits die alten Weiber zum Teufel wünscht (so 820 ff., 884 ff., 1035 ff.). Die Alten sind gerade gut genug für den, der selbst besiegt ist: bewahrte der Descensus den Charakter des von R. Reitzenstein so genannten „dogmatischen Mythos, dem von Anfang an jede Verknüpfung mit bestimmten Naturvorgängen" fehlt[162], so wird nunmehr im Krämerspiel die Opposition naturhaft ausgespielt. Der Ehebruch mit Rubin erfüllt die Verfluchung des alten Mannes, der das Jahr nicht überleben soll, und läßt damit erkennen, um welche Ostern es sich hier handelt: um das heidnische Frühlingsfest, das mit einer rituellen Hochzeit seine Erfüllung findet (1063 ff.). Das Erlauer Osterspiel ist hierin noch eindeutiger. Dort steht das gesamte Arztspiel im Zeichen des von Rubins Knecht Pusterpalkch ad populum verkündeten Mottos:

> i̊r jungen maid, ir merkcht mich recht
> und nempt euch all jung chnecht
> zu disen ostern frei:
> habt i̊r an ainem ze wenig, so nempt i̊r drei! (522 ff.)

Und im abschließenden Ehebruch erscheint wiederum das Motiv des alten und des jungen Mannes, nun aber in einer Deutlichkeit, die den rituellen Charakter dessen, was für Hartl „Schmutz" und „Unflat" war, unverkennbar hervorkehrt:

> Nů merkcht, i̊r herrn wolgemůt
> und auch i̊r fraun gůt,
> ein gůten wechsel hab ich getan,
> das ich ein alten man
> han geben umb ein jungen,
> der vert dort her von sprungen,
> mit dem ich mich tůmern wil
> unz (an) meins leibs zil;
> wen ich nicht enleug:
> er růrt es in dem zeug
> nach meins herzen gi̊r;
> des entet nicht der alte sti̊r.
> ich will auch dich gesegen nicht,
> wan du pist mi̊r an dem pött enwicht! (967 ff.)

Rubin, so lautet die folgende Rubrik, ducit dominam ad locum cantando:

> Nächten da was ich siech,
> do macht ains in das ander nicht;
> heut wil uns got bewarn,
> und můz ains in das ander varn. (981 ff.)

---

[162] *Die nordischen, persischen und christlichen Vorstellungen vom Weltuntergang,* Vorträge der Bibliothek Warburg 1923/24, Leipzig/Berlin 1926, S. 149–169, insbes. S. 157.

So wird das christliche Osterfest gefeiert mit einer ‚österlichen' Rückkehr der Fruchtbarkeit – freilich nur in einem Spiel, das sich in den Schlußworten Pusterpalkchs ironisch zurücknimmt:

> habt ir von uns icht nucz genomen,
> es mag euch wol ze reun chomen.
> ir habt groß geschäfft:
> mich tunkcht, wir haben euch geäfft
> mit unserm großn tant.   (1015 ff.)

Aber Zurücknahme bedeutet nicht Verurteilung: der *tant* wird nicht gerichtet. Der alte Mann, der den Marien die Salben verkauft hat, endet in Lächerlichkeit, und Rubin, der die Marien als *pulken* bzw. *tempeltreten* tituliert und selbst sie zum Teufel gewünscht hat (Innsbruck 1053 f.; Erlau 905), geht ebenso wie seine kultische Braut ungestraft aus. Das Krämerspiel bringt also seine archetypische Logik ganz konsequent zu Ende.

Das könnte nun so gedeutet werden, als sei hier dem Gang zum Grabe und also der Feier des wahren Osterereignisses in der Lizenz eines bloßen Spiels das vorgeschaltet, was dieses christliche Fest hinter sich gebracht, was es überwunden hat und was das Publikum als überwunden weiß. Aber eben dies wäre Ausdruck jener Sicht von rückwärts, deren Unangemessenheit ich hier aufzuzeigen versuche. Denn im Unterschied zur liturgischen Visitatio liegt ja hier das zentrale Spielereignis nicht am Ende, sondern am Anfang, hat es in der Teufelsbesiegung bereits stattgehabt. Und folglich ist die kultische Ausgelassenheit des Krämerspiels in dieser Sicht vom Anfang her keine vorgeschaltete Negativfolie eines sich ankündigenden kerygmatischen *Surrexit*-Jubels mehr, sondern Ausdruck und Ausfluß einer Osterfreude, die von vornherein in anderer, nämlich mythisch-archetypischer Dimension einsetzte und nunmehr naturhaft ausgespielt wird. Gewiß bleibt das Krämerspiel an den Salbenkauf und damit an das Marienspiel als seinen Anlaß gebunden. Aber Anlaß und Impuls sind verschiedene Dinge, und diesen Impuls bezieht das Spiel aus jener Dimension, in welcher die Osterfreude, die den Marien erst noch zuteil werden soll, schon längst gewonnen ist.

Hieraus resultiert die eigentümliche Heterogenität der lateinischen Wege- und Kaufstrophen inmitten des kultischen Spiels. Im Unterschied zu den liturgisch-kirchlichen Ritualen des Descensus-Spiels sind die Elemente des liturgischen Salbenkaufs nicht in das Spiel integriert, ergeben sie kein rituelles Substrat wie im Falle des *Tollite-portas*-Dialogs. Die Marien, die sich der Krambude nähern, kommen aus einer anderen Welt und kehren in sie zurück, und obwohl sie hier, im kultischen Spiel, die Salbe für den gestorbenen Jesus kauften, hat doch in Wahrheit kein Kontakt der Welten stattgefunden. Die Marien verlieren nichts von ihrer Heiligkeit, und umgekehrt weist auch das Spiel keine Spuren einer Heiligung auf. Es folgt seiner eigenen, archetypischen Logik der Opposition von jung und alt und bringt sie in der beschriebenen Weise zu Ende. Hierin liegt die wirkliche Zweiwertigkeit, die Ambivalenz des Krämerspiels, in dem christliche Ostern und heidnisches *ôstarûn* gleichzeitig präsent sind, ohne daß das eine das andere explizit dementiert. In ihm überlagern sich Kerygma und Mythos, beide in ihrer eigenen Dimension verharrend und nicht einander begegnend, sondern allenfalls einander ablösend. Nach der rituellen Hochzeit Rubins mit der Krämersfrau verläßt das Spiel die im Descensus eröffnete archetypische Dimension und wechselt über in die kerygmatische. Aber hier kann wesentlich nicht ‚gespielt‘ werden, und so sucht es schon bald wieder aus ihr auszubrechen: in der auf die Grabesszene folgenden Gärtnererscheinung Jesu vor Maria Magdalena.

Aber bevor wir uns dieser Begegnung zuwenden, müssen wir noch einmal auf Stumpfl zurückkommen. Daß der Salbenkauf der Marien als nachträgliche Interpolation in ein kultisches Arztspiel anzusehen sei, begründet er u. a. damit, daß das Heilungsmotiv „gar nicht zum geistlichen Vorgang paßt"[163] und also lediglich „amalgamiert" werden konnte. Das ist eine für sein Denken vom germanischen Substrat her bezeichnende Auskunft. Was in ihr nicht mitbedacht wird, ist das Selbstverständnis eines ‚christlichen‘ Spiels, das sich zu solcher die paganen Elemente ja nicht abschwächenden, sondern im Gegenteil voll ausspielenden ‚Amalgamierung‘ bereitfand. Ganz offenbar also ist diese ‚Amalgamierung‘ in Wahrheit Rezeption und wird sie getragen von einem höchst ambivalenten, zwischen christlicher Auferstehung und paganer Wiedergeburt oszillierenden Osterverständnis. So ist es denn wiederum für Stumpfls Fixierung auf die Kontinuität des Substrats bezeichnend, daß er genau jene Szene kaum beachtet, in der diese Ambivalenz erstmals greifbar wird: die Höllenfahrt[164]. Das rituelle Substrat des Spiels liegt nicht in hypothetischen Arztspielen,

---

163 S. 231.

164 Stumpfls Auskunft ist bei aller Knappheit doch auch wieder bezeichnend für sein Denken vom germanischen Substrat her: „Die Verbindung des *Tollite portas* mit der Höllenfahrtsszene scheint nicht ursprünglich", sondern Ergebnis der Amalgamierung eines – wiederum nur postulierten – „selbständigen Spiels außerkirchlicher Herkunft" (S. 341). So wird die Tradition des Nikodemus-Evangeliums völlig vernachlässigt zugunsten heidnisch-kultischer Dämonengläubigkeit und das heißt: vernachlässigt zugunsten des Entscheidenden, nämlich der Reaktualisierung des Substrats durch Einbringung ins ‚christliche‘ Kultspiel. Zu dieser Reaktualisierung siehe auch unten Teil II, S. 138 ff.

sondern in den oben analysierten kirchlichen Exorzismen mit ihrer auf das Katabasis-Mythologem zurückgehenden Oppositionsstruktur, und das Krämerspiel spielt diese Opposition naturhaft aus. Die thematische Affinität von christlicher Auferstehung und paganer Wiedergeburt erscheint bei Stumpfl allein im Aspekt der Voraussetzung dafür, daß mit bzw. von dem einen das andere unterlaufen werden kann. Was aber ausgespielt und nicht gerichtet wird, hat man offensichtlich nicht unterlaufen wollen. Vielmehr hat die Affinität gerade in umgekehrter Richtung gewirkt: in seiner mythisch-archetypischen Wiederholung des Osterereignisses wurde das Spiel offen für Motive und Elemente des heidnischen *ôstarûn*, die damit nicht nur in eine belegbare Spielkontinuität eintraten, sondern auch vom ‚christlichen‘ Mythos her eine neue, christlich-kultische Bedeutsamkeit erlangten.

Dies muß deshalb betont werden, weil sich in der gegenwärtigen Forschung zum Volksschauspiel die Tendenz abzeichnet, die an sich berechtigte und notwendige Kritik an der Germanenthese der Wiener Schule (R. Much und O. Höfler), aus der auch Stumpfl hervorging, vorzutreiben bis zur generellen Leugnung eines Bedingungszusammenhangs zwischen spielerischer Entfaltung und kultischem Ritual. In diesem Sinne hat H. Bausinger an Stumpfl ausgesetzt, daß er das „im Ansatz ungebundene Theatralische"[165] prinzipiell ablehne. Mir scheint, daß hier der Versuch, die Volksschauspielforschung von einem „eigentümlichen Verdacht gegen das Theatralische" zu befreien, in ein gegenteiliges Extrem verfällt. Berechtigt ist er vielleicht – ich beanspruche hier keine Kompetenz – hinsichtlich des Fastnachtspiels, obgleich es auch hier nicht recht befriedigen mag, eine Rückführung des Sexuellen auf kultische Substrate ob ihres hypothetischen Charakters preiszugeben und statt dessen einfach von „realen Motiven" zu reden. Die unbestrittene Unterhaltungsfunktion dieser Spiele erklärt ja noch nicht, weshalb diese Unterhaltung gerade solche Motive ausspielt, und Bausinger selbst mag denn auch kultische Implikate von Fastnachtsbräuchen und deren spielerischer Entfaltung nicht vollständig ausschließen[166].

Ganz anders aber liegen die Dinge im Osterspiel. Hier kann man von einem „ungebundenen Theatralischen" in der Tat nicht reden, denn hier ist vorhanden und belegt, was für das Fastnachtsspiel ausfällt: ein – aus den biblischen und apokryphen Evangelien bezogener – ‚christlicher‘ Mythos, der im rituellen Spiel wiedervergegenwärtigt wird. Ein höchst ambi-

---

165 S. 225 ff.
166 S. 235 f.

valentes Verständnis der Auferstehungsereignisse führt so zu einem ,christlichen' Kultspiel, in dem Ostern und ôstarûn friedlich koexistieren und das selbst schon entleerte Kultfiguren wie den Quacksalber in eine neue, kultspielerische Bedeutsamkeit bringt. Denn dieser ist einerseits die zeitgenössische Jahrmarktsfigur, ein Trunkenbold, ein Dieb, ein gerade noch dem Galgen Entkommener[167], aber er ist doch auch gut genug, den Marien die Salbe für den Leib des Herrn zu verkaufen. Stumpfl hat recht: das Heilungsmotiv paßt eigentlich nicht zum geistlichen Vorgang. Im ,christlichen' Kultspiel aber, das diesen geistlichen Vorgang seinerseits schon in archetypischer Dimension präsentiert, paßt es offenbar sehr wohl zu ihm, ja es paßt sogar so gut, daß der auferstandene Gott selbst bisweilen in das Kleid dieser kultischen Figur schlüpfen und mit Maria Magdalena Schabernack treiben kann.

II

Bei Joh. 20, 14–16 heißt es, Maria Magdalena habe Jesus plötzlich vor sich stehen gesehen (*vidit Jesum stantem*) und für einen Gärtner gehalten (*illa existimans quia hortulanus esset ...*), woraus sich das anfängliche Mißverständnis ergibt: *Domine, si tu sustulisti eum, dicito mihi ubi posuisti eum.* Ob diese irrige Annahme in der Erscheinung selbst gründete oder nur aus dem Ort des Geschehens (dem Garten Josephs von Arimathia) von Maria gefolgert wurde, erfahren wir bei Johannes bezeichnenderweise nicht. Die Erscheinung interessiert nicht, wo Erkenntnis nicht durch sie, sondern im Wort sich vollzieht: *Dicit ei Jesu: Maria. Conversa illa dicit ei: Rabboni (quod dicitur, Magister).* Die szenische Darbietung hat diesen Spielraum nicht. Sie muß Farbe bekennen: das Mißverständnis verlangt geradezu danach, durch die am Altar auftretende Gestalt motiviert zu werden. In der Tat erscheint in der Feier von Fleury der Geistliche *preparatus in similitudinem Hortolani*[168]. Damit ist sie nun aber schon einen Schritt über die biblische Vorlage, die gerade dies offenließ, hinausgegangen und sieht sich sich vor die Frage gestellt, warum denn eigentlich Jesus sich als Gärtner präsentiert haben sollte. Was mit dieser Frage ausgelöst wird, zeigt eine Feier von Coutance. Auch hier erscheint Christus zunächst *in habitu Ortolani*[169], aber nicht als solcher gibt er sich zu erkennen. Un-

---

167 Siehe die Charakterisierungen insbesondere in Erlau 443 ff., 562 ff. und Wien 722 ff., 742 ff.
168 Young I, S. 395.
169 Ebd. S. 409.

mittelbar nach Marias Aufforderung *Domine, si tu sustulisti eum, dicito mihi, et ego eum tollam* verschwindet er, um sogleich (wahrscheinlich teilten sich zwei Geistliche in die Rolle) in liturgische Gewänder gekleidet und mit einem Kreuz in der Hand zurückzukehren und erst jetzt mit dem Anruf *Maria!* sich zu offenbaren. Damit ist gegenüber der Feier von Fleury etwas ganz Entscheidendes passiert: erkannte Maria dort die göttliche Stimme trotz der Gärtnerkleidung, so wird nunmehr das richtige Hören durch den Zusammenfall mit dem Kleiderwechsel an eben diesen gebunden. Das Wort, in dem allein der Christengott sich zu erkennen gibt, ist um seine offenbarende Kraft gebracht. Die Umsetzung in Anschaubarkeit hat den um das heilsgeschichtliche Moment des göttlichen Anrufs zentrierten Vorgang aufgelöst und unversehens hinübergespielt in die Dimension der Metamorphose.

Es ist nun bezeichnend für die Tendenz der liturgischen Feier, daß ihr diese Lösung, die sich erstmals im Klosterneuburger Ordo Paschalis findet[170], offensichtlich nicht behagte. Die späte Feier von Coutance (15. Jh.) bildet eine Ausnahme und dürfte unter dem Einfluß des lateinischen oder auch des volkssprachlichen Spiels stehen[171]. Die liturgische Tradition ist bedacht auf Wahrung des spezifisch heilsgeschichtlichen Charakters der Szene und läßt also entweder, wie im Beispiel Fleury, die Gärtnererscheinung unmotiviert, oder aber, und dies ist in allen übrigen Texten der Fall, sie konfrontiert Maria sogleich mit einer Dominica Persona, ohne des Gartens und des Gärtners zu gedenken. Und selbst diese Lösung erschien offenbar noch problematisch, hat sich ihr doch kaum ein Dutzend Feiern geöffnet. Hierin zeigt sich, wie wir bereits sahen, die prinzipielle Unterordnung der Visitatio unter die sakramentale Präsenz des Herrn, und das heißt: unter das *pascha perpetuum* der auf die Matutin folgenden Messe. Die Identität ihrer Wiederholung bleibt die – heilsgeschichtliche – Identität der Kündung, nicht die des Mysteriums der Theophanie selbst.

Ganz anders das Spiel. In kerygmatischer Dimension spielt es strenggenommen nur an einer Stelle: in der Grabesszene, die den *Quem quaeritis*-Kern der Visitatio wahrt. Was dann aber in der Feier nur in wenigen Ausnahmen folgt, eben die Christophanie, läßt sich kein Spiel entgehen. Damit tritt es wiederum ein in die mythisch-archetypische Dimension identischer Wiederholung des Mysteriums selbst, in der bereits der Descensus spielte. Der Descensus aber hat die Christophanie nun auch schon

---

170 Ebd. S. 421 ff.
171 Siehe de Boor S. 254, wo Einfluß allein vom lateinischen Osterspiel her in Erwägung gezogen wird.

vorgängig von ihrer Zeugnisfunktion entbunden, indem er sichtbar dokumentiert, was im Rahmen der Feier unsichtbar blieb. Die Gestaltung der Magdalenenszene im volkssprachlichen Spiel trägt denn auch deutliche Zeichen dieser Entfunktionalisierung. Erst ihre Einordnung in die mit dem Descensus eröffnete Dimension macht erklärbar, was in unvermittelter Konfrontation mit der Feier wiederum als unverständliche Entartung erscheinen müßte.

Daher sind gerade die deutschen Osterspiele, die, wie schon in der Krämerszene, so auch hier ganz im Zeichen solcher vermeintlicher Entartung stehen, bestes Untersuchungsobjekt. Denn nicht nur nehmen sie, wie die volkssprachliche Tradition generell, die Christophanie auf, sondern durchweg tritt hier Jesus zunächst auch als hortulanus auf, um sich hernach als salvator zu erkennen zu geben. Sie ergreifen also bereitwillig, was sich bei der Visitatio nur ein einziges Mal zeigt: die Spielmöglichkeit der Metamorphose. Diese Metamorphose nun wird in verschiedenster Weise ausgespielt, zweifellos am eindrucksvollsten in der uns bereits bekannten Spielform der Trigemination: der hortulanus nähert sich zweimal der suchenden Maria mit der Frage nach dem Grund ihrer Betrübnis, und erst beim dritten Mal erscheint er und gibt er sich zu erkennen als salvator (Sterzing, Pichler S. 152 ff.; Tirol, Wackernell S. 223 ff.; Eger nach 7978). Wichtig ist hieran nicht schon die Trigemination als solche, sondern die Art ihrer Verwendung. Das läßt sich wiederum im Vergleich zur Feier sehr schön verdeutlichen. In der Nürnberger Visitatio III findet sich eine vergleichbare Gestaltung der Herrenerscheinung. Im Wechselgesang mit dem Chor ertönt dreimal die Marienklage *Heu! redemptio Israhel* vor dem leeren Grabe, bald darauf erscheint eine Dominica Persona (also kein Gärtner), in strenger Befolgung des Dialogs nach Joh. 20, 15–16 vollzieht sich die Erkennung, und auf das *Noli me tangere* des Verklärten folgt ein durch dreifache genuflexio betonter Anbetungsgesang der Maria, der als zweite Trigemination den Vorgang abrundet[172]. Auch die Liturgie kennt solche – zumeist nur gestische – Wiederholungsfiguren, die einen besonders feierlichen Moment des Vorgangs unterstreichen und symbolisch auf die Trinität bezogen sind.

Eben diese symbolische Prägung aber ist im Spiel, wo die Trigemination den Vorgang selbst strukturiert, nicht mehr eindeutig. Das dreimalige *Heu! redemptio Israhel* der Feier ist Trinitätszitat, symbolische Apotheose

---

172 Young I, S. 398 ff. Die Klagezeilen *Heu! redemptio Israhel/Ut quid mortem sustinuit* gehen, wie de Boor nachwies, zurück auf einen dreistrophigen Wechselgesang der Marien auf dem Weg zum Grabe (S. 287 f.).

des, wie es in der Rubrik deutlich genug heißt, *Sepulchrum de sublatione Corporis Domini* und findet in der sublatio der Dominica Persona seine Erfüllung. Das Spiel hingegen desymbolisiert den Vorgang, indem es die Trigemination mit der Metamorphose koppelt, zu einer rituellen Spielform. Im Unterschied zum Descensus aber fällt im vorliegenden Fall ein vorgegebenes homologes und synchrones Ritual aus. Diese Trigemination hat sich das Spiel selbst erspielt. Eindeutiger als im Descensus ist die terroristische Realität, die dort noch sehr viel näher war und erst hinweggespielt werden mußte, hier bereits als weggespielt vorausgesetzt: das gespielte Ritual ist, wie schon beim Salbenkauf, zum rituellen Spiel geworden.

Mit dem Krämerspiel teilt es denn auch die Ambivalenz des Osterverständnisses. Denn nicht nur wird das Mißverständnis ausgespielt, indem Jesus Maria in bewußter Verkennung ihrer Frage eines Stelldicheins verdächtigt (z. B. Rhein. Osterspiel 1145 ff.; Erlau III 1202 ff.; Innsbruck 1144 ff.), sondern ganz speziell auch die Gärtnerrolle. Jesus ist erbost über die zertretenen Gräser und Kräuter in seinem Garten, denn auf sie ist er angewiesen:

> Ich kan deyn jo nicht gewartin:
> ich muß graben meynen garten,
> ich bereyte meynen pastarnag
> vnd stose den yn meynen sag
> vnd wil do mete czu margkte loffin
> vnd mir des brotis kewffin,
> das ich irnere meynen leip
> keyn desir osterlichen czeit.
> nu gang engelich von mir:
> dy Juden werden kommen schir!
> wer weys, wy dyrs mochte betayn,
> worden sy dich sichtig an!
> dor vmb sage ich dir yo:
> suche deynen herren andirswo! (Wien 904 ff.)

In ganz eigenartiger Weise ist hier die Auferstehung mit dem Garten und das heißt mit Naturhaftem assoziiert. Zur *osterlichen czeit* ernährt Jesus seinen Leib mit einem Brote, das er auf dem Markte gegen den Pastinak aus seinem Garten ersteht. Man könnte versucht sein, hier allegorisch zu verstehen, also z. B. das Brot auf die Eucharistie oder Garten und Gärtner auf das Hohelied zu beziehen. Eindeutig auf das Hohelied weist indes nur die folgende Klage Marias um den Verlust ihres ‚Freundes‘: *den libin Jhesum Christ ich nicht vinden mag, / der meyn frunt ist vnd meyn ostirlicher tag* (920 f.). Der Verfasser bemüht hier ganz offenbar eine wahrscheinlich durch Hippolyt von Rom begründete exegetische Tradition, die den Eingang des dritten Gesanges (3, 1–4) auf die frommen Frauen am Grabe und insbesondere auf Maria Magdalena bezieht. Aber dort ist eben nur vom Freund, nicht auch vom Gärtner die Rede[173]. Die Garten-Allegorien in der Hohelied-Exegese knüpfen an 4, 12 an, wo die sponsa vom sponsus mit einem hortus conclusus verglichen wird, und natürlich geht es in dieser Tradition nicht um Maria Magdalena, sondern um Maria die Gottesmutter[174]. Der Garten Christi im Osterspiel hingegen ist kein Produkt der Hohelied-Exegese[175], sondern ein Produkt spielerischer Entfaltung der Rede vom hortulanus in Joh. 20, 14–16, und diese Entfaltung ist weder in der Gesamtsituation noch im Detail allegorisch stimmig zu deuten. Nicht etwa hat Jesus Maria Magdalena seinen Garten – d. h. sein Reich – bereitet, sondern im Gegenteil: er schickt sie fort, hat keine Zeit für sie, da er sich Brot kaufen muß. Ein eucharistisches Brot aber wäre allemal ein von ihm gespendetes, das die Gläubigen ernährt, nicht ihn selbst. Hier wie überhaupt in den Details seiner Gärtnertätigkeit und ihren Produkten liegen ganz offenbar spielspezifische Motive vor, die die Auferstehung in eine allegorisch nicht depotenzierte Naturhaftigkeit hinüberspielen. Die mit dem ‚Freund' angesprochene Hohelied-Tradition

---

173 Dementsprechend wird auch von Hippolytos zwar Joh. 20 bemüht, nicht aber das hortulanus-Motiv (*Hippolytos*, Werke, hgg. G. N. Bonwetsch u. H. Achelis, Bd I, Leipzig 1897, S. 350 ff.). H. Brinkmann, der auf diese Stelle verweist, hat sie selbst nicht nachgeprüft und kommt so zu der irrigen Annahme, das Gartenmotiv sei ein Produkt der Hohelied-Exegese (1959, S. 268; zwar ist die dort angegebene, mir nicht zugängliche Ausgabe von Bonwetsch, Leipzig 1902, nicht identisch mit der von mir benutzten, aber der Text dürfte derselbe sein).

174 Siehe W. Stammler, *Der allegorische Garten*, in *Hart, warr nich möd, Festschrift für Chr. Boeck*, hgg. G. Hoffmann u. G. Jürgensen, Hamburg 1960, S. 260–269. Wenn auch, was indes selten geschieht, der Würzgarten des Freundes selbst (5,1) allegorisch gedeutet wird, erscheint er als Figur des Himmelreichs. So ist in einer altdeutschen Predigt des 13. Jahrhunderts Maria mit dem Thron verglichen, den *der ware Salomon, unser herre Jesus Christus, bestatet hat in sinem wunderlichen wolriechenden würzegarten des ewigen himmelriches* (Schönbach, *Altdeutsche Predigten* I, S. 73, zit. nach Stammler S. 263). Daß dieser *würzegarten* ein Hohelied-Zitat ist – Stammler weist nicht eigens darauf hin – scheint mir unbezweifelbar. Hier bestätigt sich, daß der Garten immer nur im Rahmen des auf Christus und Maria die Gottesmutter bezogenen Liebesverhältnisses erscheint.

175 Gegen Brinkmann, siehe Anm. 179, der die Gärtnersszene allein aus dem Hohenlied ableitet. Von dem im Benediktbeurener Osterspiel zitierten: *Veniat dilectus meus in hortum suum* führt indes kein Weg zum Garten des Osterspiel-hortulanus. Denn der Vers ist dort keineswegs, wie Brinkmann annimmt, der Maria Magdalena in den Mund gelegt, sondern ganz offenbar der Mater Domini. Maria Magdalena ist gar nicht anwesend (siehe Young I, S. 465).

bleibt diesem Kontext gegenüber heterogen. Der *ostirliche tag* der Maria Magdalena assoziiert nicht dasselbe wie die *ostirliche czeit* in der Rede des Gärtners. Wie das Krämerspiel, so steht auch diese Szene im Zeichen einer Ambivalenz von jüdisch-christlichem *pascha* und heidnischem *ôstarûn*.

Wohl am krassesten und für uns befremdlichsten erscheint diese Ambivalenz im Sterzinger Osterspiel. Dort beginnt die Begegnung mit dem üblichen, liturgisch-feierlichen *Mulier quid ploras, quem queris* nach Joh. 20, 15 und fällt dann unvermittelt in den rüden Ton der Mercatorszene:

> Salvete salvete! sprach der wolf zu dem stier
> Got grüß euch schone frau schier
> Und sag mir zu dieser stund:
> wen suchstu so weinund,
> Oder was hast du verloren?
> Des sag mir an zoren.
> Es ist aber nit frommer frauen recht,
> Daß sie laufen als die knecht
> Des morgen in den garten,
> Als sie der knaben wellen warten.
> Ich kan dir nit sagen,
> Hastu icht zu klagen,
> Das verfür anderswo.
> Ei du meinst ich sei dein gar fro,
> Daß du mir niedertritst das kraut?
> Get resch ir bose haut,
> Und get aus dem garten
> In die schul zu den gelarten,
> Oder ich smier euch eure glieder,
> Daß euch in drei tagen nit lust herwider.   (S. 152 ff.)

Tatsächlich ist in dieser Szene die uns bereits bekannte hortulanus-Episode (erkennbar am Stelldichein-Motiv) mit dem uns ebenfalls bereits bekannten Salbenkauf kontaminiert[176]. Jesus selbst züchtet in seinem Garten all die Kräuter, die in den Mercatorszenen feilgeboten werden und über deren

---

[176] Der hortulanus begrüßt Maria mit den Worten Rubins aus dem Erlauer Osterspiel:

> „Meus calvo fier"
> sprach ein ochs zu einem stir.
> got grüß euch, ir frauen al vir! (779 ff.)

Drastischer noch ist der hortulanus in einem anderen, von Pichler nur „probeweise" mitgeteilten Sterzinger Osterspielfragment (S. 42 f.):

> Das ist ein wurzen, die heißt bibergeil,
> Ist indert hie ein diernl geil,

vornehmste Eigenschaften auch hier ausführlich Rechenschaft gegeben
wird:

> Auch wil ich mit euch teilen die wurzen,
> Die langen und die kurzen,
> Die wol fugen den alten weiben
> Do mit sie die runzen vertreiben,
> Daß sie sich mit waschen,
> So werden sie glitzen als die betlertaschen.
> Auch fugen sie wol zu dem har,
> Das sag ich euch fürwar,
> Daß es werd rau als ein entensnabel
> Und gelb als ein rabenzagel.
> Auch wer indert ein man,
> Da für ich wol kan,
> Der do hiet ein boses weib,
> Das nit fuget seinen leib:
> Der nem der wurzen ein lat
> Und aus eichen knittel ein quintat,
> Und salb sie allenthalben
> Mit der guten prügelsalben,
> Und hor nit e auf:
> Ir sei dann der ruck so weich als der bauch,
> Und schau dar nach dar zu,
> Ob sie nit gern seinen willen tu.   (S. 155 f.)

Wie der Mercator, so hat hier auch der Gärtner einen Knecht, der sich
seinerseits ebenfalls an das Vorbild des Rubin hält:

> Ich wil auch hinter dem zaun liegen,
> Wenn die dirnen austreiben die ziegen.
> Begreif ich dar in eine
> Sie sei groß oder klein,

> Die iren maidtumb hiet verloren
> Vor dreien oder vier jaren
> Die sol nach der wurzen fragen
> Und sol sie in der finster ausgraben,
> So wird sie ein maid als ir mutter was,
> Da sie des zwelften kinds genas.
> Noch hab ich ein wurzen, die heißt nachschaden,
> Wolt indert ein maid gemeite brüstel haben,
> Die sol machen daraus ein salben
> Und damit smiern allenthalben,
> So werden sie glatt als ein affen ars
> Und hert als ein kraglats glas.

Auch hier ist der Einfluß des Salbenkrämers greifbar (siehe Erlau 502 ff., insbes.
520/1).

92

Ich wil ir scheren den bart,
Daß sie meint, ich heiß Eberhart.
Nun ge wir von dannen
Und lassen Maria hie zannen. (S. 157)

Das Ganze steht in einem uns unüberbrückbar anmutenden Kontrast zu
den liturgisch-feierlichen Antiphonen und Klagestrophen Marias und geht
gleich nach Rubins Obszönität wiederum völlig unvermittelt über in die
höchst feierliche Erkennungsszene. Aber schon der Begriff des Kontrasts
mag angesichts der archaischen Fremdheit einer solchen Szene unglücklich
sein. Denn Kontrast impliziert für uns immer eine in ihm und durch ihn
sich einstellende neue Sinndimension, am exemplarischsten natürlich bei
Shakespeare, wo die clowneske Perspektive das erhabene Geschehen mit
einer anderen Wahrheit irritiert und relativiert. Im Osterspiel aber bleibt
eben diese Relativierung aus. Gewiß wird gerade die Scheinhaftigkeit der
Metamorphose genutzt, um den naturhaften Jesus-hortulanus auszuspielen. Aber wie schon im Krämerspiel, so gerinnt auch hier das Pagane
keineswegs zu einer in sich konsistenten Inversion oder Negativfolie, vor
der sich hernach der salvator als Überwindung und christlicher Kontrapost
des zunächst ,gespielten' Jahresgottes abhöbe. Vielmehr stehen schon in
der hortulanus-Figur selbst naturhafte Drastik und christlicher Erlösungs-
gedanke unvermittelt nebeneinander:

Gut weib! ich wil dir sagen,
Den du suchst, der was begraben,
Und er ist erstanden froleich
Und fert in seines vaters himmelreich. (S. 154)

Das ist der Anfang jener Rede, die mit der zitierten Anpreisung der *prü-
gelsalben* endet. Hier liegt kein sinnträchtiger Kontrast vor, sondern hier
ist ganz einfach Christliches pagan verstanden und Paganes christlich
vermeint. Wie im Salbenkauf, so bricht auch hier das liturgische Substrat
der Visitatio aus einer anderen Dimension in das kultische Spiel herein,
ohne von ihm integriert zu werden, aber auch ohne es seinerseits am Ende
doch noch unter seine Wahrheit zu zwingen. Dieser Jesus-hortulanus bleibt
zweiwertig, ambivalent, er ist der christliche Auferstandene und gleichzeitig der pagane Jahresgott, den der Garten, da der begraben wurde, zur
österlichen Zeit, zur Zeit des frühlingshaften *ôstarûn* wiedergebiert.

93

III

Wie sehr diese Ambivalenz ein ganz spezifisches Produkt des Spiels ist, kann ein kurzer Ausblick auf die Exegese von Joh. 20, 14–16 zeigen. In einer ambrosianischen Homilie heißt es in Anspielung auf den Garten Josephs von Arimathia:

> Ergo in hortulo Salvator redivivum corpus assumit et inter florentes arbores et candentia lilia carne iam mortua reflorescit, et ita germinat de sepulcro, ut germinantia et nitentia cuncta reperiat. sic enim post hiemalis rigoris frigidam quodammodo sepulturam pullulare elementa omnia festinarunt, ut resurgente Domino et ipsa consurgerent. nam utique ex resurrectione Christi aer salubrior est, sol calidior, terra fecundior, ex eo surculus in fruticem, herba crescit in segetem, vinea pubescit in palmitem. sic igitur cum reflorescit Christi caro, omnia floribus vestiuntur[177].

Auf das *illa existimans quia hortulanus esset . . .* (Joh. 20, 15) ist hier bezeichnenderweise gar nicht Bezug genommen. Virulent wird dieser Hinweis erst, wenn Jesus sichtbar vor Maria erscheint, d. h. wenn die Begegnung in vivo dargestellt und, wie wir es im einzelnen bereits analysierten, das Mißverständnis mit und an der auftretenden Gestalt motiviert wird. Die Hymne hingegen nimmt gar nicht die Gestalt selbst in den Blick, sondern den wiedererblühenden Garten als Folie für die Auferstehung des Salvators, als welcher Jesus sofort und allein apostrophiert wird. Zwar gerät mit einer Formel wie *germinat de sepulcro* auch die Auferstehung selbst in gefährliche Nähe naturhaften Verständnisses – H. von Campenhausen spricht einmal von der „gutgläubig ahnungslosen Mißachtung jedes historischen Sinnes" bei Ambrosius[178] –, aber das Ganze bleibt im Rahmen einer patristischen Tradition, die die Neubelebung der Natur als bildhaften Reflex der Auferstehung Jesu deutete, genauso wie sein Tod mit dem Sonnenuntergang assoziiert wurde.

Wie die Exegese verfährt, wenn sie auch das Mißverständnis ausdrücklich kommentiert, läßt sich sehr schön zeigen anhand einer vom Abbé Bourgain ausgegrabenen Homilie Anselms von Canterbury[179], aus der ich die beiden Passagen zu Joh. 20, 14–15 vollständig zitieren muß:

---

177 Die Stelle ist angeführt bei W. Ganzenmüller, *Das Naturgefühl im Mittelalter*, Leipzig/Berlin 1914, S. 26. Vergleichbare, allerdings nicht auf Joh. 20,15 bezogene Beispiele zur Parallelisierung von Frühling und Auferstehung auch S. 44 (Fortunatus), S. 85 (Sedulius Scotus), S. 127 (Ekkehard), S. 168 (Abälard).

178 *Lateinische Kirchenväter*, Stuttgart 1960, S. 82.

179 *La chaire française au 12e siècle*, Paris 1879, S. 380 f.

Cum Maria sic doleret et sic fleret, et cum hec dixisset, conversa est retrorsum et vidit Jhesum stantem et nesciebat quia Jhesus est, et dicit ei Jhesus: Mulier, quid ploras? Quid queris?

Ipsa paulo ante occulos suos, cum magno dolore tum cordis sui, viderat speciem suam [tuam] suspendi in ligno, et tu nunc dicis: Quid ploras? Ipsa in die tercia ante unxerat manus tuas, quibus sepe benedicta fuerat, et [viderat] pedes tuos, quos deosculata fuerat et quos lacrimis irrigaverat, clavis affigi, et tu nunc dicis: Quid ploras? Nunc insuper corpus tuum sublatum estimat, ad quod ungendum, ut se quoquo modo consolaretur, veniebat, et tu dicis: Quid ploras? Quem queris? Dulcis magister, ad quid, queso, provocas spiritum hujus mulieris? Ad quid provocas animum ejus? Tu scis quia te solum querit, te solum diligit, pro te omnia contempnit, et tu dicis: Quid queris? Tota pendet in te, et tota manet in te, et tota desperat de se, ita querat [querit] te, ut nichil querat, nichil cogitat [cogitet] preter te. Ideo forsitan non cognoscit te, quia non est in se, sed pro te est extra se. Cur ergo dicis ei: Cur ploras? Quem queris? An putas quia ipsa dicat: Te ploro, te quero, nisi tu prius inspiraveris et dixeris in corde suo: Ego sum quem queris et quem ploras? An putas quia ipsa cognoscat te, quamdiu volueris celare te?

Ut ipsa existimans quia ortolanus [hortulanus] esset, dixit ad eum: Domine, si tu sustulisti eum, dicito michi ubi posuisti eum, et ego eum tollam. O dolor innumerabilis! O amor mirabilis! Mulier ista, quasi densa dolorum nube obtecta, non videbat solem qui mane surgens radiabat per fenestras ejus, qui per aures corporis jam intrabat in domum cordis sui! Sed quoniam languebat amore, isto amore sic occuli cordis caliginabant, ut non videret quoniam videbat: [non] videbat enim Jhesum, quia nesciebat quia Jhesus est. O Maria, si queris, cur [non] agnoscis Jhesum? Ecce Jhesus venit ad te, et quid queris querit a te, et tu ortholanum [hortulanum] eum existimas! Verum quidem est quod existimas. Sed tamen tu in hoc erras dum eum, si ortholanum [hortulanum] eum existimas, non Jhesum non agnoscas. Est enim Jhesus, et est ortolanus [hortulanus], quia ipse seminat omne semen bonum in orto [horto] anime sue [tue] et in cordibus fidelium suorum. Ipse semen bonum plantat et rigat in animabus sanctorum, et ipse est Jhesus qui tecum loquitur. Sed forsitan eumdem non agnoscis, quia tecum loquitur. Mortuum enim queris et viventem non cognoscis. Nunc in veritate comperi hanc esse causam pro qua a te recedebat et pro qua tibi non apparebat. Cur enim tibi appareret, quoniam non querebas eum? Certe querebas quod non erat, et non querebas quod erat. Tu querebas Jhesum et non querebas Jhesum, ideoque videndo Jhesum, nesciebas Jhesum.

Dieser Text ist ein Musterbeispiel für die von theologischem Rigorismus versuchte Beseitigung eines biblischen Ärgernisses. Das Ärgernis wird im ersten Teil angesprochen: wie konnte Jesus, der doch genau wußte, wen Maria beweinte und wen sie suchte, sich gleichsam dummstellen und eben dieses fragen. Anselm selbst spricht freilich nicht davon, daß Jesus sich dummgestellt, sondern daß er sich verborgen (*celare*) habe, und den Grund hierfür sucht er im folgenden anzugeben. Maria hat Jesus gesucht, aber sie hat ihn nicht richtig gesucht: nicht mit den mystischen *occuli cor-*

dis. Sie hat den, der *per aures corporis*, also durch das Wort in ihr Herz zu dringen sich anschickte, mit den sinnlichen Augen finden wollen, und so geschah das Bedauerliche: *Ecce Jhesus venit ad te, et tu ortholanum eum existimas!* Der Grund des Mißverständnisses wird also bei Maria gesucht, nicht etwa bei der Erscheinung des Auferstandenen. Der hortulanus ist ein Produkt des Sehens mit falschen Augen, das gar nicht darauf befragt wird, ob es vielleicht durch eine sinnliche Gärtnererscheinung verursacht sein könnte. Gewiß ist Jesus auch Gärtner, aber als mystischer Gärtner, der guten Samen in das Herz der Gläubigen sät[180], offenbart er sich allein im Wort, ist er identisch mit dem *Jhesus qui tem loquitur.* Das Herz der Maria wäre also der – allegorische – Garten: erneut zeigt sich an dieser nunmehr ausdrücklich mystischen Deutung der Begegnung, wie fremd ihr der Garten des Osterspiel-hortulanus ist, aus dem Maria vertrieben wird. Doch die Frage bleibt bestehen: weshalb hat dann dieser mystische Gärtner nicht sofort richtig mit Maria gesprochen, warum hat er sich ihr nicht sofort im göttlichen Anruf zu erkennen gegeben, warum hat er gefragt, was er doch wußte? Und wiederum wird der Grund bei Maria gesucht: Vielleicht hat sie ihn gerade deswegen nicht erkannt, weil er mit ihr sprach, weil also sie ihn als Toten, und das heißt wiederum mit den falschen Augen suchte: *Cur enim tibi appareret, quoniam non querebas eum?* Weshalb sollte Jesus sich ihr als Lebender zeigen, wenn sie ihn als Lebenden gar nicht suchte?

Freilich ist auch damit das Ärgernis nicht beseitigt. Denn wenn Jesus wußte, daß Maria sozusagen auf der falschen Fährte war, hätte er sich ja konsequenterweise entweder ganz zurückziehen oder aber sofort zu erkennen geben können. Er jedoch stellt sich dumm und provoziert damit das Mißverständnis. Aber der Reiz unseres Textes liegt weniger darin, daß die Antwort ausbleibt, als vielmehr in der Art, wie sie gesucht wird. Die Argumentation geht konsequent aus auf totale Entlastung der Gottheit von irgendeiner Mitschuld an dem Mißverständnis. Diese Entlastung besteht insbesondere darin, die von der Bibelstelle selbst nahegelegte und in der Tat nächstliegende Erklärung nicht etwa zurückzuweisen, sondern von vornherein zu ignorieren: daß Jesus Maria in der Tat als Gärtner erschienen sein könnte. Anselm muß das hier verborgene oder zumindest herauslesbare Skandalon eines sich dummstellenden, nach Art paganer Göttermetamorphose mit Maria spielenden Jesus erkannt haben, denn nur so wird die radikale Verlagerung des ganzen Vorgangs in die Bildlosigkeit

---

[180] Ähnlich Beda: *hortulanus ille in ejus corde tanquam in horto suo granum sinapis seminabat* (PL 92, 919 D).

der Mystik verständlich[181]. Das aber ist nur möglich, weil sich die Homilie nicht dem schlichten *conversa est retrorsum et vidit Jhesum stantem* zu stellen braucht. Die anschaubare Präsentation der Szene muß unweigerlich das Skandalon zünden, muß die latente Metamorphose ‚ins Spiel‘ bringen. Und tatsächlich drängt sich mit dem, was theologisch gesehen nicht sein darf, dem Spiel eine seiner ureigensten Möglichkeiten geradezu auf: die „Informationsspanne"[182] zwischen wissendem Publikum und unwissender Maria Magdalena. Was es mit dieser sich anbietenden Möglichkeit macht, kann als Gradmesser seiner theologischen Reflektiertheit gelten. Die bisher analysierten Beispiele bezeichnen das eine Extrem. Jesus erscheint in ihnen so, wie Anselm ihn gerade nicht haben wollte: in der Verkleidung eines Gärtners, sich dummstellend und mit Maria spielend, Schabernack treibend. Zudem wird gerade auch die naturhafte Komponente speziell dieser Gärtner-Metamorphose ausgespielt. Hierin liegt nach der kultischen Drastik des Krämerspiels ein weiteres Signal für ein mythisch-archetypisch geprägtes Verständnis des Osterereignisses. Diese Thematisierung des Naturhaften ist nicht mehr bloß bildhafter Reflex der Auferstehung, nicht mehr bloßer Ausdruck der „Freude über den Triumph Christi über die Hölle", wie es in einem Ostercarmen des Fortunatus heißt[183], sondern hier ist, wie bereits im Krämerspiel, wiederum der „dogmatische Mythos" des Descensus ins Naturhafte hinein expliziert: Jesus selbst erscheint in der Ambivalenz von auferstandenem Christengott und wiedergeborenem Jahresgott. In der mythisch-archetypischen Dimension, in die sich das Spiel mit der Metamorphose hineinspielt, liegt hier ganz offenbar schon vor-

---

181 Vgl. hierzu Blumenbergs Zuordnung der Metamorphose zur „gesättigten Anschaulichkeit" des Mythos (*Wirklichkeitsbegriff* S. 38 f.) sowie seine Bemerkung im Anschluß an J. Burckhardt: „Metamorphose als Kategorie steckt also schon in der Genesis des Mythos selbst, als Anthropomorphose: die Götter verlieren ihren Schrecken, indem sie ihre Gestalt ändern. Dadurch zu einem guten Teil, werden sie schließlich poetisch. Jacob Burckhardt hat aller Erörterung über griechische Götter einen Abschnitt ‚Die Metamorphosen‘ vorangestellt; er hat nicht darauf reflektiert, weshalb uns dieses Prinzip der Göttergeschichten derart ‚auffällt‘: alles Spätere ist aus der Anstrengung erklärbar, nicht als Metamorphose verstanden zu werden oder solche in der Welt nicht zuzulassen" (S. 33).
182 H. Lausberg, *Handwörterbuch der literarischen Rhetorik*, München 1960, S. 586. Es bedarf nach den in Anm. 181 zitierten Bemerkungen Blumenbergs keiner besonderen Betonung, daß die Informationsspanne in diesem Falle noch keine ästhetische Kategorie ist, sondern genau die Schwelle von ‚Terror‘ und ‚Spiel‘ thematisch macht.
183 Siehe oben Anm. 177.

gängig ein spieltragender Impuls. Zwischen Anselm und diesen Beispielen liegt eine Welt.

Aber es gibt auch andere. Spiele wie das Innsbrucker, das Erlauer, das Wiener und das Sterzinger sind repräsentativ nur für eine Tendenz des deutschen Osterspiels auf seiner Wanderung von der rheinischen Heimat nach Süddeutschland, nicht aber für die deutschen Osterspiele generell. Die von Trier, Wolfenbüttel und Osnabrück z.B. kennen weder einen in naturhafter Drastik ausgespielten Salbenkauf noch auch einen hortulanus[184]. Ein ähnliches Bild bietet England. Im Hegge-Zyklus redet Maria den Herrn zwar als Gärtner an, womit die biblische Vorlage streng befolgt ist, aber daß Jesus tatsächlich auch als Gärtner auftrat, geht aus den Rubriken nicht hervor. Die Erkennung ist zumindest ganz auf das rechte Hören, nicht auf das Sehen zugeschnitten, worauf das Manuskript schon orthographisch durch Versalien verweist:

> Maria: but jentyl gardener I pray to the
> If þou hym took out of his graue
> telle me qwere I may hym se
> þat I may go my lorde to haue
> Jesus: M. A. R. I. A.   (S. 334, 33 ff.)

Nicht nur der theologisch generell puristische Hegge-Zyklus jedoch, sondern die englischen Spiele überhaupt sind in diesem Fall genauso gewissenhaft wie die liturgische Feier. Digby (S. 95, nach 1060) und Chester (II, S. 347, nach 432) verzichten ganz auf den Gärtner, Wakefield (S. 323, nach 562) hatte ihn wahrscheinlich, York (S. 422, 22 ff.) mit Sicherheit, die Erkennung jedoch vollzieht sich in beiden Fällen davon unabhängig durch Selbsterklärung.

Auch in den französischen Spielen findet sich für die Metamorphose kaum ein Beispiel. Wenn sie Jesus überhaupt als Gärtner auftreten lassen, gibt er sich auch als solcher zu erkennen (z.B. Greban nach 29348). Sehr viel interessanter dagegen ist der Versuch eines spanischen Auferstehungsspiels[185], theologisches Interesse mit dem des Spiels zu vermitteln. Als Maria dem Gärtner klagt, sie sei *llena de amor/del mejor que nunca a sido* (450 ff.), macht dieser ihr, in Aufnahme und Fortführung der seman-

---

184 Das rheinische Osterspiel hat die hortulanus-Metamorphose, spielt sie aber ebensowenig wie den Salbenkauf naturhaft-drastisch aus (nach 1108).

185 *Aucto de la Resurrecion de Nuestro Señor*, in *Coleccion de autos, farsas y coloquios del siglo XVI*, hg. L. Rouanet, Bd IV, S. 66–104. Verwiesen sei auf die anderen Gesichtspunkten folgende Analyse dieser Szene bei Hess, S. 124 ff., durch den ich auf das Spiel aufmerksam wurde.

tischen Ambivalenzen mystischer Liebessprache, einen Heiratsantrag (455 ff.). Maria versteht den Gärtner profan, verweist darauf, daß sie ihrerseits bereits mit dem Gesuchten verlobt sei und mißversteht auch die weiter insistierende Werbung des Abgewiesenen:

> Para que os llamais muger
> del otro? Siendo finado,
> que bien os puede hazer?
> Yo soy bivo, y tengo padre
> en la mas rrica majada;
> tengo hazienda no pensada,
> y soy hijo de una madre
> la mejor y mas honrrada.
> Tengo ovejas quantas quiero,
> so una paloma sin yel,
> y tengo un abrevadero
> que no ay semejante a el,
> y es una gloria mi apero.
> Aosadas, si me mirais
> con ojos del coraçon,
> qu'en dos palabras digais
> que soy pulido garçon,
> y otro tanto me querais.
> Çinco brancas os apuesto
> que aunque me deçis de no,
> que no es mas galan que yo,
> ni de mas hermoso jesto,
> ni mejor que yo lucho.   (472 ff.)

Deutlich sind hier beide Interessen zu erkennen. Jesus fordert Maria auf, ihn mit den – uns von Anselm bereits bekannten – mystischen *ojos del coraçon* zu betrachten, aber er erscheint ihr nicht als der verklärte Auferstandene, sondern als ein – ausdrücklich als *hortolano* sich bezeichnender und von Maria apostrophierter (435, 461, 604, 647) – Gärtner, dessen Antrag die Trauernde als plumpe und geschmacklose Selbstanpreisung empfinden muß:

> Mi alma no sufre oyr
> un colloquio tan grosero   (495 f.)

Alles, was dieser Gärtner von sich behauptet, alles, was er zu besitzen vorgibt, seine Reichtümer wie seine körperlichen Vorzüge, ist theologisch assoziierbar, und doch geht in diesem Fall das Mißverständnis eindeutig zu Lasten des Gottes. Denn dieser Jesus-hortulanus spielt nicht nur mit Worten, sondern er spielt auch mit Maria, er stellt sich dumm: was sie da von ihrem himmlischen Gemahl und von der Trinität erzähle, sei ihm *algaravia* (519), ein höchst unverständliches Gerede, das sie ihm doch näher erklären möge. Damit aber wird das Spiel doch noch zu einem Spiel mit guter, nämlich lehrhafter Absicht. In dem Maße, wie Maria den Gärtner – und also das Publikum – aufklärt, wird dieser mit seinen Selbstanpreisungen eindeutiger. Aber erst, als er sich schließlich als der mystische Gärtner zu erkennen gibt, vermag auch Maria ihn mit den richtigen Augen zu sehen:

> Christus: Ora, mirad si os engaño
> en pediros por esposa,
> que yo's digo qu'es preçiosa
> mi cavaña, y el rrevaño
> come mi fruta sabrosa.
> Maria: Valame Dios soberano!
> quien eres, o como as nonbre?
> que yo te digo, hortolano,
> que nunca vi en puro honbre
> un rrenonbre tan loçano.
> Desata la pena mia,
> que me confunde el dolor.
> Christus: Alça tus ojos, Maria.
> Maria: O mi maestro y Señor,
> mi gloria, y bien, y alegria! (640 ff.)

Allein, daß zu guter Letzt auch der hortolano selbst in die Ambivalenz mystischer Liebessprache einbezogen wird, kann nicht darüber hinwegtäuschen, daß die Erscheinung zunächst gerade in ihrer Phänomenalität ausgespielt wurde. Wenn auch das *colloquio grosero* nicht ins Sexuelle verfiel, sondern didaktisch aufgefangen wurde, so lebte das Ganze doch vom phänomenalen Trug, und so steht denn die Erkennung mit dem folgenden *no toques a mi* und dem Kündungsauftrag wiederum im Zeichen eines Konsistenzbruchs bzw. der Verlagerung des Geschehens in eine andere, eben die kerygmatische Dimension.

Mit Absicht haben wir uns bei der Herrenerscheinung vor Maria ein wenig länger aufgehalten, ist sie doch gerade für unsere Fragestellung besonders aufschlußreich. Überschaut man nämlich das ganze Spektrum versuchter, ergriffener oder vermiedener Möglichkeiten des Ausspielens dieser Szene, so wird erneut die Spannung und Divergenz zwischen den Interessen des Spiels und denen der Theologie sichtbar. Sie zeigte sich uns bereits bei der Analyse der liturgischen Feier. Vollends das volkssprachliche Spiel aber läßt erkennen, daß es sich geradezu gegen das liturgisch Vorgegebene konstituieren muß. Und zwar tut es dies genau dort, wo die Feier sich anbietende Spielformen aus theologischen Bedenken heraus zurückwies, ausgrenzte. Erst das Spiel auch enthüllt in aller Deutlichkeit, wo die Analogie zu dem in Murrays *Excursus* entwickelten Emanzipationsmodell preisgegeben werden muß. Gerade die Christophanie legt ja den Vergleich mit der Schlußphase des Dionysos-Rituals nahe, also mit Murrays *theophany*, in der er das rituelle Urbild der aristotelischen *anagnorisis* sieht und die er folgendermaßen beschreibt: „An Anagnorisis – discovery or recognition – of the slain and mutilated Daimon, followed by his Resurrection or Apotheosis or, in some sense, his Epiphany in glory. This I shall call by the general name Theophany. It naturally goes with a Peripeteia or extreme change of feeling from grief to joy"[186]. Diese Bestimmung läßt sich unschwer auf das geistliche Spiel übertragen: auch bei der Christophanie handelt es sich um einen solchen Umschlag, um den Übergang von einer Klage (der frommen Frauen) zu einer Erscheinung des auferstandenen Gottes. Man kann diese Analogie auf zweierlei Weise auswerten: strukturell-funktional und funktional-strukturell. Frye geht den ersten Weg, indem er die *anagnorisis* als universalen Archetyp, als eine Phase im Mythos der Zielsuche („quest myth") ansetzt. Das führt zu den eingangs analysierten Schwierigkeiten, die versuchte Formalisierung der Archetypen durchzuhalten gegen die gerade aus dem Universalitätsanspruch drohende Resubstantialisierung. Wir haben uns – dem Vorschlag Luhmanns folgend – für den zweiten Weg entschieden. In der Tat scheint nur die Vorordnung des Funktionsbegriffs jene Problematisierung von Strukturbildungen zu erlauben, um die sich unsere Analysen bemühen. Feier und Spiel beziehen sich auf eine ambivalente Bibelstelle und lesen sie je verschieden: die Feier konzentriert sich auf den göttlichen Anruf und unterschlägt den hortulanus. Das Spiel hingegen ergreift, was offenbar nicht sein darf: die Metamorphose. Es liest die Stelle nicht mehr eindeutig kerygmatisch, sondern tendenziell mythisch-archetypisch, es spielt die Christophanie zurück in die Dimension der Phänomenalität und des Naturhaften.

Über die Funktion der *agon/pathos/anagnorisis*-Sequenz im geistlichen Spiel ist also mit dem Hinweis auf einen „Dreitage-Rhythmus des Sterbens, Aus-der-Welt-Gehens und Wiederauferstehens, der sich im Mythos des Attis und anderer sterbender Götter findet und seinen Eingang in unserem Ostern gefunden hat"[187], noch gar nichts ausgesagt. Vielmehr ist eben solche Einordnung des christlichen Ostern in das archetypische pattern problemverstellend. Denn ob eine *anagnorisis* als archetypisch angesprochen werden kann, das ergibt sich nicht schon aufgrund eines Homologiebefunds, sondern erst in der Konsequenz funktional-struktureller

---

186 In Harrison, *Themis*, S. 343 f.
187 Frye S. 189 f.

Vergleiche, wie wir sie hier angestellt haben. Archetypische Funktionen aber sind dann nicht mehr mit dem Selbstverständnis christlicher Ostern harmonisierbar. Mit ihnen antwortet das Spiel auf andere Bedürfnisse als die Feier, es nimmt herein, was jene ausgrenzt. Liturgie und geistliches Spiel stehen zueinander nicht im ‚emanzipatorischen‘ Verhältnis von „christian rite and christian drama" (Hardison), sondern in dem einer impliziten wechselseitigen Dementierung. Selten wird diese Spannung so klar wie im Fall der hortulanus-Metamorphose, denn selten läßt sich eine so ausgesprochene Spielform wie diese mit einer sie so ausdrücklich negierenden theologischen Exegese wie der Anselms konfrontieren.

IV

Auch der Abschluß des volkssprachlichen Osterspiels, der Wettlauf der Jünger zum Grabe, steht ganz in der Ambivalenz von Kerygma und Mythos. Der biblische Bericht, demzufolge Johannes zwar als erster das Grab erreichte, gleichwohl aber Petrus den Vortritt gewährte (Joh. 20, 1–10), hinterläßt einen ähnlichen Motivationsrest wie die Gärtnererscheinung. Nach Gregor dem Großen bedeuten Petrus und Johannes die Heidenkirche und die Synagoge, welche letztere zwar zuerst am Grabe war, jedoch nicht eintrat, da sie nicht an den für sie Gestorbenen glaubte[188]. Aber diese exegetische Rettung eines biblisch unmotivierten Details kann, wie schon der mystische Gärtner Anselms, wiederum nicht in Anschaubarkeit umgesetzt werden. Leicht umsetzbar wäre hingegen eine andere Motivation, die die Feier, wie bereits gezeigt[189], in Abweichung von der biblischen Vorlage für sich erfindet: da die Jünger aus dem Munde der Marien die frohe Botschaft bereits vernommen haben, steht ihr Gang zum Grabe im Zeichen gespannter Erwartung einer erneuten Bestätigung des Gehörten. Daß Johannes als erster ankommt, könnte also das Ergebnis eines ‚Wettlaufs‘ um das ersehnte Ziel sein. Mit dieser neuen Deutung des biblischen Berichts mag erklärbar sein, daß nur wenige Feiern auf dem Detail bestehen, Johannes habe Petrus den Vortritt gelassen[190]. Bezeichnenderweise aber bekennt sich die Feier doch nur zögernd zum ‚Wettlauf‘. In nur etwa einem Viertel der von Young gesammelten Texte verlangen die Rubriken genaue Befolgung der aus Joh. 20, 4 übernommenen Begleit-Antiphon

---

[188] Siehe Hardison S. 229 f.
[189] Siehe oben, S. 54 f.
[190] So Young I, S. 311, 324, 388, 400.

Currebant duo simul, et ille alius discipulis praecucurrit citius Petro, et venit primus ad monumentum. In den meisten Fällen ist nur davon die Rede, daß unter dem Gesang der Antiphon beide zum Grabe gehen (*ire, vadere*) bzw. dort ankommen (*ad Sepulchrum venientes*) und die leeren Tücher vorweisen. Hier liegt das kerygmatische Telos, und alles, was diesem Telos nicht zuzuordnen ist (also der Petrus gewährte Vortritt) oder es irritieren könnte (also der Wettlauf), wird zumeist ausgeschieden – genau wie im Typ III weithin auf den Gärtner verzichtet ist.

Ein ganz anderes Bild aber bietet wiederum das Spiel. Was die Feier allenfalls als ‚Wettlauf‘ um das ersehnte Ziel zuließ, wird hier mit einer konkreten Wette eingeleitet:

> Johannes: Petre, ich wette mit dir vmb eyn phert:
> ich loffe hewer zirrer wen vert!
> Petrus: Johannes, ich wette mit dyr vmb eyn ku,
> ich lofe sirrer wen du! (Wien, 1139 ff.)

Diese Wette[191] ist wiederum ein sehr schönes Beispiel dafür, daß die aus der liturgischen *Visitatio* übernommene Ereignissequenz im volkssprachlichen Spiel ihr Gesetz von der mit dem einleitenden Descensus gegebenen dualistischen Struktur und der damit eröffneten archetypischen Dimension empfängt. Denn wie schon Krämerspiel und Christophanie, so spielt auch der Jüngerlauf in jenem Freiheitsraum, der in der rituellen Besiegung des Teufels konstituiert wurde. Dort ist das Entscheidende bereits passiert – im Unterschied zur Feier, wo das Entscheidende am Ende liegt: in der abschließenden Verkündigung des *Surrexit* durch die am leeren Grabe angekommenen Jünger. Das kerygmatische Telos ist im Spiel bereits überholt, gegenstandslos geworden durch die vor aller Augen ins Bild gesetzte Auferstehung und Höllenfahrt. Diese Entfunktionalisierung des Kerygmas aber findet ihren sinnfälligsten Ausdruck eben in der Wette zwischen den beiden Jüngern. Denn diese Wette steht quer zum spontanen ‚Wettlauf‘ um das ersehnte Ziel, sie hat ihre Motivation zunächst in sich selbst, sie ist eine elementare Spielform, indem sich beide in ein Oppositionsverhältnis setzen und dieses nunmehr austragen, besser: auslaufen. Natürlich wissen die Jünger nicht, was das Publikum weiß, und dürfte ihnen der Sinn eigentlich gar nicht nach solchen Präliminarien stehen. Allein, diese Logik wird dem Gesetz des Spiels geopfert. Und weil in dieser Episode niemand vorhanden ist, der – wie Rubin beim Salbenkauf und der *hortulanus* bei der Begegnung mit Maria – die eigentliche Spielfunktion übernehmen

---

191 Mit einer ausdrücklichen Wette beginnt auch der Jüngerlauf im Egerer Fronleichnamsspiel (1817).

könnte, wird sie eben den Jüngern selbst auferlegt, läßt man sie, denen im Grunde ebenso ernst zumute sein müßte wie den Marien, aus der frohen Botschaft eine Gaudi machen.

So ist das Spiel auch um Motivationen des Ausgangs der Wette nicht verlegen. Wo die Feier, wenn sie überhaupt auf dem früheren Ankommen des Johannes besteht, Petrus als den Älteren erscheinen läßt, präsentiert das Spiel einen ganzen Katalog von Begründungen: Petrus hat einen krummen Rücken, einen zerfetzten Rock, ein zerschundenes Knie, hinkt, hat in der Früh verschlafen (Wien 1143 ff.). Es ist wiederum Stumpfls Verdienst, den kultischen Hintergrund solcher ‚Ausartungen' aufgezeigt zu haben. Tatsächlich sind sie ohne diesen – reich und überzeugend belegten – Hintergrund heidnischer Frühlingswettläufe nicht erklärbar[192]. Nur lassen sich Frühlingswettläufe nicht als Bestandteil eines umfassenderen Frühjahrsspiels belegen. Das Belegbare wird wiederum unmerklich zur Stützung des bloß Postulierten verwendet, um ein weiteres Mal die Epiphänomenalität des geistlichen Spiels gegenüber einer originären germanischen Spielkontinuität behaupten zu können. Plausibler scheint die Annahme, daß hier wie sonst kein kultisches Frühlingsspiel amalgamiert und unterlaufen, sondern ein mythenloser kultischer Brauch einem umfassenden Mythos integriert und erst damit Bestandteil einer – heterogenen – Spielkontinuität wurde. Wenn in Sebastian Francks Weltbuch ein solch kultischer Wettlauf oder bei einem Neithart-Nachahmer ein Tanz zur Osterzeit als *osterspil* bezeichnet wird[193], dann sind das eben nur kultische Bräuche, nicht aber jenes postulierte kultische Frühjahrsspiel, auf das das christliche Osterspiel geantwortet haben soll. Ein Hauptargument Stumpfls ist der Hinweis, daß die biblische Vorlage für die Gestaltung der Szene ausfalle. Sie sei zwar „formell stichhaltig, wie ja die meisten christlichen Aitiologien, wenngleich die Auffassung als Wettlauf nach der Schrift nicht zwingend erscheint, da currere hier im Sinne von exire gebraucht ist"[194]. Letzteres ist richtig, nur ist dabei verkannt, daß in diesem Fall die Szene nicht an der biblischen Quelle gemessen werden darf. Denn wo, wie bereits in der Feier, der Gang zum Grabe im Zeichen gespannter Erwartung steht, liegt eine – sekundäre – Interpretation von Joh. 20, 4 im Sinne eines ‚Wettlaufs' nahe. Es ergibt sich also das Paradox, daß mit der explizit kerygmatisch orientierten Deutung gleichzeitig eine Auffangposition für pagan-kultische Besetzungen gegeben ist. So kann das Motiv des Hinkens,

---

[192] S. 319 ff.
[193] Stumpfl S. 218, 322.
[194] S. 320.

nach Stumpfl eine „uralte Ritualform" im Zusammenhang mit kultischen Wettläufen[195], selbst in die Feier Eingang finden, sofern sie an einer Begründung für das Zurückbleiben des Petrus interessiert ist. Aber wenn dieses Hinken nur in zwei späten, wohl unter volkssprachlichem Einfluß stehenden Texten belegt[196], im volkssprachlichen Spiel hingegen stereotyp ist (Sterzing, Wien, Erlau, München, Eger), so zeigt sich darin wiederum das puristische Selbstverständnis der Feier im Unterschied zu einem höchst ambivalenten Selbstverständnis des Spiels.

Am weitesten geht hier wiederum das Sterzinger Spiel. In den Augen des Johannes ist Petrus *faul als ein abgeritner gaul*, und aus allen Klagen hört er nur das Verlangen nach dem *fleschlein* heraus. Tatsächlich tut ein kräftiger Zug seine Wirkung:

> Jetzund was ich lam und krumb,
> Nun bin ich frisch und gesunt.
> Nun se hin lieber Johannes
> Und kost auch des weines,
> Und laß uns laufen zu dem grab,
> Ob Maria war hab.   (S. 166)

Aber auch die solchermaßen Gestärkten singen, am leeren Grabe angekommen, das liturgische *Cernitis, o socii*. Wiederum ist das Kerygma nicht zerstört im Kontrast mit ‚Niederem' und auch das ‚Niedere' nicht gerichtet und überwunden, sondern beides ist integriert in ein höchst ambivalentes ‚christliches' Kultspiel. Allerdings ist das kerygmatische Moment hier doch zurückgedrängt wie in kaum einem anderen Spiel. Denn bezeichnenderweise bildet nicht die Verkündigung der Auferstehung durch Johannes auch den Ausklang des Ganzen, sondern ein – soweit ich sehe, in der Geschichte des Osterspiels einmaliges – Nachspiel:

> *Petrus dicit ad populum*
> Ir herren, neue mer ich euch sag:
> Heut ist der heilig ostertag,
> Daß man masanzen wirt weichen,
> Dar umb rat ich armen und reichen:
> Hüt jeder seine taschen wol,
> Wen ich red als ich sol;
> Mein gesell stilt als ein rab,
> Was er mir ankommen mag.
>
> *Johannes dicit ad populum*
> Nun hort, ir herren all gemein,

---

[195] S. 327.
[196] Young I, S. 331 und 363.

Beide groß und auch klein:
Wie gar ein lugenhaftige zungen
Treit Peter an seinem munde.
Ich mag nit recht lenger verdagen,
Ich muß im die warheit sagen.
Er hat unsers herren drei mal verholen
Un hat das lempretel aus dem osterlamp gestolen.
Er nimt hüner, gens all gleich,
Er ist halt nit entleich,
Und spricht: vender dich vender dich,
Kanst nit gen, so trag ich dich!
Secht, das mocht in mir nit beleiben,
Wen er wolt selber nit still sweigen.

Petrus ad Johannem
Treun lieber gesell Johann du hast recht!
Wer mir nur der ein fuß geslecht!
Wen wer etwas wil haben,
Das ligt am zusamm tragen.
Dar umb laß wir davon
Und heben ein anders an,
Wen wir gnotigs haben zu schaffen.
Ich mag nit lenger hie klaffen,
Welt ir haben ein predinger
So get zu dem Jeckel hafner,
Er sagt euch ein Neitharten var,
Es meint es sei gelogen, so ist es war.   (S. 167 f.)

Im *heilig ostertag* ist – mit dem Hinweis auf die *masanzen*, ursprünglich das ungesäuerte Judenbrot – das Paschafest jüdisch-christlicher Tradition zitiert. Aber eben dieses Verständnis wird sogleich irritiert, wenn Petrus vor dem wie ein Rabe stehlenden Johannes warnt, was sich wohl nur – mit Stumpfl – als Reflex des Stehlrechts bei kultischen Umzügen und Heischegängen erklären läßt[197]. In der Entgegnung des Johannes wird dieselbe Ambivalenz greifbar, wenn er das Osterlamm mit dem aus dem Märchen bekannten Motiv der gestohlenen Leber zusammenbringt[198]. Das christliche Spiel hat sich hier also ganz in eine pagan-kultische Diesseitigkeit hineingespielt, es geht über in die allgemeine Festtagsfreude, die Spieler verabschieden sich, wie im Fastnachtsspiel, von der Festtagsgemeinde und verweisen die, welche noch nicht genug der ‚Predigt' haben, an die Zoten des wohl ortsbekannten Töpfners Jeckel. Sie selbst *haben gno-*

---

[197] S. 330.
[198] Siehe hierzu Bächtold Stäubli, *Handwörterbuch des deutschen Aberglaubens* V, 976–985. Die Leber ist ein im Aberglauben hochgradig besetztes Organ (als Inbegriff der Lebenskraft, als Sitz der Liebe, der Wollust, der Fruchtbarkeit, als Schadenabwehrzauber u. a.).

tigs zu schaffen, sie müssen woanders spielen, oder aber, was wahrscheinlich ist, sie werden im Wirtshaus weiteren *fleschlein* zusprechen. Was sie darboten, mag als *frölich figur* vermeint gewesen sein, in Wahrheit war es ein höchst ambivalentes Spiel, das von kultischer Ausgelassenheit und einem ganz heidnischen Lebensgefühl nicht minder lebte als von christlicher Osterfreude.

Wie aber konnte gleichwohl das christliche Fest mit einem solchen Spiel begangen werden? Gewiß, der Jüngerlauf ist auch in volkssprachlicher Tradition auf Deutschland beschränkt geblieben, und selbst hier gelten wiederum die anläßlich der Gärtnererscheinung benannten Einschränkungen. Aber der ausdrückliche Verzicht auf diese Episode überhaupt (Trier) oder auf eine possenhafte Gestaltung (Osnabrück, Rhein. Osterspiel, auch Innsbruck) macht unsere Frage nur um so dringlicher. Sollte es kein Zufall sein, daß der Schluß des Sterzinger Spiels so sehr an das Fastnachtspiel gemahnt? Sollte sich das Osterspiel etwa einer dem Fastnachtstreiben vergleichbaren Lizenz verdanken? Durfte nicht nur unmittelbar vor, sondern auch unmittelbar nach der Fastenzeit gelacht werden? Handelte es sich vielleicht hier wie dort um die geduldete Exklave karnevalesker Ausgelassenheit? Die folgenden Analysen der sogenannten Komik des Osterspiels werden zur Erörterung dieser Fragen Gelegenheit geben.

Kap. D
Von der frohen Botschaft zum risus paschalis:
Osterspiel und rituelles Lachen

I

Komik kommt von ,Komos', dem dionysischen Festzug, mit dessen kultischer Ausgelassenheit die alte Komödie zu enden pflegte. Nicht sie jedoch, sondern die mittlere Komödie des 4. Jahrhunderts wurde Vorbild der ersten Poetik dieser Gattung. Denn nur im Blick auf sie konnte Aristoteles das Lachen gegen das Urteil Platons in Schutz nehmen. Ihre komische Mimesis ist – in seiner Deutung – legitim belachenswert, weil sie ein Laster zur Darstellung bringt, das, harmlos-akzidenteller Natur, „nicht schmerzt", d. h. weder seinem Träger noch dessen Umwelt ernsthaften Schaden zufügen kann. So ist schon hier aus dem Blick geraten, was archaische Komik war und wollte: Befreiung von der gesellschaftspolitischen Realität als Inbegriff des Unvernünftigen, Entfesselung des Animalischen, der natürlichsten Antriebe des Menschen, die paradoxerweise seiner wahren Humanität und seiner eigentlichen Vernünftigkeit zum Durchbruch verhelfen[199]. Aristoteles hat diese Komik moralisiert, literarisiert, verharmlost. Er hat damit auf Jahrhunderte alles Verständnis und alle Theorie der Komik belastet. In seinem Banne stehen wir noch heute.

So auch, wenn es um die Komik des Osterspiels geht. In den furchtsamen Rittern am Grabe hat man plautinische milites gloriosi gesehen, der lächerliche Teufel des Descensus wurde zum Exempel eines geradezu im aristotelischen Sinne harmlosen, da metaphysisch ohnmächtigen und also unschädlichen Widersachers, und was mit Krämerspiel, Christophanie und Jüngerlauf folgt, ward zur ‚Burleske‘ deklariert, womit alle Fragen offenblieben[200]. Stumpfls Antwort konnte nicht befriedigen, aber auch seine Kritiker vermochten wohl seine Hypothesen zu entkräften, nicht aber eine positive Gegendeutung zu entwickeln. Wenn aber der hier unternommene Versuch, die durch Stumpfl ausgelöste Diskussion wiederaufzunehmen und einer Lösung zuzuführen, sich auch und vor allem am Phänomen der Komik bewähren soll, dann liegt es nahe, wiederum dort anzusetzen, wo das entscheidende Versäumnis dieser bisherigen Diskussion sichtbar wurde: bei der von ihr vernachlässigten Höllenfahrt.

Tatsächlich bietet diese Szene den Schlüssel auch zur Komik des Osterspiels. Um das zu zeigen, gilt es aufzuräumen mit einer ob ihrer vordergründigen Plausibilität verlockenden Illusion: mit der Rede vom ‚komischen‘, in seiner Ohnmacht lächerlichen Teufel. Vordergründig plausibel, weil mit dieser Figur und ihrer Rolle im geistlichen Spiel das Dogma von der Geschöpflichkeit der satanischen Gegenwelt scheinbar expliziert wird im Sinne des von F. G. Jünger analysierten „komischen Konflikts"[201]: ein Mißverhältnis in den Kräften zweier Parteien wird offenkundig in einer unangemessenen Provokation und der anschließenden Replik – dies wäre die Höllenfahrt – des immer schon Überlegenen. Was sich also auf diese

---

[199] Ich stütze mich hier auf die Beschreibung aristophaneischer Komik durch G. Müller: „Die entfesselte Animalität ist paradoxerweise die wahre Humanität, der die Komödie zum Siege verhelfen will. Auf seine natürlichsten Antriebe reduziert wird der Mensch phantastischerweise vernünftig und tut, was die Vernunft längst zu tun geboten hätte" (*Das Häßliche in Poesie und Poetik der Griechen*, in *Die nicht mehr schönen Künste – Grenzphänomene des Ästhetischen*, hg. H. R. Jauss, München 1968, S. 13–21, insbesondere S. 15).

[200] Hauptrepräsentant dieser flachen Deutung der Komik, gegen die Stumpfl anging, ist E. Krüger, *Die komischen Szenen in den deutschen geistlichen Spielen des Mittelalters*, Diss. Hamburg 1931. Zum lächerlichen, da harmlosen Teufel siehe neuerdings wieder Hess S. 169 ff. und Kolve S. 140.

[201] S. 15 ff.

Weise konstruieren läßt, ist nichts Geringeres als eine dogmatisch fundierte Theorie der Komik, eine theologische Indienstnahme des Lachens. Allein, dies bleibt eine bloße Konstruktion, von der die Theologie selbst nichts weiß und nie etwas gewußt hat. Alle in dieser Richtung unternommenen Deutungsversuche[202] müssen die Augen verschließen vor dem Ärgernis, daß die Kirche zu keiner Zeit in der Komik und im Lachen einen genuinen Modus der Heilsvermittlung gesehen hat und, was wichtiger ist, dies auch begründen konnte. Jesus habe nie gelacht, heißt es bei Johannes Chrysostomos, und das so gesehene Vorbild war, wie die von E. R. Curtius gesammelten Belege zeigen[203], von bleibendem Einfluß auf die mittelalterlichen Erörterungen des Lachens. Im 12. Jahrhundert hält der Compilator Petrus Cantor es zwar für möglich, daß Jesus doch gelacht habe, aber wenn dem so gewesen sein sollte, dann nur deswegen, weil der Gott-Mensch mit all unserer Schuld auch all unsere *defectus* auf sich genommen habe. Das Lachen ist Signatur der gefallenen Menschheit – ein Topos, der sich über den Jansenismus des 17. Jahrhunderts bis hin zu Baudelaires *De l'essence du rire* durchgehalten hat. *Verba vana aut risu apta non loqui*, heißt es in den Mönchsregeln des hl. Benedikt, allerdings mit der Einschränkung, daß dies vor allem für ein *risum multum aut excessum* gelte. Allenfalls ein gemäßigtes Lachen also, eine *modesta hilaritas* (Johannes von Salisbury) könnte gestattet sein. Ähnlich meint Hugo von St. Victor, *aliquando plus delectare solent seriis admixta ludicra*. Aber bezeichnenderweise ist in solchen Belegen, aus denen eine „wohlwollende Duldung des Lachens" (Curtius) im Sinne der Mischung von Scherz und Ernst spricht, gleichwohl vom Lachen selbst nicht die Rede. Die Mischung von Scherz und Ernst war etwas Geduldetes, im Interesse der Lehre in Kauf Genommenes, nicht aber „Lehrprinzip" im Sinne einer „Verflechtung von Lehre und Lachen"[204]. Schon gar nicht hielten die Theologen das Böse ob seiner metaphysischen Negativität für lächerlich. Die Scholastik, die diese Negativität so sauber zu beweisen suchte, kennt gleichwohl keinen lächerlichen Teufel. Und im Grunde ist ja auch nichts einsichtiger als dies, liegt doch der metaphysischen Negativität der Sünde die irdische Dimension von Heilsbedürftigkeit, Heilssuche, Heilsgefährdung und möglichem Heilsverlust voraus, und in eben dieser Dimension, in der das geistliche Spiel

---

202 Das gilt besonders für den von Hess (vgl. dazu meine Rezension im *Archiv für das Studium der Neueren Sprachen und Literaturen* 205, 1968, 245–248).
203 *Europäische Literatur und lateinisches Mittelalter*, Bern ⁵1965, S. 421 ff. („Die Kirche und das Lachen"). Von dort übernehme ich die folgenden mittelalterlichen Belege.
204 So Hess S. 180.

angesiedelt ist, muß Lächerlichkeit höchst irritierend wirken. Denn wo immer die sündhafte Welt verlacht wird, ist ihre Erlösungsbedürftigkeit unterschlagen. Ohnmächtig ist der Teufel allein vor Gott. Sein Wirken auf Erden hingegen steht im Zeichen einer – wenn auch bloß ‚zugelassenen' – Allmacht und Allgegenwärtigkeit.

II

Das Osterspiel macht eben diese Ambivalenz unübersehbar deutlich. Auf verschiedene Weise thematisiert es ineins mit der Ohnmacht Satans vor Gott auch seine irdische Allmacht. Das wird gerade dort deutlich, wo es Satan als nichtsahnenden, dümmlichen Großsprecher, also am eindeutigsten als lächerliche Figur präsentiert: in dem aus der Nikodemus-Vorlage übernommenen Dialog mit Inferus bzw. Luzifer, der durch die freudige Erwartung des Befreiers bei den eingeschlossenen Vorvätern ausgelöst wird[205]. Luzifer, der Herr der Höllenstadt, sieht das Kommende bereits voraus, während Satan sich noch rühmt, den angeblichen Gott ans Kreuz gebracht zu haben. Voll zur Geltung kommt diese Doppelung der teuflischen Gegenwelt erst im Passionsspiel, wo Luzifer als der planende, vorausschauende und selbst in der Niederlage noch den Stolz des Bösen herauskehrende eigentliche Stratege der widergöttlichen Mächte erscheint, Satan hingegen von einem taktischen Irrtum in den anderen verfällt und sich immer noch seiner Klugheit rühmt, wenn sie sich schon längst als Dummheit enthüllt hat. Der eigentliche Effekt dieser Doppelung ist jedoch ansatzweise auch schon im Osterspiel vorhanden: die Lächerlichkeit, die ‚Komik' Satans ist ein auf den terroristischen Hintergrund des perennierenden Bösen verweisendes Kompensationsphänomen. Immerhin ist ja dieser lächerliche Satan Luzifers Abgesandter auf Erden, ist er der allzeit und überall Lauernde und Drohende, der listige Verführer, demgegenüber man sich in Wahrheit wehrlos weiß. Hier aber, im Spiel, ist der, vor dessen Künsten und Schlichen man nicht genug auf der Hut sein kann, endlich einmal seinerseits der Dumme, dem man sich überlegen weiß, hier geht's endlich einmal ihm selbst an den Kragen. Indes: der besiegte Luzifer macht weiter, und in der Seelenfangszene ist Satan schon nicht mehr der lächerliche Dümmling, sondern nunmehr wirklich Luzifers höchst erfolgreicher Statthalter auf Erden, Repräsentant der höllischen Mächte.

---

[205] Kap. IV (XX), Tischendorf (Hg.) S. 394 ff.

Was wir also oben generell vom ‚gespielten' Teufel sagten, das bestätigt sich an seiner ‚Komik': sie wird verständlich nur vor dem Hintergrund des Terrors, der in ihr überwunden ist und auf den sie doch allzeit transparent bleibt[206]. Denn diese ‚Komik' kristallisiert sich um ein, wie wir zeigten, gespieltes Ritual, sie ist Modellen und Theorien literarischer Komik wesentlich nicht zugänglich, sie ist eine rituelle und in diesem Sinne archaische Komik. M. Bachtins Kritik an dem bekannten Buch W. Kaysers hat es wieder ermöglicht, hier mit dem Begriff der Groteske zu arbeiten[207]. Denn von dieser Kritik ist mit Kayser zugleich auch ein – Bachtin selbst unbekannter – Versuch L. Spitzers getroffen, die romantische und moderne Groteske, die Kayser allein im Blick hat, nach rückwärts bis ins Mittelalter hinein zu verlängern. Zwar sei, so Spitzer, das Dämonische im Mittelalter stets einem totalen Weltbild ein- und untergeordnet, aber gleichwohl könne man sich fragen, ob nicht auch mittelalterliche Kunst schon ein verfremdendes ‚Spiel mit dem Absurden' getrieben habe, ob nicht „der Wunsch nach Raumerfüllung und der Spieltrieb sich mit der Tendenz verband, eine vom Glauben unerhellte, dämonisch-komische Welt darzustellen, aus der dann die Darstellungen der erhabenen Glaubenselemente um so leuchtender emportauchen"[208]. Was in solcher Rückprojektion des romantischen Dualismus von Groteskem und Erhabenem nicht mitbedacht ist, hat nun Bachtin sehr schön herausgestellt: daß es nämlich bei diesem Dualismus nicht immer schon um eine ästhetische Gegenbildlichkeit gehe, sondern zunächst einmal um Welt- und Lebensordnungen. „Die mittelalterliche und die Renaissance-Groteske sind vom karnevalistischen Weltempfinden durchdrungen, sie befreien die Welt von allem Entsetzlichen und Furchterregenden, machen sie fröhlich und hell. Alles, was in der gewöhnlichen Welt Furcht einflößte, verwandelte sich in der Welt des Karnevals in einen fröhlichen Popanz. Furcht ist der extreme Ausdruck der

---

[206] Eine willkommene Bestätigung dieses gegen die verbreitete didaktisch-flache Interpretation gerichteten Deutungsansatzes liefert mir ein wenig beachteter Artikel von J. Frappier: „Les faits sont délicats à interpréter; mais je ne crois pas faire fausse route en décelant des indices d'une libération, ou du moins de quelque chose qui ressemble à un désir inavoué d' échapper au complexe du Diable. L'arme employée contre le terrorisme du Diable a été celle du comique, car enfin c'est là le fait capital – le moyen âge a créé un Diable ridicule" (*Châtiments infernaux et peur du diable d'après quelques textes français du 13e et 14e siècle*, in *Cahiers de l'association internationale des études françaises,* juillet 1953, S. 87–96, Zitat S. 92).
[207] Insbes. S. 24 ff.
[208] Besprechung von W. Kayser, *Das Groteske,* in *Göttinger Gelehrte Anzeigen* 212 (1958) S. 99.

einseitigen und dummen Ernsthaftigkeit, die durch das Lachen besiegt wird"[209].

Bachtin geht auf das geistliche Spiel nur beiläufig ein. Der karnevaleske Gegenstand des Lachens manifestiert sich für ihn vornehmlich in denjenigen Kultformen, die man seit Chambers einem paganen Substrat zuzuschlagen pflegt: Narren- und Eselsfeste, Straßenteufeleien u. a. Es scheint nun aber, daß das geistliche Spiel hier von gleicher, wenn nicht stärkerer Beweiskraft ist, ja daß die Ambivalenz des – von Bachtin ausdrücklich so genannten – „rituellen Lachens"[210] erst hier voll ausgetragen wird. Das Moment der besiegten Furcht ist im geistlichen Spiel viel deutlicher greifbar als in den immer schon depotenzierten Kultformen des Karnevals, bringt hier doch das Lachen ein Ritual zu Ende, das ungleich der karnevalesken Exklave im Zeichen des heilsgeschichtlichen Ernstes selber steht. Was es leistet, ist nicht einfach eine groteske „Karnevalisierung des Bewußtseins"[211], sondern eine Karnevalisierung geradezu des religiösen Bewußtseins selbst. Die Groteske des geistlichen Spiels bannt die Gegenwelt nicht wie die steinernen Fassaden der gotischen Kathedrale, auch nicht wie die moralisch-allegorische Deutung der epischen Groteske, sondern in einem gespielten Ritual. Hierin liegt ihre Einmaligkeit und Besonderheit, vor allem aber auch die hermeneutische Schwierigkeit, sich in sie hineinzudenken. An die Stelle der impliziten Selbstdeutung statischer Ornamentalik oder der expliziten Moralisierung in allegorischer Beschreibung tritt hier der prozeßhafte Ablauf des gespielten Rituals selbst, tritt das, was in der je neuen Aufführungsrealität sich ereignet. Man könnte geradezu von einer rituellen Groteske sprechen und hätte damit ziemlich deutlich den Abstand bezeichnet, der diese Spiele von einem moralisch-ästhetischen Dualismus des Erhabenen und Grotesken trennt. Die rituelle Groteske ist eine solche, die nicht in eine verläßliche Heilsordnung und gelebte Heilsgewißheit eingebunden ist, sondern eine solche, in der Heilsgewißheit sich unlösbar verquickt mit einer je neu zu gewinnenden Weltverläßlichkeit. Sie spielt das Kerygma zurück in den Mythos.

---

[209] S. 26.
[210] S. 53.
[211] S. 28.

Krämerspiel, hortulanus-Erscheinung und Jüngerlauf verweisen, wie gezeigt, in ihrer Selbstkonstitution auf den im Descensus erspielten Freiheitsraum. Sie leben von der besiegten Furcht, spielen die Opposition von Gott und Teufel naturhaft aus. Sie feiern, wie alle Formen rituellen Lachens, die wiederkehrende Lebenskraft und Fruchtbarkeit, sie sind – in ihrer mythisch-archetypischen Dimension – „Lach-Rituale"[212]. Von der „magischen Kraft des Lachens, von seiner reinigenden und fruchtbarkeitsspendenden Kraft" sprach auch schon Stumpfl[213]. Aber ihm gelang von hierher kein systematischer Gegenentwurf zu der mit Recht und mit Erfolg kritisierten flachen Deutung der Komik, und es läßt sich nunmehr auch erkennen, warum ihm dies nicht gelingen konnte. Durch die Fixierung auf das postulierte Arztspiel und die Vernachlässigung der Höllenfahrt entging ihm das Moment des besiegten Terrors und damit der Ausgangs- und Beziehungspunkt der von ihm isoliert betrachteten Visitatio-Sequenz. So kann er gegen eine flache Deutung der Komik deren rituelle Implikate geltend machen, nicht aber umgekehrt auch die komischen Implikate der von ihm aufgezeigten Ritualdimension begründen. Dies wird nirgends deutlicher als bei seiner nur beiläufigen, auf das Osterspiel selbst überhaupt nicht bezogenen Erwähnung des risus paschalis – des Ostergelächters.

Mit diesem risus paschalis ist ein bis ins 18. Jahrhundert hinein nachgewiesener Brauch benannt, die Osterpredigt durch lustige ‚Ostermärlein' aufzulockern und so die Gemeinde zum Lachen zu bringen. Die Volkskundler haben ihn bis ins 14. Jahrhundert zurückverfolgen können, aber er ist mit Sicherheit sehr viel älter, denn schon die frühesten Zeugnisse reden wie von etwas Althergebrachtem und jedermann Bekanntem. Überblickt man die insbesondere von H. Fluck zusammengestellten Dokumente[214], so zeigt sich sehr schnell die Relevanz der vom risus paschalis ausgelösten Kontroversen auch für die Komik des Osterspiels. Auf der einen Seite stehen seine – meist dem niederen Klerus angehörenden – Verteidiger, die ihn nicht missen mögen als ein Mittel, die schläfrige Gemeinde aufzuwecken oder aber, allgemeiner, als eine Möglichkeit, den Scherz in den Dienst der Lehre zu nehmen. Allein, solche Argumente sind leicht durchschaubar als sekundäre Rechtfertigungen eines Brauchs, der nur

---

[212] S. 34.
[213] S. 31.
[214] *Der risus paschalis, Ein Beitrag zur religiösen Volkskunde*, in *Archiv für Religionswissenschaft* 31 (1934) S. 188–212.

zu leicht zum Mißbrauch wurde und heftige Kritik auslöste. Denn die ‚Ostermärlein' konnten sich eng an die Predigt anschließen (lustige Darstellung der Höllenfahrt, kurzweilige Geschichten der Emmaus-Jünger), aber sie konnten auch allbekannte Schwächen von Gemeindemitgliedern aufs Korn nehmen, die dann bisweilen die Kirche zu verlassen Anlaß sahen oder aber gar nicht erst kamen.

Vor allem jedoch entzündete sich das Osterlachen an – bisweilen zum mimischen Nachvollzug vorgetriebenen – obszönen Schwankmotiven. Dieser Vorwurf der Obszönität durchzieht alle kirchlichen Proteste von der Streitschrift *De risu paschali* des Oecolampadius über Geiler von Kaisersberg bis Erasmus. Den Belegen der einzelnen Kritiker wird man unterschiedliches Gewicht beilegen müssen, da der risus paschalis gerade im 16. Jahrhundert, wie z. B. bei Oecolampadius, in die Reformationsstreitigkeiten hineingezogen wurde und zur Disqualifizierung ‚papistischer Pfaffen' diente. Aber auch ein Mann wie Geiler mahnte nicht etwa nur zur Mäßigung, sondern er warnt grundsätzlich davor, *märlein zu hören und fabeln und gut schwenk. Als etwan thund die alten Prediger, die alten hän, die auf den ostertag ein fabel sagen und ein osterspil machen*[215]. Das dürfte ein sehr schöner Beleg dafür sein, daß es sich bei den zum *osterspiel* vorgetriebenen Schwänken und Possen der Predigt um das gleiche Phänomen handelt wie bei den vergleichbaren Auswüchsen des eigentlichen Osterspiels, ja daß diese möglicherweise aus dem Predigtbrauch entscheidende Impulse empfingen. Zumindest handelt es sich prinzipiell um das gleiche Phänomen, und die Kritik des einen trifft auch das andere. Eben darin aber ist der in einer höchst kontroversen Diskussion bezeugte risus paschalis für unseren Zusammenhang so wertvoll. Scholastische Theologie, aus der man in subtiler Weise Rechtfertigungen für die Komik der Spiele herauszupräparieren versucht hat, weiß von ihm nichts. Wo er ins Blickfeld der Theologen tritt, wird er kritisiert. Das Osterlachen erscheint in einer Perspektive ‚von unten'. Stumpfls Vermutung, daß es eine vorchristliche Form der Ausgelassenheit heidnischer Totengelage sei[216], bleibt wiederum eine das Problem kurzschließende Hypothese. Unbezweifelbar aber ist seine tendenzielle Paganisierung christlicher Osterfreude. Mit Lachen und Gelächter hat diese Freude vorderhand nichts zu tun. Das Spiel mag sich begreifen als *fröhlich figur*, als eine ‚heilbringende', die Gewißheit der Auferstehung kündende Vergegenwärtigung des Ostergeschehens – wo immer es sich dem risus paschalis öffnet, geht es ihm in

---

215 Ebd. S. 220.
216 S. 156.

Wahrheit nicht mehr um die so verstandene frohe Botschaft, ist der kerygmatische *surrexit*-Jubel wiederum in eine archetypische Dimension, in ein archaisches „Lach-Ritual" zurückgespielt.

IV

Der risus paschalis hat Antwortcharakter: er lebt von der besiegten Furcht. Er ist hierin weit entfernt von jener Lächerlichkeit einer unangemessenen Provokation, welche den „komischen Konflikt" im Sinne F. G. Jüngers ausmacht. Gleichwohl ist dieser Konflikt seiner Struktur nach auch im geistlichen Spiel vorhanden. Es ist, als ob Strukturen allein noch keine Komik, noch kein Lachen begründen oder genauer: als ob es keine Struktur eines komischen Gegenstandes an sich gebe, als ob vielmehr der Gegenstand sich erst jenseits seiner Struktur, nämlich in seiner jeweiligen Wahrnehmung als ‚lächerlich' erweise. Unter diesem Aspekt scheint es verlockend, den Antwortcharakter des Osterlachens noch ein wenig näher zu analysieren, besteht doch Aussicht, daß solche Analyse fruchtbar wird für unseren systematischen Ansatz.

„Das Lachen ist dem Dasein überhaupt eigen und d. h. es geht mit seiner Verschiedenartigkeit mit": unter diesem Leitsatz hat J. Ritter[217] vor schon dreißig Jahren eine Theorie des Lachens vorgelegt, deren Reichhaltigkeit noch immer nicht ausgeschöpft ist und die sich dem Argumentationsgang dieser Untersuchung in höchst willkommener Weise einfügt. Sie gilt als eine der wichtigsten Korrekturen zweier traditioneller Erklärungen des Lachens: einmal der jahrhundertealten sogenannten Kontrast- oder Inkongruenzlehre, und zweitens der insbesondere von Bergson vertretenen Degradationstheorie. Gegen beide Erklärungen kann Ritter zeigen, daß das Lachen zwar aus einem Vorstellungskontrast entsteht und scheinbar auch, wie Bergson es will, im Namen der herrschenden Norm, im Namen der Verständigkeit richtet, daß aber diese Norm, an der das Lächerliche sich bemißt, dabei selbst mitbetroffen wird. Denn was ihr entgegensteht, was von ihr ausgegrenzt wird als etwas Nichtiges, Unwesentliches, Lächerliches, das ist nicht etwa ein schlechthin Negatives, sondern nur etwas, womit der jeweilige normative Ernst nicht fertig wird, das aber zum Lebensganzen genauso dazugehört wie das als positiv und wesentlich Geltende. Im Lachen nun, so Ritter, wird diese geheime Zugehörigkeit des Ausgegrenzten, des Nichtigen zum Lebensganzen sichtbar. Denn das Lachen ist

---

217 S. 7.

ja „von innen her und als Ausdrucksbewegung gesehen keineswegs dem Gefühl der Nichtigkeit verbunden, sondern den positiv bejahenden Verfassungen der Freude, der Lust, des Vergnügens, der Heiterkeit"[218]. Und so überführt es denn auch das Nichtige in diese seine eigene Positivität. Es ergreift das vom Ernst, von der Vernünftigkeit Ausgegrenzte, hält es fest, bestätigt es in seiner positiven Zugehörigkeit zum Lebensganzen und spielt es solchermaßen gegen die normative Vernünftigkeit aus. Der Norm selbst also wird mitgespielt, indem das Lachen sie enthüllt in der Beschränktheit eines ausgrenzenden Prinzips.

Von der Theorie des Lachens her ist damit ein Modell entwickelt, das sich genauestens deckt mit jenem Schema von Ausgrenzung und Hereinnahme, das unseren Analysen der Ambivalenz von Kerygma und Mythos generell zugrunde liegt. Es ist, als ob im Osterspiel diese Ambivalenz mit dem risus paschalis ihre Bestätigung, ja als ob sie in ihm ihren sinnfälligsten Ausdruck fände. Nicht zufällig exemplifiziert auch Ritter den Antwortcharakter des Lachens an einem ambivalenten Phänomen: der Zweideutigkeit des Wortwitzes. Hier wird in den einen, scheinbar harmlosen und anständigen Bedeutungsbereich ein anderer, von diesem ausgegrenzter hineingespielt, und zwar so, daß das Ausgegrenzte in der Maske des Anständigen und Zulässigen selbst auftritt. Das Komische entsteht so in einer doppelten Bewegung: „einmal im Hinausgehen über die jeweilig gegebene Ordnung zu einem von ihr ausgeschlossenen Bereich, und zweitens darin, daß dieser ausgeschlossene Bereich in und an dem ihn ausschließenden Bereich selbst sichtbar gemacht wird"[219]. Das als das Anständige Geltende, das Normative also, ist selbst mitbetroffen. Das Lachen trifft und vernichtet nur vordergründig das Entgegenstehende. In Wahrheit demaskiert es die Norm selbst, enthüllt es sie in der Beschränktheit eines ausgrenzenden Prinzips. Ihr wird mitgespielt, indem das Lachen gerade das wieder herbeiruft, was sie beiseite gebracht hat. Kaum gibt es hierfür ein eindrucksvolleres Beispiel als den lächerlichen Teufel. Es ist ein Unterschied, ob man sagt, diese Lächerlichkeit treffe einen unbegründeten Herrschaftsanspruch, eine, mit Jünger zu sprechen, unangemessene Provokation, oder aber ob man in diesem Lachen die Bestätigung einer geheimen Zugehörigkeit des Ausgegrenzten, sprich: des Dualismus, zum lebensweltlichen Ganzen erkennt. Mitgespielt wird wiederum der ausgrenzenden Norm selbst, d. h. dem monotheistischen Dogma des bloß zugelassenen

---

218 S. 2.
219 S. 8 f.

Bösen[220]. Was die Theologie verdrängt, kehrt wieder im Lachen über den rituell besiegten Unbesiegbaren.

V

Mit dieser Formulierung bewegen wir uns nun allerdings schon nicht mehr in Ritters Terminologie, sondern in der Freuds, die sich hier nicht zufällig anbietet. Denn auch Freud beschreibt das Lachen – darauf hat bereits W. Preisendanz hingewiesen – als eine Positivierung von Ausgegrenztem, nun aber in der bei Ritter nicht vorgesehenen Weise, daß das Hereingeholte im Modus der „Wiederkehr" erscheint: als „Lustgewinn gegen die Anfechtung der kritischen Vernünftigkeit", gegen die „Verdrängungsarbeit der Kultur"[221]. Ritters Apologie des Lachens ist an romantischer Reflexionskomik orientiert. Der Norm mitspielen heißt für ihn, über die Vernünftigkeit hinaus sein, Unendlichkeit gegen sie ausspielen. Es kann aber ebensogut auch heißen, hinter die Norm zurückgehen, Lustquellen wieder erschließen, die die Vernünftigkeit verschüttet hat. Erst in dieser Freudschen Lesung gelangt Ritters Modell zur vollen Kongruenz mit unserer Formel vom Zurückspielen des Kerygmas in den Mythos, und erst in dieser Lesung vermag sie auch das speziell rituelle Moment des risus paschalis zu erschließen. Denn wenn dieses Lachen von der besiegten Furcht lebt, dann heißt das, nun freudianisch formuliert, daß es seinen Lustgewinn bezieht aus „erspartem Besetzungsaufwand"[222], aus jener Angstbesetzung, die hier, im rituellen Sieg über den Unbesiegbaren, abfuhrfähig wird.

Ersparte Angstbesetzung entbindet mittelbar auch die Komik der Visitatio-Sequenz. Als unmittelbare Lustquelle tritt hinzu, was man mit Freud als eine im Vorbewußten sich abspielende Vergleichung zweier Besetzungs-

---

220 An dieser Stelle möchte ich H. Blumenberg für seine mir willkommene (briefliche) Bestätigung dieser Deutung danken: „Für einen ganz entschiedenen Modernismus aber halte ich den Versuch, das Attribut der Lächerlichkeit als ein Instrument der Entdämonisierung innerhalb dieses Dualismus anzusehen. Die Geschichte der Interpretation der antiken Komödie sollte hier schon einige Warnungen enthalten. Lächerlichkeit ist im dualistischen Sinne Qualität einer Gegenwelt, nicht Index ihrer Schwäche. Lächerlichkeit tötet, aber wer sie dennoch überlebt, erweist sich als unverwundbar."
221 *Der Witz und seine Beziehung zum Unbewußten, Werke* VI, S. 173, 111. – Zum Vergleich Ritter/Freud siehe Preisendanz in Fuhrmann (Hg.), S. 631.
222 Ebd. S. 133 ff., 175 f., 222 ff., 269.

aufwände erklären kann – nach dem Vorbild der von ihm selbst beschriebenen Herabsetzung des Erhabenen:

> Wenn nun die besprochenen Verfahren zur Herabsetzung des Erhabenen mich dieses wie ein Gewöhnliches vorstellen lassen, bei dem ich mich nicht zusammennehmen muß, in dessen idealer Gegenwart ich es mir ,kommod' machen kann, wie die militärische Formel lautet, ersparen sie mir den Mehraufwand des feierlichen Zwanges, und der Vergleich dieser durch die Einfühlung angeregten Vorstellungsweise mit der bisher gewohnten, die sich gleichzeitig herzustellen sucht, schafft wiederum die Aufwanddifferenz, die durch Lachen abgeführt werden kann[223].

Den kerygmatischen Ernst selbst für einen solchen Vergleich freizugeben liegt vorderhand ebensowenig im Horizont christlicher Osterfreude wie die naturhaft-sexuelle Ausgelassenheit, in die dieser Ernst verfällt: im risus paschalis kehrt wieder, was christliche Heiterkeit verdrängt. Gleichwohl sind die Auslöser dieser Komik wiederum im christlichen Bereich selbst vorgegeben: in der Figur des Salbenkrämers, im Jesus-hortulanus, in den Jüngern. Ohne diese Vorgabe, ohne die in diesen Figuren inkarnierte ,frohe Botschaft' ist undenkbar, was wir oben beschrieben als die Karnevalisierung des religiösen Bewußtseins selbst. Man fühlt sich hier erinnert an jenen Mechanismus gesteigerter Lustentwicklung, den Freud als das „Prinzip der Hilfe" beschreibt:

> Eine Möglichkeit der Lustentwicklung tritt zu einer Situation hinzu, in welcher eine andere Lustmöglichkeit verhindert ist, so daß diese für sich allein keine Lust ergeben würde; das Ergebnis ist eine Lustentwicklung, die weit größer ist als die der hinzugetretenen Möglichkeit. Letztere hat gleichsam als *Verlockungsprämie* gewirkt; mit Hilfe eines dargebotenen kleinen Betrages von Lust ist ein sehr großer, sonst schwer zu erreichender gewonnen worden[224].

Die ,frohe Botschaft' selbst ist der Punkt, wo das Kerygma sozusagen anfällig wird, wo es sich als „Verlockungsprämie" potentieller Lustsuche anbietet. Die ,frohe Botschaft' selbst entbindet, was sie verdrängt, und sie wird eben dadurch als verdrängende enthüllt, tut doch das christliche Ostern, als gehöre das in seinem Namen sogar Zitierte nicht mit zum lebensweltlichen Ganzen einer Frühlingsfeier.

Wieder also ist es gerade die Ambivalenz von Kerygma und Mythos, von der her Stumpfls substantialistische Vorstellung eines sich durchhaltenden Substrats aufgelöst werden muß. Ebenso wie mit dem Teufel nicht eine pagane Kultgestalt ins christliche Spiel geholt, sondern der Dualismus am – offiziell bloß ,zugelassenen' – Satan jüdisch-christlicher Tradition

---

223 Ebd. S. 229.
224 Ebd. S. 153.

sichtbar wird, ist auch mit der Visitatio-Sequenz kein christliches Marien-spiel in ein kultisches Arztspiel interpoliert, sondern wird das Kerygma in den von ihm selbst negierten Mythos zurückgespielt, und das heißt, nun auf die Komik gewendet: wird im Lachen das naturhafte *ôstarûn* ergrif-fen und ins christliche Osterfest hineingespielt. Mit dieser Modifikation wird man dann allerdings Stumpfl in Schutz nehmen müssen gegen die Kritik Bausingers, auf die ich hier noch einmal zurückkomme. In den fraglichen Szenen, so heißt es bei ihm, setze sich „ein komisches Element durch, eine ausgesprochen antikultische Tendenz, die freilich sehr rasch ‚ritualisiert‘ wird, ähnlich – so weit könnte man Stumpfl entgegenkommen – wie in brauchtümlichen Spielen. Eben dies im Ansatz ungebundene Theatralische aber lehnt Stumpfl a limine ab“[225]. Impulse für solche se-kundären Ritualisierungen werden nicht benannt; was hingegen deutlich für eine primäre Ritualisierung des Kerygmatischen spricht, eben die mas-siv eingebrachten naturhaften Motive, ist verschwiegen. Bausinger denkt hier allein in der Opposition von Christlichem und Weltlichem, und folg-lich ist alles theologisch nicht Verrechenbare theatralische Erweiterung, ‚Verweltlichung‘, wie es ausdrücklich heißt[226]. Allein, wenn diese Komik ein Moment des Säkularen, des Theatralischen wäre, dann müßte sie noch heute zünden. Uns aber ist sie fremdgeworden, tot. Und zwar genau des-wegen, weil das Mitlachenkönnen daran gebunden ist, „daß die Ordnung, aus der und mit der der Stoff zum Lächerlichen wird, lebensmäßig wirk-sam ist“[227]. Diese lebensmäßige Wirksamkeit des risus paschalis aber grün-dete, fernab von aller säkularen Theatralität, in seinem kultischen Ant-wortcharakter, in seiner Einbettung in eine mythisch-archetypische Be-gehung der Auferstehung des Gottes.

Als ein rituelles enthüllt sich dieses Lachen auch und gerade dort, wo die Komik den Kontext des Heilsmysteriums ganz hinter sich zu lassen, ja dies heilsgeschichtliche Ereignis nur als Vorwand zu benutzen scheint, um von ihm den Einstieg in eine rein weltliche Szene zu gewinnen. Als Beispiel hierfür können die Wirtshausstreitereien in den Emmausspielen gelten. G. Cohen[228] hat vor vielen Jahren in einer detaillierten Studie zu zeigen versucht, daß diese Szene bereits im Lukasevangelium ‚keimhaft‘ angelegt sei, sich kontinuierlich ‚entwickelt‘ und einen mehr und mehr

---

[225] S. 227.
[226] S. 229.
[227] Ritter S. 12.
[228] *La scène des pèlerins d' Emmaüs*, in *Mélanges de philologie romane et d'hi-stoire littéraire offerts à M. Maurice Wilmotte*, 2 Bde, Paris 1910, Bd. I, S. 105–129.

‚säkularen' Charakter angenommen habe. Dabei bleibt aber, wie immer bei entwicklungsgeschichtlichen Erklärungen, der auslösende Impuls des ganzen Vorgangs ungeklärt. Hierfür wird nun wichtig, daß das *dum fabularentur* (Luk. 24, 15) in freier Auslegung des biblischen Kontexts zu einem der wichtigsten Auslöser der Ostermärlein und damit des risus paschalis wurde. Dieses Osterlachen kann dann möglicherweise auf die gesamte Emmaus-Geschichte übergegriffen haben, d. h. das Wirtshaus braucht nicht erst eine Erfindung des Spiels, sondern kann schon in der Ostermontagspredigt vorgegeben gewesen sein. Mit Sicherheit vorgegeben aber war es im Gesamtkontext des Nachfestes. Denn dieser Tag war der Tag des Emmausgehens, das mit dem Besuch von Kirchen und Friedhöfen begann und im Wirtshaus endete. Hier wurde nachgeholt, was in der Fastenzeit versäumt war, genau wie im Sterzinger Bruderspiel, wo nach dem Verschwinden des Herrn Lukas und Cleophas sich betrinken, den Wirt verprügeln und die sich einmischende Wirtin anfahren:

> Ich geb dir eins an die rotzen,
> Und tanz dir um auf der votzen.229

Das ist wiederum keine Komik, die in der ästhetischen Distanz des Theatralischen spielt, sondern karnevaleske Ausgelassenheit, rituelles Lachen im Sinne Bachtins. Was in ihm herbeigerufen wird, ist nicht einfach Welthaftigkeit, sondern ein ganz spezifischer, nämlich in der Fastenzeit verdrängter Lebensbereich. Und wiederum wird er in und an dem ausgrenzenden Bereich selbst sichtbar gemacht. Nachdem nämlich die Jünger das Wirtshaus verlassen haben, diskutieren sie über das ihnen beschiedene Erlebnis. Cleophas überzeugt den zweifelnden Lukas, und wie zur Bekräftigung trinken beide den restlichen Wein und essen sie die restlichen Ostereier, die im Mittelalter gerade durch das kirchliche Verbot, sie in der Fastenzeit zu verzehren, nichts von ihrer paganen, fruchtbarkeitsmagischen Bedeutsamkeit verloren hatten. Und genau aus dieser Ambivalenz heraus fordert Petrus zum abschließenden, gemeinsamen Gesang des *Christ ist erstanden* auf.

Gewiß ist das Sterzinger Bruderspiel wie schon das Sterzinger Osterspiel ein Extrem, aber man muß sich schon an Extreme halten, will man die Impulse in aller Deutlichkeit erkennen, die hinter vermeintlichen Säkularisations- und Literarisierungsprozessen stehen. Die Komik des Osterspiels hat ihren kultischen ‚Sitz im Leben' in einer noch vorliterarischen Institution. Sie holt in den geistlichen Bereich herein, was dieser ausgrenzt. Dieses Ausgegrenzte indes ist nicht schon säkulare Welthaftigkeit, sondern

---

229 Pichler S. 51.

120

lediglich das dem religiösen Ernst Entgegenstehende, darum aber nicht Areligiöse. Ich komme noch einmal auf Ritter zurück: es liegt im Wesen des Ernstes, daß er die eine Hälfte der Lebenswelt zwingt, in der Form des Entgegenstehenden und Nichtigen zu existieren, dies aber „nicht weil der Mensch in zwei Welten lebt, sondern weil, platonisch gesprochen, damit, daß etwas als wesentlich seiend gesetzt wird, immer auch etwas als das Andere zum Nichtseienden werden muß"[230]. Das Lachen im geistlichen Spiel scheidet nicht Geistliches von Weltlichem, sondern es hebt im Grunde nur die Identifikation des Religiösen mit dem geistlichen Ernst auf. Indem es in diesen Ernst eine von ihm ausgegrenzte andere Religiosität hineinholt, gewinnt es dem Spiel eine Integrationsbreite, die sich an seiner Beliebtheit ablesen läßt und mit der erst diese Beliebtheit erklärbar wird. Hierin liegt die Nähe, aber auch der schon benannte Unterschied zum Fastnachtsspiel, mit dem gerade die Sterzinger Osterspiele eine unübersehbare Verwandtschaft zeigen. Unabhängig von der Frage nach Entstehung[231] und Einfluß muß festgehalten werden, daß sich die Komik im Osterspiel von der karnevalesken Exklave des Fastnachtsspiels dadurch unterscheidet, daß hier dem ausgrenzenden Bereich selbst mitgespielt wird. Daher ist gerade das von Bachtin vernachlässigte geistliche Spiel der Ort, an dem der Zusammenhang des rituellen Lachens mit Tod und Auferstehung, an dem die „uralte rituelle Gerichtetheit des Lachens auf das Höchste"[232] deutlicher als irgend sonst belegbar ist. Das Karnevalslachen

---

230 S. 10.
231 Die neuere Deutung der Fastnachtspiele als „primär literarisch-theatralischer Phänomene" (Catholy S. 13) ist mitgetragen von dem Versuch, diese Gattung gegen Einseitigkeiten volkskundlicher Betrachtungsweise aufzuwerten und für die Literaturwissenschaft zu requirieren. Volkskunde ist dabei allerdings weitgehend mit der Wiener Schule und insbesondere mit Stumpfl gleichgesetzt. Die neuere Volkskunde hat jedoch ihrerseits bereits entsprechende Konsequenzen gezogen, indem sie nicht mehr von kultischen, sondern brauchtümlichen Spielen spricht und damit der spezifischen Unterhaltungsfunktion des Fastnachtspiels gerecht zu werden sich bemüht (Bausinger S. 234 ff.). Der Begriff des Brauchspiels wird dabei zwar recht unspezifisch als das „Zusammentreffen religiöser und weltlicher Elemente" (ebd. S. 230) gefaßt, aber solange er von dem des „autarken Theaters" (ebd. S. 238) abgesetzt ist, scheint mir das entscheidende Moment am Fastnachtspiel gewahrt: seine Unkenntnis ästhetischer Distanz und sein hierin sich dokumentierender vorliterarischer Charakter. Catholys Feststellung, „daß sich in den Fastnachtspielen nur höchst selten Fastnachtsbräuche widerspiegeln" (ebd. S. 2), läßt sich entgegenhalten, daß die Spiele selbst einen Fastnachtsbrauch darstellten: „In Wirklichkeit spielt auch im Volksbrauch die Funktion geselliger Unterhaltung eine wesentliche Rolle" (Bausinger S. 235 f.).
232 Bachtin S. 54.

121

lebt von der wohlwollenden Duldung seitens jener Welt des Ernstes, aus der es sich ausgrenzt. Im geistlichen Spiel hingegen entzündet es sich an diesem Ernst selber, indem es das von ihm Negativierte positiviert.

ZWEITER TEIL
DER ABGELEITETE ANFANG: ADAMSSPIEL

Kap. A
Der Sündenfall in der Ambivalenz von dramatischem und substantiellem Dualismus

I

Der altfranzösische *Ordo representacionis Ade* ist das älteste erhaltene volkssprachliche Spiel. Seine beiden ersten Teile, Sündenfall und Brudermord, haben keine Vorbilder in liturgischer Tradition. Sie knüpfen jedoch, wie die Feier, an Responsorien an, und die Art, in der sie dies tun, macht erneut den Unterschied von liturgischer und volkssprachlicher Tradition an seinem zentralen Punkt sichtbar. Das Gerüst der beiden Szenen sind die Sexagesima-Responsorien des Gregorianischen Liber Responsalis[233]. Von dieser Sequenz weicht das Spiel in zwei Fällen ab. Im ersten handelt es sich um eine Kürzung: die auf die Erschaffung Evas bezogenen Passagen entfallen, weil Eva im Spiel als bereits erschaffen auftritt. Wichtiger ist die zweite Abweichung. Das 6. Responsorium enthält das göttliche Verbot, das 7. die Rückkehr des strafenden Gottes. Die Gregorianische Sequenz spart also den eigentlichen Sündenfall aus. Dem Spiel aber ist offenbar gerade an ihm gelegen. Von den 590 Versen des ersten Teils sind 273 (113–386), also über die Hälfte, der Verführung gewidmet. Schon der Einsatz der volkssprachlichen Tradition steht damit im Zeichen jenes Vorgangs, den in verschiedenen Variationen zu verfolgen wir beim Osterspiel bereits Gelegenheit hatten und den man auf die Formel von Ausgrenzung einerseits und Hereinnahme andrerseits bringen kann. Denn mit der Verführungsszene ist die Responsoriensequenz nicht einfach ergänzt, sondern das Spiel nimmt mit ihr etwas auf, was die liturgische Vorlage eigens ausgegrenzt hatte. Verrät sich darin schon ein zentrales Interesse des Spiels, so wird das noch deutlicher an den Amplifikationen, die in dieser Hereinnahme der biblischen Vorlage zuteil werden.

Der biblische Bericht kennt nur Eva und die Schlange, nicht aber jene

---

[233] PL 78, 748 CD; siehe Hardison S. 259 f.

der eigentlichen Verführung vorausgehenden Teufelsszenen des Adamsspiels. Gleich nach dem göttlichen Verbot erscheint hier ein Schwarm von Dämonen, der sich, wie es in der ersten Rubrik heißt (nach 122), zunächst mit herausfordernder Gestik *per plateas*, also offenbar inmitten des Publikums zu schaffen macht und sich erst dann dem Paradies nähert, um Eva auf die verbotene Frucht hinzuweisen. Aus ihm löst sich alsbald ihr Anführer, er versucht Adam, es mißlingt, er kehrt zum Höllentor zurück, berät sich mit seinen Genossen, macht einen erneuten Gang durch das Publikum und unternimmt sodann einen zweiten Versuch (nach 172). Wieder scheitert er, wieder kehrt er zum Höllentor zurück, und wieder macht er eine Runde durch die Zuschauer, bevor er sich endlich an Eva heranmacht (nach 204). Nachdem er bei ihr Gehör gefunden hat, zieht er sich ein weiteres Mal zurück, bevor er als die biblische Schlange wiederkehrt und sein Verführungswerk vollendet (nach 292). Aber seine Rolle endet damit noch nicht. Er ist es, der den aus dem Paradies Vertriebenen Dornen und Disteln beschert (nach 518; die biblische Vorlage beläßt es bei der Ankündigung dieser Strafe durch Gott), und er führt sie schließlich, assistiert von seinen Genossen, in Ketten und Fesseln ab in die Hölle (nach 590). Bald darauf erscheint wieder der Dämonenschwarm unter den Zuschauern, um auch den zweiten Teil, den Brudermord, vorgängig als Teufelswerk auszuweisen. Konsequent endet auch dieser Teil mit der Abführung Kains und Abels in die Hölle (nach 744).

Die Identifikation der Schlange mit dem Teufel ist natürlich keine Leistung des Adamsspiels, sondern bereits neutestamentlich belegt[234], also eine Folge der heilsgeschichtlichen Deutung des Alten Testaments. Die Originalität des Spiels besteht darin, wie es aus dieser Identifikation dramatisch-spannungsmäßiges Kapital schlägt. Indem hier die Schlange nur vollzieht, was der Teufel in wiederholten Anläufen und unter Aufbietung aller – ob ihrer psychologischen Raffinements oft gerühmten – Überredungskünste zu Wege gebracht hat, baut das Spiel in der Gestalt Satans einen dramatisch-dualistischen Widerpart zu der göttlichen Figura der Eingangs- und Schlußszenen auf. Diese Möglichkeit hat nur das Spiel, nicht die Feier. Sie kann zwar – und auch dies tut sie zögernd genug – Repräsentanten der heidnischen Gegenwelt wie den Salbenkrämer und die Grabeswächter einlassen, aber für den Herrn dieser Gegenwelt ist in der geweihten Kirche kein Raum. Erst die Verlegung der Spiele ins Freie bewirkte eine Freigabe des Teufels und damit eines dramatischen Widerparts, und diese Freigabe wurde allenthalben genutzt. So setzt die Pro-

---

[234] Apk. 12,9 und 20,2; siehe hierzu W. Foerster in *ThWNT* 5, S. 580.

phetenprozession des Adamsspiels die dualistische Stilisierung des ersten Teils fort, indem jeder Prophet sogleich nach seiner Prophezeiung in die Hölle abgeführt wird. Das ist eine Leistung des Spiels, für die sich weder in den erhaltenen Versionen des liturgischen *Ordo prophetarum,* noch auch in dessen Quelle, dem pseudo-augustinischen *Sermo contra Judaeos, Paganos et Arianos de Symbolo* eine Vorlage findet[235]. Ein ganz ähnliches Beispiel bietet der ebenfalls aus dem 12. Jahrhundert stammende *Sponsus,* wo erst in den volkssprachlichen Schlußversionen Jesus es im Unterschied zu Matth. 25, 1–13 nicht bei dem *vos ignosco* bewenden läßt, sondern die törichten Jungfrauen ausdrücklich in die Hölle verdammt (*En enfern ora seret meneias*), welches Urteil von den Dämonen sogleich ausgeführt wird: *Modo accipiant eas Demones, et precipitentur in infernum*[236]. Teufel – das zeigt der *Sponsus* wie auch die Prophetenprozession – erscheinen nicht etwa nur dann, wenn es gilt, Tote beiseitezuschaffen, damit das Spiel weitergehen kann. Sie können das, wie die ersten Teile des Adamsspiels zeigen, zwar miterledigen, aber ihre Funktion erschöpft sich nie in bloß Bühnentechnischem. Sie erfüllt ein elementares Erfordernis dramatischer Veranschaulichung, und kaum ein Spiel läßt sich die Möglichkeit entgehen, zu diesem Zweck die Hölle ins Werk zu setzen.

Seit M. Sepets Rede vom „drame sémi-liturgique"[237] hat man gerade das liturgische Substrat des Adamsspiels als Beweis für seinen ‚Übergangscharakter' angesehen und damit organische Weiterentwicklung der Feier insinuiert. Dabei ist unterschlagen, daß die Feier eine bestimmte Stufe nicht überschritten, wohl aber konserviert und tradiert hat und daß andrerseits das Spiel von Anfang an einen Grad der quantitativen wie qualitativen Elaboration aufweist, der entwicklungsgeschichtlich überhaupt nicht aus den gleichzeitigen liturgischen Formen ableitbar ist. Hardison hat in seiner Kritik am Evolutionismus bereits auf den unterschiedlichen Charakter beider Traditionen verwiesen, diese Differenz aber allein in Äußerlichkeiten wie Länge, Vers- und Bühnentechnik gesehen und allein chronologisch zu erklären gesucht: „... a strong vernacular tradition existed in Norman England in the twelfth century. This tradition undoubtedly was a branching off from the liturgical tradition, but the branching must have occured before liturgical drama developed its tpyical complex forms. After the branching, the vernacular drama followed a

---

[235] Siehe Young II, S. 125 ff.
[236] Ebd. S. 364.
[237] *Les prophètes du Christ,* Paris 1867, S. 224.

course of development quite different from that of the Latin drama"[238]. Daß diese Differenz keine quantitative, sondern eine strukturale ist, hat Hardison nicht gesehen oder nicht sehen wollen. Denn die Erkenntnis einer im Strukturalen gründenden Diskontinuität beider Traditionen verträgt sich nicht mit dem von Murray übernommenen Emanzipationsmodell, womit Hardison selbst an jene darwinistisch-evolutionistische Schule anknüpft, gegen die er in der Person Chambers' polemisiert. Hier liegt der Hauptwiderspruch seines vermeintlich ‚archetypischen' Ansatzes, der ihn selbst in einen entwicklungsgeschichtlichen Anschluß des Spiels an die liturgische Tradition zurückfallen und das Offenkundigste nicht sehen läßt. Denn daß es bei dem Unterschied zwischen Feier und Spiel nicht nur um Quantitäten, sondern vor allem um Strukturen geht, zeigt sich ja neben dem Adamsspiel auch, wie bereits erwähnt, an der ebenfalls dem 12. Jahrhundert entstammenden *Seinte Resurreccion*.

Daß mit diesen Spielen des 12. Jahrhunderts ein Auftakt vorliegt, braucht vorbehaltlich neuer Textfunde aus früherer Zeit nicht in Zweifel gezogen werden. Der angesichts der stagnierenden Feier auffällig hohe Elaborationsgrad gleich der ersten volkssprachlichen Texte kann weitgehend mit ihren anderen Möglichkeiten verrechnet werden. Denn freigegeben ist mit der Figur des Teufels zugleich auch die gesamte Gegenwelt, die er repräsentiert, und diese Gegenwelt ist im geistlichen Spiel das Volk der Juden. Bezeichnend ist auch hier wieder die Differenz von Feier und Spiel. Der liturgische *Ordo prophetarum* geht allenfalls so weit, daß in der Mitte des Kirchenschiffes eine Gruppe von Juden und eine zweite von Heiden auftreten, welche beide von den vocatores aufgefordert werden, den Prophezeiungen Glauben zu schenken[239]. Erst das Adamsspiel isoliert einen einzelnen Vertreter der Synagoge, der mit Jesaja in eine Disputation eintritt und sich über das Reis, das eine Blüte tragen soll, lustig macht (833 ff.). Diese Szene, in der der bereits erwähnte *Sermo contra Judaeos* und ein – ebenfalls pseudo-augustinischer – *Dialogus de altercatione ecclesiae et synagogae*[240] kontaminiert sind, kehrt einige Jahrhunderte später wieder in der vor allem für die deutschen Passionen typischen *Disputatio ecclesiae et synagogae*, einem breit ausgespielten Aufruf zur Bekehrung, der bisweilen aber auch ausarten konnte zu einem ganz unchristlichen Aufruf zur Rache an denen, die den Christengott getötet hatten[241].

---

238 S. 257.
239 Young II, S. 156.
240 Ebd. S. 192 f.
241 Siehe unten Anm. 389.

Ein ganz ähnliches Bild bietet die *Seinte Resurreccion*. Sie endet mit der Aufstellung der Wache, die Caiphas selbst zum Grabe führt und dort von einem Priester Levi auf das Gesetz Moses schwören läßt, jeden, der sich dem Ort nähern sollte, gefangenzunehmen – was bald darauf mit Joseph von Arimathia auch geschieht. Gerade diese Gefangennahme Josephs ermöglicht es, den Fortgang des Judenspiels mit einiger Sicherheit zu rekonstruieren. Denn motiviert erscheint die Aufnahme dieser Szene nur dann, wenn später von einer ihr korrespondierenden Episode der *Gesta Pilati* Gebrauch gemacht wurde. Dort nämlich kehren die Wächter mit ihrer Hiobsbotschaft gerade in dem Moment zu den Hohepriestern zurück, da diese durch das mirakulöse Verschwinden Josephs aus dem Gefängnis bereits konsterniert und daher schon bald gewogen sind, das Schweigen der Soldaten mit Geld zu erkaufen[241a]. Wir können also annehmen, daß schon die frühe *Seinte Resurreccion* ein ausgebildetes Judenspiel hatte und also auch hierin die deutschen Osterspiele um zwei bis drei Jahrhunderte antizipierte (diese weisen Caiphas und den Judenrat, die Bitte an Pilatus um eine Grabeswache sowie eine Wächterszene zwischen Auferstehung und Höllenfahrt als festen Bestand auf).

Aber kehren wir nach diesem gattungsgeschichtlichen Exkurs zum systematischen Ansatz zurück. Was im liturgischen Rahmen ausgegrenzt werden mußte, nimmt das Spiel herein. Anschaubarkeit von Heilsgeschichte als eines Heilsdramas wird so erst möglich, und das Adamsspiel setzt, indem es diese Möglichkeiten mit seiner emphatisch-dualistischen Stilisierung der Geschichte vom Sündenfall sogleich ergreift, den programmatischen Auftakt der volkssprachlichen Tradition. Es präsentiert Heilsgeschichte als Heilsdrama, genauer: den Anfang dieser Geschichte als ersten Akt eines Dramas. Aber bleibt dieses Drama noch ein wirklich heilsgeschichtliches?

II

Die biblische Erzählung vom Sündenfall ist eine aitiologische Sage, die mit der Figur der Schlange auf ein mythologisches Substrat verweist. Dieses hat ein breites Spektrum, das von der Urchaosschlange bis zur Urschlange in ihrer Doppeldeutigkeit einer Leben zeugenden wie verschlingenden Macht reicht. Zwar findet sich nirgends im alten Orient eine literarische Parallele zur biblischen Erzählung. Unbezweifelbar aber ist, daß

241a Kap. XIII, Tischendorf (Hg.) S. 368 ff. Vgl. auch Jenkins u. a. (Hgg.) S. cviii f.

der Jahvist mit der Schlange außerisraelitische Mythen zitiert, nach denen Chaosgottheiten in Schlangen- und Drachengestalt mit Schöpfergottheiten im Kampf standen[422]. Er zitiert sie, um den israelitischen Glauben an den allmächtigen Schöpfer von jenen altorientalischen Vorstellungen abzusetzen. Andererseits aber muß gerade dieser Zitatcharakter der Schlange jeder Deutung Schwierigkeiten bereiten, die in ihr lediglich ein „Erfordernis der Veranschaulichung"[243] für Vorgänge im Innern des Menschen sieht. Gewiß geht es in Gen. 3 um den Menschen und seine Schuld, aber diese Schuld bleibt in verschleierter Weise bezogen auf eine „gottfeindliche Macht, die bei der Abkehr des Menschen von Gott mitgewirkt hat und die das Leben der Menschen aller Zeiten tödlich bedroht"[244]. Daß Gott die Schlange verflucht, hinterläßt um so eindringlicher die Frage, weshalb er, der Allmächtige, ihr unheilvolles Werk zugelassen hat: aus dem dualistischen Zwielicht kann dieser Fluch die Geschichte nicht herausbringen. Will man ihr aitiologisches Telos mit der monotheistischen Prämisse harmonisieren, muß ein Vorausgewußtes und Vorausgeglaubtes in sie eingebracht und gegen ihre Bildlichkeit durchgehalten werden.

Auf den ersten Blick will es scheinen, als habe es das altfranzösische Adamsspiel in dieser Hinsicht einfacher. Es liest die biblische Vorlage nicht mehr als eine Sage über die Entstehung der Beschwernisse des Erdendaseins, sondern als den Anfang einer Heilsgeschichte. Die Schlange signalisiert nicht mehr einen gebrochenen Mythos, sondern sie ist bloße Metamorphose des Teufels, und wenn auch diesem Teufel zunächst Erfolg beschieden ist, so wissen doch Adam und Eva bereits vom heilsgeschichtlichen

---

[242] Zur Dokumentation dieser archetypischen Bedeutung der Schlange siehe J. Fichtner in *ThWNT* 5, S. 571 ff.

[243] So G. von Rad, *Das erste Buch Mose Kap. 1–12/9,* Göttingen 1949 (Das Alte Testament deutsch 2), S. 70.

[244] So J. Fichtner in *ThWNT* 5, S. 574, der darauf hinweist (Anm. 93), daß bei von Rad selbst an gleicher Stelle die Rede ist von einem „Gegenspieler des Menschen", der „durch die ganze Geschichte hindurch in einem schwer definierbaren Incognito und unenträtselt" bleibt. Sehr ausgewogen erscheint mir die Analyse von B. S. Childs, der zeigt, daß der Jahvist das Interesse weniger auf den Ursprung denn auf die Natur der Sünde lenkt, andrerseits aber den dämonischen Charakter der Schlange in der kalkulierten Spannung eines „gebrochenen Mythos" durchscheinen läßt: „The Yawist retained the demonic charakter of the snake arising out of the myth, but affirmed that he was a mere creature under God's power. The tension created in the language of this broken myth reflected, although inadequately, the incomprehensibility of a reality denied existence in the creation, yet which was active and demonic in its effect on the creation" (*Myth and Reality in the Old Testament,* London 1960, S. 48).

128

Fortgang und also von ihrer zukünftigen Erlösung: im Moment des Falls ist diese Erlösung bereits figural präsent (333 ff., 383 ff., 587 ff.). Was der Teufel kann und darf, ist ihm von Gott zubestimmt. Er ist sein Geschöpf und hat die Funktion, den Gehorsam des Menschen auf die Probe zu stellen. Daß das Spiel den mit dieser Aufgabe Betrauten zu einem dramatisch-dualistischen Widerpart ausbaut, scheint theologisch nicht nur legitim, sondern geradezu gefordert: Gott hat Satan für diese Probe plein pouvoir gegeben.

Allein, all dies sind theologische Rechtfertigungen, die als Prämissen dem Spiel vorausliegen, nicht aber auch in seine Bildhaftigkeit umsetzbar sind. Daß der Sieger hernach selbst besiegt wird, beweist noch nicht, daß es hier allein um einen dramatischen, nicht auch um einen substantiellen Dualismus gehe. Schließlich hat Gott allerhand ins Werk setzen müssen, um die Folgen der vorgeblich von ihm selbst inszenierten Probe zu beseitigen. Daß der dargestellte dramatische Dualismus tatsächlich keinen substantiellen Dualismus abbildet, ist nicht etwas, das das Spiel lehrt und zeigt, sondern etwas, das wiederum als Paradoxie des Glaubens vorgängig in das Spiel eingebracht und gegen seine Bildlichkeit durchgehalten werden muß, genauer: hätte eingebracht und durchgehalten werden müssen. Denn es darf bezweifelt werden, ob das Publikum sich an die Prämisse statt an das Gezeigte hielt, ist doch das Gezeigte: der Dualismus, sofort einsichtig und plausibel, die Prämisse hingegen das schlechthin Uneinsichtige.

Darüber hinaus aber muß gefragt werden, ob diese Ambivalenz erst in der Perspektive des Publikums und seiner Rezeption virulent wird, oder aber ob bereits die von Autor und Produktion von ihr betroffen sind. Gewiß fallen moraltheologisches Interesse am Aufzeigen menschlicher Sündhaftigkeit und spielspezifisches Interesse an den Verführungskünsten des Teufels zusammen. Aber das Ganze funktioniert wiederum nur unter der Prämisse des bloß zugelassenen Bösen. Da die Versinnlichung dieser Prämisse ausfällt, wird die Freigabe der satanischen Künste theologisch ruinös. Denn entscheidend ist nicht das gute Ende, sondern die Frage, warum es überhaupt zu einem Anfang kam, warum der Allmächtige dem Bösen so sehr freie Hand ließ, daß er hernach seinen eigenen Sohn opfern mußte, um das Ganze wieder in Ordnung zu bringen, kurz: warum unter der Prämisse der Allmacht das Heil überhaupt einer Geschichte bedurfte. Geschichten mit gutem Ende kennt auch der Mythos. Nicht die Konzeption des Endes also, sondern die des Anfangs muß die Absetzung der einmaligen Heilsgeschichte von der Pluralität mythischer Geschichten leisten. Genau dies versucht die Lehre vom Sündenfall, mit der das Böse in der Welt aus der Dimension einer kosmischen Potenz herausgeholt und zu einem geschichtlichen Anfang umfunktioniert werden soll, wobei dieser Anfang in den Ungehorsam des von Gott frei geschaffenen Menschen gelegt wird.

Soll dies theologisch gewissenhaft in Anschaubarkeit umgesetzt werden, so bleibt allenfalls die Möglichkeit, den Teufel zur quasi-allegorischen Figur zu machen, und tatsächlich wurden solche Versuche unternommen. In einem spanischen *Aucto del peccado de Adan* zum Beispiel erscheint der Teufel in Begleitung seiner Gehilfen Gula und Avaricia, die die Verführung Evas bewerkstelligen und also die moralische Lehre sogleich mitliefern. Aber nicht umsonst stellt dieses Stück eine späte und, soweit ich sehe, auf Spanien beschränkte Ausnahme dar[245]. Denn das theologisch Gewonnene wurde hier dramatisch verloren. Die zwischengeschalteten Allegorien bringen das Stück um die Intimität der Begegnung Evas mit dem Teufel und damit um den faszinierendsten Moment des ganzen Vorgangs. Im allgemeinen haben denn auch die volkssprachlichen Spiele eben diese Begegnung nicht über allegorische Vermittlungen, sondern unvermittelt ausgespielt[246], und in diesem Ausspielen blieb das altfranzösische Adamsspiel unübertroffenes Vorbild.

In mehreren Anläufen wird hier die Spannung kunstvoll gesteigert. Zweimal versucht Satan vergeblich, bei Adam sich Gehör zu verschaffen. Erfolg ist ihm erst bei Eva beschieden, der er raffiniert als Aufklärer und Verführer ineins sich präsentiert. Ihm geht es um Evas Nutzen und Ehre (207), und wenn Adam sich nicht um sie kümmert, dann muß eben er, Satan es tun. Denn Eva ist zerbrechlich und zart, frischer als eine Rose, heller als Kristall, dazu viel klüger als Adam (224 ff.), kurz: sie könnte Herrin der Welt sein (255), wenn sie dem großen Betrug (*grant engin*, 213) ein Ende machte, mit dem Gott sie in sklavischer Abhängigkeit hält. Gott als listiger Unterdrücker – dieser List des Listenreichen ist Eva nicht gewachsen. Aber bevor das Unglück geschieht, wird als retardierendes Moment noch ein Dialog eingeschoben, in dem Eva Adam zu überzeugen versucht. Der Teufel spürt, daß die Sache so nicht weiterkommt, und mitten im Ge-

---

[245] Der Herausgeber L. Rouanet hat den *Codice de autos viejos*, dem unser Stück zugehört, in die 2. Hälfte des 16. Jahrhunderts datiert (*Colección de autos, farsas, y coloquios del siglo XVI*, 4 Bde, Barcelona/Madrid 1901, Introdución Bd I, S. XII f.). Das Stück selbst findet sich in Bd II, S. 133 ff.

[246] Bezeichnenderweise verzichtet auch der spanische auto nicht darauf, den als Schlange verkleideten Teufel zunächst unmittelbar mit Eva zu konfrontieren. Er fragt sie nach den Gründen des göttlichen Verbots und überläßt erst dann den Allegorien die eigentliche Verführung (137 ff.), die er aus beobachtender Distanz kommentiert (198), um sich hernach wieder zu seinen Gehilfen zu gesellen (225 ff.).

spräch nähert er sich als Schlange Evas Ohr, die seinem Rat lauscht, den Apfel nimmt und Adam vor die vollendete Tatsache stellt[247].

Das alles ist ungleich besser und faszinierender gemacht als in dem erwähnten spanischen Spiel mit dem allegorisch depotenzierten Teufel. Jedoch auch hier geht das eine auf Kosten des anderen. Denn was dieses Stück anschaubar, und das heißt abzüglich der nicht anschaubaren Prämisse lehrt, ist ein perfekter Dualismus, der die Unterlegenen aus ihrer moralischen Verantwortlichkeit weitgehend entläßt. Gewiß bleiben auch die raffiniertesten Künste des Teufels von Gott bloß zugelassene, aber als solche durchschaut sie allein der ohnehin schon Gläubige, nicht hingegen, wer noch diesseits der zentralen, alles entscheidenden Paradoxie dieses Glaubens steht. Man kann nicht behaupten, daß beim Verfasser unseres Spiels das Interesse an dramatischer Wirksamkeit stärker war als der Sinn für die Ökonomie des theologischen Arguments. Aber es darf bezweifelt werden, ob das Interesse, das die Lamentationen der Gefallenen (ab 315) trägt, identisch ist mit dem, was hinter der dramatischen Schilderung des Falles selbst steht. Blakes Vermutung, daß Milton heimlich auf der Seite des Teufels stand, hat auch für die Autoren der geistlichen Spiele zumindest in dem Sinne Bedeutung, daß sie in dieser Figur sehr wohl den Hebel für die Publikumswirksamkeit ihrer Stücke erkannten. Daß mit theologischen Rechtfertigungen auch ganz andere Interessen abgedeckt werden konnten, macht, wie wir zu beobachten noch oft Gelegenheit haben werden, die Stärke dieser Spiele aus, zugleich aber auch die Ambivalenz ihrer didaktischen Funktion.

Unter diesem Aspekt kommt dem Moment der Überlistung Evas durch den Teufel besondere Bedeutung zu. Es zeigte sich, welches spannungsmäßige Kapital das Adamsspiel aus dieser Überlistung bezieht. List als Mittel des Bösewichts ist eine eminent dramatische Kategorie. Im Spiel fasziniert allemal der Bösewicht, er fasziniert auch dann, wenn man weiß, wie harmlos er ‚eigentlich‘ ist, und er fasziniert erst recht, wenn er so deutlich und gekonnt als dramatischer Widerpart auf- und ausgebaut wird wie im Adamsspiel. Gewiß, diese Überlistung spielt sich auch innerhalb der monotheistischen Klammer ab, auch die List des Teufels ist eine bloß zugelassene, aber wer so argumentieren wollte, begründet den Anfang schon nicht mehr heilsgeschichtlich. Denn gerade das Moment der Überlistung irritiert die moralische Dimension des Vorgangs, entläßt die Überlisteten aus der moralischen Verantwortlichkeit.

Denn List ist eine genuin dualistische Kategorie des Mythos, sie hat aus-

---

247 Siehe hierzu die schöne Interpretation von Auerbach, *Mimesis* S. 139 ff.

gesprochen „mythologisches Gepräge"[248]. Wenn der Verführer im Adamsspiel das göttliche Verbot als großen Betrug bezeichnet, so ist das zumindest nicht in dem Sinne perfid, daß Gott hier etwas angelastet würde, dessen er prinzipiell nicht fähig sei. Immerhin hatte die Gnosis eben diesen
Vorwurf ernsthaft erhoben. Das Werk der Schlange ist in der ophitischen
Exegese Heilstat der antidemiurgischen Macht, die den Menschen aus der
Weltgefangenschaft, in der ihn der Schöpfergott hält, befreit[249]. Der Verfasser läßt also hier den Teufel eine dogmatisch bekämpfte Position des
Mythos gleichsam zitieren – eine Technik, die N. Frye im Blick auf vergleichbare Phänomene neuzeitlicher Literatur als „dämonische Modulation" bezeichnet hat: „jene Dinge, die von Moral und Religion gewöhnlich
als grob, obszön, umstürzlerisch, schlüpfrig und gotteslästerlich gebrand-
markt werden, nehmen eine wesentliche Stellung in der Literatur ein, können allerdings häufig nur vermittels fein ersonnener Techniken der Umsetzung ihren Ausdruck finden. Die einfachste dieser Techniken ist jene, die
wir als dämonische Modulation bezeichnen können; es handelt sich hier
um die absichtliche Umkehrung der gewohnten moralischen Beiwerte der
Archetypen"[250]. Natürlich ist diese Absicht in unserem Beispiel nicht schon
jener Hang zum Revolutionären, den Frye in der unschuldigen Schlange
aus Shelleys *Revolt of Islam* signalisiert sieht. Beim geistlichen Spiel ergibt sich die dämonische Modulation, für die sich weitere Beispiele ein-
stellen werden, gleichsam von selbst aus dem Problem der Anschaubarkeit.
Dualistische Bilder des Mythos behalten hier, wiewohl dogmatisch überholt, ihre Faszination, weil sie eben als Bilder einsichtiger sind als die Zumutungen des Glaubens. Wo immer diese Zumutungen ins Bild gesetzt
werden sollen, bieten sie sich gleichsam als Lückenbüßer an. Sie erscheinen
zwar eindeutig in der Perspektive listiger Irreführung durch den Teufel,
also unter negativem Vorzeichen, aber man darf darüber nicht vergessen,
daß schon das Zitieren solcher Bilder die Reflexion auf das theologisch
Entscheidende zumindest irritiert.

List also ist Mythossignal, sie spielt den Teufel hinüber in eine dualistische Gegeninstanz Gottes, die ein ganz spezifisches Interesse an der Verführung hat. Dieses Interesse liegt dem heilsgeschichtlichen Anfang, also
dem Sündenfall als bewirkende Instanz voraus und bindet die geschichtliche Begründung des Bösen zurück an die mit ihr konkurrierende mythologische:

---

[248] Blumenberg, *Wirklichkeitsbegriff* S. 30.
[249] Siehe H. Jonas, *Gnosis und spätantiker Geist,* Teil I, Göttingen ³1964, S. 221 f.
[250] S. 158 f.

> Il vost traïr ja son seignor
> E soi poser al des halzor.
> Tel paltonier qui ço ad fait
> Ne voil que vers vus ait nul retrait! (289 ff.)

Mit dieser Warnung Adams an seine Gefährtin verläßt das Spiel den Horizont der biblischen Vorlage. Denn das Mythologem vom Engelssturz findet sich nicht in den kanonischen Büchern, sondern in den Apokryphen (slavisches Henochbuch 29, 4 ff.; *Vita Adae et Evae* 12–16), die erst das Neue Testament an zwei Stellen zitiert (Luk. 10, 18 und Apok. 12, 7–9). Das geistliche Spiel hat sich schon früh seiner angenommen. Bereits 1195 inszenierte man in Regensburg einen nicht erhaltenen *Ordo creacionis angelorum et ruinae Luciferi et suorum, et creacionis hominis et casus et prophetarum*[251]. Mit nur wenigen Ausnahmen schalten spätere Spiele, wo immer sie sich auf die Urgeschichte zurückerstrecken, dem Sündenfall den Engelssturz vor, mit dem sie den dramatischen Gegenpol gewinnen. Damit ist eine Verschiebung im Strukturgefüge der Geschichte gegeben, die an das Osterspiel erinnert. Wieder nämlich ist eine heilsgeschichtlich ,kardinale Funktion' in ein Oppositionsschema gebracht und damit der „Erzählfolge" des Mythos integriert: Gott verstieß Luzifer und schuf als Ersatz den Menschen – Luzifer aber rächte sich, indem er Adam und Eva verführte. Daß auch das Mythologem vom Engelssturz an der Geschöpflichkeit des Teufels festhält, ändert nichts an der Tatsache, daß in dieser Erzählfolge der heilsgeschichtliche Anfang mediatisiert ist. Zwar verblaßt er nicht, wie die Auferstehung im Osterspiel, zu einer bloßen Katalyse, er behält Kardinalfunktion, nunmehr aber in einer Geschichte, die wesentlich Göttergeschichte, nicht Heilsgeschichte ist.

Heilsgeschichte also ist, wie in ihrem Anfang, so auch in ihrem Fortgang mediatisiert, abgeleitet. Der Racheakt des Verstoßenen fordert wiederum eine göttliche Gegenrache heraus, wie sie das Adamsspiel anläßlich der Verfluchung der Schlange bereits ankündigt:

> Femme te portera haïne.
> Oncore te iert male veisine.
> Tu son talon aguaiteras,
> Cele te sachera le ras.
> Ta teste ferra de itel mail
> Qui te ferra mult grant travail.
> Encore en prendra bien conrei
> Cum porra vengier de toi.
> Mal acointas tu sun traïn;
> Ele te fra le chief enclin. (479 ff.)

---

251 Chambers II, S. 71 ff.

Wie diese Rache aussehen wird, erfahren wir aus dem Munde Adams selbst. Gott wird kommen und die in der Hölle Gefangenen machtvoll befreien: *Gieter nus voldra d'enfer par pussance* (590). So zeichnet sich schon in diesem ersten volkssprachlichen Spiel jene mythische Erzählfolge von der Entstehung des dualistischen Widerstreits bis zu seiner Lösung ab, die Gegenstand der großen Zyklen des Spätmittelalters sein wird. Aber wie schon im Osterspiel, so gilt es auch im Adamsspiel zu dieser Erzählfolge das homologe Ritual aufzuzeigen, welches sie allererst als eine mythische qualifizieren kann.

Kap. B
Figurales loco- und archetypisches platea-Geschehen

I

Als man im Jahre 1500 in Amiens eine Passion aufführen wollte, schloß ein entsprechendes Gesuch an die Schöffen auch die Bitte ein, die „Teufelsdarsteller herumlaufen zu lassen" (*faire courir les personnages des diables*). Wahrscheinlich handelt es sich dabei um einen Brauch, der einige Jahre zuvor ausdrücklich verboten war und der auch für Chaumont belegt ist. Dort nämlich existierte die Sitte, während dreier Monate vor Aufführungsbeginn das Spiel von den Teufeln und dem zum Gefolge des Herodes gehörenden Sarazenen ankündigen zu lassen. Sie liefen in der Stadt und den benachbarten Gegenden umher (*parcourir*), wobei es zu gefürchteten Ausschreitungen kam[252]. Die Teufel nämlich verübten Erpressungen, aus denen sich so beträchtliche Einkünfte ergaben, daß diese zunächst mißachtete Funktion des Ankündigers bald äußerst begehrt wurde. Stumpfl glaubte in dieser Überlieferung einen Beleg zu haben, der „ganz eindeutig beweist, daß die Teufelsspiele im geistlichen Drama zur Amalgamierung heidnisch-kultischer Dämonenumzüge dienten"[253]. Nichts scheint auf den ersten Blick diese Vermutung mehr zu stützen als die Tatsache, daß die volkssprachliche Tradition schon an ihrem Anfang, also im altfranzösischen Adamsspiel, ein solches kultisches Substrat erkennen läßt. Dort nämlich heißt es gleich in der ersten Rubrik, das Paradies solle *loco eminenciori*, also an erhöhter Stelle aufgebaut werden. Dieser *locus* dürfte sich

---

[252] Petit de Julleville, *Mystères* II, S. 77 f., 66 und 81 f.
[253] S. 342.

unmittelbar vor dem Kirchenportal befunden haben, so daß Gott aus der Kirche heraus auftreten und in die Kirche zurückkehren konnte[254]. Wo der Gegenpol, die Hölle, lokalisiert war und wie sie aussah, läßt sich den Rubriken nur indirekt entnehmen. Der Weg der Dämonen zum Paradies führt, wie wir bereits sahen, *per plateas*. Des Teufels *discursus per plateam* ist ein *discursus per populum*, woraus folgt, daß *platea* bzw. *plateae* einfach den Platz vor dem Kirchenportal bezeichnet, also den Kirchplatz, auf dem die Zuschauer versammelt sind[255]. Die Hölle dürfte seitlich im Vordergrund zu lokalisieren sein, aus ihr schwärmten die Dämonen aus, um sich *per plateam* dem erhöhten Paradies zu nähern, und in sie kehrten sie zurück, sei es zu erneuter Beratung, sei es unter freudigem Triumphgeschrei. Während Adam und Eva abgeführt werden, soll mächtiger Rauch aufsteigen und mit Kesseln und Pfannen Lärm geschlagen werden, damit man es draußen höre (nach 590). Ob es sich bei dieser Hölle um eine einfache Grube handelte oder, wie erst in späterer Zeit belegt, um einen Brunnen, einen Turm oder eine Festung, wie sie verschlossen war, ob mit

---

254 Siehe die Rubriken nach 112 (*Tunc vadat Figura ad ecclesiam*) und 518 (*Figura regredietur ad ecclesiam*).

255 Siehe die Rubriken nach 112, 172 und 204, sowie die ausführliche Diskussion dieser Bedeutung von platea bei R. Southern, *The medieval theatre in the round*, London 1957, Appendix S. 228 ff. Wertvolle Anregungen verdanke ich dem schönen Kapitel über „Platea' und ‚locus': die doppelbödige Dramaturgie" bei Weimann S. 121 ff. In der Tendenz laufen jedoch meine Analysen denen Weimanns zuwider. Weimann befragt das geistliche Spiel auf eine Widerspiegelung zeitgenössischer Sozialkonflikte. Wenn es im Sinne dieser These heißt, daß der erhöhte Wirklichkeitsbezug die mimische Komponente schwäche und die rituelle Komponente verstärke (S. 109), so scheint mir darin verkannt zu sein, daß der Wirklichkeitsbezug im geistlichen Spiel selbst schon ein Moment ritueller Wiedervergegenwärtigung ist. Der eigentümliche Anachronismus des geistlichen Spiels, auf den wir im folgenden ausführlich einzugehen haben werden, erfaßt die angeblich mimetische *loco*-Handlung ebenso wie das kultische *platea*-Geschehen, und genau hier muß Weimann seine Analysen denn auch an eine gravierende Vorentscheidung binden: „Natürlich schöpft der Anachronismus des Mysterienspiels auch und vor allem aus der vergegenwärtigenden Transzendenz des liturgischen Vollzugs; allein dieser nachwirkende Anachronismus der ursprünglich rituellen repraesentatio Christi ist dramengeschichtlich, vor allem im reformierten England der Renaissance, nicht entwicklungsfähig (und soll hier einmal ganz ausgeklammert werden)" (S. 132). Ausgeklammert also wird, worin die Anachronismen „vor allem" gründen: man sieht, mit welchen Hypotheken sich ‚Vorgeschichten' belasten müssen, an deren Ende Shakespeare steht. Ich gehe demgegenüber in diesem Kapitel ausdrücklich vom vordergründig figuralen Charakter der *loco*-Handlung aus, um sodann vom kultischen *platea*-Geschehen her die Ambivalenz dieses Figuralverständnisses aufzuzeigen.

einem Tor, einem Gitter, einem Vorhang, oder ob sie schon, wie ebenfalls erst im Spätmittelalter belegt, als sich öffnender und schließender Höllenrachen konstruiert war, all dies läßt sich nicht mehr ausmachen[256]. Unbezweifelbar aber scheint, daß in die Teufelszenen schon dieses frühen Spiels Elemente heidnischer Dämonenumzüge eingegangen sind. Darauf verweisen neben den *discursi per populum*, mit welchen die Teufel ihre Versuchungen einleiten, insbesondere auch der Lärm, den sie mit Heizbecken und Metallwannen in der Hölle schlagen, und man geht wohl nicht fehl in der Vermutung, daß sie auch rein äußerlich bereits das typische Bild des mittelalterlichen Bühnenteufels boten, jene theriomorphen Formen also, in welchen die paganen Relikte am sinnfälligsten wurden: Masken, Felle, Bocksohren, Hörner, Schwanz, Pferde- oder Bocksfüße u. a.

Daß Stumpfl auf diesen frühen Beleg nicht eingeht, braucht nicht auf Unkenntnis zu beruhen. Denn sein zentrales Postulat ist mit dem Adamsspiel nicht zu belegen. Wie gezeigt, scheitert dieses Postulat bereits an der liturgischen Feier selbst, für deren Kern, die Marienszene, kein paganes Analogon einsichtig gemacht werden kann. Und es scheitert erneut am Beginn der volkssprachlichen Tradition, die wo nicht ihre erste, so doch mit Sicherheit eine ihrer ersten Manifestationen in einem Spiel findet, das thematisch weit ab liegt von heidnischen Frühlings- und Initiationsriten. Sein Gegenstand ist der Anfang christlicher Heilsgeschichte, seine Vorlage die biblische Erzählung. Hier, in dieser jüdisch-christlichen Tradition, liegen Priorität und zentraler Impuls beschlossen.

Wenn somit Stumpfls Ansatz mitbestimmt sein mag durch eine spezifisch germanistische Optik, für die die volkssprachliche Tradition erst mit den Osterspielen des vierzehnten Jahrhunderts einsetzt, so bleibt jedoch andrerseits unübersehbar, daß schon im Adamsspiel die christliche Tradition nicht rein repräsentiert ist. Zur christlich-figuralen Ebene des loco-Geschehens gesellt sich auf der des platea-Geschehens ein vorchristlich-kultisches Element, und zumindest an ihm könnten sich die Verfechter germanischer Kontinuität schadlos halten. Dies um so mehr, als die Dopplung von platea und locus nicht eine Besonderheit des Adamsspiels bleibt, sondern – in unterschiedlicher Dichte und Deutlichkeit – in der folgenden Tradition immer wieder greifbar wird. In mannigfacher Weise läßt das geistliche Spiel Reflexe kultischer ‚Hegung‘[257] des Spielorts erkennen, wenn auch der Hegungsakt angesichts der bereits vorbereiteten Bühne nur

---

256 Zur Höllengestaltung im geistlichen Spiel generell Näheres bei Cohen S. 92 ff.
257 Siehe hierzu die umfangreiche Belegsammlung bei I. Seydel, *Zur Hegung des mittelalterlichen Theaters,* in *Studium Generale* V (1952) 18–27.

noch simuliert wurde oder allein noch auf die sich vordrängenden Zuschauer zielte, denen mit dem Abtransport in die Hölle gedroht wurde:

> Ir lieben mentschen alle,
> swiget nu und lat uwer kallen;
> ich wyl uch vorkundigen eyn gebott,
> das der her schultheys thut:
> wer da betredden wirt in dissem kreyß,
> er sij Heyncz adder Concz adder wie er heyß,
> der do nit gehoret in dit spiel,
> (vor war ich uch das sagen wel!)
> der muß syn buße groiplich entphan:
> mit den tufeln muß er yn die helle gan!
> . . .
> her schultheyß, macht ir den slagk,
> do sich eyn iglicher nach richten magk,
> nu wyt gnung wol umb
> die wyde vnd auch die krumme,
> die lenge und auch die ferre!
> uns sal nymmants irren!
> mer woln ungedrungen syn!
> ir hot wol gehoret der herren pynn,
> die der schultheys hot gethon:
> darumb rumet unß dissen plann! (107 ff.)

Dieser den Spielkreis 'räumende' Schlag des Alsfelder Schultheißen läßt das archaische Erbe des rituellen Zauberkreises in seltener Eindringlichkeit erkennen. Einzig das mittelenglische, über ganz Cornwall und wahrscheinlich noch weiter verbreitete Rundtheater ist in diesem Punkt dem Alsfelder Spiel vergleichbar. Auf der kontinentalen Mansionenbühne verweisen allein noch Bezeichnungen wie *parc* oder *champ* auf den gehegten Ort des kultischen Spiels[258].

Deutlicher als der Spielort läßt das Geschehen selbst kultische 'Kontinuität' erkennen, und dies wiederum am deutlichsten in den Masken der Teufel. Was im Adamsspiel noch im Zeichen eines relativ kargen *discursus per populum* stand, hat sich im späten Passionsspiel zu großangelegten 'Diablerien' ausgewachsen, die nun zwar vom Publikum isoliert, aber doch auf publikumsnaher platea spielen. Hier, vor der im Vordergrund

---

[258] Siehe hierzu Cohen S. 88 f. und L. Traube, *Zur Entwicklung der Mysterienbühne*, in *Kleine Schriften*, hg. S. Brandt, München 1920, S. 293–330, insbes. S. 299 ff. Zum Rundtheater siehe die Monographie von Southern (vgl. Anm. 256). Es scheint auch auf dem Kontinent nicht unbekannt gewesen zu sein: 1534 wurde in Poitiers eine Passion aufgeführt „en un theatre fait en rond" (Julleville II, S. 123).

der Szene aufgebauten Hölle, hält Luzifer Rat, erteilt er Aufträge, lobt, tadelt und straft er die Zurückkehrenden. Die kultisch-mythologischen Attribute finden sich mannigfach: sei es in der äußeren Gestalt der Teufel, sei es im kunstvoll ausgestalteten Höllenrachen, sei es im wilden Ringtanz, den die Unterteufel um ihren auf dem *dolium*, dem Teufelsfaß thronenden Herrn ausführen (Alsfeld nach 138).

II

Es zeigte sich bereits, wie sehr solche Ausarbeitung des dualistischen Widerparts schon spielimmanent von der dramatischen Veranschaulichung gefordert wird, und schon dieses spielspezifische Interesse erfordert eine vorsichtigere und differenziertere Einschätzung dessen, was eine bestimmte Volkskunde für Manifestationen germanischer Kontinuität angesehen hat. Denn auch wenn man das Postulat von der generellen Priorität heidnischer Kultspiele und deren bloßer ,Amalgamierung' durch das christliche Spiel aufgibt und sich beschränken will auf die These vom sekundären ,Einbruch' des ,Volkstümlichen', so bleibt doch das schon Stumpfls Arztspiel treffende Dilemma mit ganzer Härte bestehen: daß nämlich die ,germanische Kontinuität' fast ausschließlich am christlichen Spiel abgelesen werden muß. In den kritischen Reflexionen, die die gegenwärtige Volkskunde selbst zu ihrem Kontinuitätsbegriff anstellt, erscheint an zentraler Stelle das Postulat der „Lückenlosigkeit" einer Überlieferung. Wenden wir dieses Kriterium Bausingers[259] auf das geistliche Spiel und hier auf die Teufelsszenen an, so ergibt sich, daß eine so gefaßte Kontinuität allein dem Spiel, nicht dem ,Erbe' zuzusprechen ist. Was an diesem ,Erbe' an Vergleichbarem herangezogen werden kann, ist höchst lückenhaft und liegt, wie z. B. die oben angeführten Belege Stumpfls für kultische Teufeleien zeigen, zu einer Zeit, da die Diablerien des geistlichen Spiels bereits in voller Blüte standen. Gewiß können – und darauf weist Bausinger selbst hin – große Beleglücken auch die Folge ungünstiger Quellenlage sein. „Die Beweislast für die Erklärung einer Lücke liegt aber jedenfalls mit vollem Gewicht bei der Forschung – dürftige Quellenunterlagen allein schaffen noch keine Kontinuitäten."
Angesichts des Makels, den die Wiener Schule der germanistischen

[259] *Zur Algebra der Kontinuität*, in *Kontinuität? Geschichtlichkeit und Dauer als volkskundliches Problem*, hgg. H. Bausinger und W. Brückner, Berlin 1969, S. 9–30, insbes. S. 27 f.

Volkskunde aufprägte, ist solche Selbstprüfung und kritische Neubesinnung gewiß nötig und in ihrer Radikalität auch wohl verständlich. Freilich kann gerade das apologetische Moment solcher Unternehmen leicht dazu führen, nun ins entgegengesetzte Extrem zu verfallen. Daß diese Gefahr bei Bausinger gegeben scheint, zeigte sich bereits anläßlich des Osterspiels, wo das von Stumpfl zusammengetragene Material zwar nicht die dahinterstehende These trägt, wohl aber ausreicht, auch Bausingers Gegenthese eines „im Ansatz ungebundenen Theatralischen" zu erschüttern[260]. Entsprechendes gilt nun auch für das Kriterium der „Lückenlosigkeit". Wenn es einerseits zeigt, wo sinnvoll von Kontinuität geredet werden kann, so darf es doch um die Gefahr eines positivistischen Rückfalls nicht dazu führen, vor- bzw. außerchristliche Substrate einfach zu ignorieren. Dazu besteht um so weniger Anlaß, als das geistliche Spiel selbst unübersehbare Manifestationen dieses Substrats aufweist. Das zeigte sich bereits in der Präsenz des heidnischen *ôstarûn* im christlichen Osterspiel, und das bestätigt sich nun erneut in den Teufelsspielen auf der kultischen *platea*. Mit dem gehegten Spielplatz, mit dem – bisweilen ausdrücklich als *chappe d'Hellequin* benannten[261] – Höllenrachen, mit den Masken der Teufel, mit ihren Namen[262], mit all dem ist Paganes, wie lückenhaft auch immer, im christlichen Spiel selbst greifbar.

Nicht darum also kann es gehen, das kultische Substrat mit Hilfe des Kriteriums der Lückenlosigkeit hinauszueskamotieren. Es muß nur, wie beim Osterspiel bereits gezeigt, in eine angemessene Perspektive gebracht werden. Dann aber stellt sich heraus, daß die Rolle dieses ‚Erbes' im christlichen Spiel im Grunde noch sehr viel aufregender ist als die Verfechter ‚germanischer Kontinuität' es ahnten: nicht wurde dieses Erbe unterlaufen, amalgamiert, entschärft, sondern erst das geistliche Spiel garantierte ihm jene Spielkontinuität, die die Wiener Schule oder Chambers und seine Nachfolger schon für das Substrat postulieren. Wie das christliche Ostern den paganen Wiedergeburtsriten, so weist der Satan jüdisch-christlicher Tradition den heidnischen Dämonen eine Stelle in einem umfassenden Mythos zu, aus dem sie neue Lebenskraft beziehen. In den Masken der Spielteufel lebt sich am hellen Tag und auf öffentlichem Platz wenn nicht vor der Kirche selbst aus, was im ‚folkdrama' (Chambers) eine von der Kirche beargwöhnte und für uns größtenteils wiederum nur durch kirchliche Er-

---

260 Siehe oben S. 84 ff.
261 Siehe Cohen S. 95.
262 Umfangreiche Namenskataloge und bibliographische Verweise bringt A. Nicoll, *Masks, mimes and miracles,* (London 1931) New York 1963, S. 188.

lasse und Verbote hindurch greifbare Existenz führte. Vor dem Kirchenportal tummeln sich auch die Dämonen des Adamsspiels in ihren kultischen *discursi per populum*.

III

Das 12. Jahrhundert ist die Zeit schöpferischster Entfaltung typologischen Denkens[263]. Das Adamsspiel kann hierfür einstehen. Die eben Verführten verkünden inmitten ihrer Klagen die Erlösung, die Gott ihnen dereinst gewähren wird:

> Mais neporquant en Deu est ma sperance.
> D'icest mesfait char tot iert acordance.
> Deus me rendra sa grace e sa mustrance;
> Gieter nus voldra d'emfer par pussance. (587 ff.)

Der Sündenfall ist figura der Besiegung des Teufels in der Höllenfahrt. Die dereinst sich erfüllende Gnade ist, „obgleich Zukunft, und sogar ein bestimmter, geschichtlich festlegbarer Teil derselben, doch auch schon jederzeit mitgewußte Gegenwart; gibt es doch in Gott keinen Unterschied der Zeiten, da alles für ihn zugleich Gegenwart ist, so daß er, wie Augustin es einmal ausdrückt, nicht Vorauswissen, sondern einfach Wissen besitzt"[264]. Wenn also im Spiel Adam und Eva bereits von ihrer zukünftigen Erlösung wissen, obwohl an sich nur Gott solches Wissen zukommt, dann ist das eine didaktische Zutat, eben eine heilsgeschichtliche Deutung der gleichwohl einmaligen Geschichte vom Sündenfall. Denn daran darf kein Zweifel sein: zwar erweist sich eine ankündigende wie auch eine erfüllte figura als solche erst in einem, wie Auerbach es nennt, vertikalen Bezug auf die göttliche Allwissenheit, in der es keine differentia temporum gibt; aber auch in dieser göttlichen Zusammenschau ist die geschichtliche Einmaligkeit der heilsgeschichtlichen Ereignisse nicht preisgegeben, gründet doch gerade in dieser Einmaligkeit das nicht-mythische Selbstverständnis dieser Geschichte. Christi Tod ist, wie Paulus und Petrus betonen, kein wiederholbares Ereignis (pollakis), sondern ein einmaliges, eine einmal für immer geleistete Erlösung (hapax, ephapax, semel), Hebr. 9, 12 und 26–28, 1. Petr. 3, 18. Heilsgeschichtliche Einmaligkeit ist also unabdingbares Korrelat der Jederzeitlichkeit.

---

[263] Nach F. Ohly, *Synagoge und Ecclesia, Typologisches in mittelalterlicher Dichtung*, in *Miscellanea mediaevalia*, Bd. IV (Judentum im Mittelalter) Berlin 1966, S. 350–369, insbes. S. 368.
[264] Auerbach, *Mimesis* S. 152.

Da Auerbach selbst die volle Geschichtlichkeit der figuralen Pole betont, muß es nun überraschen, wenn er den Begriff figuraler Jederzeitlichkeit auch dort verwendet, wo seine Problematik unübersehbar wird. Im Spiel nämlich fallen nicht nur Figur und Erfüllung zusammen, sondern beide koinzidieren auch mit dem Jetzt und Hier des Spiels selbst. Und auch dieses „für unser Gefühl anachronistische Übertragen der Ereignisse in eine zeitgenössische Umwelt" – im Adamsspiel z. B. die Beschreibung des Falls als eines feudalrechtlichen Lehnsbruchs – ist für Auerbach Manifestation „figürlicher Jederzeitlichkeit"[265]. Man muß schon sehr konstruieren, um auch diese Aktualisierung in eine Figuralstruktur einzubauen, etwa so: Sündenfall als Figur, Höllenfahrt als Erlösung, die Gegenwart des 12. Jahrhunderts als neuer Gipfelpunkt, von dem im Bewußtsein einer erlösten Zeit auf die unerlöste zurückgeblickt bzw. beides wiederum zusammengeschaut ist. Indes das Spiel schließt – in seiner ursprünglichen Form – mit der Prophetenprozession, die figural auf Jesus vorweist, und der erste Teil endet mit den Klagereden der reuigen Sünder (ab 523). Diese Klagereden aber thematisieren ineins mit dem Figuralsinn den sensus moralis: der figuralen Zusammenschau von Fall und Erlösung entspricht auf moralisch-tropologischer Ebene die Ineinssetzung von altem, fleischlichem und neuem, erlöstem Adam. Es scheint nun, als sei der Zusammenfall von Figur und Erfüllung auch mit dem Jetzt und Hier des Spiels auf dieser tropologischen Ebene einsichtiger zu machen als auf der figuralen, der Steigerung, nicht Wiederholung wesentlich ist. Im Sinne nicht figuraler, sondern moralischer Jederzeitlichkeit wäre dann Adams Fall unser aller Fall und die ihm verheißene Erlösung auch die unsere. Jener Zweitredaktor, der dem ursprünglichen Spiel die *Quinze signes* anfügte, hat denn auch ganz diesen sensus moralis der ersten Teile im Blick: ein furchtbar Gericht wird der Jüngste Tag denen sein, die den alten Adam in sich nicht überwinden.

Freilich: figurale und moralische Lesung koinzidieren nicht, sondern sie konkurrieren. Die moralische Deutung ist zeitlose Ineinssetzung dessen, was in der horizontalen Dimension geschieden ist als Ankündigung und Erfüllung, sie zehrt die der figuralen wesentliche „Innergeschichtlichkeit" aus. Auerbachs Einführung des Begriffs figuraler Jederzeitlichkeit im *Figura*-Aufsatz läßt denn auch deutlich erkennen, welchem Zweck er dienen soll: die geschichtslose Ineinssetzung von Figur und Erfüllung sub sensu morali soll als göttliche Zusammenschau erwiesen und damit wieder in die Geschichtlichkeit zurückgeholt werden – eben weil Jederzeitlich-

---

265 Ebd. S. 155.

keit bei Gott diese Geschichtlichkeit nicht aufhebt. Es geht also um die Rettung der „lebendig figuralen Deutung" vor ihrer Auszehrung durch das „abstrakt Allegorische" der Lehre vom vierfachen Schriftsinn: „denn diese läßt zwar den wörtlichen oder historischen Sinn bestehen, reißt aber seinen Zusammenhang mit der ebenso wirklichen Präfiguration auseinander, indem sie anstelle und neben die praefigurale andere rein abstrakte Deutungen setzt"[266].

Ob aber diesem Mißstand durch Augustin tatsächlich abgeholfen wurde, muß fraglich bleiben. Auch wenn in seiner Interpretation der Lehre drei der vier Sinne konkret ereignishaft gedacht sind, der sensus tropologicus bleibt geschichtslos, und der Hauptbeleg für eine „figurale Jederzeitlichkeit" (*De div. quaest. ad Simpl.* II qu. 2n. 2) handelt zwar von der Überzeitlichkeit göttlichen Wissens, nimmt aber, wie Auerbach selbst eingesteht, auf die Figuraldeutung nicht ausdrücklich Bezug[267]. Die von Auerbach konstatierte latente Gegenstrebigkeit von typologischem Denken und der Lehre vom vierfachen Schriftsinn wurde im Mittelalter nicht als solche reflektiert und ist wohl auch erst erkennbar in jener Hermeneutik, von der Auerbachs Gesamtwerk getragen ist. Die figurale Geschichtskonzeption war nicht schon so „innergeschichtlich", wie Auerbach sie haben wollte. Sie konnte sub sensu morali immer wieder gerinnen zu geschichtsloser Statik, und hierin fand ihre Geschichtlichkeit eine unabdingbare Grenze.

Das geistliche Spiel ist dafür bestes Beispiel. Es präsentiert das – in sich figural aufgebaute – Heilsgeschehen weniger in figuraler Jederzeitlichkeit als vielmehr in der Geschichtslosigkeit seines moralischen Sinns. Das ist die erste große Reduktion der geschichtlichen Dimension. Sie jedoch ist nur Voraussetzung für eine zweite. Denn wie schon das Osterspiel, so läßt nun auch das Adamsspiel deutlich erkennen, daß seine Zeitlosigkeit nicht im sensus moralis aufgeht, sondern die Zeitlosigkeit eines rituellen Spiels ist, eines Spiels, das mit dem liturgischen Responsorienchor und den pagankultischen *discursi per populum* des Dämonenschwarms wiederum ganz im Zeichen jener Ambivalenz von Kerygma und Mythos steht, die uns aus dem Osterspiel geläufig ist. Damit sind wir wieder angelangt beim Ausgangspunkt: dem mythologischen Gepräge der List, der mythischen Erzählfolge, in die das Spiel den Sündenfall als abgeleiteten Anfang einordnet, und bei der Suche nach dem homologen Ritual. Überflüssig mag solche Suche dem erscheinen, der sich auf Figuraldeutung und vierfachen Schriftsinn allein verlegt. Jedoch wer so verfährt, deutet als didaktisches

---

266 S. 69.
267 S. 71.

Bild, was in Wahrheit rituelles Spiel ist. Für dieses Spiel aber ist entscheidend, was noch kein Interpret des Adamsspiels in den Blick genommen hat: die Doppelung von loco- und platea-Geschehen, die, wie gezeigt, nicht nur für das Adamsspiel konstitutive Bedeutung hat, die aber hier in seltener Eindringlichkeit die Überlagerung von kerygmatischer und mythisch-archetypischer Geschehnisdimension erkennen läßt.

Ich muß zu diesem Zweck noch einmal auf den Kern der Versuchungsszene zurückkommen, und zwar auf ein Detail, das bisher, wenn ich recht sehe, nicht beachtet wurde: die Verführung durch den Teufel vollzieht sich in drei Anläufen, deren zwei erste bei Adam scheitern und deren letzter bei Eva zum Erfolg führt. Wir haben hier also wieder eine „Dreizahl mit Achtergewicht", jene uns bereits bekannte Spielform der Trigemination, die sich übrigens auch in späteren Spielen wiederfindet. So werden im Künzelsauer Fronleichnamsspiel die Versuchungen eigens numeriert: *Sathanas secundo temptans Euam* bzw. *Sathanas tertio temptans Euam* (nach 276). Im Wiener Passionsspiel gar erscheint sie zweimal. Der Teufel nähert sich dem Paradies mit einem dreimaligen *Bistû dô inne, Eva?*, und nachdem sie geantwortet hat, vollzieht sich die Verführung in wiederum dreifacher Rede Luzifers (80 ff.).

Aber ebenso wie im Osterspiel solche Trigemination allemal mehr ist als bloße Spielform, so hat sie auch im vorliegenden Fall geschehnisqualifizierende Funktion. Sie erklärt sich zunächst gut figural: als alttestamentarischer Typos, der in der fehlschlagenden Versuchung Jesu in der Wüste seinen Antitypos hat. In diese Adam-Christus-Typologie wurde die Dreizahl der Versuchungen Jesu, gemeinhin gedeutet als solche der *gula*, der *vana gloria* und der *avaritia sublimitatis*, jedoch nur selten ausdrücklich einbezogen, da dies eine Pressung des Textes von Gen. 3, 1–6 erforderte, wo von drei Versuchungen nicht die Rede ist. Aber sie war möglich[268] und muß beim Adamsspiel allein schon deswegen vorausgesetzt werden, weil sie die beste Erklärung dafür gibt, daß der Verfasser den Teufel in Abweichung von der biblischen Vorlage zuerst auf Adam lenkt: die Adam-Christus-Typologie ist stringenter, wenn zunächst Adam und nicht Eva als Versuchungsobjekt erscheint. Andererseits kann die Tatsache, daß eine mit so offensichtlichen Schwierigkeiten belastete und von den Exegeten nur selten bemühte Typologie gleichwohl ins Spiel Eingang fand, nicht

---

268 So z. B. in einer Homilie Gregors des Großen zu Matth. 4, 1–11, derzufolge der Apfel die *gula*, das *eritis sicut dii* die *vana gloria* und das *scientes bonum et malum* die *avaritia sublimitatis* meint (PL 76, 1136A); siehe hierzu Duriez S. 78 ff.

mit typologischem Interesse allein motiviert werden. Man darf vermuten, daß an der Versuchung Jesu primär nicht der Antitypos, sondern die Dreizahl den Verfasser reizte. Wieder also verbirgt sich, wie wir es beim Osterspiel bereits sahen und wie wir es beim Passionsspiel noch ausführlicher werden studieren können, hinter der manifesten Funktion eine latente. Indem unser Autor den drei vergeblichen Versuchungen Jesu in der Wüste drei – schließlich erfolgreiche – Versuchungen im Paradies parallelisiert, gewinnt er aus der Typologie ein spannungssteigerndes und strukturbildendes Element. Als solches aber erscheint es in der Perspektive des pagan-kultischen platea-Geschehens, aus dem heraus der Versucher sich dem Paradies nähert. Die figural abgeleitete Triade wird eingesetzt als rituelle Trigemination und signalisiert als solche ein ambivalentes Figuralverständnis der eigentlichen Verführung. Während in der fehlschlagenden Versuchung Jesu die magische Dreizahl als solche dementiert ist[269], wird ihr im Adamsspiel die Pointe zurückgegeben, womit der ganze Vorgang aus der moralischen Dimension herausgespielt und ritualisiert wird.

Genau dort also, wo man am eindringlichsten jenen psychologischen Realismus zu erkennen vermeint hat, der dazu diene, „den Sündenfall in seiner Geschichtlichkeit und menschlichen Notwendigkeit einsichtig zu machen"[270] – genau dort nistet ein rituelles Element, das weder figural noch moralisch zu verrechnen ist und im Gegenteil auf ein mythisch-archetypisches Verständnis dieses heilsgeschichtlichen Anfangs schließen läßt. Loco- und platea-Geschehen verbinden sich zu einer Einheit, in der figurale Zusammenschau, moralische Ineinssetzung mit dem Jetzt und Hier des Spiels und rituelle Wiedervergegenwärtigung eines gründenden Anfangs unauflösbar einander durchdringen. Nimmt man hinzu, daß das Ganze die von der Responsoriensequenz hinterlassene Lücke füllt, dann zeigt sich erneut, daß dem Spiel sein Ritus nicht etwa im liturgischen Sub-

---

[269] R. Bultmann (S. 273) sieht die Fragestellung der Versuchungsgeschichte darin, welches Wunder für Jesus und seine Gemeinde das einzig in Frage kommende sei: „Jesus wird gegen einen Magier und christliches Wundertum gegen Magie abgegrenzt. Denn die Magie dient den Zwecken des Menschen; Jesus und seine Gemeinde aber dienen dem Willen Gottes." Auf die (magische) Dreizahl geht Bultmann in diesem Zusammenhang nicht ein. Unklar bleibt auch, ob in den rabbinischen Disputationen, auf die B. den Dialog zwischen Jesus und dem Teufel zurückführt, die Dreizahl häufiger erscheint (S. 272). Die generelle Affinität des rabbinischen Stils zu märchenhaften Kunstmitteln und Motiven, auf die B. andernorts hinweist (S. 47 f.), ließe sich zumindest auch hierfür anführen.

[270] So Ebel, Einleitung S. 26.

strat vorgegeben ist, sondern daß es ihn sich erspielen muß gegen die bewußten Ausgrenzungen eben dieses Substrats.

Blickt man von hier her auf die mythische Erzählfolge zurück, so wird deutlich, wie wenig die dramatischen Dualismen allein als unvermeidbarer Preis für Bildlichkeit betrachtet werden können. Man wird daher auch nicht einwenden können, daß hier von einem theologischen Rigorismus her argumentiert werde, der sich in keiner Form anschaulicher Lehrvermittlung durchhalten lasse. Denn es geht beim geistlichen Spiel eben nicht allein um Bildlichkeit, sondern um gespielte Bilder, und dieses bloße Anschaubarkeit überschießende spielspezifische Interesse bewirkt ein Maß an dualistischer Aufweichung der Lehre, von dem beispielsweise die Predigt noch weit entfernt ist. Weil man gerade Predigt und Spiel nicht nur verglichen, sondern bisweilen auch in genetischen Zusammenhang gebracht hat, muß einmal ganz deutlich gesagt werden, daß die Predigt Heilsgeschichte erzählt, das Spiel sie aber spielt, und daß dieser Unterschied in seinen Konsequenzen gar nicht hoch genug veranschlagt werden kann. Predigteinfluß mag sich vor allem bei den späten Zyklen stark bemerkbar machen, als zentraler Impuls für das geistliche Spiel überhaupt kann er nicht geltend gemacht werden[271]. Das Ausspielen der Oppositionen in homologen Ritualen, die Einsenkung des figuralen loco- ins kultische platea-Geschehen, all dies ist von spielspezifischem Interesse getragen und der Predigt fremd. Die Homiletik hält das Vorbild der biblischen Geschichte in der Dimension moralischer imitatio, wohingegen das Spiel die Exemplarität und den verpflichtenden Charakter dieses Vorbilds allein schon durch den spielspezifischen Modus identischer Wiederholung in anderer Einstellung präsentiert. Nirgends in der Geschichte des geistlichen Spiels wird eindringlicher moralisiert als im altfranzösischen Adamsspiel, und zwar nicht nur in der Prophetenprozession und in den abschließenden *Quinze signes*, sondern auch am Schluß des ersten Teils in den Klagereden der Gefallenen (ab 315). Nirgends aber auch wird gekonnter gespielt als in der diesen Klagereden vorangehenden Verführung. Ihr gilt, daran sei noch einmal erinnert, über die Hälfte des ersten Teils, und hier wird die von der Responsoriensequenz ausgegrenzte biblische List nicht einfach ins Bild gesetzt, sondern in der analysierten Weise mythisch-archetypisch ausgespielt.

Der Reiz und die Bedeutung des Adamsspiels erschöpfen sich jedoch nicht darin, daß hier gleich zu Beginn der volkssprachlichen Tradition die

---

[271] Gegen G. R. Owst, der am entschiedensten die konstitutive Bedeutung der Predigt für das geistliche Spiel behauptet hat *(Literature and the pulpit in medieval England*, Oxford ²1961, insbes. S. 478 ff.)

Ambivalenzen eines ,christlichen' Kultspiels so deutlich in den Blick treten. Ihre volle Plastizität gewinnen sie erst vor dem Hintergrund einer dogmengeschichtlichen Entwicklung, die just im 12. Jahrhundert eine entscheidende Wende genommen hatte.

Kap. C
Der Dualismus des Spiels und die Ausgrenzungen der Dogmatik:
Anselm von Canterburys C u r   D e u s   H o m o

I

Das zuletzt angeführte Zitat aus dem Adamsspiel, die Ankündigung der göttlichen Rache, ist eine Paraphrase der Prophezeiung von Gen. 3, 15, die seit Irenäus fester Bestandteil der sogenannten Rekapitulationstheorie war. Diese Theorie konstruiert eine typologisch-figurale Beziehung zwischen Adam und Christus, und zwar dergestalt, daß Christus als neuer Adam die Menschheitsgeschichte auf einer höheren Ebene wiederaufnimmt und zu einem guten Ende führt. Im Anschluß an die paulinischen Kernstellen (Röm. 5, 18–19 und 1. Kor. 15, 44–49) läßt sich, wie J. Daniélou gezeigt hat, die dieser Theorie folgende Exegese von zwei zentralen Kategorien leiten: der Opposition von Sünder und Gerechtem und dem Fortschritt vom fleischlichen zum pneumatischen Menschen. Die Betonung, so Daniélou, könne bald auf dieser, bald auf jener liegen, wobei jedoch die zweite, also der Fortschritt, die wichtigere sei, da in ihr das spezifisch christliche Schema typologischer Steigerung gründe[272]. Er läßt offen, was passiert, wenn der andere Fall eintritt, der Fortschritt also hinter der Opposition zurücktritt. Für diese Frage ist die Einbeziehung Evas, also der Parallelismus Eva–Maria aufschlußreich.

Einer der frühesten Belege findet sich bei Justin. Jesus, so heißt es in den *Dialogen*, sei von einer Jungfrau geboren, damit der Ungehorsam in derselben Weise ende, wie er begonnen habe: wie Eva eine Jungfrau war, die das Wort der Schlange empfing und den Ungehorsam gebar, so empfing die Jungfrau Maria das Wort Gottes und gebar den Gehorsam[273]. Das ist eine nach paulinischem Vorbild stringente Harmonisierung von Opposition und heilsgeschichtlichem Fortschritt. Etwas anders sieht die Sache bei Irenäus aus, der für die Adam-Typologie den Begriff der *reca-*

---

272 *Sacramentum futuri,* Paris 1950, S. 22.
273 *Dial.* L, 45, nach Daniélou S. 32.

pitulatio geprägt hat. Er zitiert, und damit kommen wir auf unser Zitat aus dem Adamsspiel zurück, die Prophezeiung Gen. 3, 15 und gelangt von hierher zu einer gegen Justin veränderten Einbeziehung der Schlange in das Oppositionsschema. Wie Jesus alles rekapituliert habe, so auch die Verführung, und zwar dergestalt, daß er den Feind, der die Menschheit seit dem Fall in Gefangenschaft hielt, zum Kampf herausgefordert und überwunden habe. Das aber sei nicht leicht möglich gewesen, wenn der Sieger nicht von einer Frau geboren gewesen sei, habe doch auch eine Frau die ursprüngliche Niederlage verschuldet[274]. Bei Justin gab die Schlange den Ungehorsam ein, der mit Jesu Gehorsam heilsgeschichtliche Kompensation fand. Hier nun, bei Irenäus, erringt die Schlange Sieg und Herrschaft, und Jesu recapitulatio ist folglich Vernichtung und Befreiung. Damit ist aber die wesentlich bildlose heilsgeschichtliche Opposition von Sünde und Gerechtigkeit, Ungehorsam und Gehorsam zu einer Opposition dualistisch strukturierter Bilder geworden. Heilsgeschichte ereignet sich nicht mehr im direkten Wechselbezug von göttlichem Willen und menschlichem Gehorsam, sondern auf dem Umweg über die Instanz des Teufels. Diese erzwingt „mythologische Umständlichkeit"[275] auf beiden Seiten: wie der Sieg des Teufels, so beruht auch die göttliche Revanche auf einer diesmal frommen List, einer *pia fraus*.

Die sogenannte Redemptionstheorie, derzufolge Christi Blut und Leben ein dem Teufel dargebrachtes, da rechtens zustehendes Lösegeld ist, arbeitet mit einem ganzen Katalog von Bildern der List[276]. Hätte nämlich der Teufel den göttlichen Plan durchschaut, wäre er auf den Tausch nicht eingegangen. Ahnungslos aber griff er nach dem Köder der menschlichen Natur und wurde er am Haken der darin verborgenen Gottheit wie mit einer Fischangel gefangen. Dieses Bild der Angel kann ersetzt werden durch andere wie das einer Schlinge, eines Vogelnetzes oder einer Mausefalle. Die Bilder des Kampfes, der List, des Sieges und der Fesselung hatten also bereits eine lange Tradition, als das volkssprachliche Spiel ihnen nicht nur zu neuem Leben, sondern darüber hinaus zu einer Breitenwirkung verhalf, die sie vorher nicht gekannt hatten. In dieser Renaissance aber wird aufgegriffen und perpetuiert, was die Dogmengeschichte soeben hinter sich

---

[274] Nach Daniélou S. 32 ff.

[275] Blumenberg, *Wirklichkeitsbegriff*, S. 43.

[276] Sie sind sehr schön zusammengestellt bei B. Funcke, *Grundlagen und Voraussetzungen der Satisfaktionstheorie des Hl. Anselmus von Canterbury,* Münster 1903, S. 16 ff. Direkt von einem „frommen Betrug" spricht Gregor der Große: *Nunquam enim convenientius vincitur, quam quum ejus versutia pia fraude superatur"* (PL 79, 316; Funcke S. 22).

gebracht hatte. Denn die spezifisch theologische Problematik der dualistischen Bilder ist Gegenstand eines frühscholastischen Traktats, der die mittelalterliche Soteriologie am nachhaltigsten beeinflußt hat und der im Jahr 1098, also bereits ein gutes halbes Jahrhundert vor den ersten erhaltenen volkssprachlichen Spielen erschien: Anselm von Canterburys *Cur Deus Homo*.

Gleich in den ersten Kapiteln dieses Werkes erscheinen einige uns von Irenäus und auch vom Adamsspiel her bekannte Topoi der Rekapitulationstheorie, so das Argument, daß, da die Ursache unserer Verdammnis von einem Weibe ausging, auch der Urheber unseres Heils von einem Weibe geboren werden mußte, oder jenes andere, daß der Teufel, da er den Menschen mit Hilfe einer Baumesfrucht besiegt habe, auch durch das Leiden eines Menschen an einem Baumesstamme habe besiegt werden müssen. Aber solche Bilder (*picturae*), so läßt Anselm seinen Dialogpartner Bosco einwenden, können doch nur einen höchst unvollkommenen Eindruck vom göttlichen Heilsplan geben:

> B. Omnia haec pulchra et quasi quaedam picturae suscipienda sunt. Sed si non est aliquid solidum super quod sedeant, non videntur infidelibus sufficere, cur deum ea quae dicimus pati voluisse credere debeamus. Nam qui picturam vult facere, eligit aliquid solidum super quod pingat, ut maneat quod pingit. Nemo enim pingit in aqua vel in aëre, quia nulla ibi manent picturae vestigia. Quapropter cum has convenientias quas dicis infidelibus quasi quasdam picturas rei gestae obtendimus, quoniam non rem gestam, sed figmentum arbitrantur esse quod credimus, quasi super nubem pingere nos existimant. Monstrana ergo prius est veritatis soliditas rationabilis, id est necessitas quae probet deum ad ea quae praedicamus debuisse aut potuisse humiliari; deinde ut ipsum quasi corpus veritatis plus niteat, istae convenientiae quasi picturae corporis sunt exponendae. (I, 4)

> B. All das ist schön und nach Art von Bildern aufzufassen. Aber wenn kein fester Grund da ist, auf dem es ruht, scheint es den Ungläubigen nicht dafür zu genügen, warum wir glauben müßten, Gott hätte all das von uns Genannte erleiden wollen. Denn wer ein Gemälde anfertigen will, wählt einen festen Grund aus, auf dem er malt, damit bleibt, was er malt. Denn niemand malt auf Wasser oder in die Luft, weil da keinerlei Spuren des Bildes bleiben. Wenn wir daher diese von dir vorgebrachten Billigkeitsgründe den Ungläubigen gleichsam wie Bilder eines geschehenen Ereignisses entgegenhalten, so meinen sie, weil sie ja wähnen, was wir glauben, sei nicht geschehenes Ereignis, sondern Erfindung, wir malten gleichsam auf Wolken. Es ist mithin zuerst ein vernunftgemäßer fester Untergrund der Wahrheit aufzuzeigen, das heißt die Notwendigkeit, die beweist, daß Gott zu dem, was wir verkünden, sich erniedrigen mußte oder konnte; dann sind, damit gleichsam der Leib der Wahrheit selber mehr erstrahle, jene Billigkeitsgründe wie Bilder dieses Leibes darzustellen.

Damit ist das Ziel der folgenden Argumentation angegeben: die bloße *convenientia* der Bilder gilt es zu ergänzen durch die *necessitas* rationaler Beweisführung, um durch sie zu neuen, nämlich, wie es an späterer Stelle heißt, vernunftgemäßen Bildern (*picturae rationabiles,* II, 8) zu gelangen. Dieser Weg aber, und damit markiert Anselm durch die Person Boscos seinen dogmatischen Hauptgegner, kann sicherlich nicht über jene Lehre führen, die Jesu Tod als ein dem Teufel dargebrachtes Lösegeld ansieht, nicht also über die auf Origines und Irenäus zurückgehende sogenannte Redemptionstheorie. Denn jede Heilslehre, die dem Teufel in ihrem Begründungssystem einen notwendigen Platz einräumt, gerät in Konflikt mit der Allmacht Gottes und macht den Ungläubigen leichtes Spiel (I, 6–7). Der Mensch steht nicht in der Schuld des Teufels, sondern in der Gottes. Dessen Ehre (*honor*) ist mit dem Sündenfall verletzt, und diese Verletzung verlangt entweder Genugtuung oder Strafe (*satisfactio aut poena,* I, 15; ähnlich I, 13). Strafe aber würde die harmonische Ausführung des göttlichen Schöpfungsplanes stören, sind doch die Menschen bestimmt, die durch Luzifers Fall dezimierten Engelschöre wiederaufzufüllen und so an der Vollendung der *civitas caelestis* mitzuwirken. Wenn aber die Menschen engelgleich nur durch volle Genugtuung werden können, so sind sie doch andererseits, da diese Genugtuung sich nach der Größe der unendlichen Schuld bemessen muß, außerstande, sie selbst zu leisten. Das kann allein Gott. Wenn aber der Mensch etwas geben muß, was allein Gott geben kann, so folgt, daß nur ein Gott-Mensch den Anforderungen dieser Genugtuung nachzukommen vermag. Indem er sich opfert, gibt er das Höchste, das der Mensch zu geben imstande ist, und indem er dieses Höchste, das der Mensch allein nur als *debitum* geben könnte, freiwillig und unschuldig gibt, erwächst aus seinem Leiden ein Verdienst, kraft dessen die gesamte sündige Menschheit erlöst werden kann: *Ille vero sponte patri obtulit quod nulla necessitate umquam amissurus erat, et solvit pro peccatoribus quod pro se non debebat* (II, 18).

Wir können uns vorerst mit dieser äußerst groben Skizzierung der sogenannten Satisfaktionstheorie begnügen, läßt sie doch deren theologisches Interesse bereits hinreichend erkennen. Die christliche Erlösungslehre, so lasen wir in dem Zitat des Eingangs, soll fundiert werden in einer *soliditas rationabilis,* soll dem Vorwurf bloßer Erfindung entzogen werden durch die Stringenz begrifflicher Deduktion. Ausgangs- und Endpunkt dieser Deduktion ist der Begriff der Ehre Gottes. Sie ist verletzt, sie fordert Genugtuung, sie bestimmt deren Maß und Ausführung. Der Rechtsanspruch, den die Redemptionstheorie dem Teufel zuerkannte, ist in die justitia Gottes eingegangen. Das Erlösungswerk ist zu einer Angelegenheit geworden, die die Trinität gleichsam mit sich selbst abmacht.

Die theologische Spezialliteratur zu Anselm betont durchwegs und zu Recht diese systematische Ausgrenzung des Teufels als das Fazit der Satisfaktionstheorie. In der Tat bezeichnet diese Ausgrenzung ihren dogmengeschichtlichen Ort. Indem sie die Erlösung nicht mehr über die Instanz des Teufels laufen läßt, baut sie die für die Redemptionstheorie kennzeichnende „mythologische Umständlichkeit" ab. Man kann sie unter diesem Aspekt als den Endpunkt einer jahrhundertelangen Anstrengung betrachten, die Inkarnationslehre aus dem Bannkreis dualistischer Bilder wie Loskauf oder Kampf, List und Sieg herauszubringen. Vor einer Grenze freilich muß auch Anselms Abbau dieser Umständlichkeit haltmachen: vor der Tatsache der Existenz des Bösen, die das Heil überhaupt erst zu einer Geschichte zwingt. An diesem Punkt ist auch die begriffliche Deduktion des *Cur Deus Homo* gekettet an die Prämisse des *credo quia absurdum* oder, wie es hier heißt, an eine *incomprehensibilis sapientia*, von der postuliert wird, daß sie auch das Böse gut ordnet (I, 7), die aber nicht mehr befragt werden darf, warum sie das Böse überhaupt zugelassen hat. In diese begrifflich nicht mehr abdeckbare Stelle des Systems brechen nun die mythologischen Bilder wieder ein. Nicht nur wird das Mythologem vom Engelssturz zur Erklärung des Bösen zitiert, sondern die ganze Erlösung wird mit der vom *honor dei* geforderten Restitution und Vollendung der *civitas caelestis* an dieses Mythologem gebunden. Der Teufel ist ob dieser dem Menschen zugedachten Funktion neidentbrannt (*accensus invidia*), rächt sich durch die Verführung und wird von Jesus wiederbesiegt (II, 19).

Daß Anselms *Cur Deus Homo* neben dem Zwang begrifflicher Deduktion auch so etwas wie einen Zwang des Bildes aufweist, ist ein Befund, den die theologische Diskussion durchweg herunterspielt, wenn nicht gar verschweigt, der aber für den hier anstehenden Fragezusammenhang wichtig wird. Anselm selbst war klug genug, nicht einfach den Begriff gegen das Bild ausspielen zu wollen. Wie das eingangs angeführte Zitat zeigt, ging es ihm eher darum, in der begrifflichen Deduktion jenes *corpus veritatis* zu gewinnen, der die traditionellen Bilder der Rekapitulationstheorie gegen den Vorwurf des bloßen *figmentum* immunisieren sollte. Zu diesen als *picturae rationabiles* neu zu gewinnenden Bildern aber gehört auch der Sieg über den Teufel. Da ein allmächtiger Gott es nicht nötig haben kann, vom Himmel herabzusteigen, um jenen zu bekämpfen, den er bloß zugelassen hat (I, 6), gilt es, auch dieses Bild von dem Genugtuung heischenden *honor Dei* her zu verstehen. Nicht Gott selbst oblag es, diesen Kampf aufzunehmen, sondern dem Menschen, der im Sündenfall Gott beleidigt und durch einen Gegensieg über den Verführer Satisfaktion zu leisten hat (II, 19). Dieser Gegensieg aber muß so schwer sein wie der Sieg des Teufels leicht gewesen war, ja er muß, als ein Sieg zur Ehre Gottes, von der größtmöglichen Schwierigkeit überhaupt sein: *iustum est ut homo satis-*

faciens pro peccata tanta difficultate vincat diabolum ad honorem dei, ut maiori non possit (II, 11). Das Härteste und Schwerste aber, das der Mensch zur Ehre Gottes darbringen kann, ist sein freiwilliger Tod: *Victoria vero talis debet esse, ut . . per mortis difficultatem vincat diabolum* (I, 22). Jesus hat diesen Tod auf sich genommen und in ihm den Sieg errungen, den die Menschheit Gott schuldete.

Daß der schmählichste aller Tode solchermaßen einen Sieg darstelle, ist freilich ein Bild, dem die Ungläubigen weiterhin den Vorwurf eines bloßen *figmentum* machen werden. Zu den zahlreichen Ungereimtheiten, die die Theologen insbesondere seit Harnacks Polemik[277] schon innerhalb der rein begrifflichen Deduktion entdeckt und diskutiert haben, ergibt sich eine weitere aus der hier verfolgten Konkurrenz von Begriff und Bild. Anselm beginnt mit dem Vorsatz, die Ungläubigen von der *soliditas rationabilis* der christlichen Bilder zu überzeugen, aber mit dem Endprodukt seiner Argumentation, nämlich den *picturae rationabiles,* wendet er sich nicht mehr an die Ungläubigen, sondern, wie er wiederholt betont, an den ohnehin schon Glaubenden, der sich an der *ratio certitudinis* dieses seines Glaubens erfreuen will (I, 25; II, 15). In der Tat ist die hier angesprochene *soliditas rationabilis* kaum geeignet, den Ungläubigen zu überzeugen, ist sie doch ihrerseits höchst irrational fundiert, nämlich in jenem schon erwähnten Glauben an die *incomprehensibilis sapientia* des göttlichen Heilswerks. Muß aber dieser Glaube schon in das rechte Verständnis der *picturae rationabiles* eingebracht werden, dann erhebt sich um so eindringlicher die Frage nach der Chance dieser Bilder, wenn sie in die Dimension sinnlicher Anschauung zurückgebracht und vor allem: wenn sie gespielt werden.

Denn Anselms Soteriologie radikalisiert die christliche Grundanstrengung, Heilsgeschichte als eine Geschichte zu begründen, die, strukturalistisch gesprochen, die syntagmatische Opposition von altem und neuem Adam, gefallener und erlöster Menschheit nicht als Vermittlung einer paradigmatischen Opposition begreift: gerade hierin, in der Verdrängung der Paradigmatik, liegt die gewollte Einmaligkeit dieser Geschichte gegenüber den Geschichten des Mythos. Das Spiel aber lebt von eben solcher Vermittlung paradigmatischer Oppositionen. Es kann nicht, wie es Anselm erfordern würde, den Teufel in die Ecke stellen und das Erlösungsgeschehen gleichsam an ihm vorbei sich vollziehen lassen. Setzt es ihn aber ein als Gegenspieler, der den Tod Jesu betreibt, dann wird der Sieg im Lei-

277 *Dogmengeschichte* III, S. 388 ff., insbes. S. 401 ff. („Beurtheilung der Anselmschen Lehre").

den unweigerlich zu einem Moment der Überlistung, gerät die Inkarnation in das Zwielicht bloß angenommener Scheinleiblichkeit, kurz: ist der moralische Impetus der Satisfaktionslehre wiederum irritiert von all dem, was in ihr überwunden sein sollte. Damit ist das Dilemma des Passionsspiels bereits angedeutet. Zunächst aber hat das Spiel seine Interessen hartnäckig gegen die ihm ausgesprochen feindliche Konzeption Anselms verfochten. Wir wollen daher, bevor wir uns dem Passionsspiel selbst zuwenden, noch einmal auf das Adamsspiel und die Osterspiele zurückkommen, erhält doch die theologische Problematik des Descensus erst vor dem Hintergrund der Anselm-Rezeption ihre volle Plastizität.

II

Gewiß darf man nicht schon das fünfzig Jahre nach Anselms *Cur Deus Homo* entstandene Adamsspiel auf die Satisfaktionslehre projizieren. Was in ihm sich zeigt, ist zunächst nur dies, daß in ihm aufgegriffen und perpetuiert wird, was dogmengeschichtlich betrachtet als überwundene Position bezeichnet werden muß. Das sei nochmals betont, um an diesem wichtigen Punkt Mißverständnissen vorzubeugen. Es geht nicht um Kausalitäten, etwa dergestalt, daß das Spiel eine dogmatische Position bewußt dementiere und damit häretischen Charakter annehme, sondern um divergierende Tendenzen, die sich aus je eigenen Interessen und Zwängen erklären. Das Spiel steht im Zwang seiner dramatischen Bilder von Niederlage und Rache, und in diesem Heilsdrama hat das Kreuz zunächst keinen Platz. Gott selbst kündigt bei der Verfluchung der Schlange seine *vengeance* an, und Adam wie auch die Propheten des dritten Teils wissen, worin sie bestehen wird. Abraham spricht von einem Nachkommen, der Pforten und Burgen der Feinde in seiner Hand halten wird (761 ff.); aus Aarons Geschlecht soll ein Reis entspringen, das Satan Schaden zufügen und Adam aus dem Gefängnis reißen wird (777 ff.); Jeremias verkündet, daß der Herr als sterblicher Mensch auf Erden weilen und seinen Leib als Lösegeld (*rançon*) für den Gefangenen hergeben wird (870 ff.), und Nabugodonosor verheißt den solchermaßen der Pein Entrissenen die Rückkehr ins Paradies (926 ff.). All diese Prophezeiungen also zitieren ausdrücklich das Motiv der Höllenfahrt, das weder der liturgische *Ordo prophetarum* noch dessen Quelle, der pseudo-augustinische *Sermo contra Judaeos, Paganos et Arianos de Symbolo* mit der Erlösung verbinden. Nur zweimal ist allein vom Leiden und vom Kreuz die Rede, sechsmal hingegen wird die Erlösung mit der Höllenfahrt assoziiert[278], wobei einmal, wie wir soeben sahen, Jesu Tod ausdrücklich im Sinne der Redemptionstheorie als Lösegeld bezeichnet wird.

Schon angesichts dieser auffälligen Ausrichtung auf den Descensus scheint die Vermutung fragwürdig, daß das Adamsspiel Fragment eines Zyklus sei, der bereits nach Art der erst aus dem Spätmittelalter erhaltenen auch die gesamte neutestamentliche Heilsgeschichte zur Darstellung gebracht habe. Die das Spiel im Manuskript abschließende Schilderung der fünfzehn Zeichen des Jüngsten Gerichts sind mit Sicherheit sekundäre Anfügung[279]. Aber wenn an ihrer Stelle ursprünglich etwas anderes auf die Prophetenprozession folgte, dann wohl kaum eine – volkssprachlich erstmals im 14. Jahrhundert belegte – Passion, sondern allein die Auferste-

---

[278] Allein von Leiden und Kreuz ist die Rede 805 ff. und 835 ff.; die Höllenfahrt wird zitiert 333 f., 590, 761 f., 875 f., 925 ff.

[279] In Frage gestellt wurde dies von U. Ebel, die für alle vier Teile eine „innere Notwendigkeit im szenischen Ablauf und eine möglicherweise umfassendere ursprüngliche Einheit evident zu machen" sucht, indem sie im Sinne eines „figuralen Welttheaters" (S. 30) die Prophetenprozession als typologische Antwort auf den Sündenfall und das Jüngste Gericht als eine solche auf den Brudermord deutet (S. 22). Ihr Hauptargument ist der pseudo-augustinische *Sermo contra Judaeos*, auf den die Prophetenprozession zurückgeht und in dessen letztem Teil die Sibylle das Akrostichon über die 15 Zeichen des Jüngsten Gerichts spricht. Ebel greift damit einen bereits 1878 von Sepet gegebenen Hinweis auf, der jedoch nicht ohne Grund von niemandem weiterverfolgt wurde. Denn die thematische Übereinstimmung von Sermo und Spiel erklärt zwar einen sekundären Anschluß der *Quinze signes* an die Prophetenprozession, kann aber mangels werkimmanenter Kriterien nicht auch als primäre, ursprüngliche Fortsetzung angesehen werden. Die von Ebel konstruierte figurale Beziehung wird nicht thematisch: an keiner Stelle der *Quinze signes* wird auf Kain direkt Bezug genommen. Will man – mit Ebel – die *coveitié* (965) als Zitat des Brudermords nehmen (S. 28), so steht dieser arg konstruiert wirkenden Beziehung entgegen, daß kurz zuvor der im ersten Teil verfluchten Schlange ausdrücklich treue Pflichterfüllung bescheinigt wird (957 ff.). Hier liegt eine offensichtliche, durch die sekundäre Anfügung nicht beseitigte Inkonsistenz vor, und tatsächlich läßt sich die Quelle genau angeben: der gesamte Eingang des vierten Teils (945–980) ist der fast wörtlich übernommene Prolog eines altfranzösischen Passionsepos, der sogenannten *Passion des jongleurs* (siehe H. Theben, Hg., *Die altfranzösische Achtsilbnerredaktion der „Passion"*, Diss. Greifswald 1909, S. 1, 1–40; dazu Frank S. 125, Anm. 1). Auch die von Adam beklagten *signes de grant confusion* (543) meinen im Kontext eindeutig die unmittelbaren Folgen des Sündenfalls (Disteln, Mühsal, Tod) und lassen sich nicht als Ankündigung der *Quinze signes* deuten (so Ebel S. 27 f.) – ganz abgesehen davon, daß eine solche Ankündigung im Sinne des von Ebel postulierten figuralen Antwortschemas nicht im ersten, sondern im zweiten Teil, also beim Brudermord ihren Ort hätte.

hung, also ein Osterspiel mit Höllenfahrt. Daß eine derartige, selbst auf die vermittelnde Prophetenprozession noch verzichtende Koppelung von Sündenfall und Auferstehung möglich war, beweist das erste vollständig erhaltene französische Osterspiel, die *Résurrection Notre Seigneur* aus der Ste. Geneviève-Handschrift des 15. Jahrhunderts. Hier schließt sich an einen ersten Teil mit Schöpfung, Sündenfall und Abführung in die Hölle ein mit der Wächterszene einsetzendes Auferstehungsspiel unvermittelt an[280]. Diese Zusammenfügung ist, soweit ich sehe, in der Geschichte des Osterspiels einmalig belegt, macht aber doch nur deutlich, was auch für die übrigen, in Deutschland erst um diese Zeit, also vom 15. Jahrhundert an recht in Blüte stehenden Osterspiele gilt: daß nämlich hier eine Konzeption von Heilsgeschichte vorliegt, die ganz auf die Besiegung des Teufels nicht am Kreuz, sondern in der Höllenfahrt ausgerichtet ist und diesen Sieg als Rache auf die Niederlage im Paradies zurückbezieht. Das Auffällige daran ist nun nicht schon diese Konzeption an sich, sondern die Tatsache ihrer späten Blüte. Denn jetzt, im 14. und 15. Jahrhundert, kann sie gesehen werden vor dem Hintergrund der Vollrezeption Anselms und der Satisfaktionslehre. Das Osterspiel fällt aus dieser Rezeption völlig heraus, und wenn man fragt, was ihm die Kraft gab, sich gegen diese Wirkungsgeschichte zu behaupten, so wird man auf genau jenes Bild von der Höllenfahrt verweisen müssen, von dem es lebt und das bezeichnenderweise bei Anselm überhaupt nicht erscheint. In der Tat hat es in seinem System keinen Platz, liegt doch die Pointe dieses Systems darin, daß es eine Besiegung des Teufels konstruiert, die am Teufel selbst gleichsam vorbeiführt.

Anselm trifft sich in diesem Bestreben mit Theologen, die ihm in manch anderem nicht folgten, so zum Beispiel mit seinem Zeitgenossen Abaelard, der im Descensus eine bloß bildhafte Aussage über die Bedeutung eines anderen Ereignisses, nämlich des Kreuzestodes sieht. Die *Descendit ad inferos*-Formel im apostolischen Symbolon wolle lediglich besagen, daß den Gerechten der Vorzeit die Wirkung der Passion zuteil geworden sei[281]. Ähnliche Tendenzen zeigen sich bei Petrus Lombardus, Durandus de Sancto Porciano und Duns Scotus[282]. Man ist offensichtlich bemüht, dogmengeschichtlichen Ballast loszuwerden. Denn die Lehre von der Höllen-

[280] Abgedruckt bei A. Jubinal (Hg.), *Mystères inédits du 15e siècle,* Paris 1837, 2 Bde, Bd II, S. 312–379 (Einsatz des Wächterspiels S. 325). Es besteht also kein Anlaß, mit Petit de Julleville den ersten Teil als Interpolation anzusehen *(Mystères* II, S. 393).

[281] *Ad inferos dicitur descendisse quia Passionis illius efficaciam justi senserunt antiqui* (PL 178, 626, zit. nach Monnier S. 165).

[282] Ebd. S. 167, 177.

fahrt Christi hatte ihre ursprüngliche Funktion längst verloren[283]. Sie ist von Haus aus ein Produkt der Parusieverzögerung, das dem nachapostolischen Christentum eine neue Antwort auf die paulinische Rede vom Sieg Christi über die widergöttlichen Geistermächte geben sollte. Der Kreuzestod wurde mit ihr „lediglich das Tor, durch das der Christus dorthin geht, wo er die Geistermächte, die er zu überwinden hat, wirklich antrifft, in die Unterwelt"[284]. Zugleich löste sie ein zweites, im Verlaufe der Enteschatologisierung sich stellendes Problem, nämlich die Frage, wie auch die Gerechten der vorchristlichen Generation des Heils teilhaftig werden konnten. Christus, so lautet die neue Lehre, sei zwischen Tod und Auferstehung im Hades erschienen, um den Gefangenen zu predigen und das Taufsakrament zu spenden. Die zunehmende Problematisierung beider Motive im Zuge des Aufbaus altkirchlicher Dogmatik kann und braucht hier nicht verfolgt zu werden. Denn überlebt hat die Lehre von der Höllenfahrt Christi weniger in der Geschichte dieser Motive als durch ihre Fixierung im apostolischen Symbolon, die ihrerseits wiederum eine verwickelte und hier nicht interessierende Geschichte hat. Das Mittelalter sieht sich vornehmlich durch das Symbolon zur Diskussion des Descensus provoziert. Das zeigte sich bereits bei Abaelard, und das zeigt sich vor allem bei Thomas, auf den ich kurz eingehen muß, weil bei ihm die bisher verfolgte Interessendivergenz von Spiel und Dogmatik auf den ersten Blick nicht mehr gegeben scheint.

Denn Thomas hält an der Höllenfahrt als einer heilsgeschichtlichen Realität fest. Dabei darf jedoch nicht übersehen werden, daß seine gesamte Argumentation nicht die *necessitas,* sondern allein die *convenientia* dieses Ereignisses nachzuweisen sucht. Während die 46. und die 53. quaestio (*Summa Theol.* III) der ‚Notwendigkeit' von Passion und Auferstehung gelten, geht es in der 52. quaestio allein darum, ob es ‚angebracht' war, daß Christus zur Hölle hinabstieg. Solche *convenientia*-Argumentation hat bei Thomas, wie wir in späterem Zusammenhang erneut sehen werden, ein defensives Interesse: sie rettet traditionelle Positionen gegen deren prinzipielle, wenn auch nicht immer ausdrücklich zugestandene Entbehrlichkeit. Als eine solche traditionelle Position aber erscheint in der 52. quaestio das Symbolon mit der *Descendit ad inferos*-Formel. Thomas erweist sie mittels typologischer Rückprojektion auf das Alte Testament als *conveniens.* Eindeutig aber bleibt das Kreuz gegen den solchermaßen ge-

---

[283] Das Folgende nach M. Werner, *Die Entstehung des christlichen Dogmas,* Berlin/Leipzig 1941, S. 238 ff. („Das Problem der Überwindung der Geistermächte").

[284] Ebd. S. 257 f.

retteten Descensus als der zentrale Heilsakt gewahrt. Christi Seele begibt sich sofort nach seinem Tode (*statim, Christo morte patiente, anima* ... *ejus ad infernum descendit*, 52, 5) in die Hölle und befreit dort kraft seines Leidens (*in virtute suae passionis*) die allein durch die Erbsünde festgehaltenen Gerechten der Vorzeit. Der Descensus ist somit erstens kein zentrales und also ‚notwendiges‘, sondern ein episodisches, wenn auch ‚angebrachtes‘ Ereignis der Heilsgeschichte, und er bleibt zweitens in dieser episodischen Stellung eindeutig an den Kreuzestod gebunden. Das ist eine sehr schöne Bestätigung unserer strukturalen Beschreibung der Heilsgeschichte als einer allein syntagmatischen Opposition von Fall und Erlösung. Die paradigmatische Opposition des Katabasis-Mythologems erscheint bei Thomas als nur *conveniens*. *Necessitas*, ‚kardinale Funktion‘ hingegen kommt allein Kreuzestod und Auferstehung zu, die zwar in ihrer Folge wiederum eine syntagmatische Opposition bilden, nicht aber auch in ein paradigmatisches Oppositionsverhältnis integriert sind.

Genau umgekehrt verhält es sich im Osterspiel. Hier ist nicht nur, wie im ersten Teil gezeigt, die heilsgeschichtlich ‚kardinale Funktion‘ der Surrexit-Kündung entfunktionalisiert, indem die Auferstehung der Teufelsbesiegung im Descensus zugeordnet wird. Vielmehr ist, wie sich nunmehr von Thomas her ergibt, auch die ‚kardinale Funktion‘ des Kreuzestodes in Frage gestellt, und zwar schon allein dadurch, daß das Osterspiel die Höllenfahrt überhaupt aufnimmt und damit in das Osterereignis hineinzieht. Zwar pflegt der Jesus dieser Spiele darauf zu verweisen, daß sein Tod ihm die Kraft gegeben habe, die Tore der Hölle zu zerbrechen, ja daß er, wie es zum Beispiel im Redentiner Spiel heißt, Luzifer mit seinen Wunden binde (567 ff.). Aber dieser moralische Ausweis seiner Befreiungstat konkurriert mit und tritt zurück hinter den mythologischen Attributen der Engelbegleitung und des *Canticum triumphale*. Träger dieser Attribute ist denn auch nicht mehr die Seele des soeben den Menschentod Gestorbenen, sondern der wiederauferstandene und machtvoll die Hölle stürmende Gott. Hierin liegt der theologisch problematische Schritt, den das Spiel über sein liturgisches Analogon, die Zeremonie der Elevatio Crucis hinausgeht. Dort nämlich bleibt trotz eindeutiger Hinordnung des Descensus auf die in der folgenden Matutin gefeierte Auferstehung der Gekreuzigte Symbol des an die Höllentore pochenden Jesus. Das Osterspiel hingegen läßt ihn aus dem Grabe auferstehen und als Auferstandenen die Hölle stürmen, wodurch das, was Thomas mit der Betonung des *statim* so eng wie möglich aneinanderschmieden wollte, völlig getrennt ist. So konservieren beide, Spiel wie Elevatio, eine durch Anselm überholte emphatische Ostertheologie, das Spiel nun aber in der prononcierten Weise einer völligen Preisgabe des dogmatisch Entscheidenden: der Epiphänomenalität des Descensus gegenüber dem wahrhaften Heilsakt des Todes, und zwar genauer des Todes, den Jesus als Mensch starb, um die vom Menschen geschuldete Sühne zu leisten. Damit ist die Erlösung von ihrem spezifisch christlichen Hintergrund weitgehend gelöst. Die Kardinalfunktion ist vom moralischen Ereignis des Kreuzestodes auf das Mythologem der Höllenfahrt übergegangen.

J. Kroll, dem wir eine reichhaltige Untersuchung zur Geschichte des Descensus verdanken, weist zu Recht darauf hin, daß die Chance dieses Motivs zunächst darin lag, die Leidensgeschichte, die mit Kreuzestod und Erniedrigung antikem Denken völlig zuwiderlief, dem Hellenismus überhaupt akzeptabel zu machen, war ihm doch der Katabasis-Gedanke durchaus geläufig[285]. Aber dies hat wohl nicht nur für die hellenistische Epoche gegolten. Es scheint, daß die Lebenskraft der Descensus-Vorstellung auch späterhin in ihrem unaufhebbaren Spannungsverhältnis zur paulinischen Lehre vom Kreuz zu suchen ist, und zwar in dem Sinne, daß sie entlastet von den Anforderungen, die diese Lehre vom Sieg im Tode an den Glauben stellt. Hierin ordnet sich das Spiel in den von der Dogmatik nicht streng kontrollierten breiten Bereich der religiös-didaktischen Literatur des Mittelalters ein[286]. Wie kaum ein anderes Beispiel aber kann es den Preis verdeutlichen, der in diesem Bereich und an dieser heilsgeschichtlichen Position für Anschaubarkeit gezahlt wurde. Denn hier trafen der Zwang und die Logik der Bildlichkeit auf die ureigensten Interessen des Spiels selbst. Hier wurde eine theologisch längst überholte Position nicht einfach konserviert, sondern zum Fluchtpunkt des Ganzen aufgebaut. Die nur in Erinnerung gerufene bindende Kraft der Wunden konnte nicht konkurrieren mit der vor aller Augen vollzogenen handgreiflichen Fesselung Satans. Hier lag der Höhepunkt des Spiels und hier wurden zugleich auch die Paradoxien des Glaubens aufgelöst in die Plausibilität mythologischer Anschaubarkeit. So fanden im Osterspiel dramaturgisches Bedürfnis der Autoren und Schauverlangen des Publikums gleichermaßen ihr Recht, und da das in Szene Gesetzte, nämlich der Mythos von der Höllenfahrt Jesu, zumindest verbaliter als Folgeereignis des Kreuzestodes ausgewiesen war, konnten beide, Autoren wie Publikum, sich in der Illusion wähnen, das Bild eines heilsgeschichtlichen Ereignisses vor sich zu haben.

---

[285] S. 4.
[286] Siehe hierzu das Kapitel über „Die Darstellung von Christi Höllenfahrt in der religiös-didaktischen Literatur" bei Schmidt S. 5 ff. (siehe oben Anm. 138).

Die Blütezeit der Osterspiele ist auch die der Passionsspiele. Aus dem
12. Jahrhundert ist nur eine einzige lateinische Passion überliefert, die,
obwohl bereits 1936 veröffentlicht, weitgehend unbeachtet blieb[287]. Be-
kannter sind die beiden ebenfalls lateinischen Spiele von Benediktbeuren
aus dem 13. Jahrhundert[288]. Wahrscheinlich hat sich in diesem Jahrhundert auch die volkssprachliche Tradition der Darstellung der Leidensgeschichte geöffnet. Belegt sind volkssprachliche Passionsspiele seit dem
14. Jahrhundert[289]. Während sich also das Osterspiel gegen die Wirkungsgeschichte Anselms und seiner Satisfaktionslehre behauptete und entfaltete, lassen sich Entstehung und Blüte des Passionsspiels nicht nur ziemlich genau mit dieser Wirkungsgeschichte parallelisieren, sondern werden
sie geradezu als Teile und Ergebnisse derselben begreifbar. Denn mit Anselms Traktat wird, wie gezeigt, das für die gesamte ur- und altchristliche
Tradition zentrale Motiv der Vergottung des Menschen als Folge der Inkarnation ersetzt durch den Gedanken einer stellvertretenden Bußleistung
durch den Kreuzestod, mit dem der verletzten göttlichen Ehre Genugtuung geschieht. Die Bedeutung der Auferstehung Christi als Verbürgung
der Vergottung des Menschen tritt damit hinter der Heilsbedeutung seines
Todes zurück. Während die alte Tradition in der Osterfrömmigkeit der
Ostkirche fortlebte, stand für die Westkirche fortan das Kreuz im Zentrum des soteriologischen Interesses. Diese neue Konzeption drang seit
dem 12. Jahrhundert über Bernhard von Clairvaux und die Schule der Vic-
toriner in die mittelalterlichen Traktate und Summen wie auch in den
breiten Bereich der Erbauungsliteratur ein. Allgemein durchgesetzt hat sie
sich im 13. Jahrhundert, also genau zur Zeit der ersten belegten Passionsaufführungen.

Diese Koinzidenz hat indes, so auffallend sie ist, in bisherigen Untersuchungen zur Frühgeschichte des Passionsspiels keinerlei Beachtung gefunden. Das ist zweifellos die Folge einer organologisch-evolutionistischen
Vorstellung von gattungsgeschichtlichen Prozessen, die nicht zu sehen er-

---

[287] Hg. von D. M. Inguanez, *Un dramma della passione del secolo XII*, in *Miscellanea Cassinese* 18 (1939), S. 25–42.

[288] Young I, S. 514 ff. und 518 ff.

[289] Zu den ungesicherten Angaben über italienische Passionsaufführungen im 13.
Jahrhundert siehe Young I, S. 697 f. Schon für das 13. Jahrhundert anzusetzen
ist auch die von Frank postulierte gemeinsame Vorlage der *Passion du Palatinus* und der *Passion d'Autun,* beide frühes 14. Jahrhundert (siehe Frank
S. 126).

laubt, daß das volkssprachliche Spiel nicht nur gegenüber der lateinisch-liturgischen Feier im Zeichen der Diskontinuität steht, sondern auch innerhalb seines eigenen Bereichs heterogene Traditionen ausgebildet hat. Ebensowenig nämlich wie die liturgische Osterfeier durch Einbeziehung des chronologisch vorausliegenden Descensus zum volkssprachlichen Osterspiel sich ‚entwickelte‘, entstand das Passionsspiel einfach durch ‚Zuwachs‘ zum Osterspiel. Der insbesondere von H. Craig zur Stützung seines evolutionistischen „principle of dramatic growth"[290] angeführte Benediktbeurener *Ludus breviter de passione* hat kaum Beweiskraft. Zwar legt die letzte Rubrik dieses Spiels nahe, daß es dem Benediktbeurener Osterspiel vorgeschaltet war, aber dieses letztere wird durch seine erste Rubrik eindeutig an die Matutin angeschlossen, so daß die Koppelung mit dem Passionsspiel als sekundär angesehen werden muß[291]. Damit verbleiben für die organologische Hypothese nur fragwürdige Zeugnisse, nämlich die Passionsaufführung in Padua aus dem Jahre 1243 oder 1244, von der nicht feststeht, ob ihr tatsächlich eine Auferstehung folgte, und das von Craig als früh eingestufte sogenannte Sulmona-Fragment, das jedoch in einer Handschrift immerhin erst des 14. Jahrhunderts erhalten ist und zudem mit der Aufstellung der Grabeswache endet. Diese Belege reichten selbst Young nicht, die evolutionistisch verzerrte Ursprungshypothese Meyers und Creizenachs mitzumachen[292]. Daß aus ihnen, will man sie nun einmal in Anspruch nehmen, ebensogut auch die sekundäre Einfügung eines diskontinuierlich entstandenen Passionsspiels in die alte Osterspieltradition gefolgert werden kann, kam Craig nicht in den Sinn, obwohl diese Annahme die gesicherten Belege, nämlich die selbständigen Passionsspiele des 12. und 13. Jahrhunderts für sich hat. Tatsächlich liegt ja doch nichts näher, als daß man zunächst am Karfreitag eine Passion aufführte, ihr am Ostersonntag ein Auferstehungsspiel folgen ließ und daß erst im Laufe der Zyklenbildung und der damit parallelen Loslösung der Aufführungen von den Festtagen beides zusammengebracht wurde.

Wie die Entstehung des Passionsspiels des näheren vor sich ging, ob in direkter Dramatisierung der evangelischen Berichte oder über den Umweg des *planctus Mariae* oder der Passionslesung, scheint eine Frage von geringem Belang. Denn wichtig sind nicht schon diese Möglichkeiten: wich-

---

[290] *The origin of the passion play: matters of theory as well as fact,* in *University of Missouri Studies* 21, No 1 (1946) 81–90, S. 88. Ähnlich dann in *English religious drama* S. 42 ff.
[291] Siehe Young I, S. 516 Anm. 12 und (zum Osterspiel) S. 432 ff.
[292] Craig, *Drama* S. 46; Young I, S. 537.

tig ist allein die Frage nach dem hinter ihnen stehenden Impuls. Craig reduziert diesen Impuls auf eine immer schon bestehende Bereitschaft, deren
Realisierung so etwas wie eine „accidental quality" anhafte: „medieval
people were not deterred from dramatizing such a subject as the Passion
by any unwillingness to present sacred subjects. Indeed, the impulse
would be quite the other way. They would, and later actually did, wil-
lingly stress the subject of the most moving, central horror. The play of
the Passion simply was not invented until late"[293]. Hier wird ganz deutlich, mit welchem Erkenntnisverzicht eine organologische Gattungskon-
zeption einhergeht. Die Bedingungen, unter denen Veränderungen im
Gattungsgefüge vor sich gehen, kommen solcher Betrachtungsweise nicht
einmal als Frage in den Blick. So diskutiert Craig zwar unter Verweis auf
die große Benediktbeurener Passion auch die Alternative einer vom Osterspiel unabhängigen Entstehung, aber auch hier interessiert ihn wiederum
allein die Suche nach einem organischen Kern, den er in einem liturgischen
Magdalenen- und Lazarus-Offizium gefunden zu haben glaubt[294]. Nun
sollte man in der Kritik an evolutionistischem Denken gewiß nicht in das
andere Extrem verfallen, prinzipiell jede Entwicklung vom ‚Kern' zum
‚Ganzen', vom Einfachen zum Komplexen schlicht zu leugnen. Aber wie
bei den schon zitierten Ursprungshypothesen (*planctus Mariae*, Passionslesung), so ist auch und gerade bei einer solchen Sichtweise immer nach
dem jeweiligen Impuls zu fragen, der in jeder nur scheinbar organisch-
blinden Entwicklung am Werke ist. Und hier ist gar nicht zu übersehen,
daß das Passionsspiel von einem anderen soteriologischen Impuls getragen
wird als die Tradition des Osterspiels. Letztere hat ihren Ort in einer
emphatischen Auferstehungstheologie. Für Amalarius von Metz waren
nicht die Karfreitags-, sondern die Osterereignisse das zentrale Heilsmysterium. Genau zwischen dem 10. und dem 13. Jahrhundert aber liegt
die entscheidende, mit Anselm bezeichnete theologische Wende. Die Westkirche steht fortan im Zeichen einer ebenso emphatischen Theologie des
Kreuzes, und in dieser findet das Passionsspiel seinen Ort.

Dabei kann und braucht auch keineswegs geleugnet werden, daß dem
Passionsspiel allein, also unabhängig von einem anschließenden Osterspiel,
offenbar eine eigene Traditionsbildung versagt war. Die Texte von Monte
Cassino und Benediktbeuren sind die einzigen, die sich hierfür anführen
lassen, und es besteht kein Anlaß, mit dem Hinweis auf die Fährnisse der
Überlieferung dennoch die Existenz einer solchen Tradition zu postu-

---

293 Ebd. S. 42.
294 Ebd. S. 44 ff. und *Origin* S. 88 ff. (siehe Anm. 291).

160

lieren. Ganz offenbar ist das Passionsspiel schon sehr bald dem Osterspiel vorgeschaltet worden, lag doch dort, in der Höllenfahrt, der dramatische Höhepunkt, auf den das Spiel, wollte es seine eigenen Interessen nicht verleugnen, nicht verzichten konnte. In der Tat läßt sich deutlich erkennen, daß auch die Darstellung der Passion vom Descensus her ihr dramatisches Potential bezog: dem abschließenden Sieg Jesu über den Teufel wurden Leiden und Tod als Kampf mit dem Widersacher vorangestellt. Damit aber mußte das Passionsspiel, das vom soteriologischen Impuls der Satisfaktionslehre lebte, zugleich zum Test für deren antidualistische Strategie werden. Adams- und Osterspiel konnten dem Problem ausweichen, das Passionsspiel muß es austragen. Was wird aus Anselms *picturae rationabiles*, wenn beides, Kreuz und Descensus ins anschaubare Bild gebracht werden? Mit dieser Frage lassen wir den dogmen- und gattungsgeschichtlichen Exkurs wiederum einmünden in unseren systematischen Ansatz.

DRITTER TEIL

DIE ARCHAISCHE MITTE: PASSIONSSPIEL

Kap. A

Das Passionsspiel zwischen Mythologem und Theologumenon

I

Das erste vollständig überlieferte volkssprachliche Passionsspiel ist die altfranzösische *Passion du Palatinus* aus dem 14. Jahrhundert, deren Geschehen vom Abendmahl bis zur Marienszene einschließlich reicht. Die Schilderung des Leidensweges, mehr als doppelt so lang wie der abschließende Osterteil, steht mit ausgearbeiteten Geißelungs- und Kreuzigungsszenen sowie mit der für die französische Passionsspieltradition charakteristischen Legende von der Schmiedin der (stumpfen) Kreuzesnägel[295] bereits ganz im Zeichen der seit dem 12. Jahrhundert aufblühenden Passionsmystik. Sie endet mit einem planctus, in den Maria und Johannes sich teilen, und gleich darauf folgt eine Höllenfahrtszene.

Deren Einordnung ist auffällig. Der Descensus erscheint nicht an seinem im Osterspiel üblichen Ort, d. h. im Rahmen eines Wächterspiels, sondern noch vor der Grablegung, bis zu der das Osterspiel, wie die anglonormannische *Seinte Resureccion* zeigt, allenfalls zurückgeht. Damit bestätigt sich unsere These vom diskontinuierlichen Einsatz des Passionsspiels, weist doch der vorliegende Text ganz offenbar nicht auf ein Auferstehungsspiel, das um die Leidensgeschichte ergänzt wäre. Kein erhaltenes Osterspiel kennt ein Wächterspiel, das nicht den Descensus, sondern eine nur achtzeilige Auferweckungsszene umschließt, in der Jesus auf die dem eigent-

---

[295] Zur Geschichte dieser Legende in der französischen Passionsspiel-Tradition siehe E. Lommatzsch, *Die Legende von der Schmiedin der Kreuzesnägel Christi*, in *Kleinere Schriften zur romanischen Philologie*, Berlin, Akademie-Verlag, 1954, S. 82 ff. Pickering (1970, S. 285 ff.) vermutet einen genetischen Zusammenhang dieser Episode mit der typologischen Beziehung der Kreuzigung auf die Harfe Davids (Ps. 56) und Hiobs (Hiob 30, 31): Christi Leib wird auf das Kreuz gespannt wie die Saiten auf eine Harfe, die Nägel werden in diesem Bild zu Stimmnägeln und müssen also stumpf sein.

lichen Osterspiel vorausliegende Höllenfahrt verweist (1722 ff.)[296]. Daß aber ein ursprünglich an dieser Stelle vorhandener Descensus vorgezogen worden sei, muß deswegen ausgeschlossen werden, weil gerade diese strukturelle Besonderheit des Spiels vorgegeben ist in dem allen französischen Passionen des 13. und 14. Jahrhunderts gemeinsamen Vorbild: der epischen *Passion des Jongleurs*[297] aus dem 12. Jahrhundert, wo es heißt:

Lor(e)s enclina son chief (en) jus,
(Li esperis) s'en est issus.
Issus en est, il le voloit
A ynfer est alés tout droit.   (1551 ff.)

So ist es auch im Spiel nicht der aus dem Grabe Auferstandene der deutschen Osterspiele, sondern der *Esperiz Jhesu,* der sich vom Kreuze aus in die Hölle begibt[298]. Das scheint zunächst durchaus im Einklang mit den dogmatischen Forderungen zu stehen. Allein, gar so schnell wie in der epischen Vorlage mag der Verfasser denn doch nicht beides aufeinander folgen lassen. Hieß es dort, der Geist sei geradenwegs (*tout droit*) in die Hölle gefahren – was, natürlich ohne direkte Bezugnahme, dem thomistischen *statim* entspricht –, so wird dieses ‚sofort' im Spiel in bezeichnender Weise gespreizt. Unser Autor läßt zunächst einmal, wie bereits erwähnt, die Kreuzigung mit dem üblichen planctus schließen, und er eröffnet sodann die Höllenfahrt mit einem Dialog Satanas – Enfers nach dem Vorbild des Nikodemusevangeliums.

---

[296] Auf einen selbständigen Einsatz des Passionsspiels und erst sekundären Anschluß eines Osterspiels scheint auch die *Passion provençale* (Didot) zu weisen. Dort schließt das Passionsgeschehen mit der Himmelfahrt Jesu, der die Seele des guten Schächers mit sich führt (hg. W. P. Shepard, Paris 1928, 1625 ff.). Erst dann setzt mit Wächterszene und Höllenfahrt das Osterspiel ein. Da in der Himmelfahrtsszene bereits Bezug genommen ist auf die aus der Hölle befreiten Vorväter (Rubrik nach 1620), kann der zweite Descensus nur als eine bei der sekundären Koppelung nicht beseitigte Inkonsistenz angesehen werden (zur Quellenfrage siehe J. G. Wright, *A study of the themes of the resurrection in the medieval French drama,* Diss. Bryn Mawr 1935, S. 97 ff.). Eine elegantere Lösung weist in diesem Punkt die Passion von Arras auf, wo für diesen zweiten Descensus Ersatz geschaffen ist: Jesus befreit den eingekerkerten Josef von Arimathia und führt ihn zum leeren Grab (nach 21 660).

[297] Hg. Theben, siehe oben Anm. 279.

[298] Dies gilt generell für die französischen Spiele. Ausnahmen bilden das sogenannte Sion-Fragment (hg. Bédier in *Romania* 24, 86–94), die *Passion d'Autun*/Biard (hg. Frank, Paris 1934) und die Passion der Ste-Geneviève-Handschrift (hg. Jubinal, siehe oben Anm. 280). In ihnen stürmt, wie in der deutschen Tradition, der Auferstandene die Hölle.

Damit aber erhält der ganze Vorgang von Anfang an mythologisches Gepräge. Denn was in diesem Dialog zwischen dem ahnungslos sich seines Erfolges rühmenden Satan und dem das Kommende ahnenden Inferus breit ausgespielt wird, ist das Moment der Überlistung des Teufels durch den Kreuzestod.

> Veëz le mort a grant viltance
> Entre deus larrons crucefiez,
> Et par les mains et par les piez,
> Plus vilment que nul autre lerrez, (1244 ff.)

so rühmt sich Satan angesichts des am Kreuze Hängenden. Das Blut habe er aus ihm herausströmen lassen, und sollte Jesus dennoch in der Hölle zu erscheinen wagen, werde er es ihm schon besorgen. Inferus aber bedeutet ihm, zur anderen Seite zu sehen, von wo der Befreier bereits erscheint:

> Tornez vous, resgardez avant!
> Veez ci venir le sodeant,
> Plus blanc que nule fleur de lis.
> Ne sai comment il est revis.
> En sa main porte nostre mort,
> La croys ou il fu mis a tort. (1363 ff.)

Mag auch die gnostische Lichtsymbolik, auf die das Nicodemus-Evangelium so großen Wert legt, hier nur in der Weiße des Kleides aufgenommen sein, so hat doch der einleitende Dialog den Vorgang in eine mythologische Dimension hineingespielt, von der auch die Begrüßung des Befreiers durch die gequälten Seelen geprägt ist:

> Glorieus pere debonaire,
> Vouz irez d' enfer vos amis traire;
> Roys et sire de paradis,
> Vo cors a esté en croys mis,
> La deité le puet bien faire. (1386 ff.)

Diese Verse werden zu einem Zeitpunkt gesprochen, da Jesus weiterhin – auf der Simultanbühne jedermann sichtbar – am Kreuze hängt (bis zur Grablegung nach der Höllenfahrt). Es konkurriert also das undramatisch-unanschaubare Bild vom siegreichen Leidensmanne mit dem dramatisch-anschaubaren von der machtvollen Befreiung durch den *roys de gloire* (1395), und vor dem Hintergrund dieser konkurrierenden Bilder werden die zitierten Verse doppelt problematisch. Denn da sie ausdrücklich besagen, daß Gott Vater selbst gekreuzigt wurde, nehmen sie den Kerngedanken der Satisfaktionslehre nicht auf und lassen sie also den da am Kreuze Hängenden nicht mehr als den leidenden Menschen Jesus Christus erscheinen, sondern als die zur Überlistung Satans bloß angenommene

Scheinleiblichkeit der Gottheit. Man sieht, was aus solcher Konkurrenz der Bilder als Sieger hervorgeht. Von der mythologischen Anschaubarkeit des Descensus her ist die Passion in doketisches Zwielicht abgedrängt und die Höllenfahrt selbst zum eigentlich heilsbringenden Akt aufgewertet.

Das freilich ist eine Perspektive, die sich, wie gesagt, erst mit dem Descensus und aus der Rückschau von ihm her ergibt. Sie bricht sich an jenem zentralen Interesse am Passionsgeschehen, das den ganzen ersten Teil des Spiels trägt, und sie wird in diesem Sinne von Jesus selbst korrigiert, wenn er, intertrinitarischer Differenzierung Rechnung tragend, die armen Seelen belehrt:

> Je vieng de la destre mon pere
> Pour vous sauver ai mort sofferte   (1432 f.)

Das fundamentale Dilemma des Passionsspiel ist damit jedoch nicht beseitigt: will es sich als Drama nicht verleugnen, will es also am Höllenkampf als dem Höhe- und Wendepunkt dieses Dramas festhalten, so muß es eine Dissoziierung dieses seines Zentralmoments vom heilsgeschichtlich zentralen Akt des Todes in Kauf nehmen. Der Schritt vom Kreuzestod zum Höllensieg ist eine Folge inkonsistenter, da inkommensurabler Bilder. Das Spiel verharrt in der Spannung, die das anschaubare Bild trennt von dem auf die Augen des Glaubens angewiesenen, in der Spannung von Mythologem und Theologumenon.

II

Wir wollen hier nicht verfolgen, wie dieses Dilemma in den einzelnen Phasen der Geschichte des Passionsspiels ausgetragen wird. Aufzugreifen haben wir diese Geschichte an dem Punkt, da die Passion ausdrücklich im Sinne der Satisfaktionslehre reflektiert wird, darf man doch gespannt sein, wie die nunmehr expliziten Ansprüche des Theologumenons mit denen des Mythologems vermittelt werden. Die Eustache Mercadé zugeschriebene Passion von Arras verspricht hier erste Aufschlüsse. Sie wird umrahmt vom sogenannten Paradiesprozeß, einer großen Debatte der vier Töchter Gottes, Justitia, Misericordia, Veritas und Sapientia, in der der göttliche Heilsplan, den das Mysterium hernach ins Bild setzt, diskursiv entwickelt wird. Diese auf eine Predigt Bernhards von Clairvaux zu Mariae Verkündigung zurückgehende Allegorie[299] war ein Topos mittelalterlicher Homi-

---

299 Zu ihrer Bedeutung für Entstehung und Strukturwandel mittelalterlicher allegorischer Dichtung siehe Jauß S. 158 f.

letik, aus der sie in zahlreiche Passionsspiele Eingang fand. Daß es zwischen geistlichem Spiel und Homiletik enge Beziehungen gab, ist bekannt. Diese Beziehungen bestehen zunächst in der Übernahme von Themen und Motiven aus der Predigtliteratur in die Darstellung selbst, sodann in predigtartigen Kommentierungen des Dargestellten in Prologen, Epilogen und Zwischenreden. Man pflegt diese Kommentierungen unproblematisch als das zu nehmen, was sie selbst sein wollen: Erklärung und Ermahnung zu erbaulicher Reflexion des Dargestellten. Das Auffälligste ist dabei übersehen: die Tatsache, daß sie überhaupt vorhanden sind und daß sie sich ausdehnen in dem Maße, wie die Spiele selbst umfangreicher werden. Offensichtlich verrät sich in ihnen eine starke Kommentierungsbedürftigkeit des Dargestellten, dessen Selbstevidenz man zu mißtrauen scheint. Im Falle des Paradiesprozesses wird dies besonders deutlich. Gewiß, seine Beliebtheit mag vor allem darin gründen, daß der allegorische Konflikt eine erste Möglichkeit dramatischer Präsentation des Heilswerks bot, aber angesichts der Aufführung dieses Heilswerks selbst wäre eine allegorische Dublette an sich entbehrlich. Gleichwohl wächst er sich zu einem eigenständigen Rahmen-, Vor- oder Zwischenspiel neben Prolog und Epilog aus, schwillt er in den französischen Passionen auf über 1500 Verse an und wurde er, wie wir noch sehen werden, Greban zum Anlaß gewichtiger theologischer Korrekturen an seiner Vorlage.

Wir wollen im folgenden untersuchen, wie sich nun dieser programmatische Vorspann zu einer Durchführung im Spiel selbst verhält. Dabei gilt es zunächst zu beachten, daß der Paradiesprozeß bereits ein spezifisches Produkt der Rezeption Anselms darstellt. Den Dogmatikern bereitet er Unbehagen, erscheint doch in ihm das, was Anselm selbst aus dem Begriff des *honor dei* zwingend abzuleiten suchte, als Verlegenheitslösung eines mit sich selbst uneinigen Gottes. J. Rivière zum Beispiel betont, daß dieser latent anthropomorphistische Konflikt der göttlichen Attribute ein ‚exzentrisches' und nur bei zweitrangigen Theologen sich findendes Produkt der Anselm-Rezeption sei[300]. Dabei ist nun allerdings als Prämisse vorausgesetzt, was, wie die Wirkungsgeschichte Anselms bis auf den heutigen Tag zeigt, keineswegs als erwiesen gelten kann: daß nämlich der Begriff des *honor dei*, wie er in *Cur Deus Homo* entwickelt wird, sich verbinde mit dem göttlicher Güte und also nicht auf den der Gerechtigkeit reduzierbar bzw. mit ihm gleichzusetzen sei. Ein juristisches Äquivalenzschema ist aber ohne Zweifel bei Anselm selbst vorhanden und kann nicht als theologische

---

[300] S. 309–349, insbes. S. 310 ff. und 348.

Randerscheinung abgetan werden[301]. Immerhin hat die dem Dogmatiker ‚exzentrisch' anmutende Allegorie ihren theologischen Ort in der für die Heilsvermittlung zentralen Homiletik, und immerhin bedienten sich ihrer ein Bernhard von Clairvaux, ein Innozenz III. und ein Peter von Sankt-Victor. Eine Theologie aber, die offenbar allein unter Substanzverlust vermittelt werden kann, qualifiziert möglicherweise nicht nur den Adressaten, sondern zunächst einmal sich selbst. Zum einen muß sie sich die Frage nach dem Sinn ihres Geschäfts gefallen lassen, wenn sie ihr Selbstverständnis auf einem Reflexionsniveau formuliert, das denen, für die allein dieses Selbstverständnis wichtig werden sollte, unzugänglich bleiben muß. Zum anderen, und dies zielt auf die Problematik schon des Selbstverständnisses, gilt es zu fragen, ob nicht die Preise, die in der anschaubaren Vermittlung gezahlt werden müssen, ein verräterisches Licht auf unbewältigte Schwierigkeiten im begrifflichen System zurückwerfen.

Harnack hat einen Katalog dieser Schwierigkeiten zusammengestellt: „der mythologische Begriff Gottes als des mächtigen Privatmanns, der seiner beleidigten Ehre wegen zürnt und den Zorn nicht eher aufgibt, als bis er irgend ein mindestens gleich großes Aequivalent erhalten hat; die ganz gnostische Spannung zwischen Gerechtigkeit und Güte, sofern der Vater der Gerechte ist und der Sohn der Gute; die furchtbare Vorstellung (der gegenüber die Anschauungen der Väter und der Gnostiker weit vorzuziehen sind), daß die Menschheit vom zornigen Gott befreit wird, (...) der schreckliche Gedanke, daß Gott das gräßliche Vorrecht vor den Menschen habe, nicht aus Liebe vergeben zu können, sondern stets eine Bezahlung brauche (...)"[302]. Das mag eine spezifisch protestantische, von der Strafleidenstheologie vorentschiedene Kritik sein. Unübersehbar ist ihr harter Kern: die Rückbeziehung der Erlösung auf die verletzte Ehre Gottes hat den Dualismus nicht beseitigt. Was Anselm tatsächlich geleistet hat, ist nicht die Eliminierung einer Instanz, sondern lediglich eine Umbesetzung von ‚Stellen' im System: an die Stelle des Teufels ist Justitia als die nunmehr fordernde Instanz getreten. Ohne eine solche Instanz kann das Opfer des Sohnes gar nicht gedacht werden, und wenn nicht der Teufel als Empfänger der Sühne figurieren soll, dann muß Gott seine Funktion mitübernehmen und sich selbst dieses Opfer abverlangen. Die dualistische Spaltung der göttlichen Instanz in einen Heils- und einen Gerechtigkeitswillen kann Anselm nur dadurch verschleiern, daß er auch den

---

301 Siehe hierzu H. Ott, *Anselms Versöhnungslehre*, in *Theologische Zeitschrift* 13 (1957) 183–199, insbes. S. 187 ff.

302 S. 408 f.

Heilswillen nicht primär auf die erlösungsbedürftige Menschheit, sondern auf die zu vollendende *civitas caelestis* bezieht: Gott braucht den Menschen, um die dezimierten Engelschöre aufzufüllen und dem ursprünglichen Plan gemäß weiter zu vergrößern. Möglich ist diese Verschleierung aber allein begrifflich, d. h. mittels Subsumption unter den Begriff des *honor dei*. Jede Form von Veranschaulichung, schon die allegorische, legt den Dualismus bloß. Der Paradiesprozeß bekommt damit explizierende Funktion: sein vermeintlicher Anthropomorphismus ist in Wahrheit der ans Licht geholte Dualismus des Anselmschen Gottesbegriffs.

Dieser Enthüllung aber folgt eine weitere. Anselms Subsumption auch des Heilswillens unter den Ehrbegriff und die damit gegebene extreme Mediatisierung der Erlösung ist das – u. a. von Harnack bloßgelegte – inhumane Element, mit dem diese Soteriologie sich an den Rand der Selbstpreisgabe laviert. Aber ihr bleibt keine Alternative. Die antidualistische Strategie Anselms muß darin gipfeln, daß er die Hölle, geschweige denn die Höllenfahrt Jesu, überhaupt nicht in den Blick treten läßt, das Bild von der himmlischen Stadt muß der Schlußstein des Systems bleiben. Denn wo immer der Heilswille nicht in diesem Sinne auf Gottes Ehre selbst zurückbezogen, sondern, wie in den Paradiesprozessen, als misericordia thematisiert wird, fällt der Blick zurück auf die in der Hölle Gequälten als Objekt dieses Mitleids. In dem Maße aber, wie Hölle und Teufel wieder in Sicht geraten, wird die von Anselm vollzogene Umbesetzung selbst thematisch und das heißt: ist die ‚Stelle‘ im System nicht mehr eindeutig, sondern ambivalent besetzt, eben durch Gottes Gerechtigkeit *und* das ‚Recht‘ des Teufels. Hier liegt der tiefere Grund für die von Rivière mit spürbarem Unbehagen registrierte Tatsache, daß die traditionellen Bilder vom Teufelsrecht über den Loskauf und die göttliche List im Zuge der Anselm-Rezeption nicht einfach verschwanden, sondern als Objekt permanenter Widerlegung fester Bestandteil des didaktisch-erbaulichen wie auch des dogmatischen Schrifttums blieben. Was die Dogmengeschichtler aller Schattierungen immer wieder mit Befriedigung herausstellen: daß die Ansprüche des Teufels zurückgewiesen werden, verweist primär darauf, daß in diesen Dementierungen und gerade in ihnen der Dualismus perpetuiert wird. Es ist die provokative Plausibilität seiner Antwort auf die Frage nach dem Sinn des höchsten aller Opfer, die ihm diese Lebenskraft sichert und der sich selbst die scholastischen Summen nicht entziehen konnten. Ihre Widerlegung dieser Plausibilität aber war wiederum nur auf der Ebene begrifflicher Distinktionen möglich und in anschaubare Verständlichkeit nicht umzusetzen. Die Paradiesprozesse spreizen nicht nur Anselms Ehrbegriff zu einem noch in der monotheistischen Klammer gehaltenen Dualismus von Gerechtigkeit und Barmherzigkeit, sondern sie enthüllen, indem sie das Bild der Höllenqualen evozieren, gleichzeitig den ambivalenten Stellenwert der Justitia, indem sie sich nicht festlegen, von wem denn nun eigentlich die Menschheit losgekauft werden muß, von Gottes Gerechtigkeit oder von ihrem systematischen Konkurrenten, dem Teufel[303].

Genau diese Ambivalenz kommt in der Passion von Arras zum Austrag. Dort verweisen, ganz im Sinne Anselms, die Erzengel auf die verwaisten *beaux sièges celestiaux* (717), um Gott im Interesse seiner eigenen Ehre zum Erlösungswerk zu bewegen:

> Salve ta haultene equité
> Et l'honneur de ta deité. (813 f.)

Dieser Appell erfolgt aber erst, nachdem Sapientia den Disputantinnen mit dem Inkarnationsplan einen Ausweg gewiesen hat, und diesen Plan begründet sie weniger mit der unvollendeten himmlischen Stadt als mit dem emphatisch beschworenen Bild des Höllengefängnisses. Der Ambivalenz dieser Begründung entspricht die Ambivalenz des Begriffs: nicht von Satisfaktion ist die Rede, sondern von Loskauf (*rachat* bzw. *racheter:* 600, 960, 966, 970, 24798). Von diesem Loskauf wird eindeutig nur gesagt, daß er im Kreuzestod bestehe (959–970, 24797–24800), ohne daß der Empfänger der ‚Bezahlung' (599, 24790) benannt würde. Wo von

---

303 Als höchst aufschlußreich erweisen sich in diesem Zusammenhang eine Reihe kaum beachteter deutscher Paradiesprozesse, die Duriez S. 195 ff. zusammengestellt hat (Zuckmantler Passionsspiel, Vordernberger und Salzburger Paradiesspiel). In ihnen erscheint gleich nach dem Sündenfall Luzifer höchstpersönlich vor Gott mit dem Anspruch, nun müsse auch der Mensch in alle Ewigkeit verdammt werden. Der eigentliche Prozeß beginnt gleich darauf mit der ausdrücklichen Feststellung der Gerechtigkeit, daß der Teufel die Wahrheit gesprochen habe. Möglicherweise liegt hier bereits eine Rückwirkung der im Spätmittelalter sehr verbreiteten und beliebten sogenannten Teufelsprozesse vor, die sich ebenfalls der Allegorie der vier Töchter Gottes bedienten, und zwar in einer die hier behauptete systematische Identität von Teufel und Justitia bestätigenden Weise. In diesen nach der Höllenfahrt spielenden Prozessen erscheint vor Gottes Thron ein Abgesandter der Hölle, um auf Herausgabe der unrechtmäßig Geraubten zu klagen. In Jacob von Maerlants *Merlijn,* einer erweiterten holländischen Version der französischen Vorlage, wird der Teufel Masceron in diesem Geschäft von der für die Menschheit sich einsetzenden Maria so sehr hingehalten, daß er beschließt, sich Advokaten zuzulegen, nämlich Gerechtigkeit und Wahrheit, woraufhin Maria Barmherzigkeit und Frieden für sich argumentieren läßt. Justitia also erscheint hier nicht mehr als Attribut Gottes, sondern als Anwalt des Teufels (zu den erwähnten Texten siehe die im übrigen anspruchslose Arbeit von H. Traver, *The four daughters of God,* Diss. Bryn Mawr, Philadelphia 1967, S. 50 ff.).

Loskauf ist von Luzifer, wo von Luzifer ist von Loskauf nicht die Rede. Aber bezeichnenderweise trägt in der Begründung von Sapientia der Plan kaum noch Kompromißcharakter. Wenn sie ihn zunächst als einen – unspezifizierten – Loskauf bezeichnet (588–600) und hernach als Befreiung aus den Banden des Höllenfürsten (1331–38), dann ist, auch wenn der Begriff des *rachat* hier nicht fällt, Luzifer doch immer noch eher impliziert als Justitia, von der gar nicht die Rede ist. Erst im Schlußteil des Prozesses, also nach dem Spiel, schlägt das Pendel in die andere Richtung zurück. Hier ist es Justitia, die sich mit dem Sohnesopfer zufrieden gibt (obwohl sie auch jetzt den *paiement* nicht ausdrücklich für sich in Anspruch nimmt, 24785–24804) und, was wichtiger ist, die Befreiung Adams aus der *prison Luzifer* (24821) wird hier nicht mit der Höllenfahrt verbunden, sondern als automatisch sich einstellende Folge des Kreuzestodes ausgewiesen. Jesus zeigt Gottvater seine Wunden, mit denen er die Menschheit errettet habe, und fährt dann fort:

> Et apres celle griefve mort
> Que je ay souffert sur terre a tort,
> Au tiers jour sui resuscité,
> Et puis je sui es cieulx monté,
> Et sui revenu en mon estre
> Ou tu m'as fait sir a ta destre.　　　　　(24625 ff.)

Es ist, als wolle der Autor sich damit im nachhinein von seinem eigenen Spiel distanzieren. Denn was er Jesus hier völlig verschweigen läßt: die Höllenfahrt, war im Spiel selbst das zentrale Ereignis des vierten Tages und der dramatische Höhepunkt des Ganzen.

III

Es ist nun interessant zu verfolgen, wie dieses offenkundige und vom Autor indirekt eingestandene Dilemma in der Darstellung selbst ausgetragen wird. Das Spiel besteht aus vier Tagen und umfaßt an die 25 000 Verse. Der erste Tag enthält Jesu Geburt und Kindheit, der zweite sein öffentliches Auftreten bis zur Gefangennahme, der dritte Verurteilung und Kreuzigung, der vierte Höllenfahrt und Auferstehung. Der Descensus aber wird nun nicht mehr, wie in der Palatinus-Passion, unvermittelt eingeschoben, sondern langfristig vorbereitet. Das breit ausladende Geschehen ist vom ersten Tag an mit Teufelsszenen durchsetzt und somit dramatisch-dualistisch strukturiert. Es stände zu vermuten, daß dabei jener Anspruch in Szene gesetzt sei, den der dümmlich-stolze Satan der Palatinus-

170

Passion im Anschluß an das Nikodemus-Evangelium erst im Rückblick auf das Leidensgeschehen erhob: daß nämlich die Kreuzigung sein Werk sei. Bei genauerem Hinsehen aber zeigt sich, daß eben dieser Aspekt in der Passion von Arras vermieden wird.

Die Höllenszenen der beiden ersten Tage stehen im Zeichen der mit Jesu Ankunft und Wirken auf Erden spürbar werdenden Entmachtung Luzifers. Das beginnt bereits nach Mariä Verkündigung. Satan berichtet von einer geheimnisvollen Engelbotschaft und wird von dem beunruhigten Luzifer mit dem Auftrag zur Erde zurückgeschickt, die Hölle nun erst recht mit Opfern zu füllen (1111–1213). Nach der Geburt kehrt er zurück, mit nur einer einzigen Hexe, was Luzifer für einen Jahresaufenthalt entschieden zu wenig dünkt (2393–2456). Um so größer ist die Freude über die schwarze Seele des Herodes, der die Ermordung von 14000 Kindern auf dem Gewissen hat und ob des Verlustes des eigenen Sohnes sich das Leben nimmt (5073–5144; 5452–5534). Satan will den um seinen Thron Fürchtenden zu dem Massaker angestiftet haben, aber bezeichnenderweise nur mit dem Ziel *de mal faire* (5088), nicht also etwa aus der Erkenntnis heraus, daß das *jone enfant* (5090) für die Hölle selbst Gefahr bedeute. Auch nach der mißlungenen Versuchung Jesu (6809–7056) verzichtet Satan darauf, bei den Juden seinen Tod zu betreiben. Nachdem auch noch die als Opfer fest verbuchte Kanaiterin geheilt wurde, geht Luzifer in die Defensive:

> Tost, tost, bien tost, frumez no portes!
> C' est Dieu le pere qui revient. (7909 f.)

Damit aber stellt sich die zunächst abgewehrte Gefahr doch wieder ein. Zwar wird das Moment der Überlistung Satans durch den Kreuzestod nicht thematisch, aber durch die Vorverweise auf die Höllenfahrt wird die Figur Jesu dennoch mythisiert. Sie erscheint von Anfang an als die Luzifers Reich unsichtbar bedrohende Gegenmacht. Das dramatische Interesse besteht weniger darin, daß Gott leidender Mensch wurde, als vielmehr darin, daß dieser Mensch gleichwohl mächtiger Gott bleibt und als solcher wirkt.

Daß zwischen dem Mythologem vom Höllenkampf und dem kerygmatisch-unanschaubaren Bild vom Sieg im Leiden keine Vermittlung möglich ist, wird an einem Detail des für die Passion zentralen dritten Tags deutlich. Hier findet sich nur eine einzige Teufelsszene, die auf die Kreuzigung vorgängig Bezug nimmt, und in ihr sucht Luzifer den Tod Jesu nicht zu betreiben, sondern in Vorausahnung des Kommenden zu verhindern. Satan soll der Frau des Pilatus im Traum eingeben, bei ihrem Gemahl für einen Freispruch sich einzusetzen (14096–207). Diese dem Evangelienkommentar des Nicolaus von Lyra entstammende Szene[304] wurde zum festen Bestand der Passionsspiele, war in ihr doch wieder einmal eine biblische Episode (Matth. 27, 19) dualistisch stilisiert. Für uns ist sie besonders interessant, weil in ihr das hier verfolgte Dilemma greifbar wird. Vermieden hat der Verfasser sorgfältig das – mythologische – Motiv der Überlistung Satans durch den ‚Köder' des Kreuzes, aber erkauft ist dies mit einer Preisgabe der – auf das Mythologem vom Höllenkampf zulaufenden – dramatischen Handlungsfolge. Daß der Gegner geschont werden soll, ist der mißlungene, da die fundamentale Inkonsistenz der Bilder enthüllende Versuch, den Kreuzestod in die Phänomenalität eines Heilsdramas zu integrieren.

Dieses Dilemma wiederholt sich am Ende des dritten Tages, der mit der Ankündigung der Höllenfahrt und der Grablegung schließt. Als Satan unter dem Kreuze mit dem Erzengel Michael um die Seele des guten Schächers streitet, wird er über das Kommende belehrt:

> Leurs dis et fais sont acomplis,
> Car le filz de Dieu de lassus
> A esté en croix estendus
> Pour racheter l'humain linage
> Qui dedans le limbe en servage
> Ont esté en captivité,
> Tantos en seront hors jetés
> Et mis en consolation. (17616 ff.)

Hier erscheint wieder der Begriff des Loskaufs in seiner uns aus dem Paradiesprozeß erinnerlichen Ambivalenz. Gewiß, der Kreuzestod wird auch hier nicht als Lösegeld an den Teufel gedeutet. Aber gleichwohl wird der Blick nicht vom Kreuz zurück auf die befriedete Gerechtigkeit gelenkt, sondern voraus auf den ‚bald' (*tantost*) stattfindenden Akt der Befreiung. Wenn kurz darauf der von Satan informierte Luzifer zu einer großangelegten Höllenbefestigung aufrufen läßt, die schlimmsten Sünder zu Kanonenpulver gestampft, andere zu Schwefel geröstet werden (18162–18231), dann geht es schon nicht mehr um den Menschen Jesus und den moralischen Wert seines Leidens, sondern um den göttlichen Überwinder des Höllenfürsten. Jesus mag als Geist niederfahren (nach 20898) – die Verlegung des Descensus in den letzten Tag läßt keinen Zweifel daran, daß er nicht theologisch als Epiphänomen, sondern dramatisch als Höhepunkt eingesetzt ist.

---

[304] Siehe Roy S. 229 f.; zur Geschichte des Motivs siehe E. Fascher, *Das Weib des Pilatus,* Halle/Saale 1951.

IV

Die größte und bekannteste französische Passion stammt von Arnoul Greban. Er schrieb sie als magister artium, also noch vor oder gleich zu Beginn seines Theologiestudiums, aber die dogmatische Gewissenhaftigkeit des zukünftigen Baccalaureus ist an ihr doch schon deutlich ablesbar. Das zeigt vor allem der Vergleich mit seiner Vorlage, der Passion von Arras. Noch deutlicher als sein Vorgänger hält Greban das Geschehen für einer allegorischen Vorabexplikation bedürftig. Sein Paradiesprozeß ist nicht nur gut dreihundert Verse länger, sondern auch theologisch sehr viel stringenter. Auffälligstes Signal hierfür ist die – soweit ich sehe in der Geschichte des Paradiesprozesses erstmalige – systematische Verwendung des Begriffs *satisfaction* bzw. *satisfaire* (V. 2357, 2529, 2556, 2763, 2917, 2962, 3038, 3168, 34146, 34230, 34234, 34285, 34314, 34403, 34472). Damit ist die Ambivalenz des Loskaufbegriffs, wie er in der Passion von Arras erscheint, beseitigt. Justitia hat nunmehr eindeutig die ‚Stelle' des Teufels besetzt. Hieß es in der Passion von Arras einfach, Gott müsse Mensch werden

> Pour faire et payer la grant somme
> Dont l'homme sera racheté, (599 f.)

so läßt Greban keinen Zweifel daran, daß es Justitia sei, die die *grant somme en reparacion* gefordert habe (34221), der sie gezahlt worden und der damit Genugtuung geschehen sei (34234). Vom Teufel ist überhaupt nur insoweit die Rede, als begründet wird, warum nicht ihm, wohl aber den Menschen Erlösung zuteil geworden sei (2620 ff.). Die Beschreibung dieses Erlösungswerks selbst klammert ihn aus, genauer: sie versucht es, und ganz gelingt dieser Versuch auch hier nicht. Die Stelle erfordert eine nähere Analyse.

Als Justitia ihre Position durch den Hinweis auf die Reue der gefallenen Menschheit zunehmend erschüttert sieht, kommt ihr Sapientia zu Hilfe mit einem Vergleich aus der *cause civille* (2913), dem Strafrecht: Reue, so führt sie aus, könne dem Menschen ebensowenig nützen wie einem in königlichem Gefängnis eingesperrten Verbrecher, den alle Tränen und alle Klagen nicht vor dem verdienten Tod bewahren könnten. Grebans Purismus bedient sich hier eines höchst subtilen Arguments. Was nämlich als Vergleich aus dem Strafrecht ausgegeben wird, ist gleichzeitig eine Depotenzierung der Höllenvorstellung. Denn die *prison de roy*, von der hier die Rede ist, steht ein für die *prison Luzifer* (24821) aus der Passion von Arras, wobei Luzifers nun nicht einmal mehr in seiner Eigenschaft als

Gottes Gefängniswärter gedacht ist. Die Hölle erscheint nicht mehr als eigenständige Realität, sondern als bloßer Bildspender. Mit dieser Korrektur glaubt Greban nun offenbar auch die Höllenfahrt gleichsam freigegeben. Er läßt Veritas das von Sapientia eingeführte Bild aufgreifen und für ihr eigenes Anliegen ausbeuten:

> Voire, més, en bonne equité,
> autre voye y fault esgarder
> et encores me vueil fonder
> sur la similitude bonne
> que dame Sapience donne.
> Car, posé que le malfaiteur
> qui est en chartre habitateur,
> ne puist satisfaire a son mal,
> neantmoins, par don especial,
> le roy le puet permetre vivre
> ou, force, vient, qui le delivre,
> le prince de celle cité,
> qui oncques n'y avoit esté.
> Sy vueil a ce point pervenir
> que tel prince pourroit venir
> en humaine habitacion,
> qui en prenroit compassion
> en baillant bonne delivrance. (2937 ff.)

Auch hier ist das Mythologem nur als Bildspender präsent. Der Descensus ist nicht eine besondere Phase im Erlösungswerk, sondern er soll ein Schema liefern zur Veranschaulichung dieses Werkes in seiner Gesamtheit: der Kerker wird nicht mit der Hölle assoziiert, sondern verbildlicht die Situation der gefallenen Menschheit, und die Befreiung verweist nicht speziell auf eine Höllenfahrt, sondern auf die Präsenz des Himmelsfürsten an einem Ort, den er vordem nicht betreten hatte, also auf die Inkarnation (*en humaine habitacion*). Was als moralisch-juridische Allegorie vorgestellt wird, ist in Wahrheit Allegorese des Mythologems.

Allein, auch ein allegorisch gelesenes Mythologem ist noch lange kein Theologumenon. Im Gegenteil: gerade die Insistenz auf dem König als Gefängnisherrn hinterläßt um so dringlicher die Frage, warum denn dieser Allmächtige nicht einfach durch einen Freispruch Gnade vor Recht ergehen lassen kann. Greban zitiert diese Möglichkeit mit dem Hinweis auf einen königlichen *don especial*, ruft sich dann aber selbst zurück mit dem verräterischen *ou forse vient, qui le delivre...*, wobei immer noch nicht einsichtig wird, warum dieser fürstliche Befreier den schmählichsten aller Tode auf sich nehmen mußte. Das Bild vom fürstlichen Befreier nimmt die Idee einer stellvertretenden Genugtuung für den satisfaktionsunfähigen Menschen nicht in sich auf. Auch die Allegorese kann das Kreuz nicht integrieren. Vielmehr muß diese spezielle Art der Erlösung in offensichtlicher Inkonsistenz an das Bild angeschlossen werden. Zunächst einmal, so fährt Sapientia fort, müsse ein Fürst gefunden werden, der für diese Aufgabe ‚mächtig' genug sei (2973–80). Ein Engel käme nicht in Frage, da er nur von endlicher Macht (*puissance finie*, 2998) sei. Die unendliche Beleidigung Gottes hingegen könne nur von einer *puissance souveraine* (3049), also allein von Gott selbst gutgemacht werden. Der Begriff der *puissance* wird so zu einer – allerdings leicht durchschaubaren – Hilfskonstruktion, die den Übergang vom Vorstellungsbereich einer machtvollen Befreiung zu dem abstrakten Bereich moralischer Größenordnungen im Sinne der Satisfaktionslehre ermöglichen soll. Aber selbst diese Brücke bricht auf halber Strecke zusammen. Als Sapientia begründet, weshalb nicht der Vater, sondern der Sohn die ‚große Reise' tun müsse, ist von dem ‚mächtigen Fürsten' der Allegorese nicht mehr die Rede:

S'est ainsi que l'omme a failly,
si fault qu'il treuve homme pour luy
qui porte la peine et martire,
puisque de soy n'y puet souffire.   (3064 ff.)

Blicken wir von hier auf die Passion von Arras zurück, so zeigt sich ein Doppeltes: Greban versucht ganz offensichtlich, die Ambivalenzen seiner Vorlage im Sinne einer stringenten Satisfaktionslehre abzubauen. In dem Maße aber, wie diese puristische Tendenz sich auch auf die traditionellen dramatisch-dualistischen Bilder erstreckt, tritt die Inkonsistenz von begrifflicher und anschaulicher Präsentation des Heilswerks verschärft hervor. Noch auffälliger als diese Inkonsistenz schon innerhalb des Paradiesprozesses selbst ist jedoch die zwischen dem allegorischen Rahmen und dem eigentlichen Spiel. Denn der Rahmen läßt nicht erwarten, daß dieses Spiel wie kaum ein anderes in den Teufelsszenen dem dramatisch-dualistischen Widerpart Raum gibt.

V

Im Unterschied zur Passion von Arras setzt die Grebans das gesamte Heilsgeschehen in Szene. Sie beginnt in einem Vorspiel mit Schöpfung und Engelsturz und hat damit in Luzifer den das Geschehen hinfort in Gang haltenden dramatischen Gegenpol gewonnen. Dem Sündenfall ist eine größere Höllenszene vorangestellt, in der Luzifer sich darüber empört, daß die Menschheit dereinst jene himmlischen Sitze einnehmen soll, von denen er und die Seinen verstoßen wurden (661–666). Satan soll diesen göttlichen Plan hintertreiben. Damit erscheint ein uns bekanntes Argument in völlig verändertem Kontext. Die himmlische Stadt war bei Anselm metaphorisches Attribut des *honor dei*. Es ging um die Notwendigkeit ihrer Vollendung und die daraus folgende Notwendigkeit des Heilswerks. Die vorliegende Szene hingegen präsentiert das Bild in der Perspektive desjenigen, der die Engelschöre überhaupt erst in den Zustand der Restitutionsbedürftigkeit gesetzt hat und der diese Restitution nunmehr zu verhindern sich anschickt. Anselms metaphorische Veranschaulichung einer moralischen Kategorie wird damit zurückgeholt ins Mythologem, und dieses Mythologem spielt nun umgekehrt den folgenden Sündenfall im vorhinein aus der moralischen Dimension heraus: Satan erscheint nicht als Verkörperung des Bösen im Menschen, sondern als ausführendes Organ einer Querele, deren Antagonisten beide den Menschen nur mittelbar in ihren Disput einbeziehen. Erst im Paradiesprozeß zu Beginn des ersten Tages erscheint Anselms Argument in seiner ursprünglichen Funktion, aber derjenige, der schon einmal den göttlichen Plan erfolgreich bekämpft hat, wird, so steht zu erwarten, auch dem zweiten Anlauf gegenüber nicht untätig bleiben.

In der Tat zeigt sich gerade an Grebans Passion, wie die immanente Logik des dualistischen Bildes einen Zwang und eine Faszination entfalten kann, die nicht nur das eigene, so gewissenhaft formulierte Programm hinter sich zu lassen, sondern auch die Vorlage dort dramatisch zu überbieten suchen kann, wo diese in offensichtlich theologischem Interesse zurückhaltend war. Das zeichnet sich bereits ab in der Höllenszene nach Mariä Verkündigung, also der ersten, die in der Passion von Arras eine Entsprechung hat. Bei Greban erhält sie nicht nur durch ihre Länge (273 Verse gegenüber 102 in der Vorlage) größeres Gewicht, sondern auch durch die von Anfang an gezielte Strategie Luzifers, der sich sogleich vorstellt im vollen Bewußtsein dessen, was er verloren, aber auch dessen, was er sich bewahrt hat:

> ne demeure que mon orgueil
> qui ne s'est mué ne changié
> en moy depuis qu'il fut forgié
> lassus au pardurable empire,
> si non que toujours il empire,
> sans soi diminuer en rien. (3718 ff.)

Zusammen mit diesem perennierenden Stolz ist ihm auch ein Abglanz himmlischer Allwissenheit geblieben. In Vorahnung des Kommenden schickt er Satan zur Erde mit dem Auftrag, Ausschau zu halten, ob da vielleicht jemand geboren würde, der durch seine vollkommene Tugend Adams Verfehlung wiedergutmachen könnte. Ihn gelte es zu korrumpieren und damit *indigne pour faire satisfaction* zu machen (3942). Allein, seine Vorausschau ist begrenzt. Wüßte er, worin die geplante Satisfaktion besteht, müßte er mit allen Mitteln Jesu Tod zu verhindern suchen, und eben dies tut er – zumindest vorerst – nicht.

Die damit gegebene Divergenz gegenüber der Passion von Arras wird erstmals anläßlich der Ermordung der unschuldigen Kinder greifbar. Die Höllenszene lag dort, wie wir sahen, nach dem Massaker, und Satan war dabei weniger an dem Kind als vielmehr an der Seele des Herodes gelegen. Greban zieht die Szene vor (7259–7424). Satan überbringt das Gerücht von der jungfräulichen Geburt eines Sohnes, der die Menschheit erlösen soll, und kündet gleichzeitig das bevorstehende Massaker an, zu dem er Herodes angestiftet habe. Dieses erscheint damit als strategische Gegenmaßnahme mit dem Ziel, den Gegner zu töten. Luzifer findet für den Plan höchstes Lob und sendet Satan zur Ausführung auf die Erde zurück. Erst jetzt also ist die – von Greban aus der Vorlage übernommene – Doppelung der Gegenmacht in Luzifer und Satan in ihren dramatisch-dualistischen Möglichkeiten genutzt: wie Gott Jesus auf Erden sendet, um sein himmlisches Reich zu mehren, so schickt Luzifer Satan aus, um den die Höllenstadt bedrohenden Gegner zu vernichten.

Daß Greban in Ergänzung seiner Vorlage auch der Versuchung Jesu eine Höllenszene vorschaltet (10417–539), in der Satan mit dieser Aufgabe von Luzifer eigens beauftragt wird, macht deutlich, mit welcher Konsequenz er die Handlung in diese perfekte Symmetrie dualistischer Instanzen einzuspannen bemüht ist. Anläßlich der Heilung der Kanaiterin klagt Fergalus:

> ce Jhesus qui regne sur terre
> nous maine la plus forte guerre
> qu'oncques fit homme en ce party. (12301–303)

Auf Krieg ist in der Tat alles stilisiert, sehr viel deutlicher als in der Passion von Arras und mit sehr viel stärkerer Herausarbeitung der Strategie Luzifers. So ergänzt Greban auch die Erweckung des Lazarus um eine anschließende Höllenszene (15061–166), in der zunächst Luzifer die Höllentore verriegeln läßt, damit solche Pannen nicht mehr passieren, und in der sodann Satan beschließt, sich an die Juden heranzumachen, um Jesu Tod zu betreiben. Luzifer übernimmt wenig später diesen Plan (17284–423), indem er Berich zu den Pharisäern und Satan zu Judas schickt – wiederum eine bezeichnende Abänderung der Vorlage, wo erst der reuige Judas die Teufel herbeiruft, die ihm auf Luzifers Geheiß den Strick bringen und sodann die Seele des Selbstmörders in die Hölle tragen (13065–187). Greban scheut sich folglich auch nicht, seinen Satan selbst in der

Abendmahlsszene auftreten und Judas an den Kontrakt erinnern zu lassen (18208–213).

Indem er nun aber solchermaßen das dualistische Bild konsequenter durchhält als sein Vorgänger, gerät bei ihm die Inkarnation in genau jene latent doketische Perspektive der Überlistung des Teufels durch eine bloß angenommene Scheinleiblichkeit Jesu, die in der Passion von Arras gewissenhaft vermieden war. Diese Gefahr hat Greban selbst erkannt. Anläßlich der Verurteilung durch Pilatus schwenkt er um den Preis einer offenkundigen Inkonsistenz auf die Vorlage ein: derselbe Luzifer, der Satan zunächst zur Vernichtung des Gegners ausgeschickt hatte, gibt ihm nunmehr den Auftrag, über die Frau des Pilatus die Verurteilung Jesu abzuwenden. Gleichzeitig jedoch läßt er erneut die Höllentore sichern (23233–371). In diesem letzteren Punkt kann die Logik des Bildes durchgehalten werden, was nun aber bedeutet, daß das dramatische Geschehen primär nicht auf das Kreuz, sondern wiederum auf den Descensus zuläuft. Unmittelbar vor der Kreuzigung tritt der Konflikt in aller Schärfe hervor. Greban hat seine Vorlage hier wiederum ergänzt. Zunächst läßt er Gottvater vorweg erklären, daß nunmehr Justitia Satisfaktion geschehen würde (24409 ff.). Dann folgt eine Höllenszene, in der Satan von seinem Mißerfolg bei der Pilatessa berichtet und Luzifer ein weiteres Mal die Hölle verriegeln läßt: schon vor der Kreuzigung greift das Geschehen über das Kreuz hinaus auf die Höllenfahrt vor – jene Höllenfahrt, mit der auch Grebans Passion ihren dramatischen Höhepunkt findet (26081–283).

Aber bereits die Kreuzigung selbst steht im Zeichen dieser Unumsetzbarkeit des Satisfaktionsgedankens in Anschaubarkeit. Wenn Satan unter dem Kreuz erscheint, um resignierend festzustellen, daß hier etwas geschehe, das sich seinem Verständnis entziehe (24885 ff.), dann ist theologischem Interesse scheinbar Genüge getan: die Erlösung vollzieht sich unter Ausschaltung der dualistischen Gegeninstanz, also in direktem Rückbezug der satisfaktorischen Leistung auf Gott. Die Niederlage der Höllenmächte wird zur automatischen Folge eines gleichsam an ihnen vorbei sich vollziehenden Geschehens. Aus der Perspektive des Teufels aber, den Anselm wohlweislich gar nicht in den Blick genommen hatte, bleibt das Ganze in der – mythologischen – Dimension der Überlistung. Dies wird deutlich, wenn Satan in der Hoffnung auf Jesu Seele am Kreuze ausharrt (24915 ff.), um dann doch feststellen zu müssen, daß sie, die er triumphierend in die Hölle bringen wollte, sich offenbar schon längst auf den Weg dorthin gemacht hat

> pour rompre portes et verroulx
> et nous destruire et pillier tous. (25872 f.)

Andere Spiele machen den mythologischen Charakter dieser Szene explizit. In der Alsfelder Passion z. B. klettert Satan zur Linken und ein Engel zur Rechten zum Kreuz hinauf, wobei natürlich der Engel Sieger bleibt und die Seele Jesu in Gestalt einer weißen Taube fliegen läßt (nach 6267). Satan wird von einem zweiten Engel mit dem Schwert vertrieben und muß sich obendrein von seinem Herrn der Dummheit zeihen lassen, wobei der Kreuzestod ausdrücklich als Betrug bezeichnet wird:

> Sathanas geselle, was stundestu dan do?
> nach der sele dorfft dir nyt weßen go,
> want du bist eyn rechter geck:
> die sele ist langes hene enwegk!
> ich focht, mer syn daran betrogen:
> sie ist eyn ander wegk gezogen! (6304 ff.)

Der genuin dualistische Charakter der Überlistung ist hier unmittelbar ins Bild gesetzt und zugleich sozusagen auf den Begriff gebracht. Die Rede vom Betrug ist wiederum ein sehr schönes Beispiel für Fryes „dämonische Modulation": die dogmatisch nicht haltbare Formel der *pia fraus* Gottes kehrt wieder in perspektivischer Bindung an die Sicht des Teufels. Bezeichnend ist, woher das geistliche Spiel diese Szene Satans am Kreuz genommen hat: aus apokrypher Tradition, die überholten dualistischen Bildern nicht nur in diesem Fall ein von dogmengeschichtlichen Entwicklungen unberührtes Fortleben verschafft[305].

Grebans Passion ist deswegen so aufschlußreich, weil hier das dramatische Interesse an solchen Bildern mit dogmatischem Bewußtsein immer wieder in Konflikt gerät. So mag er zwar einerseits – wiederum im Gegensatz zu seiner Vorlage, der Passion von Arras – nicht auf den Satan unter dem Kreuz verzichten, andrerseits aber geht er doch nicht so weit wie z. B. das Alsfelder Spiel, das kaum dogmatische Hemmungen erkennen läßt. Bezeichnend ist, wie vorsichtig er mit dem Argument der *pia fraus* umgeht. Es ist kaum erkennbar, wenn Satan nach der Präsentation Jesu im Tempel oder Belzebuth nach der Erweckung des Lazarus feststellen, daß sie getäuscht wurden (7107, 15063). Im Zusammenhang mit dem Kreuzestod ist überhaupt nicht von Betrug und Täuschung die Rede. Erst in der Höllenfahrt findet sie sich indirekt und an versteckter Stelle. Als dort nämlich Cerberus eine Klage auf unrechtmäßige Entführung der soeben von Jesu Befreiten erwägt, wird er von Luzifer gewarnt:

---

305 Zu den einzelnen Quellen (*Transitus Mariae, Historia scholastica,* Vincent de Beauvais, Ludolphe le Chartreux u. a.) siehe Duriez S. 98 und Roy S. 232.

Ton appel riens n'y pervendroit:
Jhesus, qui la chose a bastie
il seroit la juge et partie. (26203 ff.)

Was Greban hier in „dämonischer Modulation" zitiert, ist nichts anderes
als die im Spätmittelalter weitverbreitete Tradition des *Processus Belial*,
der Teufelsprozesse, in denen der von Cerberus erwogene Plan in Szene
gesetzt wird und der Vertreter der Hölle genau das von Luzifer Prophe-
zeite erfahren muß[306]. In derart vermittelter Weise also hat Greban die
pia fraus eingelassen.

Man kann sich fragen, warum er sich überhaupt dazu bereitfand. Darauf läßt sich wohl nicht mehr sagen, als daß dieses Schicksal des durch
einen Betrug unterlegenen Luzifer für Greban mit zu der ihn zweifels-
ohne faszinierenden Gestalt des Höllenfürsten gehörte. Aber gerade dort,
wo die Faszination besonders deutlich wird, meldet sich nicht minder
deutlich auch das theologische Gewissen. Denn auch bei Greban finden sich,
wie bereits bei seinem Vorgänger, Selbstdistanzierungen von der gesamten
Höllenfahrt. Im Prolog und im Epilog zum dritten Tag ist von dessen
und des ganzen Spiels dramatischem Höhepunkt mit keinem Wort die
Rede. Und in der Adam–Christus Typologie des abschließenden Paradiesprozesses steht ganz das Kreuz im Mittelpunkt, wohingegen die Höllenfahrt nur gleichsam en passant in einem einzigen Vers Erwähnung findet
(*mettre mes amis a delivre*, 34233). All das kann indes nicht darüber hinwegtäuschen, daß die im einleitenden Paradiesprozeß versuchte Umdeutung der Höllenfahrt als Allegorese des gesamten Heilsgeschehens nicht
nur, wie wir bereits sahen, dortselbst scheitert, sondern auch und erst recht
im Spiel selbst. Sie scheitert an der Unentbehrlichkeit des Teufels als dramatischem Widerpart, und, damit zusammenhängend, an der Abfolge und
Konkurrenz inkommensurabler Bilder. Kraft der schon im ersten Tag
einsetzenden dualistischen Schilderung ist das Geschehen so sehr auf den
Antagonismus Jesus–Satan eingespielt, daß zwangsläufig erst die – anschaubare – Besiegung des Gegners, also das Mythologem, als zentraler
Heilsakt erscheint und nicht schon die – unanschaubare – moralische Leistung des leidenden Menschen Jesus.

Damit aber ist das zentrale Interesse der Satisfaktionslehre in Frage gestellt. Der latente Doketismus, den Greban zunächst (anläßlich des Kin-
dermords) in Kauf nimmt und dann (in der Pilatessa-Szene) abbiegt, bekommt in dem Moment, wo Satan unter dem Kreuz erscheint, erneute
Aktualität. Der moralische Wert des Leidens wird implizit, bisweilen auch

---

[306] Siehe oben Anm. 303.

explizit zu einem Moment der Überlistung und damit dem Mythologem dienstbar gemacht. Betrachtet man dies aus der Perspektive der Rezeption, so zeigt sich die theologisch ruinöse Ambivalenz in aller Schärfe: das geschaute Leiden soll den Blick zurückwenden auf die Schuld der Menschen, aber solche fromme Einkehr wird ständig auch entlastet durch Projektion eben dieser Schuld in den sonst übermächtigen, hier im Spiel aber unterlegenen Urfeind.

VI

In den spätmittelalterlichen Passionen kehrt damit eine Problematik wieder, die sich genau dort zum ersten Mal kundtut, wo christliche Heilsgeschichte als ‚Drama‘ begriffen wurde: in der auf mythologische, insbesondere gnostische Denkformen rekurrierenden Apologetik des zweiten Jahrhunderts. Von einem christlichen „Heilsdrama" spricht erstmals Clemens von Alexandrien[307]. Heilsgeschichte wird ihm zu einem den euripideischen *Bakchen* vergleichbaren „Heilstheater", das sich zwischen Adam, der Schlange und der Gottheit abspielt. Interessant ist, daß hierbei die Inkarnation als Aufsetzen der Theatermaske gefaßt, das Leiden also wiederum zu einem Moment der Überlistung wird. Beides, die Konzeption der Erlösung als „Heilsdrama" wie auch die Vorstellung, daß der Erlöser den Demiurgen durch eine bloße Scheinleiblichkeit „überliste", sind der Gnosis geläufige Gedanken[308]. Aber wie schon bei Paulus selbst die gnostische Rede von der Überlistung der Archonten (1. Kor. 2, 6 ff.) unvermittelt bleibt mit dem Wort vom Kreuz (1. Kor. 1, 18 ff.)[309], so vermag auch

---

307 Ich stütze mich hier auf R. Herzogs Analyse der Einleitung des *Protreptikos* (*Metapher, Exegese, Mythos*) bei Fuhrmann (Hg.) S. 157–185, insbes. S. 169 ff.

308 Siehe hierzu H. Jonas, *Gnosis und spätantiker Geist* I, Göttingen ³1964, Kap. 3,2 („Das manichäische Erlösungsdrama") sowie S. 275 und 324.

309 Zu diesen beiden paulinischen Kernstellen siehe J. Taubes, *Die Rechtfertigung des Häßlichen in urchristlicher Tradition*, in *Die nicht mehr schönen Künste – Grenzphänomene des Ästhetischen*, hg. H. R. Jauß, München 1968, S. 169–185. 1 Kor. 1,20 ff. ist dort interpretiert als „Zeugnis allerersten Ranges für die anhebende Umwertung der antiken Werte", 1 Kor. 2,6 ff. als „Zeugnis allererersten Ranges für die anhebende Akkommodation christlicher Wertsetzung an die griechische Welt" (S. 177). Unentschieden kann in unserem Zusammenhang bleiben, in welchem Maße für diese ‚Akkommodation‘ auch jene „mythische Eigenproduktivität" des Christentums in Anschlag zu bringen ist, die W. Pannenberg (S. 518) gegen die religionsgeschichtliche Konstruktion eines ausgebildeten gnostischen Erlösermythos eingeklagt hat, auf den das Urchristentum nur hätte zurückgreifen brauchen.

Clemens den Leidenden nicht in die Bildlichkeit des ‚Dramas‘ zu integrieren:

> Als der erste Mensch ungebunden im Paradies spielte, war er noch das Kind Gottes. Als er aber der Lust erliegend (die Schlange bedeutet allegorisch, weil sie auf dem Bauch kriecht, die erdhaften Laster, die sich der Materie zuwenden), sich von seinen Begierden verführen ließ, wurde das Kind in seinem Ungehorsam erwachsen. Der Mensch, in seiner Einfalt noch nicht gebunden, fand sich durch Sünden gefesselt. Von den Fesseln wollte ihn der Herr wieder lösen, und im Fleisch gefangen (das ist ein großes Geheimnis) bewältigte er die Schlange, unterwarf den Gewaltherrscher, den Tod, und – das Außerordentlichste – zeigte durch seine ausgebreiteten Hände an, daß der Mensch, der an den Untergang gebunden war, befreit ist. Welch ein geheimnisvolles Wunder! Der Herr liegt hingestreckt, der Mensch ist aufgestanden, und der aus dem Paradies Gefallene findet noch einen größeren Lohn, den Himmel, für den Gehorsam[310].

Zweimal ist hier das Kreuz angesprochen: zunächst erscheint es in der Rede von den ausgebreiteten, die Befreiung des Menschen anzeigenden Händen, also als Symbol des Sieges dessen, der – in wiederum mythologischer Rede – „im Fleisch gefangen die Schlange überwältigte". Gleich darauf aber ist mit der Rede vom Hingestreckten der Tod am Kreuz evoziert: die Bildlichkeit des gnostischen „Heilsdramas" läßt sich nicht durchhalten, wo diesem die christlich-paulinische Erlösungskonzeption kommensurabel gemacht werden soll.

Jahrhunderte später, als man das Heilsdrama nunmehr unmittelbar ins Bild setzen will, kehrt die Verlegenheit unter verschärften Bedingungen wieder. Denn die jetzt erreichte dogmengeschichtliche Position ist nicht mehr auf Akkomodation aus, sondern sie steht quer zu einer phänomenalistischen Christologie vom gnostischen Typus. Höchst aufschlußreich ist hierfür Anselms Rezeption des gnostischen Paulus. 1. Kor. 2, 8 wird in einem überraschenden Kontext zitiert, nämlich in Beantwortung der Frage, ob Christi Tod auch die Sünden derer tilge, die ihn töteten:

> A. Hanc quaestionem solvit apostolus qui dixit, quia *si cognovissent, numquam dominum gloriae crucifixissent (1 Cor. 2, 8)*. Tantum namque differunt scienter factum peccatum et quod per ignorantiam fit, ut malum quod numquam facere possent pro nimietate sua, si cognosceretur, veniale sit, quia ignoranter factum est. Deum enim occidere nullus homo umquam scienter saltem velle posset, et ideo qui illum occiderunt ignoranter, non in illud infinitum peccatum, cui nulla alia comparari peccata possunt, proruerunt. Nam non consideravimus eius magnitudinem ad videndum, quam bona esset vita illa,

---

310 *Protreptikus* 111, 1 ff., zit. nach der Übersetzung von R. Herzog (siehe oben Anm. 307).

secundum hoc quod ignoranter factum est, sed quasi scienter fieret, quod nec umquam fecit aliquis nec facere potuit. (II, 15)

A. Diese Frage löst der Apostel, der sagte: „Wenn sie ihn gekannt hätten, hätten sie den Herrn der Herrlichkeit niemals gekreuzigt." So sehr nämlich sind die wissentlich begangene Sünde und die, die aus Unwissenheit geschieht, verschieden, daß das Böse, das sie ob seines Übermaßes niemals tun könnten, wenn es erkannt würde, verzeihlich ist, weil es unwissentlich getan wurde. Denn Gott töten kann kein Mensch wissentlich auch nur wollen, und deshalb sind die, die ihn ohne Wissen töteten, nicht in jene unendlich große Sünde gefallen, der keine anderen Sünden verglichen werden können. Wir haben nämlich ihre Größe, um zu sehen, wie gut jenes Leben sei, nicht danach betrachtet, daß sie aus Unwissenheit geschah, sondern als ob sie mit Wissen begangen würde, was niemals jemand tat noch tun konnte.

Die Stelle ist also in Verfälschung ihres biblischen Kontexts nicht auf die „Archonten dieser Welt" bezogen, sondern auf die Menschen, die Jesum unwissend um seine Göttlichkeit töteten, d. h. auf das Volk der Juden. Ihnen ist die Erlösung offen, wenn sie sie nur wollten – im Gegensatz zum Teufel, von dem es im vorletzten Kapitel ausdrücklich heißt, daß er unmöglich ausgesöhnt werden könne. Wieder einmal also zeigt sich Anselms antidualistische Strategie. Indem er das unwissentliche Töten auf die Menschen bezieht und also den Teufel und dessen Überlistung ausblendet, holt er die isolierte Aussage 1. Kor. 2, 8 aus dem Kontext des Mythologems heraus und macht er sie zu einer Position in seiner moralischen Argumentation. Das Spiel aber ist damit überfordert. Es muß an einer phänomenalistischen Christologie festhalten und präsentiert faktisch das gnostische Modell, wobei wir mit gnostisch den in der religionsgeschichtlichen Rekonstruktion eines gnostischen Erlösermythos am besten greifbaren Typ und natürlich nicht die Rezeption eines solchen Mythos selbst verstehen: der himmlische Erlöser wird von Gottvater auf die Erde gesandt, bekämpft und besiegt dort den Teufel und kehrt in seine himmlische Heimat zurück. Indem dies alles in Aufnahme und Ausführung der im Paradiesprozeß dargelegten Satisfaktionslehre geschieht, legt es die begrifflich nur mühsam verdeckten Aporien dieser Doktrin frei. Die Umsetzung in Anschaubarkeit spielt den Gottesbegriff Anselms und der ihm folgenden Scholastik in einen mythologischen Dualismus, in ein „Heilsdrama" zurück. Bei Frye heißt es einmal, „daß selbst das roheste Komödienrezept des Plautus strukturell große Ähnlichkeit mit dem Kernmythos des Christentums selbst hat, worin der göttliche Sohn den Zorn des Vaters besänftigt und die Menschheit, die zugleich seine Braut ist, erlöst"[311]. Für Frye selbst ist eine solche Homologie ein Fazit – sie hätte, wie wir jetzt sehen,

311 *Analyse* S. 188.

als heuristische Fiktion Ausgangspunkt funktional-struktureller Analysen sein müssen, wie wir sie hier zunächst im Blick auf Anselms Refutation eines solchen ‚Kernmythos' unternommen haben.

So wertvoll indessen gerade Grebans Passion für dieses Ziel gewesen ist, so unzureichend wäre es, die geistlichen Spiele und insbesondere die Passionen ganz in eine solche Perspektive des Preises zu zwängen, für den allein Anschaubarkeit zu haben ist. Denn unter diesem Aspekt erscheint das Spiel immer nur als Derivat, als Abfallprodukt, als Kompromiß zwischen der Strenge des Begriffs und den Bedingtheiten des Bildes. Aber was sich schon am Oster- und am Adamsspiel zeigte, das gilt nun auch hier: daß diese Bilder gespielt und in solchem Spiel ritualisiert werden. So ist im Passionsspiel der Satisfaktionsgedanke nicht erst dadurch gefährdet, daß sich das Kreuz nicht in die Oppositionsstruktur des dualistischen Bildes integrieren läßt. Die Ambivalenz dieser Passion ist vielmehr schon ein Produkt der identischen Wiederholung des Kreuzestodes im Spiel. Hierbei werden, wie wir bald sehen werden, Impulse sichtbar, die mit dem moralischen Interesse der Satisfaktionslehre nicht mehr verrechenbar sind, sondern das historische Opfer wiederum aus der kerygmatischen Dimension heraus- und in die archetypische Dimension eines Opferrituals hinüberspielen.

Kap. B
Jesus als Sündenbock I: Compassio und rituelle Drastik

I

Im ersten, den spätmittelalterlichen Passionen gewidmeten Kapitel ihres Shakespeare-Buches zitiert A. Righter eine Stelle aus Thomas Beards *Theatre of God's Judgment* (1631), wo berichtet wird von einer Aufführung, bei welcher der Jesus-Darsteller durch den Lanzenstich des Longinus tödlich verletzt wurde[312]. Righter sieht in einer solchen Begebenheit nicht einfach eine Aufführungspanne, sondern sie sucht an ihr die „awesome immediacy" und den „curious sense of violence" einer Bühne zu verdeut-

---

[312] *Shakespeare and the idea of the play*, London ²1964, S. 27. Zu weiteren Vorfällen der gleichen Art siehe W. Müller, *Der schauspielerische Stil im Passionsspiel des Mittelalters*, Leipzig 1927, S. 136 ff.

lichen, auf der Spiel und Wirklichkeit untrennbar ineinander verwoben waren. In der Tat müssen die Spiele das Martyrium in einer uns unheimlich anmutenden, intensiven und unvermittelten Heftigkeit und Drastik dargeboten haben. Aus knappsten Hinweisen, oft nur Andeutungen in den Evangelien werden Tausende von Versen, die zwei und mehr Tage füllen, gespickt mit unüberbietbaren Grausamkeiten und aufgeführt vor einer Menge, die zehntausend Köpfe und mehr zählen konnte. Will man sich im einzelnen vor Augen führen, was alles an Grausamkeiten möglich war, so muß man zu der uns bereits bekannten Passion Arnoul Grebans greifen. Sie und die ihm in den Folterszenen eng sich anschließende Passion seines Nachfolgers Jean Michel werden von kaum einem anderen Spiel des europäischen Spätmittelalters an breiter und detailliertester Ausmalung der Martern übertroffen.

An Grebans Passion läßt sich aber nicht nur das ganze Spektrum der Grausamkeiten, wie sie diese Spiele charakterisieren, exemplarisch veranschaulichen, sondern zugleich auch deren theologische Problematik, und mit ihr will ich beginnen. Sie besteht darin, daß von der Satisfaktionslehre, die gerade in Grebans Spiel Eingang findet, eine derartige drastische Ausgestaltung des Martyriums nicht gefordert wird. Zwar heißt es bei Anselm, daß der Teufel unter den größtmöglichen Schwierigkeiten zu besiegen sei[313], aber er versteht darunter die freiwillige Hingabe des Lebens. Sein Argumentationsinteresse zielt auf den freiwilligen Tod des unschuldigen Gott-Menschen, nicht auf die näheren Umstände dieses Todes. Erst recht gilt dies für die mittelalterliche Rezeptionsgeschichte dieser Lehre. Man stellt wo nicht die *necessitas* des Todes überhaupt so doch zumindest die seiner näheren Umstände in Frage und beschränkt sich auf den Nachweis bloßer *convenientia*. Diese Argumentation setzt nicht mehr, wie die Anselms, beim Heilsplan an, um aus ihm die Notwendigkeit des Todes Jesu Christi abzuleiten, sondern bei der biblischen Tatsache des Kreuzestodes, der nunmehr als angemessenste Art der Erlösung erwiesen wird. Solcher Nachweis hat, wie die hierfür einschlägige Thomasstelle (*Summa theol.* III, *quaestio* 46) zeigt, ein ausgesprochen defensives Interesse: die biblischen Details des schmählichsten aller Tode werden, zum größten Teil in typologischer Rückprojektion auf das Alte Testament, sozusagen gerettet gegen die prinzipiell zugestandene Möglichkeit, daß eine *minima passio* ausgereicht hätte, das Menschengeschlecht von allen Sünden zu erlösen. Jedoch: *secundum convenientiam, sufficiens fuit quod pateretur omnia genera passionem* (46, 5). Thomas zählt zu diesen Leidensgattun-

---

313 Siehe oben S. 150 f.

gen u. a. solche der einzelnen Glieder des Körpers. Dabei erscheinen nun zwar alle biblisch berichteten Folterungen, aber nicht mehr als diese. Sein Interesse zielt auf Zuordnung der einzelnen Qualen auf die verschiedenen Glieder und Sinne, nicht aber auf Ausmalung und Detaillierung. Eben darin aber unterscheidet es sich aufs schärfste von dem der Spiele, die allemal mehr wissen als die Synoptiker.

Vollends deutlich wird dieser Abstand, wenn man sie nicht mit hochmittelalterlicher Scholastik konfrontiert, sondern mit dem zeitgenössischen Nominalismus. Dort nämlich wird selbst diese *convenientia* zurückgenommen in die freiheitlich-arbiträre *acceptatio* des Opfers durch den souveränen göttlichen Willen, der jedoch ebensogut den Tod eines Engels oder eines von der Erbsünde freigebliebenen *purus homo* als hinreichende satisfaktorische Leistung hätte deklarieren können[314]. Von dieser nominalistischen *satisfactio secundum acceptationem* führt also vorderhand kein Weg zur Drastik des Martyriums, wie es sich in den Spielen darbietet. Die Formel vom „nominalistischen Naturalismus", auf die H. Kindermann in seiner *Theatergeschichte Europas*[315] die Passionsspiele zu bringen versucht hat, ist ein Kurzschluß.

Greban bestätigt dies. Der Prolog zum dritten Tag läßt für die Ausgestaltung des Martyriums ein gegenüber der dogmatischen Tradition, wie sie im einleitenden Paradiesprozeß repräsentiert ist, heterogenes Vorbild erkennen: die Passionsmystik. Diese verdankt zwar ihrerseits wesentliche Impulse dem mit der Satisfaktionslehre gegebenen Interesse an Jesu Kreuzestod, wendet dieses Interesse aber nicht zurück auf die verletzte Ehre Gottes, sondern – zumindest primär – auf den mitleidenden Betrachter. Die zentralen Begriffe der *contemplacion* und der *compassion* erscheinen gleich zu Beginn des Prologs (19915, 19908), in dessen Mittelpunkt dann die bekannte Spiegelmetaphorik erscheint, derzufolge die Passion dem andächtigen Betrachter das geduldige Ertragen eigener Leiden erleichtern helfen soll:

> Ainsi va ses dueulz moderant,
> en ce mirouer considerant,
> ou tout cueur, pour son dueil mirer,
> se doit parfondement mirer.
> Et, affin que vous y mirez
> et doulcement la remirez,
> ce devost mirouer pour le mieulx

---

[314] Siehe Harnack S. 540 f.
[315] S. 218 ff.; zu Kindermann siehe unten Kap. III D.

vous ramenons devant les yeulx,
senssiblement, par parsonnaiges.
Mirez vous si serez bien saiges,
chascun sa fourme y entrevoit:
qui bien se mire bien se voit.
Dieu doint que si bien nous mirons
que, par mirer, nous remirons,
après ceste vie mortelle,
la puissant essence immortelle
qui regne sans jamais tarir.   (19948 ff.)

Was Greban hier ausführt, kann als exemplarische Artikulation des theo-
logisch-offiziellen Selbstverständnisses spätmittelalterlicher Passionsdrastik genommen werden. Der Spiegel steht metaphorisch für imitatio
Christi und erscheint in dieser Bedeutung auch in der Mystik. So empfiehlt
Johannes Tauler *den wandel in den bilden unsers herren,* um das Leben
in *spiegellicher wise* nach dem Vorbild Christi auszurichten[316]. Wenn im
angeführten Zitat zunächst vom rechten Hören und Verstehen die Rede
ist (19932), so erinnert dies an die Mystikerpredigten, die eben jene Passion vor dem inneren Auge zu evozieren suchten, welche das Spiel nunmehr *senssiblement, par parsonnaiges* (19956) präsentiert. Was hingegen
das Spiel von der Mystik trennt und theologisch scheinbar akzeptabler
macht, ist die starke Betonung des lehrhaften Moments und die damit einhergehende Abblendung aller der Mystik spezifischen Tendenzen und Interessen wie Absonderung, Rückzug, Vereinzelung, persönliche Heilssuche
außerhalb kirchlich-institutioneller Vermittlung. Das mystische Stufen-
schema, das von der contemplatio über die compassio weiterführt zur
unio, wird vom Spiel in reduzierter, auf den moralischen Wert der Nachfolge Christi abzielender Weise übernommen, worin es anderen Formen
der meditativ-lehrhaften Passionsliteratur (Historie, Traktat, Predigt,
legendäre Erweiterung) sich annähert[317].
   Gleichwohl greifen die Spiele zur Ausgestaltung des Martyriums auch
auf Motive zurück, die als spezifische Produkte gerade der visionär-ekstatischen Passionsmystik zu gelten haben. Man hat diese Quellen häufig,
wenn auch bisher noch nicht systematisch zusammengetragen, ohne jedoch
auf das hier steckende zentrale Problem aufmerksam zu machen. Wie so

---

316 Zit. nach Zingel S. 49. Zur Spiegelmetaphorik im geistlichen Spiel siehe auch
   Hess S. 19 ff.
317 Zu diesem „Ins-Zentrum Rücken der imitatio" und der damit verbundenen
   „Abschwächung der unio mystica (...) zur bloßen Christuskonformität" siehe
   Ruh S. 29.

oft, wurde offenbar geglaubt, mit der Benennung des ‚Einflusses' die Sache erklärt zu haben. Aber ‚Einflüsse' können über die Differenz völlig heterogener Funktionszusammenhänge hinwegtäuschen, und dies ist hier ganz augenscheinlich der Fall. Denn nicht nur kehren die drastischen Details der Mystiker, da in vivo, in einer nunmehr unvermittelten Heftigkeit und Eindringlichkeit wieder, sondern sie werden in einer Breite ausgespielt, die nur mit einem zusätzlichen, spielspezifischen Interesse erklärbar ist. Bonaventuras *Itinerarium mentis in Deum*, Jakob von Mailands *Stimulus amoris,* vor allem auch die ebenfalls aus dem italienischen Franziskanertum stammenden *Meditationes vitae Christi,* dann die zisterziensisch geprägten Apokryphen wie der sogenannte *Dialogus beatae Mariae et Anselmi de passione domini* oder der *Liber de passione Christi et doloribus et planctibus matris ejus,* schließlich auch die visionäre Nonnenmystik vom Typ der *Revelationes* der hl. Birgitta von Schweden – alle diese Vorlagen zeichnen sich dadurch aus, daß sie über die Passion mehr und Genaueres wissen als die Synoptiker, und doch bleibt auch ihre Detaillierung der Martern und Qualen noch weit hinter den Spielen zurück. Das in den Evangelien nicht weiter ausgebreitete Motiv des Anspeiens zum Beispiel (Matth. 26, 67; 27, 30 und Mark. 14, 65; 15, 19) erhält im *Dialogus beatae Mariae et Anselmi* eine erste Steigerung: *consputus fuit quod quasi leprosus apparebat*[318]. Unvergleichlich drastischer aber ist das Wett- und Zielspucken z.B. in der Passion von Arras, das in dieser detaillierten Form hernach selbst Greban nicht übernehmen mochte:

> A no roy fault porter honneur,
> Il a son musiel tout honny,
> Je feray une roye cy,
> Pour ce que d'eaue point n'avons,
> Laver lui fault de racquellons,
> Cellui qui mieulx le racquera,
> Ung lot de vin il gaignera,
> Mais racquier faulra ou moillon.
>
> Le IIe de Jherusalem:
> Esse salive ou moucquillon
> Qu'on racquera empres son nez?
>
> Le premier de Sidon:
> Racquiez lequel vous volez,
> Le plus ort est tout le meilleur.

---

[318] *Dialogus beatae Mariae et Anselmi,* PL 159, 227 A.

Le premier de Jherusalem:
Je croy qu'il y ara pieur,
Avisez lequel, Jacopin.

Le IIᵉ de Thiry:
Tu as locquiet un beau loppin,
Mais il va trop devers l'oreille.

Le IIIᵉ de Jherusalem:
Racquons d'accord, je le conseille.

Le Vᵉ de Sidon:
C'est bien dit, nous sommes d'accort,
Ve la et la j'ay sur le bort.

Le IIᵉ de Jherusalem:
Ve la es dens et sur la joie.

Le premier de Sidon:
Racque plus hault, je te le loie,
Racque fort, fiers en la narine,
Que Dieu lui envoie mal estine,
Il sera bien appareillié.
Avise la.

Le IIᵉ de Sidon:
        C'est bien alé,
Il est entre l'oeil et le nez.
Or avisez la, avisez,
L'ay je assis sur le menton!
J'ay racquiet de bonne façon,
S'il fust plus hault, j'eusse le pris.

Le IIIIᵉ de Sidon:
Il me semble qu'il en a ris.
S'il n'y a meilleur, je l'aray.

Le Vᵉ de Jherusalem:
Or avise droit la, je l'ay,
J'ay racquiet droit ens ou mouillon.

Le IIIIᵉ de Jherusalem:
T'as passé la roye.

Thare:
        Ça mon,
Il nous convient recommencier. (14610 ff.)

Die Quelle sagt über das hinter solcher Ausbreitung stehende Interesse gar nichts aus. Sie selbst erklärt weder, weshalb sie überhaupt übernommen, und schon gar nicht, weshalb sie gerade zu solch bösem ‚Spiel' ausgebaut wurde. Die Mystik blendet Handlungselemente weitgehend aus[319]. Sie zentriert den Blick auf den Gemarterten und seine Wunden, wobei durch die Perspektive der Maria die compassio immer mitthematisiert ist. Ein hierfür bezeichnendes Beispiel findet sich bei Birgitta: der nach der Dornenkrönung Blutüberströmte muß sich die Augen freiwischen, um seine Mutter sehen zu können[320]. Die Spiele sprengen diese Perspektive, und zwar auch dort, wo die frommen Frauen den ganzen Leidensweg begleiten, wie zumeist in französischer, durch die pseudobonaventuraschen *Meditationes* geprägter Tradition. Was sich an den einzelnen Stationen an Handlungsmäßigkeit ausbreitet, läßt die direkten oder indirekten compassio-Aufforderungen der jeweils wiederkehrenden Marienszenen hinter sich. Wenn zusätzlich Gestalten wie Pilatus oder gar den Folterknechten selbst Mitleidsbekundungen in den Mund gelegt werden, so sind das sekundäre Kompensationsmomente, zwischen denen indes ein Geschehen abläuft, das auf moralische Umsetzbarkeit überhaupt nicht mehr angelegt ist.

Man darf sich daher nicht von solchen pseudodidaktischen Signalen irreleiten lassen und allein im Sinne moralischer imitatio Christi verstehen wollen, was daneben von ganz anderen Interessen getragen ist. Das Vorhandensein von offiziellen Kompensationsmöglichkeiten erklärt noch nicht, weshalb sie gerade in solcher Weise genutzt werden. Nicht schon die Identität einzelner Leidensmotive begründet daher eine Verwandtschaft von Passionsmystik und Spiel, wohl aber diese Diskrepanz zwischen Selbstverständnis und davon ungedeckten Impulsen. Was an solchen Impulsen hinter der Mystik, insbesondere hinter bestimmten Formen der visionär-ekstatischen und hier wiederum vor allem der Frauenmystik stand, braucht hier nicht erörtert zu werden[321]. Die Spiele jedenfalls rezi-

---

[319] Für den deutschen Bereich kann hierzu verwiesen werden auf Zingel S. 64 (Tauler), 68 f. und 77 (Seuse) sowie 118, wo zusammenfassend festgestellt ist, „daß das Passionsgeschehen vernachlässigt wird. Entwirft der Mystiker ein Bild der passio domini, so steht Christus allein im Blickpunkt. Von den Handelnden wird nicht gesprochen, alle Anteilnahme konzentriert sich auf den Leidenden. Nur Maria hat in einer mystischen Passionsschilderung noch Raum ..." – Dieses Abschatten des Handlungs- und Vorgangmäßigen hängt natürlich zusammen mit der grundsätzlichen Frage nach der Funktion des Bildes im Prozeß mystischen Einbildens in Christum und empfängt von den je verschiedenen Lösungen dieser Frage sein Maß. Zu dieser grundsätzlichen Problematik aller Passionsmystik siehe Ruh S. 27 ff.

[320] Nach Duriez S. 403; Duriez bietet immer noch das reichste Quellenmaterial für die deutschen Spiele; für Frankreich und England gibt es keine ihm hierin vergleichbare Untersuchung.

[321] Der Frauenmystik ist das Spiel vor allem in der Ausgestaltung der Geißelungsszenen verpflichtet (siehe hierzu die von Duriez S. 399 ff. zusammengetragenen

pierten deren drastische Details aus einem ebenfalls moralisch nicht mehr einholbaren Interesse, und auf dieses spielspezifische Interesse hin soll in der nunmehr folgenden Analyse die Passion Grebans befragt werden.

II

Die erste hierfür einschlägige Szene ist Jesu Verhör durch Annas. Biblisch ist dieses Verhör allein durch eine mißverständliche Stelle bei Joh. 18, 12 ff. belegt, die jedoch schon in der Patristik dahingehend interpretiert wurde, daß Jesus zwar zunächst zu Annas geführt wurde, das erste Verhör aber hernach bei Caiphas stattfand[322]. Greban aber läßt sich – wie übrigens auch die meisten deutschen Spiele – die Gelegenheit nicht entgehen, bereits hier, am Ende des zweiten und gleichsam zur Einstimmung auf den dritten Tag, mit dem Martyrium zu beginnen. Da das Verhör selbst weitgehend mit dem folgenden durch Caiphas selbst sich deckt, muß nicht in ihm, sondern in der anschließenden ersten Folterung Grebans Interesse an der Szene gesucht werden. In der Tat ist der Backenstreich, mit dem die biblische Szene ausklingt (Joh. 18, 22), hier nur ein Auftakt. Da sich Annas wegen der vorgeschrittenen Stunde nicht mehr mit seinen Kollegen beraten kann, läßt er den Gefangenen an eine Säule binden (19582 ff.) und von seinen Leuten bewachen:

Anne
Venez ça, mesgniee mauvaise,
ouez que je vueil proposer:
je m'en vois ung pou reposer
tant que l'aube du matin viengne.
De cest homme icy vous souviengne
tant que vous aymez vostre vye,
gardez le bien qu'il ne s'enfuye,
veillez le icy toute la nuyt
et, affin qu'il ne vous ennuyt,
esbatez vous a quelque jeu.

Roillart
Nostre esbat est ja tout pourveu:
a riens ne nous voulons esbatre

Parallelen insbesondere aus den *Revelationes* der Hl. Birgitta). Daß die Geißelung Christi in den Nonnenvisionen besonders ausgeprägte Formen annimmt, hat E. Krebs betont (*Die Mystik in Adelhausen, Festgabe für H. Finke*, 1904, S. 41 ff., zit. bei Zingel S. 98).
322 Siehe Duriez S. 379 f.

sinon a le torcher et batre
si nous en mocquer entre nous. (19728 ff.)

Mit *jeu* und *esbatre* sind die Stichworte gegeben für das, was nunmehr und in den späteren Szenen des dritten Tages folgt. Jesus, fest an die Säule gebunden und regungslos vor Erschöpfung, soll ‚aufgeweckt' werden (19757 ff.). Man lost aus, wer in den Genuß des ersten Schlages kommt. Dentart ist der Glückliche, aber er mag sich nicht mit einem Schlag begnügen und gerät mit den anderen in Streit:

> *Dentart*
> As tu ce malice advisé?
> Martin voit pres, le diable y court.
>
> *Roillart*
> C'est a tromperie et a tort.
> Comment n'entens tu point le jeu?
>
> *Dentart*
> Le coquin pour qui je l'ay eu,
> le comperra ou je fauldray.
> A quel costé luy asserray
> une broignie sans farser?
>
> *Gadiffer*
> Ha, que voulentiers le verray!
>
> *Dentart*
> A quel costé luy asserray?
>
> *Roillart*
> Dela, et je luy en donrray
> une deça pour redresser.
>
> *Dentart*
> Tien, va jouer!
>
> *Roillart*
> Tien, va dancer!
>
> *Gadiffer*
> An dea, mon tour garder vouldray.
> Il me fault ung petit pensser
> a quel costé luy asserray
> une broignie sans farser.
>
> *Dentart*
> Or, tien, vela pour toy armer.
> Je te donne ceste huvecte. (19792 ff.)

Was Greban diesem Dialog einkomponiert hat, ist ein Rondeau in der Reimfolge ABaAabbabAB, also ein erweitertes ‚rondeau triolet' mit einzeiligem Binnen- und zweizeiligem Schlußrefrain. Das Rondeau, von Haus aus ein Tanzlied, ist zunächst eine lyrische Gattung mit Adam de la Halle als ihrem ersten Repräsentanten. Mit den *Miracles de Notre Dame* des 14. Jahrhunderts fand sie auch in das geistliche Spiel Eingang und bildete hier als sogenanntes ‚rondeau dramatique' eine eigene Tradition, deren Impulse sodann auf die Lyrik zurückwirkten. Die Funktionen des Rondeaus im geistlichen Spiel sind mannigfaltig. Es dient als Hymne auf die Gottheit, als Gebet und Loblied, als Schäferlied oder als Klagegesang der gefallenen Engel, als Begrüßungs- und Abschiedsformel bei auf- oder abtretenden Figuren, als Kampf- oder Sturmlied u. a.[323]. Grebans Passion stellt einen Höhepunkt in der Geschichte des Rondeaus dar, und zwar sowohl hinsichtlich der von ihm ausgebildeten Formvariationen als auch hinsichtlich der Dichte, in der das gesamte Geschehen mit ihnen durchsetzt ist. Auffällig häufig, bisweilen einander ablösend, erscheinen sie dort, wo ihre Funktion zunächst nicht eindeutig bestimmbar erscheint: in den zentralen Szenen des Martyriums. Eine erste Verständnishilfe bietet die Auskunft von O. Jodogne, daß das ‚rondeau dramatique' den „accord de quelques personnages secondaires dans les mouvements de groupe" reflektiere[324]. Tatsächlich scheint mir diese Beobachtung gerade auf die Kernszenen der Passion anwendbar. Die Spielform des Refrains bindet hier die Folterknechte zu einem diesmal grausamen Spiel zusammen, gerade die scheinbar hochliterarisierten Stellen werden zum Signal für eine vorliterarische Dimension, in der sich diese Spiele noch bewegen: das ‚rondeau dramatique' strukturiert ein Ritual.

So ist auch im Verhör vor Caiphas die biblische Geste des Zerreißens der Kleider (Matth. 26, 65; Mark. 14, 63) durch ein Rondeau unterstrichen. Das dreimalige *Ostés, ostés / il est coupable de mort griefve* (20742 ff.) wird zum Auftakt eines großangelegten Rituals, dessen einzelne Phasen (Anspeien, Beschimpfen, Schlagen) mit weiteren Rondeaus durchsetzt sind (20799 ff., 20815 ff., 20853 ff.). Das Ganze ist wiederum *esbas, jeu* (20833, 20816, 20909, 20953) – ein Spiel, das die Peiniger angesichts des mittlerweile völlig entstellten Opfers in Horror versetzt. Um dennoch weitermachen zu können, erfinden sie, wiederum im Anschluß an die Synoptiker (Matth. 26, 67–68; Mark. 14, 65; Luk. 22, 63–64) ein

---

323 Zu diesem Katalog siehe L. Müller, *Das Rondel in den französischen Mirakelspielen und Mysterien des 15. und 16. Jahrhunderts*, Marburg 1884, S. 63 ff. Zum rondeau dramatique siehe auch H. Chatelain, *Recherches sur le vers français au 15e siècle*, Paris 1907, Kap. XIII, insbes. S. 214 ff.

324 *Introduction* zu seiner Ausgabe der Passion J. Michels S. CII.

neues Spiel. Sie verhüllen Jesu Haupt, schlagen ihn und lassen ihn raten, von wem der Schlag kam, wobei das biblische *crucifige, crucifige eum* in einem neuerlichen Rondeau wiederkehrt und, um ein weiteres ergänzt, eine erste Phase des Martyriums beendet:

Malcuidant
Or, prophetize maintenant
qui t'a baillé ce horïon.

Dragon
Tu es tant saige et advenan :
or, prophetize maintenant.

Goulu
Je sçaray tout en ung tenant
se son sens vault ung porïon.
Or, prophetize maintenant
qui t'a baillé ce horïon.

Bruyant
Il nous songe cy le moron;
noz faiz ne luy semblent que truffes.
Resveillons le!

Estonné
    De quoy?

Bruyant
      De buffes,
tant que nous pourrons ramonner. .

Malcuidant
Pour raplastir ces grosses buffes,
resveillons le!

Dragon
    De quoy?

Malcuidant
      De buffes.

Dragon
Et dea, Malcuidant, tu te truffes:
tu ne fais point tes coups sonner.
Resveillons le!

Goulu
    De quoy?

Dragon
      De buffes,
tant que nous pourrons ramonner.   (20931 ff.)

Mit der Geißelung geht es weiter. Aus dem biblischen *crucifige* (Matth. 26, 23; Mark. 15, 13–14; Luk. 23, 21; Joh. 19, 6) wird das Rondeau *Porte, porte, porte au gibet / et sur piéz le nous crucifie!* (22631 ff.). Pilatus läßt Jesus an eine Säule binden, entkleiden und übergibt ihn mit dem Rondeau *Frappez fort, frappez ribaudaille! / Homme ne se mecte en oubly!* den Geißlern. Wiederum in Rondeauform vollzieht sich der Rutennachschub (22769 ff.), bis man schließlich zu Peitschen und großen Knoten übergeht (22795 ff.). Wiederum animiert Pilatus, und mit einem besonders raffinierten, das spezifisch rituelle Moment herauskehrenden Einsatz des Rondeau-Refrains erreicht die Geißelung ihren Höhepunkt:

Broyefort
   Que plaidez vous?
Voicy quanque vous demandez.

Pylate
Avant, garsons, vous vous rendez!
Reprenez alaine et vertu
et le me rendez tant batu
de tous lez qu'il n'y ait que batre.

Griffon
Empreuf.

Orillart
 Et deux.

Brayart
  Et trois.

Claquedent
   Et quatre
et le cinquieme de surcrois.

Griffon
Telz metz faut il a ung follatre.
Empreuf.

Orillart
 Et deux.

Brayart
  Et trois.

Claquedent
   Et quatre.

Broyefort
Griffon, tu comptes sans rabatre:
pour ung coup tu en frappes trois.

Griffon
Quand ce sont dix, fais une croix:
je ne le fais que pour esbatre.
E m p r e u f.

Orillart
Et deux.

Brayart
Et trois.

Claquedent
Et quatre.
Et le cinquieme de surcrois,
qui luy donrra?

Griffon
Se tu m'en crois,
baille luy hardiement la touche.   (22798 ff.)

Nachdem der bisher so grausame, nun aber plötzlich Mitleid empfindende Pilatus vergebens Einhalt zu gebieten versucht hat, beginnt das eigentliche Königsritual mit dem durchlöcherten Purpurrock und der – von neuerlichem Anspeien unterbrochenen – Dornenkrönung. Die Krone, zu scharf, als daß sie sich mit Händen fassen ließe, wird mit großen Stöcken eingedrückt *jusques au fin fons du cerveau* (22936). Aber selbst mit der Huldigung des Blutüberströmten hat das grausame Spiel kein Ende. Es folgt ein letztes *jeu* (22953, 22963), welches darin besteht, daß dem Opfer um die Wette der Bart ausgerissen wird. Sieger soll sein, wer die größte Handvoll aufweisen kann. Orillart ist der beste:

Je l'ay ja si ferme empoignee
que la char est venue apres
et le cler sang.   (22957 ff.)

Greban scheint gespürt zu haben, daß er hier an eine Grenze des Möglichen geriet, denn dieses letzte Spiel läßt er, kaum daß es angefangen hat, von Pilatus mit dem *Ecce homo*-Hinweis (22971 ff.) abbrechen. Die Juden aber bleiben unerbittlich. Mit einem das biblische *crucifige* umschreibenden Rondeau begann das großangelegte Ritual, und mit einem solchen endet es: *Il fault qu'il soit en croix pendu / ou nous ne sommes point contens* (22995 ff.).

Der Weg nach Golgatha beginnt mit dem Abreißen des Purpurrocks, der auf den Wunden festklebt und sie nun wieder öffnet (23824 ff.). Mit dem Rondeau *Si luy fault donner du remis / d'un baston travers ses costéz* (24187 ff.) treiben die Folterknechte den unter der Kreuzeslast nicht

196

vorankommenden Jesus an. An der Richtstätte wird er entkleidet, auf das Kreuz gelegt und mit stumpfen Nägeln ans Holz geschlagen. Da die Löcher in zu großem Abstand gebohrt wurden, müssen die Arme mit großen Stricken um drei Fingerlängen auseinandergezerrt werden *jusquaux nerfz desjoindre* (24700), was wiederum in Rondeauform vonstatten geht:

> *Griffon*
> Or, tirez fort, fort, ribaudaille!
> La main y vient ou pou s'en fault.
>
> *Broiefort*
> Il n'est pas besoing que je y faille.
> Or, tirez fort!
>
> *Brayart*
>   Fort, ribaudaille!
> J'ay paour que le cueur ne luy faille
> au tirer.
>
> *Claquedent*
>   Mais, que nous en chault?
> Or tirez fort!
>
> *Griffon*
>   Fort, ribaudaille!
> La main y vient ou pou s'en fault.   (24705 ff.)

Nachdem das, was mit den Armen geschah, sich bei der Nagelung der Füße wiederholt hat (24725 ff.), lassen sich die Knochen des Opfers, wie ein Folterer befriedigt feststellt, einzeln zählen (24763 f.). Als man ihm auch die Zähne ausreißen will, läßt Greban Pilatus erneut Einhalt gebieten und die Kreuzesaufrichtung befehlen, mit der – in wiederum raffinierter Verwendung der Refraintechnik – das Ritual seinen Höhepunkt erreicht:

> *Pylate*
> Prenez moy lances et paffus,
> juisarmes, picques, estendars,
> eschelles, pavillons et dars;
> chascun saudars la main y tiengne
> et chascun son cousté soustiengne
> de bonne puissance et rëalle.
> Amont!
>
> *Griffon*
>   Amont!
>
> *Claquedent*
>   Halle bois!

Orillart
>   Halle!
> Soustenez la!

Brayart
>   Mais soustenez.
> Tout le faiz dessus nous devalle.
> Amont!

Broyefort
>   Amont!

Griffon
>   Halle boys!

Claquedent
>   Halle!
> Oncques je n'euz charge si malle:
> je me romps se vous n'y venez.
> Amont!

Orillart
>   Amont!

Brayart
>   Halle boys!

Broyefort
>   Halle!
> Soustenez la!

Griffon
>   Mais soustenez!   (24779 ff.)

III

Daß die Peiniger aus allem ein ‚Spiel' machen, nach Jesus wie nach einem
‚Spielzeug' verlangen, bleibt keineswegs auf Frankreich beschränkt. In
Deutschland ist das Egerer Fronleichnamspiel ein besonders eindringliches
Beispiel. Auch hier beginnen bereits die Leute des Annas mit ihrem *frolich
spil.* Es heißt *puczpirn* (4517), ‚Birnenschütteln': alle bilden einen Kreis
um den *in medio* stehenden Jesus, laufen gemeinsam auf ihn zu, schütteln,
schlagen und stoßen ihn. Bei Caiphas geht es weiter:

> *Seyblein dicit:*
> Herr, gib uns in ein weil her
> Und las uns spiln nach unser beger.

198

Cayphas dicit:
Nempt in hin den ungelencken
Und spilt mit im, was ir kindt erdencken.

Helflein dicit:
Rattet ir herrn mit ganzen sinnen,
Was spil wel wir mit im beginnen?

Schlem dicit:
Ich rat mit ganzen treuen,
Das alt spil wel wir wider verneuen.

Magock dicit:
Ich weis kein pesser kurzweil nicht,
Wir spilen mit im kopauff ins licht.   (4694 ff.)

Im Hegge-, im Wakefield- und im York-Zyklus erscheinen englische Varianten des Blinde-Kuh-Spiels[325], und hier, im Blick auf die englischen Zyklen, ist auch zum ersten Mal ausdrücklich von einem Ritualcharakter dieser grausamen Spiele gesprochen worden. So hat J. Speirs die schöne Beobachtung gemacht, daß das beharrliche Schweigen Jesu auf alle Fragen und Anwürfe der Peiniger in den evangelischen Berichten eine moralische Dimension habe, in den Spielen hingegen zum Ritualsymptom werde: „... in these episodes of the Mystery Cycle Christ has something of the mysterious impersonal or non-human quality of the sacrificial victim, something even of the passivity or immobility of a masked figure or of a sacred doll or puppet, image of god. Thus the Buffeting is, it seems, essentially a rite"[326]. Und ähnlich spricht A. P. Rossiter von den Grausamkeiten der Passion als der pagan-grotesken Seite eines ‚gotischen' Dramas, das gekennzeichnet sei durch die „presence of two rituals at once, of which the one is the negation of the faith to which the piece is ostensibly devoted"[327].

Nicht zufällig wurden solche ritualistischen Deutungsansätze gerade in der anglistischen Forschung entwickelt. Sie sind das Produkt einer volkskundlichen Tradition, die der Wiener Schule vergleichbar ist, der aber vergleichbare Belastungsproben erspart blieben. Der grundsätzlichen Problematik eines auf volkhafte Kontinuität zielenden Ansatzes entgehen freilich auch sie nicht. Rossiter steht in der Tradition Chambers'. Seine Geschichte des englischen Dramas ist eine Vorgeschichte des Theaters der

---

[325] Hegge: S. 277 (170); Wakefield: S. 239 (244); York: S. 267 (358). Siehe hierzu Kolve S. 185 f.
[326] S. 353.
[327] S. 76.

Elisabethanischen Epoche, und diese Vorgeschichte muß nicht nur, wie alle Vorgeschichten, das hergeben, was der Epoche selbst zuerkannt wird (also den Gegensatz von Erhabenem und Groteskem), sondern sie muß darüber hinaus – und hierin ist Rossiter Stumpfl vergleichbar – in spielmännischer und folkloristischer Tradition eine Spielkontinuität ansetzen, die nicht belegt werden kann[328]. Ähnlich ist die Verlegenheit Speirs', wenn er, in direktem Rückgriff auf die Tradition der Cambridger Schule, das geistliche Spiel völlig unvermittelt auf ein substratartig sich durchhaltendes archetypisches Königsritual nach dem Modell von A. M. Hocarts *Kingship* (1927) und Lord Raglans *Hero* (1937) bezieht. Die an sich richtige Bestimmung der Zyklen als eines nicht didaktischen, sondern weithin noch rituellen Dramas geht so einher mit der These einer „parallel between the ritual origins of Greek drama and those of English drama"[329], deren Kurzschlüssigkeit im ersten Teil der Arbeit bereits aufgezeigt wurde.

Wir werden also im Blick auf solche Versuche eine hermeneutisch aufgeklärte archetypische Kritik in gleicher Weise fruchtbar zu machen haben wie anläßlich des Osterspiels im Blick auf Stumpfl und Hardison. Ging es – im System Fryes gesprochen – dort um den Archetyp der Wiedergeburt des Gottes, also um die *anagnorisis,* so handelt es sich jetzt um die *pathos-* und *sparagmos*-Phase, um seine Opferung als *pharmakos,* als Sündenbock[330]. Als ritueller *pharmakos* ist nun aber ja Jesus laut christlicher Lehre nicht gestorben – selbst wenn er, wie dies Frazer im Anhang zu *The Scapegoat* vermutet, von den Juden im Rahmen eines alljährlichen Haman-Rituals getötet worden sein sollte[331]. Was Jesus nach Frazer den Juden war, das ist er noch nicht den Christen. So besehen aber ist die Frage, ob Jesus von den Juden als Ritualopfer getötet wurde oder nicht, viel weniger wichtig als ein ebenfalls von Frazer gegebener Hinweis zur

---

[328] Siehe hierzu S. 56 ff. Dort heißt es zunächst, Deutungen wie die A. Nicolls *(British drama)* liefen auf den Unsinn einer ‚dichtenden Volksseele' hinaus, wo doch das geistliche Spiel in Wahrheit eindeutig von einer „theologischen Logik" kontrolliert sei. Zwei Seiten darauf kommen dann aber die traditionellen Klischees um so massiver: das geistliche Spiel ist hier wieder, ganz im Sinne Chambers', ein „secularized religious drama", ein ‚Kunstwerk der Volksseele', ‚voll der elementaren Passionen und Instinkte einer nur dünn verdeckten Folklore'. Zum ‚Erbe' der joculatores und Jongleurs siehe auch S. 80.

[329] S. 311 f.

[330] *Analyse* S. 195; bei Murray ist die *pathos*-Phase bestimmt als „a ritual or sacrificial death, in which Adonis or Attis is slain by the tabu animal, the Pharmakos stoned, Osiris, Dionysus, Pentheus, Orpheus, Hippolytus torn to pieces" (bei Harrison S. 343).

[331] S. 412 ff.

christlichen Deutung des Purimfestes. Für die Christen nämlich bestand
hier tatsächlich ein Zusammenhang: sie sahen seit je in der rituellen Zer-
störung des Hamanbildnisses eine blasphemische Parodie auf die Kreuzigung Jesu und suchten diesen jüdischen Brauch zu unterbinden. Aber obwohl ihn schon der Codex Theodosianus unter Strafe stellte, hielt er sich,
wie Frazer nachwies, bis ins 18. Jahrhundert hinein[332]. Besonders umstrit-
ten aber war er im Spätmittelalter, und hier dürfte er als einer der Haupt-
gründe für die in dieser Epoche stets erneut die Gemüter erhitzenden
Ritualmordverdächtigungen der Juden anzusehen sein[333]. Es erscheint
durchaus möglich, daß diese Verdächtigungen auch in die Ausgestaltung
der Passion hineingespielt haben. So ist es vielleicht kein Zufall, daß Greban das Martyrium mit einem betont heimlichen Spiel (wiederum in Ron-
deau-Form) der Gefolgsleute des Annas beginnen läßt:

> *Dentart*
> Puisqu'il n'est ame qui nous voye,
> pour la doubte du sommillier,
> il le fault ung pou resveillier.
>
> *Gadiffer*
> Il y convient dresser la voye
> puisqu'il n'est ame qui nous voye.
>
> *Roillart*
> Comment?
>
> *Dentart*
>   De torchons a montjoye
> dont il ara plus d'un millier.
>
> *Gadiffer*
> Et, fust il filz de chevalier,
> puisqu'il n'est ame qui nous voye,
> pour la doubte du sommillier,
> il le fault ung pou resveillier.   (19756 ff.)

Diese und die folgenden grausamen ‚Spiele‘ wären dann Spiel im Spiel,
jüdisches Ritual im Rahmen einer christlich gesehenen historia passionis,
blinde Brutalität kompensiert in der vom Betrachter allzeit mitgewußten
gloria passionis. Die Frage ist nur, ob derartige Erklärungen ausreichen,
ja ob sie nicht eher dazu angetan sind, eine viel wichtigere Problematik

---

332 S. 392 ff.
333 Siehe hierzu Trachtenberg, *The devil and the jews*, New Haven (Conn.) 1944,
    und Peuckert S. 134 ff. sowie Peuckert bei Bächtold Stäubli, *Handwörterbuch*
    des deutschen Aberglaubens VII, S. 727 ff.

zu verschütten: die Möglichkeit latenter Funktionen[334], die sich hinter manifesten Rationalisierungen und Rechtfertigungen dieser Grausamkeiten verbergen können. Vergessen wir nicht: die Elaboration der Passion, wie sie die Mystik und a forteriori das Spiel vornehmen, ist theologisch nicht gefordert. Was wir hier vor uns haben, ist vielmehr eine gigantische Hereinnahme von biblisch und theologisch Ausgegrenztem, und was daher vorab interessieren muß, ist der hinter dieser Hereinnahme stehende Impuls, nicht aber immanente theologische Rechtfertigungen des Hereingenommenen.

IV

Diese Frage nach dem Impuls, der hinter solchem Sichöffnen auf unüberbietbare Grausamkeiten steht, ist wohl die aufregendste, die uns die mittelalterlichen Passionen stellen. Eine erste Antwort ließe sich wieder mit Fryes „dämonischer Modulation" geben: man kann dem Opfer deswegen so zusetzen, weil ja offiziell der Teufel und seine jüdischen Gehilfen verantwortlich sind; sie läßt man ausführen, was man insgeheim selber dem Opfer antun möchte. Das wäre dann eine geradezu als klassisch anzusprechende psychoanalytische Projektion. Kein anderer als Freud selbst hat eine solche Deutung nahegelegt, und zwar anläßlich seiner Erklärung der Schuld des tragischen Helden, bei der er beiläufig auch die Passionsspiele erwähnt. Die betreffende Passage aus dem Schlußkapitel von *Totem und Tabu* lautet folgendermaßen:

> Warum muß aber der Held der Tragödie leiden, und was bedeutet seine ‚tragische' Schuld? Wir wollen die Diskussion durch rasche Beantwortung abschneiden. Er muß leiden, weil er der Urvater, der Held jener großen urzeitlichen Tragödie ist, die hier eine tendenziöse Wiederholung findet, und die tragische Schuld ist jene, die er auf sich nehmen muß, um den Chor von seiner Schuld zu entlasten. Die Szene auf der Bühne ist durch zweckmäßige Entstellung, man könnte sagen: im Dienste raffinierter Heuchelei, aus der historischen Szene hervorgegangen. In jener alten Wirklichkeit waren es gerade die Chorgenossen, die das Leiden des Helden verursachten; hier aber erschöpften sie sich in Teilnahme und Bedauern, und der Held ist selbst an seinem Leiden schuld. Das auf ihn gewälzte Verbrechen, die Überhebung und Auflehnung gegen eine große Autorität ist genau dasselbe, was in Wirklichkeit die Genossen des Chors, die Brüderschar, bedrückt. So wird der tragische Held – noch wider seinen Willen – zum Erlöser des Chors gemacht.
>
> Waren speziell in der griechischen Tragödie die Leiden des göttlichen Bockes

---

[334] Zur Unterscheidung zwischen manifesten und latenten Funktionen siehe oben Anm. 144.

Dionysos und die Klage des sich mit ihm identifizierenden Gefolges von Böcken der Inhalt der Aufführung, so wird es leicht verständlich, daß das bereits erloschene Drama sich im Mittelalter an der Passion Christi neu entzündete[335].

Hier erscheint der Sündenbock nicht mehr in der perspektivischen Bindung an ein spezifisch jüdisches Ritual, sondern in der spielkonstitutiven Funktion einer auf den urzeitlichen Vatermord zu beziehenden „Ersatzbildung". In einer Hinsicht kann man dem Verlockenden einer solchen Deutung gewiß nachgeben. Daß die Tötung des Sündenbocks als Teufels- und Judenwerk aufgezogen wurde, bot gewiß eine ideale Möglichkeit der Projektion eigener Aggressivität, und in diesem Sinne ließe sich von einer „raffinierten Heuchelei" nicht nur im Blick auf den antiken Chor, sondern ebenso auch auf die klagenden Frauen und, im weiteren Sinne, auf das gesamte Publikum der Passionsspiele reden. Aber mit solcher Projektion ist ja zunächst nur eine rezeptionspsychologische Möglichkeit beschrieben. Freud hingegen dachte die„ raffinierte Heuchelei" zugleich auch in einem ganz spezifischen genetischen Kontext, eben als „Ersatzbildung", als „tendenziöse Wiederholung jener großen urzeitlichen Tragödie", an der die Gesamtkonstruktion von *Totem und Tabu* und des *Mann Moses* hängt. In dem Maße aber, wie man Freuds Deutung in diesem umfassenden Kontext sieht, wird man sie nicht unbesehen übernehmen können. Malinowski hat sehr schonungslos die historische Bedingtheit der ganzen Konstruktion aufgezeigt: „Es ist unschwer einzusehen, daß hier in einer höchst anziehenden, aber phantastischen Hypothese die Urhorde mit sämtlichen Vorurteilen, Fehlanpassungen und Mißlaunen der europäischen Bürgersfamilie ausgestattet und im prähistorischen Dschungel zum Amoklauf ausgesetzt wurde"[336]. Malinowski hat aber auch, wie andere vor und nach ihm, den Zirkelschluß schon in der Konstruktion selbst aufgezeigt, die die Ursprünge der Kultur durch einen Prozeß erklären will, der mit Reue und seelischen Konflikten bereits den Menschen als Kulturwesen und nicht mehr als anthropoiden Affen voraussetzt[337]. Einer der jüngsten Kritiker ist Lévi-Strauss, der Freuds Theorie auch dann für indiskutabel hält, wenn man, wie dies A. L. Kroeber versucht hatte, das Postulat des urzeitlichen Vatermords preisgibt zugunsten eines zeitlosen Triebmodells, das hinter sich wiederholenden Phänomenen wie dem Totemismus und dem Tabu stehe[338]. Entscheidend sei nicht diese Alternative, sondern die Frage, ob

335 Werke IX, S. 188.
336 *Geschlecht und Verdrängung* S. 158.
337 Ebd. S. 148, 155.
338 *Totemismus* S. 91 ff.

Triebe und Emotionen, ob die Angst als Ursprung der Institutionen angesehen werden könne. Diese Frage aber wird von ihm aufs entschiedenste verneint, und in dieser Ablehnung trifft sich Lévi-Strauss mit Malinowski und dessen Urteil, „daß das Wort ‚Komplex' mit gewissen Implikationen belastet ist, die es fast unbrauchbar machen"[339].

Unsere Ausgangsfrage aber zielte nun ja keineswegs auf die Entstehung des Passionsspiels, sondern auf den Impuls, der hinter einer bestimmten Entwicklung stand. Für diese Frage aber braucht man Freuds eigene genetische Konstruktion gar nicht zu übernehmen, zumal sie schon rein historisch falsifizierbar ist: nicht an der Passion Christi entzündete sich das mittelalterliche Drama neu, sondern an seiner Auferstehung. Was einem freudianischen Zugang die größten Hindernisse in den Weg legt, ist nicht diese – wie sich zeigen wird entbehrliche – Konstruktion, sondern eine bestimmte Art der Rationalisierung jener Grausamkeiten und Brutalitäten, die uns auf Freud brachten. Auf diese Rationalisierungen werden wir zunächst einzugehen, gegen sie werden wir unsere These vom Sündenbockritual als der latenten Funktion des Passionsspiels zu entwickeln haben.

Kap. C
Jesus als Sündenbock II:
Typologie als desymbolisierte Pseudokommunikation

I

Zu den brutalsten Momenten der Folterung gehört das Motiv des Bartausreißens. Die Autoren selbst scheinen hier eine Grenze des Möglichen gespürt zu haben. Man vermeidet es, auf dieser Episode länger zu insistieren, bricht sie bald ab. Sie ist bei den Synoptikern nicht nachgewiesen und erscheint folglich als ganz extreme Ausnutzung einer durch „dämonische Modulation" freigegebenen Aggressivität. Andererseits scheint selbst dieses ein Extrem bezeichnende Motiv vorderhand nicht auf das Alibi der Modulation angewiesen, ist es doch vorgegeben in den deuterojesajanischen Liedern vom leidenden Gottesknecht:

> Meinen Rücken bot ich denen, die mich schlugen,
> meine Backe denen, die mich rauften.
> Nicht habe ich mein Angesicht geborgen vor Schande
> und Speichel. (Jes. 50, 4)[340]

---

[339] *Geschlecht und Verdrängung* S. 165.
[340] Zit. nach *Das Alte Testamenet deutsch*, Bd 19, hg. A. Weiser, Göttingen 1966.

Bei den Synoptikern ist zwar von Schlägen und von Anspeien die Rede, nicht aber von der gerauften Wange. Das Spiel weiß also mehr, aber es schöpft aus der gleichen Quelle: der alttestamentarischen figura der Passion Christi. Wichtiger noch als Jes. 50 ist hierfür Jes. 52, 13–53, 12: *entstellt, unmenschlich war sein Aussehen, verachtet war er, verlassen von Menschen, ein Mann der Schmerzen, von unseren Verbrechen durchbohrt, durch seine Striemen ward uns Heilung zuteil, und öffnete nicht seinen Mund, bei Frevlern gab man ihm sein Grab.* Ein ähnliches typologisches Potential boten die Klagepsalmen. So geht, um nur ein Detail zu nennen, das sich kaum ein Spiel entgehen läßt, das Motiv des Auseinanderzerrens der Glieder bei der Kreuzigung über den oben schon zitierten *Dialogus beatae Mariae et Anselmi* auf Jesu Leidenspsalm zurück: *Postea pedes funibus traxerunt, et clavum acutissimum incutiebant, et adeo tensus fuit ut omnia ossa sua et membra apparerent, ita ut impleretur illud. Psalmi: Dinumeraverunt omnia ossa mea* (Psal. XXI, 18).

Es ist vor allem F. P. Pickerings großer Belesenheit zu danken, daß uns die wichtigsten alttestamentarischen Fundgruben für derartige Detailanreicherungen der historia passionis bekannt sind. In einer Reihe von Untersuchungen zu dem von ihm so genannten „passionsgeschichtlichen Gemeingut des Mittelalters" – im wesentlichen handelt es sich um die oben bereits genannten Mystikertexte, die auch dem Spiel als Quellen dienten – hat er überzeugend nachgewiesen, daß für alle grausamen Details der Passion typologische Deckungen angenommen werden können. Typologisches ‚Ausschreiben' kann bis in die Patristik zurückverfolgt werden und findet theologisch, wie Pickering meint, eine seiner wichtigsten Rechtfertigungen in Christi Aussage, er müsse erfüllen, was seit Moses, den Propheten und in den Psalmen über ihn angekündigt sei: *necesse est impleri omnia quae scripta sunt in lege Moysi, et prophetis, et psalmis de me* (Luk. 24, 44). Weniger also eine bestimmte Entwicklung des ‚religiösen Gefühls' sei hinter dem gotischen Realismus spätmittelalterlicher Kreuzigungen zu suchen, als vielmehr der Verpflichtungsgehalt einer Aussage Christi selbst, die man in immer subtileren Entdeckungen typologischer Vorprägungen der historia passionis einzulösen versucht habe.

Nun ist ja die Typologie von Haus aus eine Methode, die im Blick nicht auf das Neue, sondern auf das Alte Testament entwickelt wurde, um auch dessen Geschichte als Heilsgeschichte lesbar zu machen. Sie konnte sodann auch Interpretamente für neutestamentarische Ereignisse liefern, die erst dadurch sinnvoll wurden. Das war z. B. der Fall in der urchristlichen ‚Rettung' des zunächst katastrophalen Endes Jesu mittels Rückbezuges auf den Gottesknecht, also im deuterojesajanischen Schriftbeweis.

Sie konnte schließlich dazu dienen, neutestamentarische Ereignisse, die von einer bestimmten dogmatischen Position her heilsgeschichtlich ungesättigt, wenn nicht überflüssig erschienen, zumindest als ,angemessen' zu erweisen. Dies war, wie gezeigt, zum Beispiel in der thomistischen convenientia-Deutung des Kreuzestodes der Fall. Das Spiel aber hat, ebenso wie seine Vorlagen, nichts Vorgegebenes in typologische Stimmigkeit zu bringen. Vielmehr spielt es die Typologie aus, wie die Vorlagen sie ,ausgeschrieben' hatten, und über das in solcher Amplifikation des biblischen *crucifixerunt eum* verborgene Interesse ist in der Immanenz bloßer „Worttraditionen"[341] wenig auszumachen. Die Aktualität solcher Traditionen verdankt sich einem spezifischen Rezeptionsinteresse, das sie allererst ,zündet' und nicht seinerseits schon aus ihnen abgeleitet werden kann. Gewiß lassen sich viele grausame Details der Kreuzigung bis in die Patristik zurückverfolgen; massiert treten sie jedoch erst im Spätmittelalter auf und also zu einer Zeit, da das im wesentlichen apologetische Interesse der Patristik ausfällt. Welches andere Interesse an seine Stelle getreten ist, über diese entscheidende Frage findet man bei Pickering wenig. Nicht erst typologische „justification" scheint mir das Problem, sondern der hinter den „innovations" stehende Impuls[342]. Das gilt zumal für die Fälle, in denen der exegetische Bezug offensichtlich nicht mehr bekannt war. So stellt Pickering bei seinem Hauptfund, dem Harfen- und Bogen-Vergleich, selbst fest, daß gegen Ende des Mittelalters im allgemeinen „nur das Ergebnis des analysierenden Vergleichs, nämlich die Wortfolgen ,wie eine Saite' oder ,wie eine Bogensehne' wirklich verstanden wurden"[343]. Die von ihm zitierte Passion Jean Michels bestätigt dies. Von dem gespannten Bogen sprechen allein die Folterknechte (27296 ff., 27340 ff.), ein exegetischer Schlüssel wird nicht mitgeliefert, weder in den Worten Gottes oder Sankt Michaels (27024 ff., 27104 ff.), noch in denen der frommen Frauen (27180 ff., 27136 ff.). Interessant scheint mir in diesem Zusammenhang folgendes: Die *Passion du Palatinus* enthält die Legende von der Schmiedin der stumpfen Nägel (787 ff.), die Pickering aitiologisch dem Harfenbild zuordnet[343a]; sie kennt aber nicht die in zu weitem Abstand vorgebohrten Löcher, die – nach Pickerings überzeugender Erklärung – genetisch ebenfalls aus dem Harfenbild hergeleitet werden müssen. Das aitiologische Telos der Legende – wenn sie je ein solches gehabt hat – findet also im Kreuz keine Entsprechung und kann daher kaum als Motiv für ihre Auf-

[341] (1953) S. 33.
[342] (1970) S. 281, 257.
[343] (1953) S. 33. [343a] Siehe oben Anm. 295.

nahme in das Spiel gelten. Demgegenüber hat z. B. die Passion Jean Michels die stumpfen Nägel und die vorgebohrten Löcher, aber das einzige erwähnte Bild ist, wie wir eben sahen, der Bogen, nicht die Harfe. In solchen Fällen wird unübersehbar, daß die betreffenden Traditionen bisweilen ganz unabhängig von ihrem exegetischen Hintergrund fortleben bzw. rezipiert werden. Solche Unkenntnis der exegetischen ‚Ursprünge‘ aber macht die Suche nach den Impulsen der Rezeption und weiterer ‚Ausschreibung‘ um so dringlicher.

An diesem Punkt scheint mir auch Pickerings jüngster Beitrag zu diesem Problemkomplex noch nicht entschieden genug: die „Irrwege" mittelalterlicher Geschichtsschreibung bleiben als solche unbefragt. Immerhin wird hier nun das, was Pickering zunächst als fromme Aufgabe gerechtfertigt schien, ausdrücklich problematisiert, und zwar u. a. anhand eines Belegs, der als willkommene Bestätigung auch unseres eigenen Frageansatzes gelten kann: der Gegensatz von typologischer Manie bei Rupert von Deutz und typologischer Askese bei Petrus Comestor, der in der *Historia Scholastica* anläßlich Luk. 24, 42 ff. das *omnia ... de me* offenbar in versteckter Polemik nicht zitiert[344]. Petrus grenzt ausdrücklich aus, so können wir auch sagen, was andere hereinnehmen, und damit legt dieser Beleg erneut das Problem frei, das unter den Exuberanzen typologischer Ausschreibung immer wieder aus dem Blick zu geraten droht: theologisch gefordert sind diese Ausschreibungen nicht, so sehr sie auch immanent gerechtfertigt erscheinen mögen.

Dieser Widerspruch war den Autoren offenbar selbst dann nicht bewußt, wenn sie theologisch so reflektiert waren wie z. B. A. Greban. Das zeigt sich besonders deutlich anläßlich der Abschiedsszene zwischen Jesus und seiner Mutter im Hause des Lazarus zu Bethanien. Die Urform dieser Schilderung findet sich in Bonaventuras *Meditationes,* von wo aus sie in zahlreiche Passionshistorien, -traktate und -spiele Eingang fand[345]. Ihr Gegenstand ist eine durch vier Bitten Marias ausgelöste Begründung des Heilswerkes, wobei in popularisierter Form Positionen der scholastischen Satisfaktionslehre erscheinen. Jesus möge, so lauten diese Bitten bei Greban[346], das Menschengeschlecht erlösen, ohne den Tod auf sich zu nehmen, oder aber, wenn dies nicht möglich sei, doch ohne Leiden sterben. Sei auch dies nicht zu vermeiden, so wolle sie, Maria, zuerst sterben oder aber,

---

344 (1971) S. 276 f.
345 Siehe Ruh S. 31 ff.
346 Grebans unmittelbare Vorlage war eine in Bonaventura-Tradition stehende anonyme Passion aus dem Jahre 1383; der betreffende Passus findet sich bei Roy S. 259 f.

wenn auch dies ihr verwehrt sei, gefühllos wie Stein werden (16484 ff.).
Jesu Antwort lautet hinsichtlich der ersten Frage:

> mourir me convient par Envye
> en adverissant Ysaÿe
> qui, en ses saintismes devis,
> a dit de moy: *Sicut ovis*
> *ad occidendum ducitur.* (16511 ff.)

Und auf die zweite Frage, also die nach dem Maß des Leidens, heißt es:

> car comme tous ceulx d'Adam néz
> ont pechié jusqu'a vous et moy,
> je, qui humanité reçoy
> pour tous les humains delivrer,
> doy sur tout mon corps endurer
> excessive peine et amere.
> Oez Ysaÿe, ma mere,
> et vous confortez a ses ditz.
> Dit il pas: *A planta pedis*
> *usque ad verticis metas*
> *nun est in eo sanitas?* (16526 ff.)

Beide Fragen der Mutter zielen auf die Notwendigkeit von Tod und Leiden, und in beiden Fällen erfolgt, gemäß dem oben an Thomas selbst Gezeigten[347], eine bloße *convenientia*-Begründung, die wiederum in beiden
Fällen im typologischen Rückgriff auf Deuterojesaja gewonnen wird. Mit
einiger Übertreibung kann man also sagen, daß Greban das Problem, um
das es uns geht, formuliert, ohne es als solches zu erkennen. Eine bestimmte
Tradition läuft nicht nur blind, d. h. auch nach Entzug der ursprünglichen
Motivation weiter, sondern sie treibt erst jetzt, Jahrhunderte nachdem
man bereits ihre theologische Problematik erkannt hat, ihre üppigsten
Blüten.

II

Pickering hat in seiner ersten Untersuchung zum *Gotischen Christusbild*
diesen Prozeß als ,Entsymbolisierung' bezeichnet und hielt damit einen
zumindest begrifflichen Schlüssel zum eigentlichen Problem in der Hand.
Entsymbolisierung ist für ihn ein Vorgang, „in dem man ein ursprüng-
liches Symbol der Kreuzigung so behandelt, als ob es das comparatum in
einem Vergleich wäre: Christus am Kreuz ist wie eine Harfe, wie ein Bo-

---

[347] Siehe oben S. 155, 185.

gen. Es wäre trotzdem übereilt, schon beim Erscheinen eines Vergleichs von einem ‚Niedergang des Symbolismus' zu sprechen, denn zu diesem Verfahren des analysierenden Vergleichs wurde bereits Augustin durch häretische Gegner getrieben. Die in der Kontroverse erarbeitete Methode muß auch in der Ausbildung des Klerus verwendet worden sein. Der Ersatz von ‚ist' durch ‚ist wie' brauchte durchaus nicht zu einer vollen Entsymbolisierung zu führen. Die Psalmstelle von den ‚gezählten Gebeinen', nunmehr historisch verstanden, zog aber diese zwei Symbole, Harfe und Bogen, bestimmt nach"[348]. Hier wird zunächst wiederum nur deutlich, wie sehr Pickering von Anfang an das Problem in der Immanenz exegetischer Traditionen angeht: die Vermutung über die Ausbildung des Klerus ist keine Brücke von der apologetisch motivierten Situation Augustins zur motivationslosen typologischen Manie der spätmittelalterlichen Autoren.

Anders aber sieht die Sache aus, wenn man Entsymbolisierung im Sinne dessen annimmt, was A. Lorenzer in seinen Vorarbeiten zu einer Metatheorie der Psychoanalyse als desymbolisierte Pseudokommunikation beschrieben hat. Desymbolisierung meint hier eine durch Verdrängung ausgelöste Regression bewußter Repräsentanzen (‚Symbole') in unbewußte (‚Klischees'). Diese Regression ist – weiter nach Lorenzer – gekennzeichnet durch Überwiegen eines szenisch-situativen Aspekts, der das Objekt gleichsam aufsaugt, ihm seine symbolische Fassung nimmt. An die Stelle reflexiv begriffener Situationen treten unbegriffene Szenen, in denen die Verdrängung das Ganze einer ursprünglich symbolisch vermittelten Situation zerschlagen hat, um die verpönten Situationsanteile zu desymbolisieren. Diesem einen Aspekt von Desymbolisierung entspricht als zweiter eine eigentümliche „Sprachzerstörung". Da symbolvermitteltes Handeln den Besitz eines Systems signifikanter Gesten, d. h. einer Sprache voraussetzt, läßt sich klischeebestimmtes Verhalten auch als „Ausschluß aus der Sprachkommunikation"[349] beschreiben. Dieser Ausschluß bedeutet jedoch nicht Sprachlosigkeit, sondern Sprachverzerrung, Pseudokommunikation. Klischeebestimmtes Verhalten setzt sich nämlich nie ungebrochen durch, sondern findet sich stets mit symbolvermitteltem verbunden, wird von ihm überformt, verschleiert und der Beobachtung, erst recht der Selbstbeobachtung entzogen:

Die Verhältnisse sind so, um einen etwas groben Vergleich zu benutzen, wie bei einer meisterlichen Fälschung in einer Betrugsaffäre, wo es dem Betrüger

[348] (1953) S. 33.
[349] S. 90.

gelang, die Bilanz auf der Soll- wie auf der Habenseite so abzustimmen, daß sich die Fälschung innerhalb des Systems nicht entdecken läßt. Der Vergleich hat allerdings zwei Grenzen: zum einen ist der Betrüger – der Patient – selbst der Betrogene, die Fälschung läuft hinter seinem Rücken ab; und zum anderen kann keiner der Betroffenen ohne weiteres aus dem System heraus: die Sprache kann nicht überstiegen werden. Nur von den Konsequenzen her, von den realen Folgen, wird die Unstimmigkeit der Bilanz erkennbar – aber noch keineswegs durchschaubar[350].

Es hat den Anschein, als seien wir damit unserem Problem einen entscheidenden Schritt nähergekommen. Wir dürfen nämlich nunmehr vermuten, daß auch das ‚Ausschreiben‘ der historia passionis eine solche meisterliche Fälschung ist, die hinter dem Rücken der Betroffenen abläuft. Sie wird durchschaubar nur von den Konsequenzen her, der dem Liebesobjekt Jesus Christus unangemessenen Grausamkeit seiner Tötung. Systemimmanent ist sie nicht entdeckbar, das zeigen die Autoren und ihre späteren Interpreten einschließlich Pickering. Was sie systemimmanent unentdeckbar macht, ist die perfekte Verschleierung der Regression. Selbst die äußersten Grausamkeiten erscheinen im Gewand typologischer und das heißt für uns nun: pseudosymbolischer Deckung. Diese Verschleierung aber bleibt die einzige Funktion der Typologie, sie ist symbolisch nicht mehr vermittelt, sie läuft blind weiter, ohne Kenntnis ihrer eigenen Tradition. Die spätmittelalterliche historia passionis ist also kein typologisches ‚Ausschreiben‘ im Sinne einer von Jesus selbst gestellten Aufgabe, sondern eine Reihung unbegriffener Szenen, und die über sie sich einstellende ‚Verständigung‘ war Pseudokommunikation, „Teilhabe an einem Aktionsgefüge, d. h. einer Szene, wobei sich das Spiel über den Kopf der Individuen hinweg durchsetzt"[351].

Freilich ist nun Lorenzers Konzept „szenischen Verstehens" nicht umstandslos von der psychoanalytischen Hermeneutik auf eine Hermeneutik der Spiele zu übertragen. In der Psychoanalyse selbst ist das Evidenzerlebnis an ein Repertoire von Bildern, von Interaktionsmustern geknüpft, die dem Analytiker und dem Analysanden gemeinsam sind und es erlauben, die unterschiedlichen Erlebnisse als Ausprägungen einer und derselben szenischen, d. h. klischeehaften Anordnung zu erkennen[352]. Diese Interaktionsmuster müssen sich in der Analyse selbst bewähren: im Wechselspiel von Übertragung und Gegenübertragung, in der Identifikation und gesteuerten Regression des Analytikers, in seiner Teilhabe an der Ur-

350 S. 98.
351 S. 89.
352 S. 109 ff.

szene und der damit ermöglichten Rekonstruktion des biographisch zu verortenden Originalvorfalls. Metapsychologisches Erklären mittels Hypothesenbildung hat sich – nach Lorenzer – diesem „szenischen Verstehen" gegenüber auf heuristische Funktionen zu beschränken – ein Postulat, das sich jedoch nur so lange durchhalten läßt, wie das psychoanalytische Gespräch selbst zustande kommt. Hieraus erklärt sich die bekannte Sterilität einer sich psychoanalytisch versuchenden literarischen Hermeneutik, sofern sie durch die Texte hindurch die Autoren als Objekt ihrer Analyse nimmt: ohne die metapsychologische Hypothese des Ödipuskomplexes brächen solche Versuche zusammen, ja kämen sie gar nicht erst zustande.

Gegenstand unserer Analysen sind nun aber nicht Autoren, sondern Institutionen. Wir brauchen also Lorenzers Desymbolisierungsbegriff nicht preiszugeben, sondern haben ihn funktionalistisch umzustellen. Wenn in der Psychoanalyse desymbolisierte Pseudokommunikation die verzerrte Privatsprache, und das heißt die soziale Desintegration des Neurotikers anzeigt, so können wir sie im Falle des geistlichen Spiels als eine jener ‚Techniken' nehmen, mittels derer, wie P. Bourdieu gezeigt hat, Institutionen ihre eigene Wahrheit zu verbergen trachten und die letztlich alle der „Logik der Verschleierung" gehorchen: „Die Beziehungen und realen Konfigurationen sind gewissermaßen in Verschlingungen scheinbarer Beziehungen verloren, verschmolzen, ertränkt, annulliert und verformt"[353]. Von hier her aber eröffnet sich die Möglichkeit, die Rede von der meisterlichen Fälschung über das Passionsspiel hinaus auf das Gesamtphänomen ‚geistliches Spiel' auszudehnen und solchermaßen unsere Formel vom Zurückspielen des Kerygmas in eine mythisch-archetypische Dimension mit Lorenzers Desymbolisierungsbegriff zu vermitteln. Wir haben damit den Schlüssel zu einem Streit gefunden, der so alt ist wie die geistlichen Spiele selbst. Gerade die desymbolisierte Pseudokommunikation, die meisterliche Fälschung erweist sich nun nämlich als verantwortlich für die scheinbar unlösbare Frage, ob diese Spiele die Sache der Kirche wahrnahmen oder nicht. Diese Pseudokommunikation erklärt, daß die Spiele vordergründig tatsächlich mit kirchlicher Lehre harmonisierbar scheinen und daß es schon mühsamer Analysen bedarf, der Fälschung auf die Schliche zu kommen. Was hier wirklich statthatte, was „über den Kopf der Individuen hinweg sich durchsetzte", war offensichtlich weder den Autoren noch dem Publikum noch den kirchlichen Kontrollinstanzen durchschaubar, und es brauchte über fünf Jahrhunderte, von Florus von Lyon bis zum Tridentinum, bis man dahinterkam, was hier in Wahrheit gespielt wurde.

---

353 *Zur Soziologie der symbolischen Formen*, Frankfurt 1970, S. 25.

Kehren wir von hierher wieder zum Passionsspiel zurück, so wäre zu fragen, worin denn dort die „realen Konfigurationen" (Bourdieu), die „klischeehaften Interaktionsmuster" (Lorenzer) oder, wie wir nun wiederum sagen können, die latenten Funktionen zu sehen sind, die sich hinter der verschleiernden Typologie der historia passionis verbergen. Institutionen, so sahen wir oben, sind keine Produkte der Angst, aber sie sind gleichwohl, wie Gehlen sagt, eine Antwort auf Schrecknisse, von denen sie darstellend entlasten. Diese Entlastung aber kann durchaus in Freud'schen Begriffen erfaßt werden, sofern man sie aus ihren dogmatischen Verankerungen, insbesondere also von ihrem ödipalen Hintergrund löst. So hat Gehlen selbst die Kategorie der „stabilisierten Spannung" mit Hilfe des Freud'schen Ambivalenzbegriffs erläutert[354]. Und ebenso hat die Freud-Rezeption bei den Sozialwissenschaften, insbesondere der Sozialpsychologie, deutlich gemacht, daß auch unter Verzicht auf eine Lamarckistische Phylogenie und eine dem Sexualtrieb zugeschriebene dominante Funktion innerhalb der Affektivität zentrale Entdeckungen Freuds wie Identifikation, Ambivalenz, Verdrängung, Ersatzobjekt ihre Relevanz behalten[355].

So bieten sich einem „szenischen Verstehen" des Passionsspiels Interaktionsmuster an, die in gleicher Weise von metapsychologischen Hypothesen freigehalten werden können, wie dies Lorenzer für die psychoanalytische Deutung selbst versucht. Nach P. R. Hofstätter verdient unter den neueren sozialpsychologischen Systemansätzen, die sich der Freud'schen Psychoanalyse verdanken, die stellvertretende Affektbesetzung, also der Sündenbock-Mechanismus besondere Betonung[356]. Man braucht also Freuds eigene Hypothese vom urzeitlichen Vatermord gar nicht zu übernehmen, um im spätmittelalterlichen Passionsspiel diesen Mechanismus, dieses Klischee zu erkennen. Die theologisch nicht geforderten und insofern motivationslos ausgespielten Grausamkeiten haben die latente Funktion eines Sündenbockrituals, das sich in höchst raffinierter Weise doppelt verschleiert: einmal durch Projektion auf die Juden, die es vordergründig vollziehen, sodann durch typologische Deckung auch der brutalsten Details. Das Interesse an solchem ‚Ausschreiben' der historia passionis also ist kein geschichtliches, sondern ein rituelles.

Damit aber erweisen sich gerade die Passionsspiele als besonders auf-

---

354 S. 78 f.
355 Siehe dazu P. R. Hofstätter, *Sozialpsychologie*, Berlin 1967 (Sammlung Göschen 104/104a), S. 26 ff.
356 Ebd. S. 29 f.

schlußreich. Denn sie lassen, wie wir im vorigen Kapitel sahen, die literarischen und natürlich auch die bildlichen Passionsdarstellungen zwar nicht in den Motivkernen, wohl aber in der Art, wie sie sie ausspielen, hinter sich. Sieht man sie, wie es hier versucht wurde, in dieser ihrer Besonderheit, dann können sie auf das spätmittelalterliche ‚Realismus'-Syndrom, dem sie gemeinhin und insbesondere auch von Pickering nur als ein Sympton unter anderen zugeschlagen werden, zugleich ein erhellendes Licht werfen. Denn dann zeigt sich, daß das Spiel deswegen einen andernorts kaum erreichten Brutalitätsgrad aufweist, weil in ihm mit den Grausamkeiten zugleich auch ein hinter den typologischen Deckungen verborgenes rituelles Interesse am Opfertod Christi gleichsam zu Ende gebracht ist. Christi Opfertod ist im kerygmatischen Verständnis eine einmalige stellvertretende Selbstopferung der Gottheit, mit der, sei es als Strafe, sei es als meritorische Leistung, ein ebenfalls heilsgeschichtlich einmaliges Ereignis, nämlich der Sündenfall, moralisch getilgt wird. Diese Tilgung ist im *pascha perpetuum* des Meßopfers auf Dauer gestellt. Man kann dieses Auf-Dauer-Gestelltsein der Erlösung durchaus anthropologisch fassen und hätte dann die Messe in etwa als spezifisch christliche Institution beschrieben: eine Institution, die den geschichtlichen Charakter des sie begründenden Anfangs wahrt, indem sie ihn nicht identisch, sondern ‚unblutig' wiederholt, und zwar tagtäglich wiederholt, nicht periodisch. Allein, dieser Institution erwuchs während einiger mittelalterlicher Jahrhunderte die Konkurrenz einer anderen, eines gespielten Rituals nämlich, das dasselbe Ereignis wiederholte wie die Messe, nur anders: zwar nicht streng periodisch, aber doch in vielen Fällen alljährlich und in allen Fällen nicht mehr bloß kommemorierend, sondern nunmehr identisch. Im Mittelpunkt beider Institutionen stand der göttliche Sündenbock. Dort wurde er unblutig, hier blutig geopfert, hier kam jenes archaische Substrat wieder ‚ins Spiel', wurde es ‚ausgespielt' bis hin zum *sparagmos*. Tatsächlich erhält der rituelle Charakter des Passionsspiels erst vor dem Hintergrund dieser Konkurrenz zweier Institutionen seine volle Plastizität.

III

In jedem Meßopfer wird mit dem Anruf des Gotteslamms der archaische Sündenbock gleichsam zitiert und – im heilsgeschichtlichen Verständnis dieses Opfers als einer Perpetuierung der einmaligen Selbstopferung Gottes – zugleich negiert. Allein, wenn je diese heilsgeschichtliche Begründung problematisch ward, dann in spätmittelalterlicher Meßpraxis. Die gnadentheologischen Prämissen der Transsubstantiationslehre ließen sich allenfalls auf dem hohen Reflexionsniveau und in der angestrengten Begrifflichkeit scholastischer *quaestiones* durchhalten, und selbst hier hat ein Thomas von Aquin alle Mühe, dem Opfertod Jesu die Integrität heilsgeschichtlicher Einmaligkeit zu wahren[357]. Beim niederen Klerus aber und in der größtenteils ihm obliegenden Praxis täglicher Meßausübung führte eine mißverstandene Transsubstantiationsvorstellung zusammen mit den Fallstricken der Meßallegorese zur magischen Degradation der Eucharistie. Im 12. Jahrhundert schon setzten Berichte über Hostienwunder ein, deren Träger an der Stelle der Brotsgestalt den Leib des Herrn gesehen haben wollen. Seit Innozenz III. mehren sich die Vorschriften, was bei möglichen *pericula* oder *defectus* während der Meßfeier zu tun sei, etwa im Falle, daß Christus in *specie carnis vel pueri* erscheine. Die spätmittelalterlichen ‚Meßfrüchte‘ schließlich wirken wie eine böse Parodie auf das, was einst ein Florus von Lyon als den *fructus spiritualis* des Opfers angesehen hatte, wohingegen das Werk der Allegoriker noch in den schlimmsten Auswüchsen des Schauverlangens erkennbar bleibt: der Anblick der erhobenen Hostie galt als das zentrale Heilsmoment, man lief von Kirche zu Kirche, um seiner möglichst oft teilhaftig zu werden, man führte Prozesse um Plätze, von denen man freie Sicht auf den Altar hatte[358].

Die Scholastik ist auf Meßliturgie und Meßverständnis bis hin zum Tridentinum sichtlich ohne Einfluß geblieben[359]. Es kann und braucht hier nicht erörtert zu werden, wem dies anzulasten ist: der Scholastik selbst, bei der dogmatischer Purismus und ausdrückliche Geringschätzung der gläubigen Menge bisweilen Hand in Hand gingen[360], oder aber der Kirche, die sich erst unter dem Einfluß der Reformation zur ausdrücklichen Rezeption thomistischer Sakramentenlehre entschloß und deren Nachholbedarf an der Geschichte der posttridentinischen Meßopfertheorien[361] ablesbar ist. Wichtig ist für uns, den Zusammenhang zwischen diesen soge-

---

357 *Summa theol.* III, quaestio 83; siehe dazu Harnack, S. 581.
358 Zu Hostienwunder und Schauverlangen siehe Jungmann I, S. 156 ff. mit Verweisen auf die einschlägigen Untersuchungen; zu den ‚Meßfrüchten‘ siehe A. Franz, *Die Messe im deutschen Mittelalter*, Freiburg 1902 (Nachdruck Darmstadt 1963) S. 37 ff.; zu den pericula der Meßfeier, insbesondere bei dem im 15. Jahrhundert einflußreichen Bernardus de Parentius, siehe ebd. S. 474 und 506.
359 Dies stellt Jungmann I, S. 152 und 168 ausdrücklich fest.
360 Zu solcher Geringschätzung bei Albertus Magnus, dem Kritiker der Allegorese, siehe A. Kolping, *Eucharistia als Bona Gratia*, in *Studia Albertina, Festschrift für Bernhard Geyer*, Münster 1952, S. 249–278, insbes. S. 253.
361 Siehe hierzu den Artikel ‚Meßopfertheorien‘ in LThK VII, Sp. 350–52.

nannten ‚Meßmißbräuchen‘ und dem Phänomen des Passionsspiels zu erkennen. Der rituelle Grundzug der Spiele muß vor dem Hintergrund des ruinierten, zum Sympathiezauber abgesunkenen Eucharistieverständnisses gesehen werden. Auch das Passionsspiel zitiert in seiner Abendmahlsszene den Sündenbock, und zwar entweder in der Rede von dem für viele vergossenen Blute, die über Mark. 14, 24 auf Jes. 53 zurückweist[362] (so z. B. Greban 18080 ff.; Egerer Fronleichnamsspiel 4109 ff.), oder in der Rede vom *lamlein, Das die sund der welt auf im trait* (Wackernell S. 299; ähnlich Hegge-Zyklus S. 255, 692 f.). Aber während der liturgische Ritus an seiner zentralen Stelle, der Wandlung, gebunden bleibt an das Abendmahls-, nicht an das Kreuzigungsgeschehen[363], ist im Spiel das Abendmahl nur gleichsam Durchgangsstation zu einem Ritual, das sich um eben das Motiv kristallisiert, welches die Liturgie ausgrenzt.

Denn so sehr auch die seit Amalarius von Metz das mittelalterliche Liturgieverständnis beherrschende rememorative Allegorese die Messe mit Symbolen des Todes Christi angereichert haben mag[364], vom Motiv der ‚Schlachtung‘ findet sich vor dem 16. Jahrhundert, in dem die sogenannte Maktationstheorie aufkam, zumindest in der Westkirche keine Andeutung. Das Spiel hingegen nimmt wieder einmal herein, was die Liturgie ausgrenzt, es segmentiert, so können wir auch sagen, wieder einmal anders. Nicht in dem performativen *Haec quotiescumque feceritis, in mei memoriam facietis* sieht es die Kardinalfunktion, sondern im konstativen *crucifixerunt eum*, das die Bibel selbst bezeichnenderweise ebensowenig elaboriert wie die Liturgie. So haben wir hier wieder eine Schwerpunktverlagerung, die an die des Osterspiels erinnert. Wie jenes das Descensus-Ritual gegen die Ausgrenzungen der liturgischen Elevatio und der Bibel selbst ausspielt, so wird auch hier die ‚Schlachtung‘ gegen die impliziten oder expliziten Ausgrenzungen von Bibel, Liturgie und Dogmatik in Szene gesetzt. Sie erscheint in einer Drastik, die das in der Messe so subtil verdrängte archaische Substrat des Opfers wieder hervorholt und damit

---

362 Siehe hierzu J. Jeremias in *ThWNT* V, S. 712 f.

363 Siehe hierzu R. Molitor, *Passionsspiel und Passionsliturgie*, in *Benediktinische Monatsschrift* 5 (1923) 105–116, insbes. S. 111: „Durch die heilige Messe knüpft die Liturgie unmittelbar nicht an die Vorgänge auf Golgatha, sondern an das Abendmahl Christi an.“

364 Bald war es die fractio, bald die Elevatio vor dem Pater noster, bald das Kreuzzeichen am Schluß des Supplices, oder, noch eindringlicher, das Sich-niederbeugen des Priesters beim Supplices als Zeichen des sich neigenden Hauptes Jesu; siehe hierzu J. Kramp, *Die Opferanschauungen der römischen Meßliturgie*, Liturgie- und dogmengeschichtliche Untersuchung, Regensburg ²1924, insbesondere S. 56, sowie Jungmann I, S. 115 ff.

die historia passionis hinüberspielt in die rituelle Tötung des göttlichen Sündenbocks. Ein tendenziell mythisch-archetypisches Verständnis des Meßopfers wird hier ,ausgespielt‘.

Diese Folgerung vermag nur zu leugnen, wer Messe und Spiel für unvergleichbare Phänomene hält und dabei übersieht, wie sehr sich das Spiel selbst auf die Messe bezieht und als ihre Fortsetzung begreift. Einem Spiel beizuwohnen ist, wie das Anhören der Messe, eine fromme Handlung, für die in zahlreichen Prologen und Praecursor-Reden Ablaß versprochen wird. Vom schlesischen Zuckmantel, wo es bis in die zweite Hälfte des 18. Jahrhunderts hinein zu Passionsaufführungen kam, wissen wir, daß man traditionellerweise nach Abschluß der Messe noch in der Kirche selbst zu spielen begann, und zwar bis zur Kreuzigung. Diese fand sodann auf dem in der Nähe gelegenen Rochusberg statt, den Spieler und Gemeinde in großer Leidensprozession erreichten[365]. Eine solche Überlieferung ist ein äußerst sinnfälliger Beleg für den hier verfolgten Regress ins archaische Ritual. Er macht indes nur ausdrücklich, was die Übernahme liturgischer Formeln und Gebete in die Spiele selbst impliziert[366]. Wenn der Gemarterte vom Kreuz herab zu andächtigem Gedenken seines Opfertodes aufruft, dann ist in diesen Improprien eben nicht nur das „Opfergedächtnis“ der Messe zu Ende gebracht, sondern zugleich auch jene archetypische Funktion des Opfers, die im unblutigen „Gedächtnisopfer“ der Messe negiert ist[367].

Man darf daher nicht vor den Konsequenzen zurückschrecken und zum erbaulichen Spiel verharmlosen, was nur im Bereich manifester Funktionen vom moralischen Appell, in dem latenter Funktionen hingegen von den archaischen Impulsen des *sparagmos* lebte – von jenem Vorgang der Vernichtung, der Zerstückelung des Opfers also, mit der die Gottheit provoziert werden soll, die unterbrochene Beziehung zur Opfergemeinde wie-

---

[365] *Das Zuckmantler Passionsspiel,* hg. A. Peter, Troppau 1868, Einleitung S. 11.
[366] Eine systematische Zusammenstellung dieser Übernahmen ist mir nicht bekannt geworden. Für das Osterspiel dürften unsere Analysen in Teil I das meiste erfaßt haben. Für das Fronleichnamsspiel kann verwiesen werden auf Stemmler S. 238 („Übernahmen aus der Liturgie des Fronleichnamsfestes“). Beim Passionsspiel sind für die Passionsszenen im engeren Sinne vor allem die Einsetzungsworte zu nennen (wobei durch Beibehaltung des arkanischen Lateins die Liturgizität besonders herausgestellt werden kann, so z. B. Alsfeld nach 3087), dann auch die Improprien der Karfreitagsliturgie.
[367] Zu dieser das Eucharistieverständnis schon in seinen patristischen Anfängen bestimmenden Doppelung von „Opfergedächtnis“ und „Gedächtnisopfer“ siehe J. Betz, Art. ,Meßopfer‘ in *LThK* VII, insbes. Sp. 346.

derherzustellen[368]. Dieser *sparagmos* ist eine Phase in Fryes Mythos der Zielsuche („quest myth"), den wir struktural auch im geistlichen Spiel wiederfinden: Jesus kämpft mit dem Teufel (*agon*), wird als Sündenbock rituell getötet (*pathos/sparagmos*), von den frommen Frauen beklagt (*threnos*) und hernach als glorreich Auferstandener gefeiert (*anagnorisis/theophania*). Aber wie schon bei *agon* und *theophania*, so zeigt sich nunmehr auch beim *sparagmos*, daß Fryes Archetypen, verstanden als elementare patterns, die ein als autonom gedachtes literarisches Universum strukturieren, funktionalistisch befragbar bleiben. Solange man dabei am Nachweis von Rekurrenz interessiert ist, muß dann auch nach der Funktion solcher Rekurrenz gefragt werden, und das kann, wie sich bei Frye selbst verrät, nur substantialistisch beantwortet werden[369]. Gibt man dieses Interesse auf, und dazu hatten wir uns entschieden, dann gilt es, den Begriff des Archetypischen im Sinne universaler Strukturmodelle mittels funktionaler Vergleiche aufzulösen: es erwies sich als entscheidender Unterschied, ob der *agon* im Descensus oder am Kreuze statthat, ob die *theophania* mit den oculi cordis gesehen oder naturhaft ausgespielt wird, ob der *sparagmos* nur zitiert oder aber exekutiert wird.

Fryes patterns werden in solchen Funktionsvergleichen problematisierbar, und damit geht der Begriff des Archetypischen von einer Strukturbezeichnung über in eine Funktionsbezeichnung. Er zielt nicht mehr auf strukturale Rekurrenz, Invarianz oder Universalität, sondern auf eine im christlichen Horizont archaische Funktion bestimmter Strukturbildungen: archaisch in bezug auf die „absolute Kulturschwelle des Monotheismus", hinter die das geistliche Spiel als monumentale „Transzendenz ins Diesseits" zurückfällt[370]. So bieten sich die Passionen einer Hermeneutik latenter Funktionen geradezu als Modellfall an. Sie kann zeigen, was harmonisierende Interpretationen nicht in den Blick bekommen. Denn wer in diesen Spielen allein den erbaulichen Spiegel sieht, den sie vorgeben zu sein, der verkennt die ihnen eigene archaische „Drastik der Übersetzung jeder Vorstellung in die Konsequenzen, d. h. in offene Handlungen"[371]. Die Messe beläßt es bei der Vorstellung, sie kommemoriert. Das Spiel handelt.

---

368 Ich folge hier Lévi-Strauss (1962) S. 295 ff.; siehe auch H. Hubert/M. Mauss, *Sacrifice, Its nature and function*, London 1964 (Übers. des 1898 in *L'Année sociologique* erschienenen *Essai sur la nature et la fonction du sacrifice*), insbes. S. 44.

369 Siehe oben Anm. 34.

370 Siehe oben Anm. 152.

371 Gehlen S. 19.

Daher auch konzentriert es sich bisweilen allein auf das Opferhandeln,
schneidet es Descensus und Auferstehung ab. Exemplarisch steht hierfür in
Frankreich die Passion Jean Michels, der aus Grebans zweitem und drit-
tem Tag deren vier macht und den vierten mit der Versiegelung des Grabes enden läßt. In Deutschland gibt es vergleichbare Beispiele. So beschränken sich die Frankfurter und die Heidelberger Passion ebenfalls auf
Jesu Erdendasein und Tod. Eine Synchronisierung der Aufführungen dieser Spiele mit den Ereignissen der Karwoche oder mit anderen Kreuzfesten
ist nicht belegt. Man muß also annehmen, daß hier nicht eine ursprüngliche, selbständige Passionsspieltradition durchgehalten wurde, sondern
daß eine sekundäre Auflösung der Zyklen vorliegt. Dies wurde zwar bisweilen bestritten[372], scheint mir aber bei den genannten deutschen Spielen
nicht minder wahrscheinlich denn bei Michel. Solche Herauslösung der
Passion aus einem umfassenderen Spiel zu leugnen, besteht keinerlei Anlaß, ließe sie sich doch sogar theologisch stützen. Denn das Zurücktreten
der Auferstehung hinter das Ereignis des Todes ist, wie gezeigt, charakteristisch für die dogmatische Tradition der Westkirche insbesondere seit

---

[372] Für die Frankfurter Passion gilt, soweit ich sehe, immer noch R. Fronings Urteil, daß das mit der Grablegung endigende Werk unvollständig sei, da die
Dirigierrolle Auferstehung und Himmelfahrt enthalte (*Das Drama des Mittelalters*, Stuttgart 1891/1892; Nachdruck Darmstadt 1964, S. 334). Ausdrücklich
belegt ist die Einbeziehung einer Auferstehung jedoch nur für die Aufführung
von 1498 (S. 543). Fronings Zuordnung der angeblich unvollständigen Kre-
merschen Kopie zu dieser sechs Jahre späteren Aufführung bleibt fragwürdig.
Statt davon auszugehen, „daß der Platz für den Rest nicht mehr reichte"
(S. 334), kann man ebensogut vermuten, daß die Aufführungen, denen Kremers Vorlage zugrunde lag, keine Auferstehung brachten. Zeugnisse der Aufführungen von 1467 und 1492 scheinen dies zu bestätigen: sie sprechen von der
tragoedia passionis bzw. vom *spiel von der Passion unsers hern* (S. 540 bzw.
S. 542). Das gleiche könnte dann auch für – nicht bezeugte – spätere Aufführungen (vor 1498) gelten, denen Kremers Kopie zugrunde zu legen wäre. Sicher
ist, daß sie für mindestens eine Aufführung benutzt wurde (S. 334). Eine er-
hebliche Stärkung erhält unsere Vermutung durch die Heidelberger Passion,
die einerseits ebenfalls auf die Dirigierrolle bzw. eine Überarbeitung derselben
zurückgeht, andrerseits aber ebenfalls nicht die Auferstehung enthält (sie
schließt mit der Verhaftung Josephs von Arimathia). In diesem Fall nun ist
es ganz eindeutig, daß der „Platz reichte": der Kopist versieht sein Stück mit
einem ausdrücklichen *finis. Anno fünffzehenhündert vnnd vierzehenn jar jst
das buch durch mich Wolffgang Stüeckh geschriben uff mittwoch nach visita-
cionis Marie virginis* (*Heidelberger Passionsspiel*, ed. G. Milchsack, Tübingen
1880, S. 294). Daß es gegen Ende des 14. Jahrhunderts auch in Deutschland

Anselm, bei dem der Gottmensch nach einem Worte Harnacks „nur sterben mußte"[373].

Bei Michel findet sich der Satisfaktionsbegriff denn auch nicht minder häufig als bei seinem Vorgänger Greban (532, 551, 566, 574, 577, 7722, 17998, 19992, 27040), und so ließe sich gar sagen, daß hier scholastische Christologie am konsequentesten befolgt wurde. In der Tat gilt den theologischen Absicherungen durch die Betonung des moralischen Aspekts ein Hauptaugenmerk Michels. Zu seinen Ergänzungen der Vorlage zählen nicht weniger als drei Predigten Jesu, unter ihnen die Bergpredigt (8946 ff.; 10655 ff.; 16795 ff.). Um über die Hälfte erweitert ist auch das die Passion einleitende Gebet im Garten Gethsemane, das den *débat* zwischen gehorsamem Geist und vor Angst in Schweiß ausbrechendem Körper zum Gegenstand hat (Greban 18739 ff.; Michel 19929 ff.). Dies bedeutet eine weitere Insistenz auf dem Kerngedanken der Satisfaktionslehre, dem Leiden des Menschen Jesus, der, eben als Mensch, auch Furcht und Zittern kennt. Aber ebenso auffällig ist, daß die Betonung der moralischen Dimension nicht einhergeht mit einer Zurückdrängung der Drastik des Martyriums. Im Gegenteil: in der Flagellatio werden auf Geheiß des Pilatus die vier Geißler Grebans um weitere fünf aus dem Gefolge Annas' ergänzt (24907 ff.; dann nach 24926), Grebans *He salut, rex Judeorum* (22891) verwandelt sich in das sich hier geradezu anbietende Ritual-Rondeau *Hee, ave rex Judeorum, / roy des Juifz, je vous salue* (25011 ff.), und das gleiche geschieht wenig später mit Grebans *Et vive nostre roy nouveau* (22937), aus dem Michel mit einer einzigen Änderung den Refrain *Hee, vive nostre roy nouveau* (25071 ff.) werden läßt.

So steht Michels Passion im Zeichen einer Eskalation sowohl der moralisierenden Reflexion als auch der rituellen Drastik, welche letztere, ich wiederhole dies, von der Satisfaktionslehre nicht gefordert und also auch nicht von ihr her zu motivieren ist. Tatsächlich manifestiert sich ja auch, wie gezeigt, in der rituellen Drastik ein primäres, bereits vor Grebans Aufnahme des Satisfaktionsgedankens das Passionsspiel kennzeichnendes

---

Passionsaufführungen ohne Auferstehung und unabhängig von den Kreuzesfesten gab, dürfte nach all dem mehr als wahrscheinlich sein, zumal der überlieferte Textbestand und die bezeugten Auffführungen nur lückenhafte Rekonstruktionen erlauben. Unsere Interpretation des Kreuzigungsgeschehens unter dem Aspekt eines Sündenbockrituals ist an einen solchen Nachweis nicht gebunden, wird aber durch ihn gestützt. Denn wo immer die Darstellung der Auferstehung fortfällt, wird die kerygmatische Perspektive entscheidend verkürzt zugunsten der mythisch-archetypischen.

[373] S. 408.

Interesse, und wenn Michel die Passion isoliert und auf vier Tage ausgeweitet präsentiert, dann ist in einem solchen Spiel auch primär dieses Interesse isoliert und zu Ende gebracht. Die eingebauten Reflexionen auf die moralische Leistung des Martyriums können diese primäre und spielspezifische Tendenz zwar auffangen, nicht aber in die kerygmatische Dimension zurücklenken.

VI

Wie ein Spiel aussehen müßte, das bewußt aus solcher Ambivalenz ausbrechen wollte, zeigen die Fronleichnamszyklen. Von allen geistlichen Spielen lassen sie das weitaus stärkste Maß an theologischer Selbstkontrolle erkennen. Auch sie sind, wie die Passionsspiele, eine Antwort auf das Schauverlangen der Gläubigen, auf jenen spätmittelalterlich-epochalen *Désir de voir l'hostie*, wie E. Dumoutet seine hierfür einschlägige Untersuchung betitelt hat[374] – eine Antwort aber, die ganz anders ausfällt und deren theologischer Implikate man gerade aus dem zuletzt erörterten Zusammenhang heraus sofort ansichtig wird.

Ich verzichte auf Hinweise zur oft dargestellten Geschichte dieser Zyklen, um gleich auf den Kern der Differenz zu kommen. Zeigte sich, daß das Passionsspiel tendenziell auf Isolierung des Opfers aus ist, so präsentiert das Fronleichnamsspiel stets die gesamte Heilsgeschichte von der Schöpfung bis zum Jüngsten Gericht. Es setzt damit ganz konsequent die theologische Bestimmung der Eucharistie in Anschaubarkeit um, denn diese Bestimmung schließt die zukünftige Erfüllung wesentlich ein. Ausdrücklich spricht Thomas bei der Aufzählung der verschiedenen Bedeutungen auch von einer *significatio ... respectu futuri*[375]. Die Eucharistie ist ihm, wie wir im ersten Kapitel bereits zitierten, ein Unterpfand der Erlösung, ein *pignus futurae gloriae*[376]. Diese Einbeziehung des künftigen Endes kontrastiert aufs schärfste mit dem in den Descensus vorverlegten Ende des Passionsspiels, und tatsächlich hat dieser Unterschied in der Gesamtanlage der beiden Spieltypen Konsequenzen, die, weil ein solcher Vergleich niemals systematisch durchgeführt wurde, bisher weder für den einen noch für den anderen Typus freigelegt und ausgewertet wurden.

Die zweifellos wichtigste dieser Konsequenzen besteht darin, daß das

---

374 Paris 1926; siehe dazu auch P. Browe, *Die Verehrung der Eucharistie im Mittelalter,* München 1933, insbes. S. 26 ff.
375 *Summa theol.* III, quaestio 73, 4.
376 Siehe oben S. 45 (Lubac S. 83, Anm. 117).

Fronleichnamsspiel eine Geschichte präsentiert, welche noch nicht zu Ende gekommen ist, und daß es sich damit jenem dem Passionsspiel eigenen mythischen Typus identischer Wiederholung entzieht. Auch das Passionsspiel kann zwar, wie das Fronleichnamsspiel, Schöpfung und Sündenfall vorschalten, aber was dann darauf antwortet, ist wiederum, wie wir bei Greban sahen, ein Modell vom gnostischen Typus, endend mit der Rückkehr des Erlösers in seine himmlische Heimat. Indem das Fronleichnamsspiel dieses Modell öffnet auf die zukünftige Parusie, zeigt es eine Geschichte, die teils vergangen ist, teils aber noch aussteht und in diesem noch ausstehenden Teil einen ausgesprochen fiktionalen Charakter annimmt. Jede Untersuchung der Fronleichnamsspiele müßte von der Frage ausgehen, wieweit dieses fiktionale Ende Rückwirkungen auf die Gesamtanlage der Zyklen hat. Im Prinzip sind sie in sehr viel eindeutigerer Weise als die Passionsspiele getragen von einer theologischen Didaktik und in diesem Sinne ‚literarischer‘. Entscheidend ist hierbei die schon quantitative Gleichgewichtigkeit der einzelnen Bilder. Den Höhepunkten ist Isolierung und Ausweitung verwehrt, genauer: sie sind nicht mehr und nicht minder isoliert denn die vorhergehenden und folgenden Bilder auch. Heilsgeschichtlich gesehen ist alles von gleicher Bedeutung, nicht nur das, was paradigmatische Oppositionen ausspielt.

Am deutlichsten enthüllt sich der Charakter der Zyklen am Kernpunkt seiner theologischen Logik: der Gestaltung des Abendmahls im Rahmen der diese eucharistische Feier umgebenden zentralen Leidensszenen, also Geißelung und Kreuzigung. Daß nicht das Letzte Abendmahl dargestellt wird, sondern, wie z. B. im Hegge-Zyklus, eine Meßfeier, in der Christus als Priester die Hostie konsekriert und die Apostel zu kommunizierenden Gläubigen werden[377], ist deutlicher Ausdruck der didaktischen Absicht und findet sich auch im kontinentalen Passionsspiel. Kein Passionsspiel aber kontrastiert, wie eben der Hegge-Zyklus, eine äußerst breit angelegte Abendmahlsszene (S. 242 ff., 411 Verse) mit einer Geißelung und Dornenkrönung, welche nach ganzen zwei Judenversen in einer kurzen ‚dumb show‘ sich vollziehen und gleich darauf mit den Klageversen der frommen Frauen in die compassio-Perspektive eingebunden werden (S. 294, nach 675). Ebenso bemerkenswert kurz ist die Kreuzigung, die zwar das Mo-

377 Siehe hierzu die schöne Analyse dieses Abendmahls bei Stemmler (S. 240 f.), insbesondere im Hinblick auf die Figur des Judas. Während laut Joh. 13, 21–26 Christus nach dem eigentlichen Mahl Judas mit einem Stück eingetauchten Brotes als Verräter brandmarkt, ist der Judas des Spiels ein unwürdig die Kommunion Empfangender und darob Verdammter.

tiv des Auseinanderzerrens der Glieder aufnimmt, das Ganze aber in 27 Versen zu Ende bringt. Ein ganz ähnliches Bild bietet Chester. Auch hier steht einer ausgearbeiteten Abendmahlsszene (S. 265 ff., 252 Verse) eine relativ kurze Geißelung (S. 293 ff., 49 Verse) und eine ebensolche Kreuzigung (S. 304, 39 Verse) gegenüber. Interessant ist, wie im Chester-Zyklus die eucharistische Thematik auch auf ihr ursprünglich fremde Szenen ausgeweitet wird. So wendet sich in der Visitatio der Auferstandene mit einer längeren Rede an das Publikum, die sich jedoch nicht auf die hinter ihm liegende Passion bezieht, sondern wiederum auf das eucharistische Brot und seine Dogmatik (S. 337 f., 154 ff.). Sie ist 32 Verse lang.

Ein ganz anderes Bild bietet der spätere Wakefield-Zyklus. Die aus der Chester-Visitatio übernommene Publikumsapostrophe Jesu ist hier auf 108 Verse angeschwollen. Jetzt wird, 15 Strophen lang, die Kreuzespein und ihre erlösende Wirkung für die Menschheit umschrieben (S. 313 ff.), und erst dann folgen zwei dieses Andachtsbild abschließende Strophen, die wieder vom eucharistischen Brot handeln[378]. Deutlich konkurrieren hier zwei Interessen: das kerygmatisch-symbolische an der Eucharistie als dem Brot des Lebens und das mythisch-archetypische an dem erlösenden Opferblut. Und im Zeichen dieser Konkurrenz, die schon rein quantitativ dem Kreuz einen sehr viel breiteren Raum gibt, steht im Wakefield-Zyklus auch das Vorhergehende. Während im Hegge-Zyklus die Verschwörung in eine breit angelegte Abendmahlsszene eingebaut ist, wird nunmehr das Abendmahl einer breit angelegten Verschwörung inkorporiert und auch inhaltlich entsprechend ausgerichtet: gegessen wird das Paschalamm, und ohne daß von Brot und Wein überhaupt die Rede ist, wird der Blick auf den Verräter Judas gelenkt (S.214 ff.). Deutlich ist hier das Opfermahl in völliger Aussparung der eucharistischen Thematik bloße Durchgangsstation zum zentralen Ritual: dem in seiner Grausamkeit an die kontinentalen Passionen gemahnenden Dreischritt von *Buffeting, Scourging* und *Crucefixion*[379]. Letztere umfaßt, um nur ein konkretes Beispiel zu nennen, von der Auflegung des Opfers auf das Kreuz bis zur Kreuzesaufrichtung

---

[378] Siehe hierzu wieder Stemmler S. 243 ff. sowie, allgemein zu den ‚Andachtsbildern‘, J. W. Robinson, *The Late Medieval Cult of Jesus and the Mystery plays*, in *PMLA* 80 (1965) 508–14.

[379] Die oben S. 199 angeführten Untersuchungen von Rossiter und Speirs sind, soweit ich sehe, die bisher einzigen, die dem rituellen Charakter dieser grausamen Spiele gerecht werden. Von ambivalenten Effekten spricht bisweilen auch Rossiter (S. 75, 78). Wenn seine Perspektive mit der unseren trotzdem nicht konvergiert, so deswegen, weil sich hinter Rossiters Rede von den „uncombinable antinomies" und „immiscible juxtapositions" ein rückprojizierter

143 Verse (S. 261 ff.) gegenüber, wie wir sahen, 27 im Hegge- und 39 im Chester-Zyklus. Der mit dem von Wakefield verwandte York-Zyklus bietet das gleiche Bild. Auch hier findet im Letzten Mahl die Eucharistie keine Erwähnung. Das ist ein im Rahmen des Fronleichnamsspiels höchst bemerkenswertes Phänomen, auf das bisher nicht aufmerksam gemacht wurde. Gerade die so deutlich andersartige Tendenz der älteren Chester- und Hegge-Zyklen läßt erkennen, wie später das didaktische Moment und damit die Öffnung der Passionsgeschichte auf eine kerygmatisch definierte Wirkung in die Zukunft hinein im wörtlichen Sinne ‚zugespielt' wurde.

Möglich, aber unwahrscheinlich wäre die Erklärung, daß diese Aussparung der Eucharistie gerade aus theologischer Gewissenhaftigkeit geschah, also aus der Furcht heraus, das eucharistische Mysterium durch seine Transposition ins Spiel zu entweihen. Eine solche Furcht hat bei einem deutschen Fronleichnamsspiel, dem von Künzelsau, ganz offenbar bestanden, aber ihr ist dann nicht nur das Abendmahl, sondern auch die Kreuzigung und – in der ersten Fassung – die Visitatio zum Opfer gefallen[380]. Aus dieser Aussparung der zentralen Heilsmysterien spricht eine theologische Gewissenhaftigkeit, die an die Bedenken der liturgischen Feier gemahnt, sich der Christophanie zu öffnen. Auch hier hat, so darf man annehmen, die Anwesenheit des Sakramentes selbst hemmend auf die Veranschaulichung gewirkt, obwohl das Spiel als Ganzes des *waren leichnam*

---

romantischer Dualismus von Erhabenem und Groteskem verbirgt, so daß die archetypisch-kultische Bedeutsamkeit dieses ‚Grotesken' gerade nicht in den Blick kommt: „The very values of martyrdom – of any suffering as significant – are implicitly denied by this making a game of it" (S. 76). – Immerhin hat Rossiters Interpretation ein Niveau, das von seinem Kritiker Kolve (siehe insbes. S. 134 ff.) nicht erreicht wird. Dessen These, daß durch die ‚Spiele' der Folterknechte der Horror distanziert, ja ästhetisiert werde (S. 189, 199) muß deswegen als naiv bezeichnet werden, weil sie zur Frage nach dem hinter der Drastik stehenden Impuls gar nicht vordringt – es sei denn, man wollte die von einer „imitation of a total action" geforderte Charakterisierung auch der Folterknechte tatsächlich als Anlaß dieser ‚Spiele' gelten lassen (S. 199). Am Ende der Analysen vermeintlich ästhetisierter Grausamkeit liest man dann allerdings etwas ganz anderes: „Not all games are for children, and many of those played by the torturers are full of adult cunning and savagery. And actions shaped like game, played as though they were game, can in fact be serious and real" (S. 204).

380 Siehe dazu den Kommentar des Herausgebers S. 276 f. Abendmahl und Kreuzigung bleiben auch in der erweiterten Fassung ausgespart. Hinzugefügt wurden nur am Rande der Passion liegende Szenen (Beratung der Juden, Judashandlung): „Der Grundgedanke scheint demnach zu sein, diese Höhepunkte der Heilsgeschichte nicht darzustellen."

in des brattes schein (35) anschaulich gedenken will und andernorts auch stets den Bezug auf diesen seinen Anlaß thematisch macht.

Überhaupt ist im deutschen Bereich, der im Unterschied zu England und Frankreich beide Typen kennt, die divergierende Tendenz von Passions- und Fronleichnamsspiel am deutlichsten erkennbar. Entscheidend sind dabei gar nicht einmal die didaktischen Hinweise auf die Eucharistie selbst, denn ihrer gedenkt auch das deutsche Passionsspiel durchweg, wenn auch weniger detailliert. Wesentlicher ist die Gesamtanlage der Fronleichnamsspiele, also die Reihung der Bilder von der Schöpfung bis zum Jüngsten Gericht und vor allem die ständige Anwesenheit des sie kommentierenden rector processionis. Gerade hierin bleibt wiederum Künzelsau deutlichstes Beispiel. Dornenkrönung, Geißelung und Kreuzigung sind hier darauf reduziert, daß ein jeweils von zwei Soldaten begleiteter *Salvator cum corona*, dann ein *Salvator cum statua* und schließlich ein *Salvator cum cruce* auftritt und der rector seine compassio-Aufforderungen an das Volk richtet. (3672 ff.): kein grölender Folterknecht, kein Faustschlag, keine Geißelstriemen, kein Zerrseil, kein Hammerschlag soll das allein dem inneren Auge anempfohlene Leidensgedächtnis stören. Es gibt kaum einen größeren Unterschied als den zwischen derart verinnerlichten Andachtsbildern und der *meng schön andächtig figur* (45) des Donaueschinger Passionsspiels, wo, um nun ein ganz entgegengesetztes Beispiel zu nehmen, die Mißhandlungen durch die Folterknechte in einer durch keine Proclamatorrede distanzierten dumpfen Brutalität ablaufen. Eine naive Interpretation glaubte darin die Gefahr zu erkennen, daß das „geschichtliche Ereignis des Leidens" den Zuschauer mitreiße, „ohne daß er genügend Anregung erhält, hinter diesem qualvollen Geschehen das Heilsereignis zu sehen"[381]. In Wahrheit geht es hier gar nicht mehr um ein geschichtliches Ereignis, das heilsgeschichtlich zu verorten wäre. Was hinter solcher Drastik steht, ist eine aus dem Kerygmatischen ins Archetypische zurückgefallene Opfervorstellung. Solche „Wege der Abgleitung von einer erreichten Höhe sind – so Gehlen – immer die natürlichen, ihre Behauptung ist immer unwahrscheinlich, und nicht diese Abgleitungen sind zu erklären, sondern umgekehrt – wie überhaupt der Ritus in Reinheit festgehalten werden konnte"[382].

---

[381] So R. Magnus, *Die Christusgestalt im Passionsspiel des deutschen Mittelalters*, Diss. Frankfurt 1965, S. 193.
[382] S. 247.

I

Eine Analyse der latenten Funktionen des Passionsspiels braucht sich nicht nur auf die historia passionis selbst zu beschränken. In dem Maße nämlich, wie sie die theologischen Scheinrationalisierungen der Passionsdrastik zu hinterfragen erlaubt, vermag sie auch die strukturale Inkommensurabilität von Kreuzestod und vorausgehender Höllenfahrt, die uns in einem früheren Kapitel interessierte, aufzuheben. Ich muß zu diesem Zweck noch einmal auf den ‚komischen' Teufel zurückkommen. E. G. Jünger hat sich gehütet, sein Modell vom „komischen Konflikt" auf den Christengott und seinen Widersacher anzuwenden, wurzele doch die Überlegenheit der siegreichen Partei „in der ästhetischen Kategorie selbst: sie beruht darauf, daß der Überlegene sich einer unangemessenen Provokation gegenüber angemessen verhält"[383]. Im geistlichen Spiel, wo die Replik über ein archaisches Opferritual läuft, kann offenbar von solch ästhetischer Angemessenheit nicht die Rede sein. Damit aber bestätigt das diesen Konflikt nun in toto präsentierende Passionsspiel, was schon im Osterspiel deutlich wurde: daß wir Gefahr laufen, in Anwendung scheinbar ‚passender' Modelle oder Theorien literarischer Komik eben als literarische Komik mißzuverstehen, was in Wahrheit in einer noch vorliterarischen Ritualdimension liegt.

Tatsächlich zeigt sich, sieht man genauer hin, daß es mit der Teufelskomik im späten Passionsspiel eine ganz eigentümliche Bewandtnis hat. Wie ansatzweise schon im Osterspiel, so wird auch hier nicht der eigentliche Gegenspieler Gottes, also der Höllenfürst Luzifer selbst, lächerlich gemacht, sondern sein Abgesandter auf Erden, also Satan. Luzifer wird im allgemeinen als Vorausschauender, die Niederlage Ahnender und auch nach der Niederlage nicht Aufgebender gezeichnet. Bei Greban denkt er sogleich an die beiden Schächer, die zu gewinnen ihm wichtiger erscheint als alles Wehklagen über die erlittenen Verluste:

> Ce qui est perdu est perdu,
> mais penssons tous au residu,
> de le saulver mieulx qu'i pourra   (26268 ff.)

Er hat eine Schlappe hinnehmen müssen, aber er wird weitermachen, getreu jenem Selbstbekenntnis, mit dem er sich eingangs vorgestellt hatte:

---

[383] S. 26.

ne demeure que mon orgueil
qui ne s'est mué ne changié
en moy depuis qu'il fut forgié
lassus au pardurable empire,
si non que toujours il empire,
sans soi diminuer en rien. (3718 ff.)

Fügt man dem noch jene spätere Bemerkung gegenüber Cerberus hinzu,
daß eine Klage auf unrechtmäßige Entführung der Höllenbewohner nichts
nützen würde, da dabei Jesus Richter und Partei ineins sei (26203 ff.), so
verliert Luzifer in dieser nüchternen Selbsteinschätzung alle Züge des Komischen. Er ist geprellt und gerade darin nicht lächerlich[384]. Es bedurfte
eines Betrugs – einer ‚frommen List' aus der göttlichen, eines schlichten
Rechtsbruchs aus seiner Perspektive, um die Erlösung zu bewerkstelligen.
Der also Besiegte ist kein uneinsichtiger Komödien-Bösewicht, der allein
mit Listen der überlegenen Rationalität ausgespielt werden kann, sondern
ein dualistischer Widerpart von ebenfalls angelischer Rationalität, dem
nur durch die Erfindung eines noch nie dagewesenen und aller Einsichtig-
keit sich entziehenden Mysteriums beizukommen ist.

Bewußt als lächerliche Figur aufgebaut ist hingegen Satan. Er verläßt
mit großsprecherischem Selbstlob die Hölle, er muß erfahren, wie die gewohnten Erfolge mehr und mehr ausbleiben, und er selbst wird schließlich,
wann immer er mit leeren Händen in die Hölle zurückkehrt, mit eben
jenen Strafen bedacht, für die er unter den Menschen Opfer suchte. Diese
Bestrafungen Satans durch seine eigenen Genossen sind gerade für unseren
Zusammenhang wichtig. In der Erfindung ausgesuchtester Qualen sind
mittelalterliche Höllenschilderungen bekanntlich unerschöpflich. Was das
Spiel auszeichnet, ist ihre Applikation auf Satan selbst. Was er erdulden
muß, zählt neben den Details der Passion Jesu zu den grausamsten Momenten der Spiele, und mit der Passion teilen diese Folterungen auch
einen unverkennbaren Ritualcharakter. Das Schlagen des mit glühenden
Ketten Gebundenen, das Eintauchen in siedendes Blei und was dergleichen
mehr an traditionellen Motiven vorgegeben sein möchte – all dies wird im
Spiel zu einer *diablerie,* einem höllischen Ritual, das die Unterteufel auf
Luzifers Geheiß an Satan vollziehen. Am eindrucksvollsten läßt sich das
an einem Detail wiederum bei Greban zeigen. Als Beispiel nehme ich gleich
die erste große Höllenszene nach der Geburt Jesu. Satan berichtet von

---

[384] Gegen Hess S. 176: „Die Gegensätze zwischen Gut und Böse werden im geistlichen Schauspiel nach Komödienart ausgetragen. Das Böse wird nicht eigentlich bekämpft, sondern geprellt und ist damit lächerlich."

der Darstellung im Tempel und zieht mit dieser Ankündigung der bevorstehenden Erlösung Luzifers Zorn auf sich:

> Suz, Belzebuth, viens si le lye
> devant moy de chaines de fer
> emflambeez du feu d'enfer,
> plus ardant que feu de tempeste,
> et le batez par tel moleste
> qu'il soit brullé de part en part. (7345 ff.)

Das folgende Ritual ist dann, ganz ähnlich der Geißelung Jesu, durch zwei großangelegte rondeaux dramatiques strukturiert – ein weiterer Beleg dafür, daß gerade scheinbar hochliterarisierte Stellen die vorliterarisch-rituelle Dimension signalisieren können, in der diese Spiele sich noch bewegen:

> *Sathan*
> A, mercy, maistre!
>
> *Belzebuth*
>   C'est trop tart;
> vous arez ung *pugnivimus*
> sur vostre groing, villain sauldart.
>
> *Sathan*
> A, mercy, maistre!
>
> *Astaroth*
>   C'est trop tart.
>
> *Lucifer*
> Chauffe il?
>
> *Cerberus*
>   Mais demandez s'il art
> comme brandons au vent remus?
>
> *Berith*
> Voicy le galant bien camus:
> je croy qu'il en a bien sa part.
>
> *Sathan*
> Ha, mercy, maistre!
>
> *Lucifer*
>   C'est trop tard;
> vous arez ung *pugnivimus*
> Rifflez dessus, grans et menuz;
> le ribault est habandonné.
>
> *Belzebuth*
> Les deables l'ont bien ramené
> pour nous rapporter tel langaige.

Lucifer
Sathan, comment te va?

Sathan
          J'enraige.
Helas, maistre, misericorde!

Lucifer
Joues tu la ton parsonnaige?
Sathan, comment te va?

Sathan
          J'enraige.

Astaroth
A dueil, a passion, a raige
convient qu'on le tue et descorde.

Lucifer
Trainez le d'une grosse corde,
tout partout l'infernal mesnaige,
affin que plus ne s'i admorde.

Cerberus
J'ay si grant paour qu'il ne me morde
que je y prens bien envis vinaige.

Sathan
Je meurs, je forsene en couraige;
il n'est ame qui s'en recorde.

Lucifer
Sathan, commant te va?

Sathan
          J'enraige.
Helas, maistre, misericorde!   (7351 ff.)

Es ist, als habe Greban in solchen Szenen eine Deutung seines ‚komischen'
Teufels mitgeliefert. In der Doppelung Luzifer–Satan nimmt er die Figur
gleichsam auseinander in den terroristischen Hintergrund einerseits, wie er
sich im perennierenden Stolz Luzifers kundtut, und in die Entlastungsfunktion der Strafrituale andererseits, die die Unterteufel an eben demjenigen vollziehen, der als Luzifers Abgesandter auf Erden die irdische
Verkörperung dieser Allmacht und Allgegenwärtigkeit des Bösen darstellt. Der rituelle Charakter der sogenannten ‚Teufelskomik' könnte nicht
sinnfälliger sein, und deutlich wird damit auch die latente Beziehung,
in der sie zur rituellen Drastik des Kreuzestodes steht. Struktural lassen

sich beide Bilder nicht vermitteln – das Kreuz paßt nicht, wie wir sahen, in die dualistische Erzählfolge –, in der Dimension latenter Funktionen aber werden sie vermittelbar: in der identischen Aggressivität der Strafrituale, die an den Ersatzobjekten Jesus Christus und Satan vollzogen werden. Inhaltliche Besetzungen verweisen hier auf eine Einheit, die allein noch funktionalistisch, nicht mehr strukturalistisch zu fassen ist.

In dieser Perspektive inhaltlich affektiver Besetzungen wird man die großen Passionen des 15. und 16. Jahrhunderts unschwer dem spätmittelalterlichen Syndrom kollektiver Neurotisierung zuschlagen können. Die Blütezeit dieser Spiele ist die Zeit, da der Hexenwahn von seinen zunächst wenigen Hochburgen aus auf ganz Europa überzugreifen begann. Bekanntlich wurde er von der Kirche selbst, zunächst von Rom, später von fanatisierten Lutheranern, in eigene Regie übernommen. Gegen Ende des 15. Jahrhunderts war er institutionalisiert: 1484 erschien die Bulle *Summis desiderantes affectibus*, 1486 der *Malleus maleficarum*. Diesen ‚Hexenhammer‘ hat W. E. Peuckert mit ins Zentrum seiner Studien zum „apokalyptischen Saeculum“ gerückt, und an ihm hat er insbesondere auch die Diskrepanz zwischen kirchlichem Dogma und kirchlicher Praxis aufgezeigt. In theologischer Erklärung bleibe das Böse ein bloß zugelassenes, aber dem stehe „die Praxis jener Jahre und steht der Malleus der Dominikaner gegenüber. Da ist das Böse in seiner Verkörperung durch den Teufel, die bösen Engel, die Dämonen und die Physis autokrat. Sie wirken – der eben erwähnte Vorbehalt ist nur ein theoretischer, den man Tag für Tag vergißt und dem man in seinem Verhalten keine Rechenschaft trägt – ganz aus ihrem eigenen, eigentlichen Willen"[385]. Auch das Passionsspiel steht im Zeichen solcher Widersprüchlichkeit. Man kann nicht scharf unterscheiden zwischen dem, was es lehrt: der metaphysischen Ohnmacht des Teufels, und dem, wovon es lebt: seiner obsessionell empfundenen Allmacht. Denn die Lehre der Ohnmacht präsentiert sich in gespielten Ritualen, die implicite schon in sich, vollends aber in der Beliebtheit ihrer Aufnahme eben diese Lehre dementieren. Ihre Beliebtheit ist die einer entlastenden Institution, aber all das, wovon sie entlasten, bleibt ihnen gleichwohl immanent. Der durch Jesus an der Kanaiterin vollzogene Exorzismus setzt ins Bild, was beim realen Exorzismus niemals sichtbar werden konnte. Hier, im Spiel, ließ sich zeigen, daß der Teufel tatsächlich unter Rauch und Donnerschlag, wie es eine Rubrik bei Jean Michel ausdrücklich beschreibt, aus der potentiellen Hexe entweicht und in die Hölle flieht (nach 8368). Eben so immanent dürfte dem Spiel das emotionale Potential

---

385 S. 145.

der Geißlerbewegung sein. Die Vermutung liegt nahe, daß die flagellatio-Phase, bei der alle Passionen lange verweilen, rezeptionspsychologisch in gleicher Weise besetzt war wie das bis zum Verbot der Bewegung ebenfalls öffentliche Geißlerzeremoniell[386].

Vor allem aber ist dem Spiel die jede desolate Epoche kennzeichnende pathologische Suche nach Sündenböcken immanent. Daß hinter spätmittelalterlichem Hexenwahn und Judenhaß solche Suche nach Sündenböcken steht, hat H. R. Trevor-Roper zu Recht betont[387], und auch bei Peuckert ist ein ganzes Kapitel jenen gewidmet, die dem „apokalyptischen Saeculum" als die ‚Schuldigen' galten: die Gestirne, der ‚Pfenninc', der falsche König, vor allem aber der Teufel und die Juden[388]. Man kann sagen, daß das geistliche Spiel den beiden letzteren das Tribunal bereitet. Aber es tut dies auf ganz besondere Weise. Sein originellster Beitrag zur spätmittelalterlichen Suche nach den ‚Schuldigen' ist nämlich die Opferung des Unschuldigen, des göttlichen Sündenbocks Jesus Christus. Allein, diese Opferung des Unschuldigen traf in denen, die sie vordergründig vollzogen, zugleich auch die erklärten ‚Schuldigen': den Teufel und die verteufelten Juden[389], und dieser potenzierte Entlastungseffekt macht gerade die von

---

386 Siehe F. W. Wentzlaff-Eggebert, *Deutsche Mystik zwischen Mittelalter und Neuzeit,* Berlin 1944, S. 71 ff., sowie A. Hübner, *Die deutschen Geißlerlieder,* Berlin/Leipzig 1931, S. 6 ff. Die Verbindungslinie zum Passionsspiel wurde, soweit ich sehe, bisher nicht gezogen.

387 *The European Witch-Craze of the 16th an 17th Centuries and Other Essays,* New York, Harper Torchbook, 1969, S. 90–192. Diese Abhandlung ist eine höchst informative Aufarbeitung und kritische Zusammenfassung der fast unüberschaubaren Literatur zu diesem Problemkomplex, die sich vor allem auch durch die Einbeziehung sozio-ökonomischer Hintergründe der spätmittelalterlichen Kollektivneurotisierung auszeichnet. Zum scapegoat siehe insbes. S. 110 f., 114, 166, 186.

388 S. 103 ff.

389 Man darf sich hier nicht von der besonders in den deutschen Passionen stereotypen *Disputatio Ecclesiae et Synagogae* täuschen lassen. Gewiß, was die Spiele ‚zeigen', ist die Verstocktheit der Juden, der Aufruf zur Bekehrung (insbesondere Longinus). Oft aber war diese fromme Absicht nur Anlaß zu haßerfüllten Anklagen. Im Donaueschinger Passionsspiel z. B. verlagert sich die ‚Schuld' der Juden von der Verweigerung des Bekenntnisses ganz auf die Tötung des Christengottes:
> nu schwigent still, ir lieben kind,
> so werdent ir sechen in kurtzer frist,
> wie got von den Juden gemartert ist (1736 ff.)

Mit diesen Worten eröffnet der Proclamator den zweiten, der Passion gewidmeten Tag. Und in eben dieser Perspektive verharrt nach dem Marienplanctus auch Christiana, die sich hier im Unterschied zur Ecclesia anderer Spiele gar

nicht mehr auf ein längeres Werben um ihre Gegenspielerin Judea einläßt,
sondern, statt zur Bekehrung aufzufordern, nach Rache ruft:

> O ir fromen christen all,
> die verlorn waren durch Adams val,
> nemend mit mir hie ze hertzen
> disen bittern tod vnd schmerzen,
> den hüt hat gelitten Ihesus Christ,
> der himels vnd erd ein schöpffer ist:
> die Juden hand im genomen sin leben,
> vmb drissig pfening ward er geben
> von eim, der was der junger sin!
> o ir schwester vnd brüder min,
> helffent mir rechen diese tat
> an dem falschen judischen rat,
> die in so schantlich getötet hand!
> pfüch, ir Juden, der grossen schand,
> das ir vff erd ie wurdent geborn:
> des müssent ir ewenclich sin verlorn! (3616 ff.)

Es ist sehr bezeichnend, daß hier gleich zwei Momente theologischer Unreflek-
tiertheit zusammenfallen: einmal bleibt die intertrinitarische Differenzierung,
also der Kern der christlichen Erlösungskonzeption unberücksichtigt, und demgemäß ist zweitens auch die zentrale Paradoxie dieser Konzeption, daß nämlich Jesus zwar umgebracht wurde, aber doch sterben mußte, einseitig aufgelöst. Übrig bleibt der Aufruf zur Rache an denen, die den Christengott töteten.
Eingesetzt hatte diese Polarisierung schon bei den liturgischen Feiern, die sich
der Ostersequenz *Victimae paschali* öffneten: *Credendum est magis soli Mariae
veraci quam Judaeorum turbae fallaci* (siehe Young I, S. 273). Christliche
Wahrheit – jüdischer Betrug, das ist der Gegensatz, der sich durch das gesamte
geistliche Spiel zieht und der mit dem Passionsspiel einmündet in eine ausdrückliche Verteufelung. Diese Verteufelung der Juden durch das Spiel ist der
mythisch-archetypische Kontrapost zu dem oben analysierten Bestreben Anselms von Canterbury, gerade durch die Dissoziierung von Teufel und Juden
deren Erlösungsfähigkeit – im Unterschied zur Erlösungsunfähigkeit des Teufels – eindeutig herauszustellen und von ihrer Unentbehrlichkeit im Heilsplan
her kerygmatisch zu begründen. Wo Anselm sagte, der Gottmensch habe sich
von seinem eigenen Volk töten lassen, da läßt Greban dieses Volk von der
Gottesmutter als hündische Verräter beschimpfen:

> Pervers Juifz ou rain de mort repose,
> traistres chiens, contre vous je m'oppose,
> vallez vous huy d'abandenner tel chose? (25 345 ff.)

Selbst für diese jüdischen ‚Hunde' bietet Ps. 21, 17 und 21 typologische ‚Rechtfertigung'. Dazu Pickering (1953) S. 21: „Das ist vom Standpunkt der Textgeschichte das Primäre; sekundär kommt ja der Antisemitismus hinzu – ohne
aber die alten Bezeichnungen und Epitheta zu verdrängen." Weshalb sollte er
auch – wo doch solche Epitheta ihm sehr willkommen waren. Hier zeigt sich
erneut die Problematik der These, „daß das ‚religiöse Gefühl' (...) seinerseits
großenteils durch eine Worttradition hervorgerufen wurde, welche sich letzten
Endes auf biblische und kirchliche Autorität stützt" (ebd. S. 17).

Peuckert nicht berücksichtigten[389a] Passionen zum wohl eindrucksvollsten aller Zeugnisse einer epochalen Suche nach Sündenböcken.

II

Die Herausarbeitung dessen, was dem Passionsspiel immanent ist – ein degradiertes Eucharistieverständnis, spätmittelalterliche Bußstimmung kollektivneurotischer Prägung, pathologische Suche nach den ‚Schuldigen‘ – all dies dürfte hinreichend deutlich gemacht haben, daß diese Spiele mit Sicherheit eines nicht sind: ein Theater, das nominalistische Theologie ins Bild setzte. Wenn ich von diesem Ergebnis her noch einmal auf Kindermanns Formel vom „nominalistischen Naturalismus" zurückkomme, so nicht, um Kindermann zum ‚Sündenbock‘ der hier entwickelten These zu machen, sondern deswegen, weil diese Formel wie überhaupt Kindermanns Rede vom ‚Gradualismus‘ und ‚Nominalismus‘ exemplarisch steht für alle Versuche einer geistesgeschichtlichen Erklärung auch derjenigen

---

[389a] Daß Peuckert sie nicht berücksichtigt, ist bezeichnend für die Ausschließlichkeit seiner Optik. Wäre das „apokalyptische Säkulum" tatsächlich so einheitlich apokalyptisch im engeren, d. h. endzeitlichen Sinne, wie es die *Große Wende* glauben macht, dann gäbe es keine mythische Rückkehr in den Anfang, gäbe es keine rituellen Spiele. Ausgesprochene Enderwartungen indes blieben an sektiererische Bewegungen gebunden und konnten nur zeitweise Einfluß auf größere Massen gewinnen, der dann aber auch ebenso schnell wieder verebbte. Hier bedarf die Perspektive Peuckerts der Ergänzung durch eine geistesgeschichtliche, für die man auf die immer noch unersetzte Arbeit von R. Stadelmann, *Vom Geist des ausgehenden Mittelalters,* Halle 1929, zurückgreifen muß. Dort ist gezeigt, daß die unzähligen Visionen, Klagen und Prophezeihungen der Epoche ihr spezifisch eschatologisches Element nicht schon in sich selbst tragen, sondern es ableiten aus einer Geschichtsmetaphysik, die dem Dekadenzschema der triplex discessio verpflichtet ist: „Wie das Imperium unter Octavian seine glänzendste Epoche gesehen hat, so muß die Kirche den gleichzeitigen Moment der Geburt Christi als ihren Gipfelpunkt betrachten. Die weitere Entwicklung beider Reiche ist eine (nicht kontinuierliche, sondern etappenweise) Depravierung, dem Abfall der einzelnen Staaten vom Imperium geht der Abfall der Kirchen vom apostolischen Stuhl parallel, und infolge dieser Apostasien werden kurz vor oder gleichzeitig mit der Ankunft des Antichrists auch die Getreuen vom wahren Glauben abfallen" (S. 229). Stadelmann geht so weit, daß die spezifisch eschatologisch geprägten pessimistischen Jahrhundertbetrachtungen eher in eine „Dogmen- als in eine Glaubensgeschichte des Pessimismus" einzuordnen seien. Daher auch wird die unentrinnbare Gesetzmäßigkeit zwar prinzipiell anerkannt, aber doch „dauernd umspielt und durchbrochen von aktivistischen Versuchen das Unheil abzuwenden, indem man heilbare Schäden aufzeigt. (...) Das Streben, den Untergang zu ver-

Phänomene, die hier als solcher Erklärung sich entziehend analysiert wurden.

Für Kindermann selbst ist die ganze Sache sehr einfach: Der Nominalismus lehrt, daß die Begriffe aller metaphysischen Realität bar sind, er entläßt damit das Historisch-Individuelle aus der gradualistischen Spiegelfunktion und begründet die „Isolierung des Leibes", führt zum „Triumph des Körperlichen", zum „Sieg des Triebhaften, des Hemmungslosen". Die geistlichen Spiele nun wollen, wie die großen Volksprediger der Zeit, dieser „triebhaften Lebensgier" Einhalt gebieten, wollen „das Gewissen wachrütteln", und zwar mit eben „den naturalistischen Mitteln, die in dieser nominalistisch bestimmten Welt einzig Beachtung erhalten". Nominalistisch ist indes nicht nur der ‚Naturalismus' insbesondere der Passionsdarstellungen, in denen die „compassio, das fast körperliche Mitleiden der Zuschauer erzielt werden"[390] soll, nominalistisch ist ebenso alles, was in Kontrast zum Heiligen steht, also die „typisch nominalistische" Komik[391] und vor allem die teuflische Gegenwelt: „. . . das nun gewaltig

---

hüten, biegt die Eschatologie zur Polemik um" (S. 230 f.). – Für unseren Zusammenhang besonders wichtig ist die Beobachtung, „daß die Figur des Antichrists gerade im Spätmittelalter rasch an Ausdehnung gewinnt, während die Idee des Weltendes immer mehr zurücktritt" (ebd.). Eine Interpretation der Antichristspiele, die gemeinhin kurzschlüssig als Indiz eschatologischer Erwartungen gedeutet werden, müßte und könnte von dieser Beobachtung ausgehen: denn wer sich tatsächlich dem unmittelbar bevorstehenden Ende konfrontiert glaubt, führt keine Spiele auf. Die Fragestellung der vorliegenden Untersuchung hat eine Analyse der Antichristspiele nicht gefordert. Unsere These brächten sie nicht in Gefahr. Sie feiern im rituellen Spiel die Niederlage des Übermächtigen und haben hierin den gleichen Entlastungseffekt wie die geistlichen Spiele im engeren Sinne. – Peuckerts *Wende* ist weithin eine Sammlung von Dokumenten der Angst. Was diese Sammlung ausspart, die geistlichen Spiele, erweist die eschatologische Besetzung dieser Angst als partiell und sekundär. Wo rituelle Spiele statthaben, ist die Welt als letztlich verläßlich und fortbestehend vorausgesetzt. Hiervon zeugen übrigens neben den monumentalen Passions- und Fronleichnamsspielen auch die steinernen Monumente spätmittelalterlicher Frömmigkeit: die großen Kirchenbauten, deren Vollendung just in das „apokalyptische Säkulum" fällt (1482 Sebaldustürme Nürnberg, 1488 Frauenkirche München, 1494 Laurentiuspforte Straßburg, 1513 Münsterchor Freiburg).

390 Alle bisherigen Zitate S. 218–220.
391 S. 284; einige weitere Beispiele für Kindermanns Begriffshypostase: „nominalistische Darstellungsform" (S. 273 ff.); „nominalistische Marktplatzinszenierung" (S. 275, 287, 297); „spiritueller Nominalismus" (S. 287, 293); „nominalistischer Bürgerrealismus" (S. 290); „nominalistische Reifeentwicklung" der Spiele (S. 292); „nominalistische Simultanbühne" (S. 304).

in Erscheinung tretende Satanische in allen den Höllenfahrt-Szenen als Gegenpol des Göttlichen zeigt jetzt das Aufklaffen des neuen, schwer nur mehr zu überbrückenden Dualismus zwischen der unausgesetzten teuflischen Gefahr und der göttlichen Rettung. Der Mensch – preisgegeben – inmitten dieser beiden Spannungsfelder: das ist nun, im Zeitalter des Nominalismus, das ganze Problem des religiösen Theaters und beileibe nicht nur seiner Texte, die ja nur die Partitur abgeben, sondern vor allem seiner Inszenierung und seiner Darstellungskunst"[392].

Ein großer Unterschied ist es nun aber, ob man beschreibt, wie das geistliche Spiel in einem sogenannten Zeitalter des Nominalismus aussah, oder aber ob man, wie Kindermann zuvor, von nominalistischer Begründung und Bestimmung dieser Spiele redet. Gerade der Dualismus hat ja, wie gezeigt, mit solcher Bestimmung zunächst nichts zu tun, findet er doch in spielspezifischem Interesse einen zentralen Impuls bereits zu ‚gradualistischen‘ Zeiten. Gewiß ist dieser Dualismus im spätmittelalterlichen Spiel ausgeprägter denn je, und man kann dies durchaus mit Kindermann darauf beziehen, daß „das nominalistische Zeitalter nicht mehr eindeutig theozentrisch ist"[393]. Aber was das nominalistische Zeitalter nicht war, genau dies war der Nominalismus selbst: eindeutig theozentrisch.

H. Blumenberg hat in dem hierfür einschlägigen Kapitel seiner *Legitimität der Neuzeit* geradezu von einem „theologischen Absolutismus" als epochaler Signatur des Nominalismus gesprochen[394]. Er sieht hierin den Endpunkt einer geistesgeschichtlichen Entwicklung, die genau dort einsetzt, wo wir erstmals nicht eine Harmonisierung, sondern ein latentes Spannungsverhältnis von geistlichem Spiel und dogmatischer Tradition gewahrten: in der Satisfaktionslehre Anselms von Canterbury. Blumenberg analysiert die mittelalterliche Rezeptionsgeschichte dieser Doktrin dahingehend, daß die Rückbeziehung des Erlösungswerks auf die Genugtuung verlangende Ehre Gottes einen Prozeß auslöste, in dessen Verlauf die christliche Heilslehre schrittweise einer – insbesondere durch die Aristoteles-Rezeption angetriebenen – theozentrischen Allmachtsspekulation untergeordnet und schließlich von ihr aufgesogen wurde. Was zunächst einer endgültigen Überwindung des „gnostischen Traumas" gleichkam, mündete im spätmittelalterlichen Nominalismus ein in eine neue Kluft zwischen der Welt und einem zu ihr nur in Willkürakten sich verhaltenden Allmachtsgott. Blumenberg entfaltet diese Äquivalenz von Voluntarismus und Gno-

392 S. 220 f.
393 S. 220.
394 Teil II: „Theologischer Absolutismus und humane Selbstbehauptung."

sis geistes- bzw. problemgeschichtlich. Als dualistische Gegeninstanz entwickelt sich, was er „humane Selbstbehauptung" nennt, also konkret: neuzeitliche Philosophie. Die dualistische Gegeninstanz des Spiels hingegen liegt überhaupt nicht in geistesgeschichtlicher Dimension. Sie ist nicht rational, sondern terroristisch besetzt und darin allenfalls als Perspektive ‚von unten' auf die radikale Theozentrik des Nominalismus deutbar: Luzifer wird zum wahren Herrn der im Zeichen ‚gnostischer' Verlassenheit stehenden Welt.

Hierin liegt der eine grundsätzliche Abstand von Spiel und geistesgeschichtlicher Tradition. Der andere zeigt sich an der Figur Jesu. Nominalistischer Theozentrik mit ihrem Interesse an den Allmachts- und Unendlichkeitsprädikaten ihres Gottesbegriffs steht das Interesse des Spiels am Heilsgott unvermittelt und systematisch unvermittelbar gegenüber. Denn dieser Heilsgott ist ebensowenig eine in geistesgeschichtlicher Dimension bleibende Entfaltung nominalistischer ‚Gnosis' wie der Teufel. Zu fragen wäre allenfalls, ob der in den Spielen so grausam Gemarterte nicht, hierin der Figur des Teufels vergleichbar, ebenfalls eine Perspektive ‚von unten' auf den Allmachts- und Willkürgott wirft. Denn sicherlich wurde ja die Bedürfnislage, die in diesen grausamen Spielen eine ihr offenbar adäquate Antwort fand, vom Nominalismus mitkonstituiert. Solche Antwort ist als eine unmittelbare oder eine mittelbare deutbar. Unmittelbar in dem Sinne, daß die rituelle Drastik nun nicht als „nominalistischer Naturalismus", sondern genau umgekehrt als Entlastungsfunktion auf den „theologischen Absolutismus" bezogen bleibt. Ich formuliere hier bewußt nicht behauptend, sondern vorschlagsweise, um zu zeigen, wie überhaupt eine Beziehung der Archaik dieser Spiele auf geistesgeschichtliche Positionen zu denken wäre. Die in der Beliebtheit der Passionen sich dokumentierende Sucht des Volkes, Gott sichtbar und, wenn man so will, ‚bestrafbar' vor sich haben zu wollen, ist möglicherweise so lange unzureichend erklärt, wie man diesen fernen und die Welt dem Teufel überlassenden Gott nicht als historische Prämisse und Provokation mit hinzunimmt.

Zumindest, und damit komme ich zum mittelbaren Antwortcharakter der Spiele, gilt dies in dem Sinne, daß das Zeitalter des Nominalismus identisch ist mit dem von W. E. Peuckert so benannten „apokalyptischen Säkulum", jener Epoche also, in deren Manifestationen sich das geistliche Spiel nahtlos einfügt und die in diesen ihren Manifestationen aufs schärfste den Rückzug nominalistischer Spekulation aus der Weltverantwortlichkeit anzeigt. Weit entfernt, ein nominalistisches Theater zu sein, erweisen sich die geistlichen Spiele als von jenem dualistischen Weltgefühl getragen, zu dem die nominalistische Theozentrik die denkbar eindeutigste Antithese bildet. Sie sind hierin keineswegs jenes machtvolle Propagandainstrument der Kirche, das man in ihnen sehen zu können geglaubt hat, sondern das ganz spezifische Produkt jenes niederen Klerus, dem seine Autoren zumeist entstammten und der den dogmatischen Ansprüchen der Universitätstheologie sehr viel ferner stand als der eher mythischen Religiosität seiner bürgerlichen Auftraggeber. Daß die Spiele zumeist im Auftrag der Zünfte und Gilden geschrieben wurden und die Zensur kirchlicher Instanzen zu passieren hatten, gibt den besten Hinweis darauf, wo sie einzuordnen sind. Die häufige Anonymität ihrer Autoren macht sie nicht zur ‚Volkspoesie‘, wohl aber zum Produkt einer Autoren wie Publikum umgreifenden theologisch weithin unaufgeklärten Volksfrömmigkeit.

Freilich ließen die offiziellen Diözesaninstanzen die Aufführung dieser Produkte zu, und insoweit war die protestantische Polemik nicht ungerechtfertigt, wenn sie die Spiele ihrerseits zu den ‚Schuldigen‘ zählte und als solche der ‚Hauptschuldigen‘ zuschlug: der Kirche selbst[395]. Diese Polemik hat denn ja auch, wie man weiß, Konsequenzen gezeitigt. Wieweit die Verbote der Spiele direkt auf protestantische Einflußnahme zurückgingen, wieweit sie möglicher Kritik zuvorkommen sollten oder wieweit ganz unabhängig davon Bedenken der katholischen Kirche selbst zu ihnen führten, ist nur von Fall zu Fall und selbst dann schwer zu entscheiden. Selbst wenn man protestantischen Einfluß für so stark hält wie H. C. Gardiner, bleibt doch die Tatsache bestehen, daß sich die katholische Kirche auffällig schnell und bereitwillig von diesem seit jeher nur halbherzig akzeptierten Produkt der Volksfrömmigkeit trennte. Die Spiele zählten zu den Positionen, die nicht zu halten waren und die zu halten auch kein Interesse bestand. Was sich in ihrem Verbot dokumentierte, ist das Eingeständnis eines Versäumnisses: des Versäumnisses einer theologischen Verortung nicht nur des Allmachts- und Schöpfergottes, sondern auch des Heilsgottes. Es mag sein, daß Blumenbergs Formel vom „theologischen Absolutismus“ die anthropozentrische Komponente der scholastischen Spekulation nicht hinreichend erkennen läßt[396]. Eine adäquate institutionelle Verankerung christlicher Heilstheologie fiel zu Zeiten des Nominalismus jedenfalls aus[397], und allein dies ist für den hier diskutierten Zusammenhang entscheidend. Denn die epochale Bedeutung des Passionsspiels liegt

---

395 Die einschlägigen Dokumente sind zusammengestellt bei Young II, S. 524 ff., sowie S. 414 f. (*Tretise of miraclis pleyinge*, Ende 14. Jahrhundert).
396 Siehe hierzu die Rezension von W. Pannenberg, *Die christliche Legitimität der Neuzeit*, in *Radius* 1968, Heft 3, S. 40–42.
397 Siehe hierzu die oben, Anm. 359, angeführten Bemerkungen Jungmanns.

ja gerade darin, daß es eben dieses heilstheologisch-institutionelle Vakuum besetzte, daß diejenigen, die es trugen, Heilstheologie sozusagen selbst in die Hand nahmen.

III

Die Metapher ist problemaufschließend. Denn die Institution ‚geistliches Spiel‘, die als Ergebnis dieses Selbst-in-die-Hand-Nehmens erscheint, war im Unterschied zu den kirchlich-traditionellen Institutionen, insbesondere der Messe, nicht mehr das genuine Produkt christlicher Anthropologie, sie holte nicht nach, was andernorts versäumt war, sondern sie erwuchs aus einem der Lehre von Erbsünde und Gnadenbedürftigkeit heterogenen Impuls, der, wiederum anthropologisch gesehen, als Selbsterhaltung, als conservatio sui am ehesten zu fassen wäre. Es ist jene Selbsterhaltung, die in Gehlens Theorie der Religion unter der Kategorie der „unbestimmten Verpflichtung" erscheint[398]. Nur eine Anthropologie, die Selbsterhaltung in diesem Sinne zur Grundlage macht, die den Menschen begreift als ein instinktreduziertes Mängelwesen, das, will es überleben, lernen und handeln muß, kann rituelle Darstellung, dann Nachahmung überhaupt als systematische Fundamentalkategorie, als eine zu den ersten Institutionen führende Handlung begründen. Nur eine solche Anthropologie auch kann begründen, wie der Ritus im Zuge seiner Institutionalisierung und Repetition am Schicksal aller Institutionen teilhat: an der „Entlastung von der Aktualität der Ausgangslagen – er hält die Selbststeigerung nicht durch, gewinnt aber gerade damit die Kraft und Freiheit zur Elaboration, zur Motivanreicherung, zur Durchgestaltung und zur Freisetzung des eigentlich Darstellerischen"[399].

Der sich solchermaßen entlastende Ritus aber, davon gingen wir aus, ist nicht schon mit der christlichen Liturgie vorgegeben: ihr ist der Weg ins Darstellerische versperrt. Das Spiel also muß gleichsam hinter das Kerygma zurück, um seine Riten zu gewinnen, und erst in dem Maße, wie es sie sodann ausspielt, wiederholt sich jener von Gehlen beschriebene archaische Prozeß der Freisetzung des Darstellerischen, der sich im Blick auf das

---

[398] S. 136 ff. Vgl. dazu A. Jonas, *Die Institutionenlehre Arnold Gehlens,* Tübingen 1966, S. 46: „An die Stelle des Gottesglaubens setzt er (Gehlen) eine Theorie der Religion, die das einsichtig machen soll, was man dort glauben mußte. Mit seiner Kategorie der unbestimmten Verpflichtung und dem darauf aufbauenden Ritual geht er sehr viel tiefer als der Mythos, der an diesem Ritual erst anschließen kann . . ."

[399] Gehlen S. 223.

antike Drama nur hypothetisch entwickeln und rekonstruieren läßt. Er wiederholt sich – und darin liegt die Einmaligkeit des geistlichen Spiels – in historischer Zeit und unter den verschärften Bedingungen, welche mit der ihm prinzipiell entgegenstehenden christlichen Anthropologie gegeben waren: Freisetzung des Darstellerischen vollzieht sich im Modus des ‚Zurückspielens‘.

Erst vor diesem Hintergrund erlangen die äußere Geschichte der Spiele wie auch ihre immanente theologische Selbstkontrolle die volle Plastizität. In beidem manifestiert sich das uralte Mißtrauen christlicher Theologie gegen Spiele, und seien es geistliche: mochte man in ihnen auch noch so sehr betonen, daß sie zur Ehre Gottes aufgeführt wurden, der Gott, zu dessen Ehre man spielte, war nicht mehr eindeutig der christliche Gnadengott. Es waren Spiele zur Ehre Gottes insofern, als Institutionen gar nicht anders denn als von Gott eingesetzt oder auf ihn gerichtet gedacht werden konnten. Solche Einführung Gottes deckt, wie Gehlen gezeigt hat, den Hiatus zwischen der Notwendigkeit und der Wirklichkeit von Institutionen, aber das ist eine spezifische Lösung des Mythos, die in der Kategorie der „unbestimmten Verpflichtung" ihre anthropologische Aufschlüsselung erfährt. So ist auch die Institution des Passionsspiels ein Spiel zwar zur Ehre Gottes, das aber genetisch in den meisten Fällen über archaische Appelldaten (Hunger, Krieg, Pest, Teufel und Sternengläubigkeit) lief und nur in bezug auf eine Außenwelt verständlich wird, die nicht als monotheistisch depotenziert und heilsneutral begriffen wurde, sondern als wirksame Gegenwart von Schrecknissen.

Man kann diesen Sachverhalt verdeutlichen an einem Versuch W. Pannenbergs, die Gehlensche Kategorie der „unbestimmten Verpflichtung" auch für eine spezifisch christliche Anthropologie fruchtbar zu machen. Diese wäre dann dadurch gekennzeichnet, daß der chronisch bedürftige Mensch nicht erst unter dem Druck seines Antriebsüberschusses rituell tätig wird und sich eine Religion schafft, sondern daß er in seiner „unendlichen Angewiesenheit ein entsprechend unendliches, nicht endliches, jenseitiges Gegenüber immer schon voraussetzt"[400]. Solche Weltoffenheit würde ein vertrauendes Sichöffnen auf dieses göttliche Gegenüber meinen, nicht mehr die bloß sichernde Religiosität archaischer Kulte. Solchermaßen auf Pannenbergs Alternative „Sicherung" oder „Vertrauen"[401] bezogen, muß das geistliche Spiel weitgehend der Sicherung zugeschlagen werden: wiewohl

---

[400] *Was ist der Mensch? Die Anthropologie der Gegenwart im Lichte der Theologie,* Göttingen ²1964, S. 11.
[401] Ebd. S. 22 ff.

als Institution wo nicht der Gottheit, so doch zu ihrer Ehre aufgefaßt, lebte es insgeheim vom Verfügen über sie. Als Gelübdespiel bewahrt es, um wieder Gehlen zu zitieren, etwas von der „naivsten und unzerstörbarsten Sozialfigur, die es gibt, der von Gabe und Gegenerwartung"[402]. So ist die wohl fundamentalste Ambivalenz dieser christlichen ludi die Ambivalenz ihrer Archaik selbst: sie sind, gemessen an der christlichen Anthropologie, Regreß, Degradation, Veräußerlichung. Sie gewinnen aber andrerseits gerade in der Antithese zu dieser ihnen feindlichen Anthropologie ein eigentümliches Pathos des „Dennoch". Während in den Selbstbeschränkungen der liturgischen Feier die mit dem Monotheismus und seiner „Transzendenz ins Jenseits" einhergehende Entwertung der „Transzendenz ins Diesseits" sinnfällig wird, will das volkssprachliche Spiel von solcher Entwertung nichts wissen. Was in dieser Tradition gegen die Ausgrenzungen der Theologie hereingeholt und ins Bild gesetzt wird, ergibt höchst ambivalente Produkte: ‚christliche' Kultspiele, in denen diesseits der absoluten Kulturschwelle des Monotheismus das Erbe der archaischen „Transzendenzen ins Diesseits" wiederkehrt.

IV

Auch hier wieder hat die Requirierung des geistlichen Spiels durch die Theatergeschichtler blickverstellend gewirkt. Natürlich sind die Prunkinszenierungen der kontinentalen und insbesondere der französischen Mansionenbühne theatergeschichtliche Dokumente ersten Ranges, und auf den ersten Blick scheinen sich in den späten Passionen barocke Schaustücke in der Tat bereits anzukündigen. Aber andrerseits lassen doch gerade die grandiosen Ausmaße dieser Inszenierungen den Begriff des Theatralischen als unzutreffend erscheinen. Was zu diesen Spielen strömte, war in Wahrheit noch kein Publikum im Sinne einer Theatergemeinde. Vielmehr banden die Passionen jeweils die ganze Stadt und ihre Umgebung zu einer einzigen Festgemeinde zusammen. Das ganze Leben der Gemeinde war auf diese Spiele konzentriert, die Arbeit ruhte, die Kirchen blieben leer.

Riesige Festgemeinden müssen es gewesen sein, wenn man den Dokumenten glauben darf. Bei einer über acht Tage sich erstreckenden Passionsaufführung im Reims des Jahres 1490 mit angeblich 16 000 Zuschauern wurden im Namen der Stadt während der ganzen Spielzeit Wein und Ge-

---

402 S. 140.

bäck verteilt[403]. Die Chronik von La Rochelle berichtet aus dem Jahre 1492 von der großartigsten Passion, die dort je gehalten wurde: „elle dura plus de huit jours avec autant de joye et de recreation que de contentement pour chacun, ayant grand nombre de musiciens et joueurs d'instruments qui ne cessaient tant de jour que de nuit a recreer le peuple, tellement que la plupart des nuicts pendant la dite huitaine se passerent en toutes sortes d'esbattements tant pour les estrangers que pour les habitants"[404]. Solche Dokumente werden in ihrem Aussagewert völlig verkannt, wenn man in ihnen eine Säkularisation des geistlichen Spiels zu bürgerlicher oder, wie Weimann im Blick auf die Hirtenszenen der englischen pageants meint, plebejischer Selbstdarstellung sieht. Gewiß ist die Freude an Verkleidung und Spiel immer mitzuveranschlagen, gewiß auch wird für ein Publikum gespielt, aber dieses Publikum brauchte im allgemeinen keinen Eintritt zu zahlen, weil es eben noch nicht, wie Kindermann meint, ein „ausgesprochenes Theaterpublikum" war[405], sondern eine Festgemeinde, die zu einem gespielten Opferritual zusammenkam. Denn eines darf man, gerade weil nie ausdrücklich davon die Rede ist, um keinen Preis vergessen: Anlaß all der Festlichkeiten, von denen die Chroniken so stolz berichten, ist die Darstellung der Passion Christi. Das grausame Spiel von der blutigen Opferung des Gottes war es, das mit Wein und Gebäck, mit Musik und Belustigungen gefeiert wurde. Und so stößt man denn durch den scheinbar schon so barocken Inszenierungsprunk unversehens wieder auf die Archaik eines Opferspiels, bei dem man sich eins weiß mit der Gottheit und diese Verbindung in ausgelassener Freude feiert.

Es scheint, als werde H. Brinkmanns Feststellung, daß das „mittelalterliche Drama ausschließlich Aufführungswirklichkeit" habe[406], erst in dieser Dimension in ihren ganzen Konsequenzen absehbar. Zu dieser Aufführungsrealität nämlich gehörten auch jene schon erwähnten Todesfälle, die immer mehr waren als Bühnenunglücke, und zu ihr gehörten auch jene ‚Skandale', von denen die Chroniken berichten und die ebenfalls mehr waren als Aufführungspannen. So findet sich unter den von Petit de Julleville ausgegrabenen Dokumenten der Bericht von einer über 28 Tage sich hinziehenden Passion in Auxerre im Jahre 1551, bei welcher der Friedhof, auf dem sie stattfand, hernach der Entsühnung und Neueinsegnung be-

[403] Siehe Petit de Julleville II, S. 57.
[404] Ebd. S. 61.
[405] S. 321.
[406] *Studien* II, S. 229.

240

dürftig erklärt wurde, und die der Bischof von Bethlehem zu Anlaß nahm, das Mysterium der Passion „dans sa pieuse vérité", wie es in der archivarischen Quelle heißt, darzulegen[407]. Sicherlich darf man solche Zeugnisse nicht überbeanspruchen. Aber auffällig ist, daß den Veranstaltern von seiten kirchlicher oder kommunaler Instanzen immer wieder Auflagen gemacht wurden, ,Skandale' zu vermeiden[408], und selbst wenn man davon ausgeht, daß die bekanntgewordenen Fälle nur als Ausnahmen aufzeichnenswert waren, so gilt es doch die Dimension zu erkennen, in der sie überhaupt möglich wurden. Was Luis Vives einmal ausdrücklich beklagt hat, daß nämlich die Passionsaufführungen an die „vieux jeux scéniques des Paiens" erinnerten[409], das läßt sich teilweise auch aus den Spielen selbst rekonstruieren, so z. B. aus den Ermahnungen zur Ruhe, zum Schweigen und zur andachtsmäßigen Schau, die alle Prologe und Praecursorreden durchziehen und nur vor dem Hintergrund einer ganz anderen Publikumsstimmung erklärbar sind. Vives' Vergleich mit den heidnischen circenses findet sich auch andernorts wieder, so z. B. in England. Dem Dominikaner John Bromyard sind die Spiele kurzerhand *nova spectacula*, William of Waddington eine *folie apert*, und dem lollardistischen *Tretise of miracles pleyinge* ein Anlaß zur Gefräßigkeit, Sauferei und Wollust. Selbst ein den Spielen grundsätzlich Wohlwollender wie der Minorit William Melton beklagt, daß in York einheimische und fremde Besucher die Spiele entwürdigt hatten, und zwar durch „revellings, drunkeness, shouts, songs and other insolences, in no wise attending to the divine offices of the said day"[410].

Italien und Spanien bieten, um noch einige Belege hinzuzufügen, ein ähnliches Bild. Erzbischof Borromeo von Mailand hielt im Jahre 1565 eine Diözesansynode ab, die sich mit der Durchführung von Beschlüssen und Richtlinien des Tridentinums befaßte. Eines ihrer Ergebnisse war ein scharfes und totales Verbot der geistlichen Spiele:

> Quoniam pie introducta consuetudo representandi populo reverendam Christi Domini Passionem et gloriosa Martyrum certamina, ... hominum perversitate eo deducta est, ut multis offensioni, multis etiam risui et despectui sit, ideo statuimus ut deinceps Salvatoris Passio nec in sacro nec in profano loco agatur, sed docte et graviter eatenus a concionatoribus exponatur ...

---

407 Bd II, S. 158.
408 Siehe z. B. Petit de Julleville II, S. 8 (Bar-sur-Aube), S. 22 f. (Beauvais), S. 125 ff. (Saumur), S. 165 f. (Argentan).
409 Zit. nach einer Übersetzung bei Roy S. 315.
410 Belege bei Chambers II, S. 100 ff. und Owst, *Literature and the pulpit in medieval England,* Oxford ²1961, S. 480 ff.

Item, Sanctorum martyria et actiones ne agantur, sed ita pie narrentur, ut auditores ad eorum imitationem excitentur[411].

Nach Gardiner ist diese Absage nur vor dem Hintergrund einer schnell und bedrohlich anwachsenden protestantischen Unterwanderung des Erzbistums verständlich, sei doch in ruhigeren Zeiten die Tendenz immer dahingegangen, allein Fehler und Ausartungen, nicht aber die Spiele als ganze zu beseitigen. In Mailand indes sei zu jener Zeit ein derart behutsames Vorgehen nicht mehr möglich gewesen, seien die Spiele doch bereits, so vermutet Gardiner, dem *risus*, dem *despectus* und den *offensiones* besonders der Protestanten ausgesetzt gewesen. Nun ist aber gerade dies keineswegs ausgemacht. Denn Ärger gab es auch in Spanien, wo der Protestantismus nach Gardiners eigener Feststellung den Spielen nichts anhaben konnte[412] und wo gleichwohl das im 16. Jahrhundert von den Jesuiten Salamancas aufgeführte *Examen sacrum* die Zuschauer tadelt, sie kämen allein um zu lachen, *a sólo reír*[413].

Tatsächlich kann man, nimmt man auch die nichtitalienischen Zeugnisse hinzu, davon ausgehen, daß das von Borromeo beklagte Verhalten des Publikums weithin charakteristisch war für die Atmosphäre spätmittelalterlicher Passionsaufführungen. Es wurde gelacht, und dieses Lachen sprengte die geduldete Exklave des risus paschalis. Gelacht wurde, wie gerade das Zeugnis des Luis Vives beweist, während der Passion und also gegen die Intention des Spiels selbst. Es ist müßig zu erörtern, welche Stellen im einzelnen hierzu Anlaß bieten mochten. Wichtiger ist die Einsicht, daß es wiederum ein auf den heiligen Ernst selbst zielendes Lachen war, mit dem, im Ritterschen Antwortmodell gesprochen, eine anarchisch-exzeßhafte Festesfreude in das heilige Spiel von der Opferung Gottes hineingeholt wurde. Sehr schön hat Freud diese Zusammengehörigkeit von Opferfest und Exzeß beschrieben: „Ein Fest ist ein gestatteter, vielmehr ein gebotener Exzeß, ein feierlicher Durchbruch eines Verbotes. Nicht weil die Menschen infolge irgendeiner Vorschrift froh gestimmt sind, begehen sie Ausschreitungen, sondern der Exzeß liegt im Wesen des Festes; die festliche Stimmung wird durch die Freigebung des sonst Verbotenen erzeugt"[414]. Freilich: mit der einzigen Ausnahme des risus paschalis waren diese Exzesse im geistlichen Spiel keine Freigebung in diesem Sinne, sondern Produkte einer Aufführungsrealität, die hinter dem vordergründig-

---

[411] Zit. nach Gardiner S. 109 f.
[412] S. 110 ff.
[413] Nach Hess S. 159.
[414] *Totem und Tabu*, *Werke* IX, S. 170.

offiziellen Selbstverständnis dieser Spiele ihre wahren Impulse ans Licht brachte. Und so trat denn an die Stelle solcher Freigebung von sonst Verbotenem das Verbot der Spiele selbst[415]. Diese spätmittelalterlichen Verbote sind eine historische Bestätigung dessen, was die vorliegende Untersuchung zu zeigen bemüht war.

---

[415] Ich gehe auf diese Verbote im einzelnen nicht ein, da sie von Gardiner erschöpfend erfaßt sind.

SCHLUSS

,SPIEL' ALS FUNKTIONALE ÄQUIVALENZKLASSE

I

Un peu par contrebande, so vermutete schon der Romantiker Léon Gautier[416], seien die Tropen in die christliche Liturgie eingedrungen, jene Tropen, aus denen sich gewiß nicht alles Weitere ,entwickelte', die aber doch Impulse deutlich werden lassen, welche das geistliche Spiel in seiner Gesamtheit trugen. Die vorliegende Arbeit hat sich mit offiziellen Erklärungen nicht zufriedengegeben, weder mit denen der Spiele selbst noch mit denen seiner harmonisierenden Interpreten. Sie hat nachgeschaut und viel nicht Deklariertes zutage gebracht, sehr viel mehr, als die Substratforscher an paganen Relikten ausmachten. Denn diese Relikte, guten Gewissens ins Spiel eingebracht und breit ausgespielt, erwiesen sich doch nur als Indizien, als Spuren, die zur kapitalsten und zugleich unkenntlichsten Konterbande führten: zur latent mythisch-archetypischen Präsenz der Heilsgeschichte selbst. Diese Ambivalenz von Kerygma und Mythos erwies sich in den vorangehenden Analysen als so komplex und facettenreich, daß der Versuch einer ergebnishaften Zusammenfassung scheitern müßte. Ja es ist sogar zu befürchten, daß in der Untersuchung selbst bisweilen mit überscharfer Optik gearbeitet wurde und die Befunde scheinbar eindeutig ausfielen, wo es doch immer um ihre Ambivalenz ging. Durchgängige Absicht zumindest war es, diese fundamentale Ambivalenz der Spiele nicht etwa aufzulösen, sondern zum Schnittpunkt aller Perspektiven zu machen.

Die der Arbeit zugrundegelegten Auswahlkriterien wurden eingangs begründet. Unter einem Aspekt ist darauf zurückzukommen. Sicherlich ist in den vorangehenden Analysen eine Seite des geistlichen Spiels unterrepräsentiert, die für die Fragestellung nichts oder wenig hergab. Es handelt sich um den größten Teil der alttestamentarischen und auch jene Teile der neutestamentarischen Geschichte, die diese Spiele am ehesten noch als das ausweisen könnten, was W. Benjamin in ihnen sah: als „episches Theater" und hierin als Vorgeschichte des Barockschau-

---

[416] Siehe oben Anm. 59.

spiels[417]. Ohne allzu große Vereinfachung kann man sagen, daß alle Versuche, neuzeitliches Theater solchermaßen kontinuierlich aus seiner vermeintlichen mittelalterlichen Vorgeschichte abzuleiten, allein diese epische Seite in den Blick nahmen. So mußte dann, wie in allen Vorgeschichten, das geistliche Spiel hergeben, was man dem Barocktheater selbst zuerkannte, wurde den Romanisten *die Mondanité de Madeleine* aus der Passion Jean Michels das, was den Anglisten der wütende Herodes oder die *Secunda pastorum* ist: eine Ankündigung Molières bzw. Shakespeares und erst damit auch Grund, sich mit diesen Spielen überhaupt zu beschäftigen. Das aber, worauf im geistlichen Spiel selbst alles zulief, Passion und Auferstehung also, fiel unter den Tisch[418]. Aussparung der Kernszenen war der Preis, um den sich solche Vorgeschichte schreiben ließ.

Benjamin selbst ist freilich gegen solche Einseitigkeit gefeit. Wenn in seiner geschichtsphilosophischen Entgegensetzung von antiker, im kultischen Opfergedanken gründenden Tragödie und neuzeitlichem, Geschichte zum Vorwurf nehmenden Trauerspiel das geistliche Spiel als Ursprung des letzteren erscheint, dann hat er Heilsgeschichte als Ganze im Blick: Inhalt des barocken Trauerspiels sei säkularisierte Heilsgeschichte. Aber die Kriterien des „epischen Theaters" sind doch nicht ohne Abstriche auf das geistliche Spiel anwendbar. Dies gilt schon, solange man allein die hier als kerygmatisch benannte Dimension berücksichtigt. So ist die *Fabel,* als eine dualistische, wesentlich dramatisch. Der *Held* erscheint als Denkender, als Weiser, aber er ist, wiewohl untragisch, doch auch Protagonist der dualistischen Fabel und also keineswegs ein den Vorgängen auf der Bühne beigegebener unbeteiligter Dritter. Ein solcher wäre schon eher der das Spiel begleitende proclamator oder regens ludi, aber dieser ‚Weise' ist dann wiederum nicht mit dem untragischen Helden selbst identisch. Als *Lehrstück* mag sich auch das geistliche Spiel verstehen, aber an zentraler Stelle dieses Lehrstücks erscheint mit der compassio-Aufforderung ein Moment thematisierter Einfühlung. Damit wird zugleich die Qualifizierung des *Publikums* als eines *entspannten* fragwürdig: erschüttert, zu Tränen gerührt, nicht überlegen und entspannt sollte der Betrachter das Martyrium schauen.

Dringender werden solche Abstriche, wenn man das geistliche Spiel in

---

417 *Was ist das epische Theater?* in Benjamin, *Angelus Novus,* Ausgewählte Schriften 2, Frankfurt 1966, S. 344–351; Ursprung des deutschen Trauerspiels, Frankfurt 1963.
418 Exemplarisch für diese Art Vorgeschichte ist die Arbeit Weimanns, wo der „gotische Naturalismus" der Passionen nur kurz angesprochen wird (S. 136 f.).

der Ambivalenz von Kerygma und Mythos sieht, und damit beginnen auch jene hermeneutischen Schwierigkeiten, auf die eingangs hingewiesen wurde. Es gelte, so zitierten wir dort Benjamin, „der kritischen Konstellation sich bewußt zu werden, in der gerade dieses Fragment der Vergangenheit mit gerade dieser Gegenwart sich befindet"[419]. Wäre Benjamin der Marxist gewesen, der zu sein er bisweilen glaubte, dann hätte dieses Postulat zu einer ideologiekritischen ‚Aufhebung' vergangener Kunst führen müssen. Die von ihm skizzierte Vorgeschichte des epischen Theaters trägt jedoch eher die Signatur jener Bewahrung und Aktualisierung einer „mit Jetztzeit geladenen Vergangenheit"[420], in der J. Habermas das Wesen der „rettenden Kritik", der „konservativ-revolutionären Hermeneutik" Benjamins erkannt hat[421]. Daß nun aber gerade das kerygmatische Moment am geistlichen Spiel solcher Bewahrung würdig sein sollte, will nur auf den ersten Blick einleuchten. Gewiß kann man einen Anselm von Canterbury neu schätzen lernen, wenn man sich den Mythos anschaut, in den die Passionen seine Lehre zurückspielten. Man kann aber auch umgekehrt fragen, ob nicht diese Wiederkehr des Mythos just zu der Zeit, da die Theologie ihm so gründlich den Garaus gemacht hatte, die Grenzen jener säkularen Anstrengung enthüllt, die wir Scholastik nennen. Diejenigen nämlich, um die es bei dieser Anstrengung vor allem hätte gehen müssen, die große Masse der Gläubigen, waren scholastischem Bemühen um das reine Kerygma aus dem Blick geraten, und wenn diese Masse der Gläubigen im geistlichen Spiel einen Ersatz fand, der eigentlich nicht sein durfte, dann läßt die Existenz dieser Spiele scholastische Theologie als ein Stück schlechter Aufklärung erscheinen.

Es ist also die Ambivalenz des ‚Dennoch', auf die wir im letzten Kapitel abhoben, die offenläßt, was hier zu ‚retten' wäre. Hinter der Desymbolisierung des Kerygmas steckt ein Stück unversöhnten Mythos. Von ihm als seiner latenten Funktion lebte das Spiel, und dieser Funktion galt unser Hauptinteresse. Es konnte nicht das Interesse an einer ‚Rettung' im Sinne Benjamins und es konnte ebensowenig das Interesse ideologiekritischer ‚Aufhebung' sein. Denn im geistlichen Spiel übernahm der Mythos eine Funktion, die die Theologie schuldig geblieben war, und so konnte unser methodisches Interesse nicht darin liegen, das eine gegen das andere auszuspielen oder zu retten, sondern allein darin, die funktionale

---

[419] Siehe oben S. 11.

[420] *Geschichtsphilosophische Thesen*, in *Illuminationen*, Frankfurt 1961, S. 276.

[421] *Bewußtmachende oder rettende Kritik*, in *Zur Aktualität Walter Benjamins*, Frankfurt 1972, S. 173 ff.

Korrelation beider unter systematischen Gesichtspunkten in den Blick zu nehmen. Wir wollen zum Abschluß noch einmal auf das dabei erarbeitete Leitmodell zurückkommen und es auf Möglichkeiten seiner Generalisierung befragen.

II

Spiele sind Institutionen, und als Institutionen entlasten sie. Aber sie entlasten in besonderer Weise. H. G. Gadamer, der seine Ontologie des Kunstwerks am Leitfaden des Spiels entwickelt[422], hat diese Entlastung als eine ausgezeichnete Form von „Selbstdarstellung" bestimmt, als eine solche nämlich, die ein „bleibend Wahres" heraustreten läßt. Gadamer nennt das „Verwandlung ins Gebilde", wobei Verwandlung nicht einfach Versetzung in eine andere Welt meint, sondern auf die Autonomie des Gebildes zielt, das sein Maß in sich selbst finde und sich an nichts bemesse, was außerhalb seiner sei: „Die Verwandlung ist Verwandlung ins Wahre. Sie ist nicht Verzauberung im Sinne der Verhexung, die auf das erlösende, rückverwandelnde Wort wartet, sondern sie selbst ist die Erlösung und Rückverwandlung ins wahre Sein. In der Darstellung des Spieles kommt heraus, was ist"[423]. Den Prototyp solcher Verwandlung sieht Gadamer in der „totalen Vermittlung" religiöser Wahrheit in Kulthandlung und Kultspiel, wo Sinn des Dabeiseins „echte Teilhabe am Heilsgeschehen selbst" sei[424].

Überprüft man diese Konzeption am geistlichen Spiel des Mittelalters, so wird man den Begriff der „totalen Vermittlung", bestimmt als Selbstaufhebung des Vermittelnden als Vermittelndes[425], nur um den Preis seiner Entsubstantialisierung beibehalten können. Unsere Analysen haben deutlich gemacht, daß es hier keineswegs um „Verwandlung ins Wahre" geht, sondern daß das ‚Wahre' in diesen Spielen konfrontiert wird mit einem von ihm Ausgeschlossenen, mit dem Sein des Nichtseins. Das ist eine funktionalistische Auflösung der das offizielle Selbstverständnis des geistlichen Spiels tragenden Ontologie, und hierin, in der Eröffnung einer anderen Religiosität, liegt das für den christlichen Wahrheitsanspruch Ruinöse. Indem sich das Spiel nicht mehr oder zumindest nicht mehr eindeutig auf das christliche Kerygma beziehen läßt, erweist es sich nicht ein-

---

[422] S. 97 ff.
[423] S. 107.
[424] S. 121.
[425] S. 114.

fach als eine andere Möglichkeit christlicher Heilsvermittlung, sondern bricht es aus einer als kerygmatisch definierten Äquivalenzklasse aus. Nicht „totale Vermittlung" hat statt, sondern eine Hereinnahme von Ausgegrenztem, eine Positivierung dessen, was das Kerygma als ein Nichtseiendes aus dem Sein auszuschließen bemüht ist.

J. Ritter hat ein solches Modell der Positivierung von Ausgegrenztem im Blick auf Komik und Lachen entwickelt. Ihm fügte sich unsere Analyse des risus paschalis, aber nicht nur sie: wir konnten das Modell auf das geistliche Spiel als Ganzes ausdehnen. Und wenn nun Gadamer in der „totalen Vermittlung" von Kulthandlung bzw. Kultspiel den Prototyp seines substantialistischen Spielbegriffs sieht, dann scheint es verlockend, die hier unternommene Analyse des geistlichen Spiels im Sinne eines funktionalistischen Spielbegriffs zu generalisieren. Dieser würde ineins mit dem Substantialismus traditioneller Hermeneutik zugleich auch die Aporien überwinden, in die man hineingerät, wenn man von einem hermeneutisch unaufgeklärten Strukturalismus her eine Neubestimmung des Spielbegriffs angeht, wie das unlängst J. Ehrmann versucht hat. Seine wohlbegründete Kritik an Huizinga, Caillois und Benveniste enthüllt deren normatives Verfahren, das in Dualismen wie Spiel und Ernst, Spiel und Wirklichkeit, Spiel und Heiliges Ausdruck findet und das Spiel selbst nur privativ, als ein abgeleitetes zu definieren erlaubt. Gültig aber seien diese Dualismen, so Ehrmann, nur in der Dimension bewußter, nicht mehr in der unbewußter Sozialstrukturen. Denn hier erweise sich Spiel als ko-extensiv zur Kultur generell, sei es kein Abgeleitetes, sondern eine „relocation, redistribution of value in pursuit of immediate satisfaction of needs and desires"[426]. Verwiesen wird zur Illustration auf Freuds Buch über den Witz, genauer auf den Mechanismus von psychischem Besetzungs*aufwand* und Lust*gewinn* – ein uns bekanntes Beispiel. Wir freilich hatten in Freuds Theorie etwas ganz anderes bestätigt gefunden: eine bestimmte Form der Positivierung von Ausgegrenztem. In der Tat ist ja bei Freud selbst das Kompensationsverhältnis von Aufwand und Gewinn funktional bezogen auf die „Verdrängungsarbeit" der Kultur. Ehrmann unterschlägt diese Pointe und zahlt dafür hoch. „To define play is at the same time and in the same movement to define reality and to define culture"[427]: diesem Postulat könnte man zustimmen, wenn es auf eine funktionalistische Auf-

---

[426] *Homo Ludens Revisited*, in Ehrmann (Hg.), *Game, Play, Literature, Yale French Studies* 41 (1968), zit. nach der Beacon paperback edition, Boston 1971, S. 44.

[427] Ebd. S. 55.

lösung normativer Begriffe von Wirklichkeit und Kultur abzielte. Ehrmann aber argumentiert mit hypostasierten Tiefenstrukturen, setzt folglich Spiel, Wirklichkeit und Kultur synonym und muß schließlich die angestrebte Theorie des Spiels (theory of play) überführen in mathematische Spieltheorie (game theory).

So können Gadamers und Ehrmanns Spielbegriff noch einmal die Aporien einer systematisch unvermittelten Hermeneutik und eines hermeneutisch unvermittelten Strukturalismus verdeutlichen, zugleich aber auch die Chance eines neuen, funktional-strukturellen Spielbegriffs, auf den unsere Analysen hinauslaufen: es scheint, daß nur ein solcher funktionalistischer Spielbegriff auch dem Fiktionsbegriff kommensurabel wird und damit eine entscheidende Lücke in der theoretischen Fundierung der Literaturwissenschaft schließen könnte. Das unseren Analysen zugrundegelegte Modell einer Hereinnahme von Ausgegrenztem scheint hierfür generalisierbar. Es würde Kunst als Exponierung anderer Möglichkeiten fassen und demgemäß nahelegen, ,Positivierung von Negativität' als allgemeinsten Bezugspunkt einer Äquivalenzklasse ,Spiel' hypothetisch anzusetzen[428]. Das geistliche Spiel ist ludus darin, daß es – systemtheoretisch gesprochen – die Komplexität des dogmatischen Systems radikal reduziert, indem es mit der Figur des Teufels genau jene dualistische Gegeninstanz zur göttlichen Allmacht hereinnimmt, positiviert, die die monotheistische Dogmatik als das Nicht-sein-dürfende ausgrenzt, was ihr nur um den Preis hochgradiger Eigenkomplexität möglich ist. Umgekehrt ist natürlich auch eine Positivierung von Negativität denkbar, die sich gerade nicht durch Reduktion, sondern durch Steigerung von Eigenkomplexität bei geringerer Umweltkomplexität auszeichnet. Die Formel scheint stark genug, das ganze Spektrum von der noch kultisch verankerten über die sogenannte kulinarische bis hin zur sogenannten emanzipatorischen Kunst zu integrieren.

Ihre Erprobung wird einerseits auf weitere theoretische Überlegungen zum Problem eines systemtheoretisch angesetzten und hermeneutisch vermittelten Sinnbegriffs angewiesen sein, der seinerseits, wie Luhmann gezeigt hat, engstens mit der Frage nach der Funktion von Negativität in sinnkonstituierendem Erleben zusammenhängt[429]. Sie führt andererseits in die konkrete historische Forschung, das heißt in die Analyse der histori-

---

428 Siehe hierzu Verf., *Komik und Komödie als Positivierung von Negativität*, in H. Weinrich/J. Striedter (Hgg.), Negation und Negativität, Poetik und Hermeneutik VI (erscheint wahrscheinlich 1974 im W. Fink Verlag, München).

429 Besonders in *Sinn als Grundbegriff der Soziologie*, siehe oben Anm. 30.

schen Bezugsprobleme für die Strukturbildung von Spielwelten. Für diese Analyse bleibt der interdisziplinäre Dialog mit den anderen Sozialwissenschaften unentbehrlich, denn nur mit ihrer Hilfe wird man – und auch davon zeugt das in dieser Arbeit gewählte Beispiel – die Bezugsprobleme positiv bestimmen können. Das Spiel selbst gibt sie nicht her, es bleibt das positivierte Nichtsein. Gerade damit aber gewinnt es eine Spezifität, die die schlichte Übernahme von Problem und Lösung durch andere Sozialwissenschaften als illusorisch erweist.

LITERATURNACHWEIS

Anm.: Das folgende Verzeichnis beschränkt sich auf die im laufenden Text mit Vers- bzw. Seitenzahl zitierten Editionen und auf die in den Anmerkungen abgekürzt angeführten Titel; alle hier nicht aufgeführten Editionen und Publikationen sind in den Anmerkungen unabgekürzt nachgewiesen.

A Texte

I. Französische volkssprachliche Tradition

Mystère d'Adam (Ordo representacionis Ade)	hg. P. Aebischer, Genève/Paris 1963 (Textes littéraires français XCIX)
Mystère de la Passion (E. Mercadé/Arras)	hg. J. M. Richard, Arras 1891 (Le Mystère de la Passion, texte du manuscrit 697 de la bibliothèque d'Arras)
Mystère de la Passion (A. Greban)	hg. O. Jodogne, Bruxelles 1965
Mystère de la Passion (J. Michel)	hg. O. Jodogne, Gembloux (Belgien) 1959
Passion du Palatinus	hg. G. Frank, Paris 1922 (Classiques Français du Moyen Age 30)
Passion d'Autun	hg. G. Frank, Paris 1934 (Société des Anciens Textes Français)
Seinte Resureccion	hg. T. A. Jenkins u. a., Oxford 1943 (Anglo Norman Text Society IV)

II. Deutsche volkssprachliche Tradition

Alsfelder Passionsspiel	hg. R. Froning, in: Das Drama des Mittelalters, Stuttgart 1891/92, Nachdruck Darmstadt 1964, S. 567–859

Augsburger Passionsspiel	hg. A. Hartmann, Das Oberammergauer Passionsspiel in seiner ältesten Gestalt, Leipzig 1880, Nachdruck Wiesbaden 1968, S. 3–95
Donaueschinger Passionsspiel	hg. E. Hartl, Das Drama des Mittelalters, Passionsspiele II, Leipzig 1942, Nachdruck Darmstadt 1966 (Deutsche Literatur in Entwicklungsreihen, Reihe Drama des Mittelalters Bd. 4)
Egerer Fronleichnamsspiel	hg. G. Milchsack, Tübingen 1881 (Bibliothek des Literarischen Vereins in Stuttgart CLVI)
Erlauer Osterspiel	hg. E. Hartl, Das Drama des Mittelalters, Osterspiele, Leipzig 1937, Nachdruck Darmstadt 1964 (Deutsche Literatur in Entwicklungsreihen, Reihe Drama des Mittelalters Bd 2) S. 205–260
Frankfurter Dirigierrolle	hg. R. Froning (siehe Alsfelder Passionsspiel) S. 340–373
Frankfurter Passionsspiel	hg. R. Froning (siehe Alsfelder Passionsspiel) S. 379–532
Innsbrucker Osterspiel	hg. E. Hartl (siehe Erlauer Osterspiel) S. 136–189
Künzelsauer Fronleichnamsspiel	hg. P. K. Liebenow, Berlin 1969 (Ausgaben deutscher Literatur des XV. bis XVIII. Jahrhunderts, Reihe Drama Bd 2)
Redentiner Osterspiel	hg. W. Krogmann, Leipzig 21964 (Altdeutsche Quellen Bd 2)
Rheinisches Osterspiel	hg. H. Rueff, Das Rheinische Osterspiel der Berliner Handschrift Ms. Germ. Fol. 1219, Berlin 1925 (Abhandlungen der Gesellschaft der Wissenschaften zu Göttingen, philologisch-historische Klasse, NS 18, 1925/26, S. 1–224)
Sterzinger Osterspiel	hg. A. Pichler, Über das Drama des Mittelalters in Tirol, Innsbruck 1850, S. 143–168
Tiroler Passionsspiele	hg. J. E. Wackernell, Altdeutsche Passionsspiele aus Tirol, Graz 1897 (enthält Pfarrkirchers, Amerikaner, Bozner, Sterzinger, Haller Passion, Sterzinger Mischhandschrift, Brixner Passion)
Wiener Osterspiel	hg. E. Hartl (siehe Erlauer Osterspiel) S. 74–119
Wiener Passionsspiel	hg. R. Froning (siehe Alsfelder Passionsspiel) S. 305–324

III. Englische volkssprachliche Tradition

Chester Plays I	hg. H. Deimling, London 1892 (Early English Text Society, Extra Series LXII)
Chester Plays II	hg. Matthews, London 1916 (Early English Text Society, Extra Series CXV)
Digby Plays	hg. F. J. Furnivall, London 1896 (Early English Text Society, Extra Series LXX)
Ludus Coventriae (Hegge Plays)	hg. K. S. Block, Ludus Coventriae or The Plaie called Corpus Christi, London 1922 (Early English Text Society, Extra Series CXX)
Towneley Plays	hgg. G. England/A. W. Pollard, London 1897 (Early English Text Society, Extra Series LXXI)
York Plays	hg. L. T. Smith, Oxford 1885

IV. Sonstige Primärtexte

Amalarii Episcopi Opera Liturgica Omnia	hg. J. M. Hanssens, 3 Bde, Rom (Città del Vaticano) 1948–50
Anselm von Canterbury, Cur Deus Homo/Warum Gott Mensch Geworden	hg. und übers. F. S. Schmitt O.S.B., Darmstadt 1956
Evangelia Apocrypha	hg. K. von Tischendorf, Leipzig ²1876, Nachdruck Hildesheim 1966
Biblia Sacra Iuxta Vulgatam Versionem	hgg. R. Weber u. a., 2 Bde, Stuttgart 1969
Patrologia Cursus Completus, Series Latina	hg. J. P. Migne, Paris 1841 ff.
Thomae Aquinatis Opera Omnia	hg. S. E. Fretté, 34 Bde, Paris 1873 ff.

B Sekundärliteratur

Auerbach, E.

Mimesis, Dargestellte Wirklichkeit in der abendländischen Literatur, Bern ²1959

Auerbach, E.

Figura (1939), jetzt in: Gesammelte Aufsätze zur romanischen Philologie, hg. F. Schalk, Bern 1967, S. 55–92

Bachtin, M.

Literatur und Karneval, Zur Romantheorie und Lachkultur, München 1969

Barthes, R.

Introduction à l'analyse structurale des récits, in Communications 8 (1966) 1–27

Bausinger, H.

Formen der Volkspoesie, Berlin 1968

Benjamin, W.

Was ist das epische Theater? in: Angelus Novus, Frankfurt 1966

Blumenberg, H.

Die Legitimität der Neuzeit, Frankfurt 1966

Blumenberg, H.

Wirklichkeitsbegriff und Wirkungspotential des Mythos, bei Fuhrmann (Hg.) S. 11–66

Brinkmann, H.

Studien zur Geschichte der deutschen Sprache und Literatur Bd 2, Düsseldorf 1966 (enthält: Der Ursprung des liturgischen Spiels, 1929, S. 106–143 und Die Eigenform des mittelalterlichen Dramas in Deutschland, 1930, S. 193–231)

Brinkmann, H.

Das religiöse Drama im Mittelalter, Arten und Stufen, in: Wirkendes Wort 9 (1959) 257–274

Bultmann, R.

Die Geschichte der synoptischen Tradition, Göttingen ⁷1967

Catholy, E.

Das Fastnachtspiel des Mittelalters, Tübingen 1961

Chambers, E. K.

The Medieval Stage, 2 Bde, London 1903

Cohen, G.

Histoire de la mise en scène dans le théâtre religieux français du moyen âge, Paris ²1926

Craig, H.

English Religious Drama of the Middle Ages, Oxford 1955

de Boor, H.

Die Textgeschichte der lateinischen Osterfeiern, Tübingen 1967

Derrida, J.

Die Struktur, das Zeichen und das Spiel im Diskurs der Wissenschaften vom Menschen, bei Lepenies/Ritter (Hgg.) S. 387–412

Duriez, G.

La théologie dans le drame religieux en Allemagne au moyen âge, Lille/Paris 1914

Ebel, U.

Einleitung zu: Das altfranzösische Adamsspiel, München 1968, S. 7–43 (Klassische Texte des romanischen Mittelalters in zweisprachigen Ausgaben, hgg. H. R. Jauß/E. Köhler, Bd 7)

Eliade, M.

Kosmos und Geschichte, Der Mythos der ewigen Wiederkehr, Reinbek 1966 (rde 260)

Frank, G.

The Medieval French Drama, Oxford 1954

Frazer, J. G.

The Scapegoat (The Golden Bough Bd VI), London 31913, Nachdruck London/New York 1966

Freud, S.

Der Mann Moses und die monotheistische Religion, in: Gesammelte Werke, hg. A. Freud u. a., 17 Bde, Bd XVI, Frankfurt 31968

Freud, S.

Totem und Tabu, in: Gesammelte Werke Bd IX, Frankfurt 41968

Freud, S.

Der Witz und seine Beziehung zum Unbewußten, in: Gesammelte Werke Bd VI, Frankfurt 41969

Friedrich, G. (Hg.)

Theologisches Wörterbuch zum Neuen Testament, begr. von G. Kittel, Bd 1 ff., Stuttgart 1966 ff. (zit. als ThWNT)

Frye, N.

Anatomy of Criticism, Princeton 1957, zit. nach der (jeweils überprüften) Übers. von E. Lohner und H. Clewing, Analyse der Literaturkritik, Stuttgart 1964

Fuhrmann, M. (Hg.)

Terror und Spiel, Probleme der Mythenrezeption, München 1971 (Poetik und Hermeneutik 4)

Gadamer, H. G.

Wahrheit und Methode, Grundzüge einer philosophischen Hermeneutik, Tübingen 21965

Gardiner, H. C.

Mysteries' End, An Investigation of the Last Days of the Medieval Religious Stage, New Haven 1946 (Yale studies in English 103)

Gehlen, A.   Urmensch und Spätkultur, Frankfurt/Bonn ²1964

Habermas, J.   Zur Logik der Sozialwissenschaften, Tübingen
                             1967 (Philosophische Rundschau Beiheft 5)

Hardison, O. B.   Christian Rite and Christian Drama in the
                             Middle Ages, Essays in the Origin and Early
                             History of Modern Drama, Baltimore 1965

Harnack, A. von   Lehrbuch der Dogmengeschichte Bd III, Tübingen
                             ⁴1910, Nachdruck Darmstadt 1964

Harrison, J. E.   Themis, A Study of the Social Origins of Greek
                             Religion, Cambridge ²1927

Hess, R.   Das romanische geistliche Schauspiel als profane
                             und religiöse Komödie, München 1965 (Freiburger
                             Schriften zur romanischen Philologie Bd 4)

Hofer, J. /   Lexikon für Theologie und Kirche, 10 Bde, Frei-
Rahner, K. (Hgg.)   burg 1957 ff. (zit. als LThK)

Hunningher, B.   The Origin of the Theatre, New York 1961

Jauß, H. R. (Hg.)   Grundriß der romanischen Literaturen des Mit-
                             telalters Bd VI¹, Heidelberg 1968

Jünger, F. G.   Über das Komische, Frankfurt ³1948

Jungmann, J. A.   Missarum Sollemnia, 2 Bde, Freiburg ³1952

Kerényi, K. (Hg.)   Die Eröffnung des Zugangs zum Mythos, Darm-
                             stadt 1967

Kindermann, H.   Theatergeschichte Europas Bd I, Salzburg ²1966

Kolping, A.   Amalar von Metz und Florus von Lyon, in: Zeit-
                             schrift für katholische Theologie 73 (1951) 424 bis
                             464

Kolve, V. A.   The Play Called Corpus Christi, London 1966

Krieger, M. (Hg.)   Northrop Frye in Modern Criticism, Selected pa-
                             pers from the English Institute, New York/Lon-
                             don 1966

Kroll, J.   Gott und Hölle, Der Mythos vom Descensus-
                             kampfe, Leipzig/Berlin 1932, Nachdruck Darm-
                             stadt 1963

Lepenies, W. / Ritter, H. H.,	Orte des Wilden Denkens, Zur Anthropologie von Claude Lévi-Strauss, Frankfurt 1970 (Theorie Suhrkamp)
Lévi-Strauss, Cl.	La pensée sauvage, Paris 1962, zit. nach der (jeweils überprüften) Übersetzung von H. Naumann, Das wilde Denken, Frankfurt 1968
Lévi-Strauss, Cl.	Le totémisme aujourd'hui, Paris 1962, zit. nach der (jeweils überprüften) Übersetzung von H. Naumann, Das Ende des Totemismus, Frankfurt 1968
Lorenzer, A.	Sprachzerstörung und Rekonstruktion, Vorarbeiten zu einer Metatheorie der Psychoanalyse, Frankfurt 1971
Lubac, H. de	Corpus mysticum, L'eucharistie et l'église au moyen-âge, Paris 1949
Luhmann, N.	Soziologische Aufklärung, Aufsätze zur Theorie sozialer Systeme, Opladen 21971
Malinowski, B.	Myth in Primitive Psychology, London 1926
Malinowski, B.	Sex and Repression in Savage Society, London 1953, zit. nach der Übersetzung von H. Seinfeld, Geschlecht und Verdrängung in primitiven Gesellschaften, Reinbek 1962 (rde 139/140)
Marin, L.	Les femmes au tombeau, Essai d'analyse structurale d'un texte évangélique, in: Langages 22 (1971) 39–50
Monnier, J.	La descente aux enfers, Paris 1904
Murray, G.	Excursus on the Ritual Forms Preserved in Greek Tragedy, bei Harrison, Themis (s. o.) S. 341–363
Pannenberg, W.	Späthorizonte des Mythos in biblischer und christlicher Überlieferung, bei Fuhrmann (Hg.) S. 473–525
Petit de Julleville, L.	Les mystères, 2 Bde, Paris 1880 (Histoire du théâtre en France I)
Peuckert, W. E.	Die große Wende, Das apokalyptische Saeculum und Luther, Hamburg 1948, Nachdruck Darmstadt 1966

Pickering, F. P.   Das gotische Christusbild, in: Euphorion 47 (1953) 16–37

Pickering, F. P.   Literature and Art in the Middle Ages, London 1970

Pickering, F. P.   Irrwege der mittelalterlichen Geschichtsschreibung, in: Zeitschrift für deutsches Altertum und deutsche Literatur 100 (1971) 270–296

Rad, G. von   Theologie des Alten Testaments, 2 Bde, München ⁵1966 bzw. 1968

Ricoeur, P.   Structure et herméneutique, in: Esprit 1963, S. 596–626

Ritter, J.   Über das Lachen, in: Blätter für deutsche Philosophie 14 (1940) 1–21

Rivière, J.   Le dogme de la rédemption au début du moyen âge, Paris 1934

Rossiter, A. P.   English Drama from Early Times to the Elizabethans, London (Hutchison) 1950

Roy, E.   Le mystère de la passion en France du 14e au 16e siècle, in Revue Bourguignonne 13 (1903) und 14 (1904)

Ruh, K.   Zur Theologie des mittelalterlichen Passionstraktats, in: Theologische Zeitschrift 6 (1950) 17–39

Speirs, J.   Medieval English Poetry, The non-Chaucerian Tradition, London 1957

Stemmler, Th.   Liturgische Feiern und geistliche Spiele, Studien zu Erscheinungsformen des Dramatischen im Mittelalter, Tübingen 1970

Stumpfl, R.   Kultspiele der Germanen als Ursprung des mittelalterlichen Dramas, Berlin 1936

Thoran, B.   Studien zu den österlichen Spielen des deutschen Mittelalters, Diss. Bochum 1969

Todorov, T.   Les catégories du récit littéraire, in: Communications 8 (1966) 125–151

Weimann, R.

Shakespeare und die Tradition des Volkstheaters, Soziologie-Dramaturgie-Gestaltung, Berlin (Henschelverlag) 1967

Weinrich, H.

Structures narratives du mythe, in: Poétique 1 (1970) 25–34

Young, K.

The Drama of the Medieval Church, 2 Bd, Oxford 1933, Nachdruck 1967

Zingel, M.

Die Passion Christi in der Mystik des deutschen Mittelalters, msch. Diss. Berlin 1956

FEIER- UND SPIELVERZEICHNIS

V. Englische volkssprachliche Tradition

NAMENVERZEICHNIS

265

SACHVERZEICHNIS

INHALT